U0562074

权力精英

THE POWER ELITE

[美]
C. 赖特 · 米尔斯
C. WRIGHT MILLS
著

李子雯
译

北京时代华文书局

1896 年，范德比尔特家族、惠特尼家族等社会名流在佛罗里达州棕榈滩。

（Town & Country, 1950 年 1 月）

20 世纪初，美国银行家约翰·皮尔庞特·摩根和夫人在马车上。
（The Paul Thompson Collection）

1907 年，“世界钢铁大王”安德鲁·卡内基在位于纽约市第五大道的寓所前。
（The Bettmann Archive）

1907 年，美国商人阿尔弗雷德·格温·范德比尔特和夫人在马车上，
坐在后面的是他的妹妹格拉迪斯·范德比尔特·塞切尼。
（Brown Brothers）

1908 年春季赛马大会，佩恩·惠特尼夫人、诺曼·怀特豪斯夫人、

阿瑟·斯科特·伯登夫人来到位于纽约州的贝尔蒙特马场。

（Pictorial News Co.）

1910 年，美国银行家 A.J. 德雷克塞尔和玛乔丽 · 古尔德举行婚礼，
宾客在古尔德家族位于纽约市第五大道的家里等待着。
（Marceau）

1913 年，摄影师巴龙·德迈耶尔拍摄的美国社会名流菲利普·M. 利蒂格夫人的肖像，
利蒂格夫人曾被称为“美国最动人的女子”。
（Baron de Meyer, collection of the J. Paul Getty Museum, Malibu, California）

1913年，埃塞尔和父亲西奥多·罗斯福在婚礼上。
（Underwood & Underwood）

1916 年，摄影师巴龙·德迈耶尔拍摄的凯瑟琳·普赖斯·科利尔，
凯瑟琳的母亲是罗斯福总统母亲的妹妹。
（Baron de Meyer）

联合太平洋铁路总裁爱德华·亨利·哈里曼和夫人结束了71个小时的专车之旅。
（Brown Brothers）

“世界上最伟大的女性金融家”赫蒂·戈林夫人，她拥有超过1亿美元的财产。

（Brown Brothers）

美国金融家、慈善家、军人约翰·雅各·阿斯特三世，阿斯特家族的杰出成员。

（Town & Country, 1906 年 10 月）

洛克菲勒的合伙人、美国企业家亨利·弗拉格勒，
他旗下的产业经营范围包括酒店、公路、铁路、报纸等。
（Henry Morrison Flagler Museum Archives）

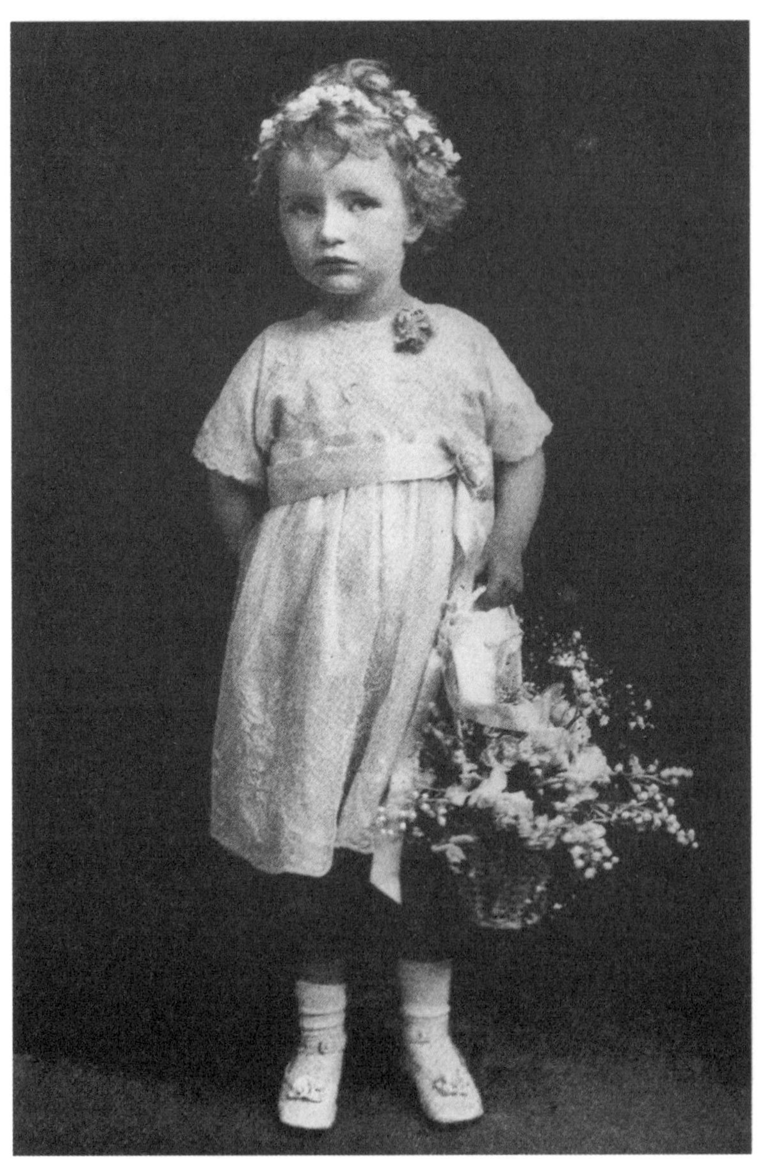

亿万富翁、烟草企业继承人多丽丝·杜克的儿时照片。
（Underwood & Underwood）

目　录

孤独的米尔斯与喧闹的“权力精英”

赖特·米尔斯可能是我们这个时代被提及得最为广泛的社会学家，尤其是“社会学的想象力”这个概念。人人都知道他的名字，却不一定有勇气走上他的道路。2005年，斯坦利·阿罗诺维茨在他新编的三卷本《C.赖特·米尔斯》的开篇曾写道：“虽然他对1960年代的学生和反战运动的影响是巨大的，而且在拉丁美洲受到了深深的尊敬，但是直率地说，他从未被他的许多社会科学领域内的美国同事当作主要的思想家来看待。”不知道米尔斯的在天之灵会作何感想。也许米尔斯本人根本不会稀罕成为“主要思想家”或“一流社会科学家”。

另一方面，米尔斯本人虽然也许是孤独的，但他几乎每一部著作都引发了激烈的反响。终其一生，他都在与形形色色的“学院派”反对者做着不懈的斗争。米尔斯将他的反对者们称为“自炫博学的批评”。毋庸置疑，直到1962年因心脏病突发英年早逝，米尔斯都是他那个时代最为耀眼的公共知识分子，也许这对他来说，就是最大的安慰。

这些争论集中体现在米尔斯最具代表性的三部经验研究作品上，即由《权力新贵：美国的劳工领袖》（1948，以下简称《权力新贵》）、《白领：美国的中产阶级》（1951，以下简称《白领》），以及《权力精英》（1956）构成的“美国社会分层三部曲"。从内容上看，这三本书分别涵盖了劳工（虽然是劳工领袖为主）、白领（其实也包括大量的小商人这样的"老中产"）和精英，对美国的社会结构做了全面的勾画。从成书年代来看，《权力精英》最晚，引起的抨击也最为激烈，反对者首先就是他在哥伦比亚大学的同事——一串有着耀眼光芒的"杰出人物"——帕森斯、丹尼尔·贝尔、罗伯特·达尔等一类认为米尔斯的论述不过是装腔作势、夸大其词，表达的是一种怨恨的情绪，完全忽视了"家族资本主义"衰败的事实，因此只能被看作是一个"事件"而不是"理论"。

然而，围绕这本书的争论并不仅仅停留在那个年代。一个甲子以来，由这本书所引发的争论至今没有停止过，其中最常被提及的一个问题，就是"权力精英是否存在？"事实上，对这个问题的不同回答，不仅关涉到对精英、民主、权力等重要概念的不同理解，如何判断当时社会的权力结构及其演进趋势，而且可以勾连更为广泛意义上的"精英社会学"中几乎所有重要的议题，因而可以被视为理解社会学中精英研究的一把钥匙。

一、"权力精英"的缘起及初步争议

即使在六十多年后的今天，我们仍然可以说，《权力精英》于1956年春季的出版犹如一声响雷震惊了整个美国知识界。当时的美国正处于战后的"繁荣时期"，占据社会学支配地位的是以帕森斯为代表的结构功能主义和以丹尼尔·贝尔为代表的"意识形态终结论"，他们对美国社会权力结构的普遍看法是，在美国一个集团总是要和其他的权力相平衡，所以在美国并不存在权力过分集中的问题。但米尔斯却认为，美国社会的权力结构已经发生了本质的变化，最主要的国家权力已经集中在经济、政治和军事领域，并且这三大领域彼此间渗透融合，这三种权力的掌门人——公司富豪、政治董事和军界领袖——共同组成了美国的权力精英，他们不仅有着类似的心理结构和社会习性，而且有着一致的利益，共同制定至少具有全国性效果的决策，是一个控制了集中权力的“小集团”。

可见，《权力精英》从一开始就将主流的“平衡理论”“多元主义”当作了靶子，所以，该书一出版就遭到了支持后者的自由主义阵营的反击。他们认为，经过“管理革命”，家族资本主义已经衰败，西方社会已不存在单一的、统一的精英或者所谓的权力精英，而是权力分散、相互竞争的精英群体或“反对群体”。米尔斯在理论和方法上犯的错误是绕过了对决策过程的研究，而只是关注了决策者本人，而且他没有能够区分出公司所有者和管理者之间的区别，忽视了“上层阶级仍有特权，但他们并不统治”这一新现象；至于在经验上，罗伯特·达尔通过研究美国纽黑文地区主要城镇中的权力关系后指出，互相对立的精英代表之间的民主式的竞争，不仅是现代政治民主在理论上的最好状态，而且也是美国政治运作的实际状态[①]。

批判主义则为《权力精英》的出版喝彩。这本著作极大地影响了 1960 年代美国的反战和学生运动，支持和补充米尔斯论述的著述更是如雨后春笋般涌现。其中，持续时间最长者当属托马斯·戴伊，自 1976 年出版《谁在统治美国？》一书以来，每届美国总统上台都会推出新版，至今已有 7 版之多，而每一版的核心主题只有一个，那就是统治美国的仍然是那些在重要制度中占据高位的权力精英；从空间上来说，最著名的是拉尔夫·米利班德，他将米尔斯的研究范式扩大到对英国的分析中，并得出了类似的结论；至于其他国家的类似研究更是层出不穷。

---

① 不过，即使是那些后来反对米尔斯的人也承认，达尔的经验研究并不能颠覆米尔斯的主张，因为米尔斯所说的权力精英的“层次”，本来指的就不是这种“社区权力”的运作，而是由“高层圈子”做出的“具有全国性效果”的决策。真正能和达尔对话的，倒是当代精英理论的另一名开创者弗洛伊德·亨特，后者通过对某一特定城市在地方层次的权力结构进行分析后指出，地方上的商业领袖也是政策制定的核心人物。

不过，这并不代表批判主义完全同意米尔斯的论述，尤其是其中的传统马克思主义者，他们更多赞同的只是米尔斯的批判姿态，对他的理论框架却并不满意。在他们看来，仅仅像米尔斯那样强调精英与制度的关系[①]“走得还不够远”，必须将他们还原到对阶级关系的讨论中去；至于放弃“统治阶级”的概念而发明“权力精英”[②]，更是容易忽视经济上占支配地位的商业精英在决策过程中的主导作用，而将经济和政治、军事变得平起平坐。

这样，米尔斯关于“美国存在一个由三人小组构成的权力精英”的论断处在了一个微妙的位置上：米尔斯主义[③]、马克思主义、多元主义三者之间，似乎形成了一个“权力精英 vs. 统治阶级 vs. 利益集团”三种范式鼎立的格局——当然，前两者同属批判主义的阵营，而后者则更倾向于自由主义——刨除其中的意识形态分歧不议，这三者都宣称自己有充足的经验支持，而且似乎也确实如此。可见，问题的关键在于，到底哪一种主张更加接近整体的社会事实？或

---

① 受韦伯的影响，米尔斯认为，权力精英之所以握有大权是取决于他所在制度或机构中的位置。于是，分析权力精英绝不是要去分析权力精英本人的人格特征，而是一定要把权力精英和他本人所在的制度联系起来，一定要分析历史上各个权力机构的发展趋势。

② 米尔斯认为“统治阶级”的概念具有经济决定论的色彩；容易将政治决策层看成一个“资产阶级的委员会”，而忽视了他们其实还包括了除资本家之外的其他群体，甚至并非属于统治者的，诸如高级法官、金融人员这样在经济、政治、军事领域里来回穿梭的人物，而且他们之间的关系也并非铁板一块，而是仍然保持着一定独立性的联盟网络。

③ 也有不少人将米尔斯的权力精英理论归为“精英主义”，亦即一种强调权力集中在高度整合起来的精英手中的传统。姑且不论米尔斯本人一直反对这样的归类，这种将加埃塔诺·莫斯卡和维弗雷多·帕累托创立的精英理论与马克思主义者、韦伯主义者放在一起的分类方法，将导致我们忽视它们在理论取向上的重大差别，而这正是本文的重点所在，因此并不适合本文。实际上，米尔斯虽借用了“精英”这一术语，但其内涵已与传统精英理论相去甚远，而更接近韦伯的地位群体概念。但是，将米尔斯等同于韦伯主义者也并不十分恰当，因为米尔斯同样也受到了马克思、马基雅维利，甚至杜威、凡勃伦等人的巨大影响，很难被归入一个既存的学术流派之中。事实上，虽然由于米尔斯本人“公共知识分子”的面貌和不受学科教条束缚、感情色彩强烈的写作风格，他的著作至今仍遭到“学院派知识分子”的排斥，但经过其学术追随者——其中最坚定的是威廉·多姆霍夫，戴伊、米利班德、纳德等人也可归入此类——在理论和方法论上的不断修正完善，我们已完全可以将由米尔斯奠定的“权力精英理论”视为一个特征鲜明的独立学术范式。当然，精英研究并非只有马克思主义、多元主义、米尔斯主义这三种范式，本文着重讨论这三者更多的是出于行文清晰的考虑。

者说，面对同一个社会事实，到底哪一种理论会更有解释力？不同理论之间的分歧该如何理解？又有没有化解的可能呢？

二、争论的深入和融合：作为桥梁的米尔斯

1991 年发生的一场争论为我们回答上面的问题提供了一个难得的楔子。随着 1980 年代里根－撒切尔新保守主义的兴起，以及“新中产阶层的崛起”，在过去二十年中一直处于下风的多元主义理论再次发起新的反击[①]。新右翼精英理论的代表人物彼得·桑德斯在一本与约翰·迪尔洛夫合作的著作中，就以英国为研究对象指出，传统意义上的资本家阶级已经消失，取而代之的是一个庞大的、既不是资产阶级也不是统治阶级的经理中产阶层，英国人民通过选举选择他们的领导人，通过正式组织起来的利益群体，从外部影响他们的领导人，而英国政府则是一个自由民主的政治系统。

似乎是针锋相对，也或许是巧合，左翼阵营的代表人物约翰·斯科特于同年，在同一家出版社出版了《谁统治英国？》一书，实际上对桑德斯的观点进行了逐一的反驳。斯科特并不否认中产阶级企业家、商业阶层和公务阶层在英国政治中影响力的增加，也不否认利益表达的正式机制已经成为政治权力运作当中非常重要的因素，他甚至还承认在“公立学校”就读的学生就家庭出身而言并不存在所谓“资产阶级的垄断”，但是，所有的这些都没有改变“英国确实存在一个统治

① 学术争论总是逃脱不了现实政治和意识形态的限制，在 1960 年代至 1970 年代批判主义占据知识界主流话语的背景下，自由主义阵营明显处于劣势。但 1960 年代兴起的“新左派”对米尔斯其实一直是在进行一个选择性地挪用，对他批判姿态的兴趣远高于对他的思想内容和理论框架的兴趣，所以也从未真正在学理上说服对手，当政治环境发生变化时，反对者卷土重来也就不足为奇了。其实，在米尔斯那里，权力精英存在与否是一个可以随当时当地的政治经济结构的改变而改变的历史性问题，所以每隔一段时间对“权力精英是否存在”这个问题重新审视一番，倒符合米尔斯的本意。

阶级”的事实，“英国仍由资产阶级统治，它的经济支配通过对国家的运作得以维系，它的成员在统治国家机器的权力精英中不均衡地表现出来”。

面对同一时期的英国，两部都声称面对权力之“实践运作”的著作却得出了完全不同的结论。经验事实上的分歧当然也很重要——比如桑德斯等人就认为在英国资本家作为一个阶级已经碎片化了，而斯科特则认为英国仍存在一个资本家阶级——但考虑到两者在事实认定上的认同日益增加，它们在理论上的分野就显得更加突出和重要。拿中产阶层的壮大来说，桑德斯等“民主精英主义”者就认为这是精英多元的表现；而斯科特则认为，他们虽不是权力精英，但因为与权力精英有着相似的社会背景和经历（例如都在公立学校里接受资产阶级文化教育），他们事实上组成了一个为权力精英补充来源的、由各个群体的联合所构成的权力集团，“正是从这个权力集团中，权力精英得以形成，去垄断国家精英的补给吸收”，而没有成为权力精英的企业家阶层或公务阶层，则成为在竞选中支持和维持权力集团的选举集团。

不过，斯科特所使用的“权力精英”一词已不再是米尔斯意义上的权力精英，他所使用的“统治阶级”也不再是传统马克思主义意义上的统治阶级——它被简单地视为是资产阶级这一概念的延伸，而国家机器被认为由一个有着高度阶级意识和团结的单一阶级所支配——这两个术语都经过了他的改造，亦即将阶级、地位群体、精英看作是社会中权力分布的不同因素，从而能够将权力精英与统治阶级等同起来。这种改造的动力不仅仅来自于1956年以来经验层面上的社会变迁，更来自于理论完善的冲动；改造本身成功与否并不是最重要的，重要的是这种做法代表了精英研究中的一种普遍取向，那就是将韦伯主义、马克思主义，甚至帕累托主义、多元主义中各自合理的成分连接到一起，而米尔斯正是最为重要的一座桥梁。

这看上去似乎是一件匪夷所思的事情。然而，正像有的学者指出的那样，米尔斯自己的观点有的时候更贴近多元主义者，有的时候更贴近马克思主义者。

当他对权力的日益集中猛烈开炮的时候，他无疑是接受了马克思主义的批判立场，但当他将工会领袖这样的地位群体看作“权力新贵”并强调制度和组织的重要性的时候，他显然又有了多元主义所主张的利益集团模式的影子。事实上，如果我们将米尔斯关于美国权力结构的观点看作是一个由“权力精英——权力的中间阶层——大众社会”组成的金字塔的话，那么，多元主义者的立场是不承认权力精英的存在，他们看到的更多是竞争而不是联盟，而马克思主义者则想将权力精英中的一个部分放到更加重要的位置上。换句话说，三派都不否认只要是有国家的社会就会有政治精英①，真正的分歧在于，精英之间究竟在多大程度上、在哪些场合、由哪些人、通过什么方式、为了谁的利益联合在一起。

三、米尔斯主义的细化、弱化与再出发

这也许正是过去二十年来网络分析成为权力精英研究中最重要的取向之一的原因所在。从某种意义上来说，网络分析再次把我们带回到了问题的基本面上，那就是权力在社会中是如何分配和运用的——这也是权力精英存在与否这一问题背后的核心要点。在这个问题上，网络分析提供了一幅关于权力结构中的关键组织和人物之间如何相互联系，以及这一网络如何作用于政策议题的图景；而经米尔斯的使用而变得普及开来的“连锁”“内部圈子”等术语则成为网络分析中的核心概念。

---

① 存在一种最极端的派别——认为根本就没有现实的精英。这就涉及如何定义精英，定义不同，即使使用的是同一个概念，得出的结论也会截然相反。这并非是一个无足轻重的文字游戏。事实上，过去的半个世纪里，每一个流派的精英理论家都热衷于争论在定义精英、统治精英、权力精英、国家精英、统治阶级中某些特定因素的重要性，这些争论中反映的问题已足够另文论述。本文只想指出，对精英概念的任意使用只会阻碍精英分析的价值，这也正是当前精英研究日益丧失“社会学的想象力”的肇因之一。

按照有些学者的总结，精英研究中的网络分析主要有三种方法：声望研究、位置分析、决策过程分析，它们在实际中往往被混合运用。其中，声望研究通过对一系列群体的访谈，以确定谁是权力结构中的关键人物或组织；位置分析则通常从考察成百上千的人物和更大范围的组织之间的相互联系开始，并可以借助基于图论、矩阵代数、布尔代数等数学基础上的计算机程序的帮助以获得更多的细节；决策过程分析则由多元主义者的最爱变成了批判主义者的宠儿，他们尤其强调商业精英和政府之间相互联系的网络在政策制定过程中发挥的作用，同时将商业精英自身的利益一致视为与政府互动的基础，从而特别关注商业精英联盟的制度和过程——事实上，网络分析和对商业精英的研究已经成为一个单独的领域，有必要另文综述。

当然，对批判主义者而言，网络分析的运用虽然使他们成功地实现了从传统马克思主义的立场到一种融合了马克思主义、韦伯主义，甚至多元主义部分主张的立场的转向——例如，制度和阶级在网络分析中都得到了充分的重视，他们甚至接受了多元主义者的部分主张，亦即承认任何的领导精英内部都存在大量的小群体——但这些都并没有改变而是强化了他们关于西方发达资本主义存在一个权力小集团的核心观点，只不过这个小集团的面貌已不再必定是一个高度整合的“阶级”，而是可能随着当时当地的社会结构的变化而在群体意识、凝聚力和共谋程度上发生变化的社会存在。正如安东尼·吉登斯根据整合程度和阶级基础这两个维度做出的列联表所显示的那样，处于政治社会学光谱两端的精英主义和多元主义完全可以被纳入到同一个解释框架之内——其中的“排他性权力精英”最接近米尔斯对“权力精英”的原初定义，而在“被分割的权力精英”的情况下，精英之间的竞争已非常强烈，到了“碎片化的权力精英”时，权力精英的概念已经变成了一个抽象的概念，用以描述那些参与权力运作的相互竞争的、对抗的群体，这已非常接近多元主义者的立场——问题的焦点，也就由单纯的理论范式和意识形态之争，转向了基于具体情境的历史研究和跨国比较研究。

当然，与此同时，当“权力精英”可以被界定为“在任何一个等级制的顶端都有的那些人”的时候，从某种意义上来说，米尔斯关于“存在一个权力精英”的洞见在很大程度上却被消解了；在这里，丧失的是一种想象力和批判的激情，取而代之的是日益学院化甚至琐碎无聊的“经验调查”，而米尔斯，在他的理论终于大大地改变了学术界对精英的传统看法之后，他却在 1970 年代末期从学术讨论中几乎“消失”了——也许人们更多记住的只是他作为“愤怒的知识分子”的一面，而忘记了对他的理论贡献进行更加深入的探讨。

幸运的是，精英研究的新范式正在兴起，而米尔斯正在成为这股新浪潮的重要思想来源。精英研究的兴起有很多原因，包括“9・11”后世界形势的变化、2008 年后金融资本主义的强化、新保守主义和民粹主义的兴起，尤其是财富不平等的扩大和固化，这些都重新唤起了人们回顾米尔斯在近半个世纪前对权力精英，尤其是“军事工业复合体”的批判[①]的热情，而这也许正是米尔斯的著作正在经历一场复兴的原因所在。但更重要的是米尔斯毕生在道德上的召唤：在一个经济上升、知识界也普遍充满了自鸣得意的大国心态的“繁荣时期”，去做一个“说实话的人”和“负责任的工匠”。

吕　鹏

中国社会科学院社会学研究所

参考文献：

Aronowitz，Stanley. 2005. *C. Wright Mills*. Volume I，Sage Publications.

Bell，Daniel. 1960. “The Power Elite Reconsidered”，in：*The End of Ideology*，The Free Press.

Camp，R. 2002. *Mexico's Mandarins：Crafting a Power Elite for the Twenty-First Century*，

① 将军界领袖纳入到组成权力精英的“三大巨头”之中，既是米尔斯对他所处的艾森豪威尔时代最过人的洞见之一，又是权力精英理论中最容易引起争议的部分之一。反对者认为，米尔斯高估了军队在美国权力结构中的作用，尤其是随着冷战的结束和跨国集团在海外商业利益的增加，军界对商界和政界的影响力已经大大下降。可事实证明米尔斯的论述并未过时。当然，权力精英到底由哪几个“部门”组成，也应该是一个随时空改变而具体分析的问题。

University of California Press.

Dahl, Robert. 1958. "A Critique of the Ruling Elite Model", *The American Political Science Review*, June.

Dahl, Robert. 1961. *Who Governs? : Democracy and Power in the American City*. Yale University Press.

Dearlove, John. & Sanders, Peter. 1991. *Introduction to British Politics: Analyzing a Capitalist Democracy*, Polity Press.

Domhoff, William.1968. "The Power Elite and Its Critics", in: Domhoff, William. & Ballard H. (edited), *C. Wright Millis and the Power Elite*, Beacon Press.

Domhoff, William. & Dye, Thomas. 1987. *Power Elites and Organizations*, Sage Publications.

Domhoff, William. 1990. *The Power Elite and The State: how policy is made in America*. Aldine De Cruyter.

Dye, Thomas. 2001. *Who are running the America? The Bush Restoration* (7th Edition), Prentice Hall.

Giddens, Anthony. 1973. "Elites in the British Class Structure", *Sociological Review*, 20 (3) .

Giddens, Anthony. 1975. *The Class Structure of the Advanced Societies*. Harper & Row.

Gillam, Richard. 1975. "C. Wright Mills and the Politics of Truth: The Power Elite Revisited", *American Quarterly*, Vol.27, No.4.

Hunter, F. 1953. *Community Power Structure*. University of North Carolina Press.

Horowitz, Louis. 1981. "C. Wright Millis's Power Elite: A Twenty-Five-Year Retrospective" . *The Antioch Review*, Vol.39, No.3

Keister, L. A. 2014, "The One Percent." Annual Review of Sociology 40 (1) .

Kornhauser, W.1961. "'Power Elite' or 'Veto Groups' ?" in: Domhoff, William. & Ballard H. (edited), *C. Wright Millis and the Power Elite*, Beacon Press.

Miliband, R. 1969. *The State in Capitalist Society*. Weidenfeld and Nicholson.

Mills, Wright. 1948. *The New Men of Power: America's Labor Leaders*. University of Illinois Press.

Mills, Wright. 1957. "Comment on Criticism", *Dissent*, winter.

Mizruchi, M. 1982. *The American Corporate Network*, Sage Publications.

Parsons, Talcott. 1957. "The Distribution of Power in American Society", *World Politcs*, October.

Rieff, Philip. 1956. "Socialism and Sociology", *Partisan Review*, summer.

Rothacher, Albrecht.1993. *The Japanese Power Elite*. St. Martin's Press.

Savage, M. 2015, "Introduction to Elites From the &Lsquo; Problematic of the Proletariat&Rsquo; To a Class Analysis of &Lsquo; Wealth Elites&Rsquo." Sociological Review 63.

Scott, John. 1990. *The Sociology of Elites*, Vol. 2, Elgar Publication.

Scott, John. 1991. *Who Rules Britain?* , Polity Press.

Schwartz, Michael. 1987. *The Structure of power in America: the corporate elite as a ruling class*, Holmes & Meier.

Sweezy, Paul. 1956. "Power Elite or Ruling Class?" in: Domhoff, William. & Ballard H. (edited), 1968, *C. Wright Millis and the Power Elite*, Beacon Press.

Thompson, E.P. 1979. "C. Wright Millis: The Responsible Craftsman", *Radical America*, Vol.13, No.4.

Walton, Clarence.1998. *Archons and acolytes: the new power elite*. Rowman & Littlefield.

第一章

上流社会

普通人的权力受制于他们生活中的日常世界，甚至在职场、家庭、邻里的常规活动中，他们也常常被一些难以理解和支配的力量所左右。“巨变”，无法被他们掌控，却仍然影响着他们的行为和观念。在现代社会体系下，人们的局限并非来自于他们自身，而是他们周围的一切。现在，这些变化压迫着形形色色的社会大众，这些人因此感到他们盲目地处于一个没有权力的时代。

但并非所有人都是这样的普通人。当信息和权力的途径被集中，结果就是这些人得以在美国社会占据一席之地——在那个他们可以俯视的，发号施令并能产生巨大影响的，普通大众的日常世界。这些人并非被工作所塑造，他们既能为成千上万的人创造，也能消灭这些工作；他们也不会受制于简单的家庭责任，他们可以避免；他们也许生活在各种酒店和宅邸，但并不属于任何一个社区管辖。他们需要的不仅仅是满足日常的需求，在某些方面，他们创造了这些需求，并能使其他人来满足他们。无论他们是否宣称自己手握权力，他们的专业知识和政治经验都远远超越了普通大众。如雅各·布克哈特①提到“大人物”时所说的话，大多数美国人可能也会这样形容他们眼中的精英：“他们是那些与我们截然不同的人。”[1]

权力精英都是地位显赫之士，凌驾于普通人之上，他们能够做出具有重大影响的决定。是否制定重大决策，这本身并不那么重要，重要的是他们确实享有制定决策的重要地位：相比于他们做出的决定，他们无法行动、不能做出决

① 雅各·布克哈特（Jacob Burckhardt，1818—1897），瑞士文化历史学家。——译注

定的后果更为严重。因为他们掌控着现代社会各大统治集团和机构组织，主宰大型企业，管控国家机构并享有特权。他们指挥军事机关，占据主导社会结构的战略位置，因此可以集中、高效地利用他们享有的权力、坐拥的财富和获得的名望。

权力精英并不是孤立的统治者。顾问和幕僚，发言人与意见领袖通常是更高层次想法和决定的领导者。比精英稍逊一筹的是国会、利益团体[①]中的中层职业政客，或是地区、城镇中新旧上层阶级中的一员。与中层政客们混迹在一起的是职业名流，我们将会用新奇的方式加以探索，这些职业名流只要还享有名望，就出尽风头，乐此不疲，并以此为生。即使这些名流不是支配阶层的领头人，他们通常也能够转移公众的注意力或者引起轰动，更直截了当地说，他们能够向直接掌权者建言献策。道德评论家、善于弄权者、上帝的代言人、大众舆论的制造者，这些相对独立的名人和顾问都在参演一出精英们出演的戏剧，只不过戏剧的主角是重大权力机构中位高权重之人。

一

关于精英的本质和权力的真相，对精英们而言，并非知而不言的秘事。他们对自己在一系列事件和决策中所扮演的角色持各种理论。他们常常不确定自己的角色定位，而且在很多时候，他们任凭内心的恐惧和希望去左右对自己权力的评估。无论手握多大的实权，相对使用权力而遭受的抵制而言，他们更倾向于忽视它。而且，大多数的美国精英非常擅长使用公关辞令，甚至在独自一人时也会加以使用，因而他们对公关辞令愈加深信不疑。要想清

① 利益团体（Pressure Groups），也称倡导团体或压力团体，指具有相同利益并向社会或政府提出诉求，以争取团体及其成员利益、影响公共政策的社会团体。——译注

楚地了解上流社会，需要从几个方面进行探究，精英们的个人意志只是其中的一个方面。然而有许多人认为根本就不会产生精英，或者即使有也不会产生任何影响，他们仅仅把观点建立在了精英如何看待自己或精英在公共场合的表态之上。

然而，还有另一种比较模糊的观点：有些人认为存在一个非常重要的、紧密的，且影响力颇高的精英群体，他们在美国广受欢迎，这是一种以当代历史潮流为依据的观点。例如，持此种观点的人认为：从军事行动的主导方面可以推断出，海陆空上将以及受其影响的决策者都是拥有巨大权威的人。他们听闻国会再次将事关战争与和平的决策权交到了少数几个人手中。他们知道向日本投放的原子弹是以美利坚合众国的名义投下的，尽管决策者在投放前并未就此事征求过意见。他们深感生活在一个重大决策的时代，却并未参与任何决策。由此，他们把当下视为历史，他们认为无论做不做决策，在核心位置必然存在权力精英。

一方面，对于重大历史事件持上述观点的人认为存在精英，而且精英的权力不可小觑；另一方面，有的人会仔细聆听对重大事件有决策权的人们所做的报告，这部分人认为没有哪位精英手中紧握的权力会产生决定性的后果。

应该综合考虑上述两种观点，但上述两种观点都不够充分。了解美国精英的权力，既不能局限于认识事件的历史范畴，也不能只接受一些人在公开决策中彰显的个人观点。在这些人和历史事件背后，连接着这两者的是现代社会的主要制度。国家、企业和军队的等级制度，构成了权力的行使手段。正因如此，他们现在拥有前所未有的影响力，在权力至高处，占据现代社会主导位置的精英们，让我们可以从社会学的角度出发，了解美国的上流社会。

在美国社会内部，主要的国家权力集中在经济、政治和军事领域。现代历史中，其他机构似乎都被边缘化了，有些机构只是偶尔适当地从属于这三大领域。在参与国家事务方面，任何大企业都比单个家庭拥有更加直接的参与权；在美国，没有哪个教堂可以像军事机构那样对年轻人的成长历程产生更直接的重大影响；在决定国家事务方面，国家安全委员会拥有的影响力任何大学都无法比拟。宗教、教育机构和家庭都不是国家权力的自治中心，而经济、政治、军事这三大领域对它们的影响日渐凸显，最终对其产生决定性的直接影响。

家庭、教堂和学校调整自身以适应现代生活，而政府、军队和企业塑造现代生活。鉴于此，政府、军队和企业将家庭、教堂和学校变成它们达到目的的手段。宗教机构为军队提供牧师，鼓舞军队士气以高效作战；学校挑选和培育人才，使之能够胜任企业的工作，以及完成军队的专业任务。当然，工业革命早已使几世同堂的大家庭变得支离破碎，现在，如果有需要的话，儿子和父亲必须随时响应部队的号召，离开家庭奔赴战场。政府、军队和企业将教堂、家庭和学校变成它们的代理机构，从而将权力和决策合法化。

现代个人的命运不仅取决于他们出生的家庭，或者他们自己组建的家庭，而且更多地取决于他们在青壮年时期兢兢业业为之效劳的企业；不仅取决于他们的母校，而且取决于对他们一生都有重要影响的祖国；不仅取决于他们做礼拜的教堂，而且取决于他们参军所属的部队。

如果实施中央集权的国家无法通过公立和私立学校传播爱国精神，国家领导人会立刻修改这种不为集权服务的教育体系；如果前 500 强企业的破产率与 3700 万名夫妇的正常离婚率持平，那么可能会出现全球性的金融危机；如果献身的士兵的人数比他们所属教会信徒的人数少，那么可能会出现军事危机。

在企业、政府和军队这三大机构内，典型的机构单位已经发展壮大、变得行政化，在决策权方面也变得集中化。对各机构来说，它们已经吸纳了这些发展形势背后隐藏着惊人的技术并加以引导，与此同时，这种技术也反过来影响并促进机构的发展。

经济——曾经是自主平衡下分散的小生产单位——现在由两三百家企业巨

头主导，这些企业在行政和政治上相互关联，共同掌握着经济决策的关键。

政治体制——曾经是权力分散的几十个州，如今已形成权力集中的行政机构，并将之前许多分散的权力集结在一起，渗透到社会结构的各个方面。

军事体制——曾经是在互不信任时期，州民兵团建立的势单力薄的机构，现已发展成为队伍和开支最庞大的政府部门。尽管如今的军队十分擅长处理公共关系，但是政治领域的扩张形势仍严峻而缓慢。

在上述任意的一种体制内，决策者行使权力的方式都得到了巨大的改进，他们的行政权力得到了进一步巩固；而且，他们的管理例程都经过精心编排、更加严格。

当任意一个领域得到扩张、实现集中化，其活动造成的结果都会产生更加深远的影响，与另外两个领域的交往也会日趋频繁。少数企业的决策关乎军事、政治乃至全球经济形势的发展；军事机构的决策取决于政治和经济活动，同时也对政治和经济活动有着巨大的影响；政治决策也决定着经济活动和军事项目。一方面，经济不再对政治无关紧要；另一方面，政治体制——包括军事组织——对经济也不再是无足轻重的。政治经济与军事机构、军事决策之间的联系方式有上千种，从欧洲中部到亚洲周边，经济、军事和政治结构之间的关联程度不断增加。[2]如果政府干预企业经济，那么企业也会影响政府程序。从结构意义上来说，权力三角形是部门间相互关联的根源，对当今的历史架构最为重要。

现代资本主义社会每一次危机爆发，如战争、经济萧条、繁荣，都充分印证了三大领域之间相互联系。在每一场危机中，决策者们都会达成一种共识：主要的机构秩序之间是相互依存的。19世纪，各机构的规模较小，由于市场在自主经济中自由运行，因此各机构自动整合在一起。在自主政治领域，它们通过协议和投票实现整合。那时，人们认为少数决定会引发不平衡和摩擦，之后，一种新的平衡会在适当时机出现的想法已不再盛行。政治、经济和军事三大领域的高层都不会持这种观点。由于每个领域的果断决策或优柔寡断都会影响到其他领域，所以高层决策可能很快协商一致，也可能迟迟无法统一意见，不过也并非总是如此。例如，当许多小企业家参与经济活动时，其中多家企业可能会破产，它们造成的影响仅局限于当地，政治和军事部门不会对其加以干涉。但是现在，考虑到政治前景和军事责任，眼看重大私营企业从萧条走向破产，他们能够冷眼旁观、置身事外吗？他们干预经济事务的次数在不断增加，因此，任何一个领域颁布的控制性决策，都会受到另两个领域相关部门的审查，经济、军事和政治领域就是这样相互联系、相互影响的。

在政治、经济和军事这三个不断壮大和集权的领域内部，形成了由经济、政治和军事精英组成的上流社会。他们是活跃在经济领域金字塔塔尖的富商，如企业首席执行官；他们是位于政治领域权力金字塔顶端的政治委员；在军事机构内部，他们是参与参谋长联席会议的各兵种军事精英。由于每个领域都与另两个领域有重叠部分，其决策造成的影响也是全方位的，军事、经济和政治三大领域的佼佼者——军队将领、企业领袖和政府高官往往团结在一起，形成美国的权力精英。

二

权力精英构成的上流社会，最让人津津乐道的是这些精英拥有比普通人更多的资产和更宝贵的经验。从这一点来看，精英无非就是那些拥有更多的人：如金钱、权力和名望，以及由这一切产生的生活方式。[3]然而事实上，精英并非单纯意义上拥有得更多的人，因为如果他们没有在重大机构内担任要职，他们就无法比普通人拥有更多。进入这些机构是获得权力、财富和名望的基础，同时，机构的领导人能够行使权力，获得并保持财富，用财富换取更高的名望。

我们所说的强权者，当然是指那些即使遭遇抵抗也能够实现自己意愿的人。因此，除非在重大机构担任要职，否则没有人能够拥有真正意义上的权力，正是通过这些机构的权力手段，真正的权力才有影响力。级别较高的政客和政府重要官员拥有这种机构权力，海陆军上将、规模较大企业的主要股东和经理人也是如此。当然，也并非所有的权力都是机构的附庸品，权力因其而生，经其行使，但是，只有依附于机构的权力才能得以持久、富有意义。

同样，财富也要通过机构来获得和掌握。如果仅从巨富这一方面出发，那么将无法准确地了解财富金字塔。正如我们所见，世代承袭的名门望族、现代社会的企业机构，这些富裕的家族都与资产数百万的大企业联系密切，这种往来是合法的，而且常常是管理上的联系。

现代大企业是攫取财富的主要手段，但是，在近代资本主义社会，政治机构也打开和关闭了许多财富之门。收入总量及其来源、对消费品和生产资本的支配能力，都由在政治经济中所处的地位决定。我们对富豪的关注点应该不仅仅停留在他们奢侈或吝啬的消费方式上，我们应该审视他们与现代企业资产形式之间的关系，以及他们与政府之间的关系，因为这些关系决定着现在人们获取巨额财富和高收入的机会。

社会结构下的重大机构组织的声望越来越高。显而易见的是，名望取决于它们接触到的宣传机器。通常，宣传机器对名望具有决定性的影响，它也是现代美国所有大型机构的主要和普遍特征。而且，企业、政府和军事机关的这些等级机构的一大特征是，高层可以互调职位的现象越来越普遍。其中一个结果就是形成名望的累积。例如，名望诉求最初可能是基于军内职务，接着，受企业管理的教育机构表达并强化了这种诉求，然后实现盈利。最后，以艾森豪威尔将军为代表的人士，权力和名望都在政治秩序中达到了顶峰。同财富和权力一样，名望也有积累效果：拥有的越多，能得到的也就越多。这些价值通常也能够转化：富人比穷人更容易谋得权力，有地位的人也更容易把握赚取财富的机会。

如果，我们卸下美国权力榜、富豪榜和名人榜前一百强的职衔，打破他们的人脉，截断他们的资金，屏蔽为他们服务的大众传媒，那么，他们将沦为身无分文且默默无闻的一介草民。因为，权力并非个人所有，财富并不集中在富人身上，名望也并非是与生俱来的。享有名望、坐拥财富、手握权力，这些都需要借助于重要机构，在机构担任的职位，很大程度上决定了拥有和把握这些宝贵经验的机会。

三

上流社会人士也被认为是社会的顶层成员，这是因为，圈内成员彼此认识，在社交和生意场上见面，做决策的时候会把其他人考虑在内。根据这个理念，精英觉得他们是上流社会的核心，[4]并且别人也是这样看待他们的。他们或多或少形成了一个紧凑的社会和心理实体，他们已然成为社会阶层中有强烈自我意识的成员。人们或被这个阶层接纳，或被排斥在外。精英与非精英之间存在着质的区别，而且不仅仅是人数上的差异。精英或多或少意识到他们是一个社会阶层，他们对待同一阶层人士的方式与对待其他阶层人士的方式截然不同。他们相互包容、相互理解、通婚联姻，即使不聚在一起，也以相似的方式工作和思考。

现在，我们不想用自己的定义来预判，占据领导职位的精英是否是一个明确社会阶层中具有强烈自我意识的成员，或者是否相当大比例的精英源自一个如此明确的社会阶层，这些都还有待查明。然而，为了能够确认要调查的内容，值得一提的是，富人、官员和名人的传记与回忆录中明确表明：无论他们是什么身份，上流阶层人士同许多重叠的“群体”和“小集团”有着复杂的联系，“同一阶层的人”有着同样的魅力——尽管这对他们和其他人来说变得越来越明朗，但是，只有当他们察觉到有必要与其他阶层划清界限时，只有当他们处于共同的防御姿态时，他们才开始发现他们之间的共同点，才会紧密地团结起来一致对外。

统治阶层的这种观点暗示，精英中大部分人都有着同样的社会背景，他们终其一生都维系着非正式的社交网络，这也意味着在某种程度上，富人、官员和名人各阶层间的职位互换性。当然，我们必须同时注意到，若真的存在精英阶层，从历史角度来看，其社会形象和社会形态都与曾统治欧洲各国的贵族家庭截然不同。

美国未有过封建统治，这对美国精英阶层以及作为一个历史整体的美国社会都有着决定性的影响。这意味着，在资本主义时期以前，美国社会并不存在与资产阶级立场全然相反的贵族阶层。同时也说明，资产阶级不仅独占财富，而且揽尽名望和权力；这意味着，没有贵族占据显赫的社会地位，垄断德高望重之士尊享的价值，而且这也无法通过世袭来实现；这意味着，没有教会显贵或者宫廷贵族，没有令人敬仰、根基稳固的大地主，也没有独揽大权的军官反对过富庶的资产阶级，没有人能以出身和特权之名成功抵制资产阶级的发展。

但这并不表示美国社会没有上流阶层。即便出身“中产阶级”，不享有公认的贵族头衔，这并不意味着他们积累巨大的财富、赢得优越的社会地位后，依然属于中产阶级。原生背景和新晋地位或许使美国的上流阶层不如别国的那般耀眼，但是当今的美国，权力和财富存在各个层级，这不为中下阶层的民众所知，甚至他们连做梦都想不到。有些家庭能免受经济动荡和衰退的影响，而富裕家庭和底层人士却无法幸免。一些小集团的掌权者做出的决策对底层人士有巨大影响。

美国精英是以一个没有对手的资产阶级的身份顺利登上现代历史舞台的。无论是在此之前还是自此以后，没有哪国资产阶级享有这样的机遇和优势，没有哪个邻国可以依靠军事手段，轻而易举地占领一片自然资源丰富的独立大陆，并吸引劳动力纷纷前往。权力框架和与之匹配的意识形态应运而生。反对限制重商主义者，继承了自由放任政策；反对南方种植园主，强制推行工业主义。独立战争终结了贵族在殖民地的狂妄作为，反对独立的人逃离祖国，千千万万庄园被毁。安德鲁·杰克逊[1]式的身份变革结束了古老的新英格兰家族后裔的垄断地位。内战瓦解了战争爆发之前南方人追求更多尊严的权力，也在这个过程中摧毁了他们的声望。资本主义的发展速度使继承下的贵族不可能在美国发展和延续。

在美国，任何一个稳固的统治阶级——无论是扎根于农业，还是在军事上取得辉煌的战果——都无法遏制推动工商业发展的历史动力，也无法像德国和日本的资本家那样从属于自己的资本精英。在工业革命开始决定历史走向时，世界各国没有一个统治阶级能够牵制美国统治阶级。当纽约和华盛顿分别成为西方资本主义世界的经济和政治之都时，英国及其模范统治阶级的命运，与20世纪的两次世界大战中德国和日本的命运如出一辙。

四

占据指挥位置的精英，或许被认为是权力、财富和名望的拥有者，或许被视为资本主义社会中的上层人士，也或许从心理和道德层面被界定为某类优秀的个体。如此看来，简而言之，精英就是那些气度不凡、能力卓绝的人。

例如，人文主义者并不从社会层面或者类别角度来看待精英，他们认为精英是少数试图超越自己的人，因此，精英更加高贵、有能力和出众。无论他们是贫是富，职位是高是低，是被人人称赞还是被视同草芥，这都不是关键，他

① 安德鲁·杰克逊（Andrew Jackson，1767—1845），美国第7任总统。——译注

们之所以是精英，是因为他们就是具有精英特质的人。依据这种观念，剩下的人就是懒散懈怠的普通大众，是令人不快的平庸之辈。[5]

这种观念是没有社会基础的，一些美国保守派作家最近试图发展这种观念①。大多数从道德和心理方面给精英下的定义则更简洁明了，不聚焦于个体，而是将精英视为一个整体阶层。事实上，存在贫富差距的社会常常会产生这些观念。有先天优势的人不愿相信他们只是碰巧具备这些优势，他们倾向于认为自己天生就该拥有现在的一切，认为自己天生就注定是精英，实际上，他们认为财富和特权是精英身份的天然衍生品。从这个意义上说，精英群体是由品性优良的人构成的，这种观念其实认为精英是有特权的统治阶层，无论这种观念是精英自己提出的，还是旁人提出的，这都是事实。

在平等主义论调盛行的时代，中下阶层中才智过人或能言善辩者，以及上层中犯有过错的成员，可能会非常喜欢"反精英"的观念。事实上，西方社会有悠久的传统和各种各样的想象，认为穷困者、被剥削者和被压迫者是真正的贤者、智者和蒙福之人。这种反精英的道德观念源于基督教的传统，实质上是将上层人士谴责为地位低下的人，可能会被或者已经被底层人士借以严厉谴责统治精英，并期待着完美的新精英们的到来。

然而，精英的道德观念并不总是权势兼备者的意识形态，或者弱势群体的反意识形态，它通常是这样一个事实：由于拥有可控的经历和选择的特权，许多上层社会人士在这个过程中确实会接近他们所体现的性格类型。甚至当我们必须放弃精英生而具备精英品质的观念时，我们也不应忽视，他们的经历和接受的训练在他们身上形成了特定类型的性格。

现在，我们必须承认精英由上层人士组成，这是因为，为那些最高职位甄选的人才和由这些职位培养出来的人才，都有许多帮他们修改自我概念、树立

① 参见第十四章：保守情绪。

全新的公共形象和影响他们做决策的代言人、献策者、代笔者和化妆师。当然，在这方面，精英阶层有着巨大差异，但是作为当今美国的一个普通规则，仅仅从公开成员来解读任何一个主要的精英群体都是幼稚的。美国精英通常更像是企业实体的集合，而非单一个体的集合，在很大程度上，他们被塑造成或被认为是标准“人格”，甚至连表面上最自由的名流，也通常是训练有素的职员每周产出的一种合成品——职员会仔细思考让名流自发附和的即兴笑话的效果。

而且，只要精英作为一个社会阶层，或者占据指挥位置的群体发展壮大，就会选择和形成特定的人格类型，然后对其他类型加以排斥。人会变成道德意识和心理意识强大的人，在很大程度上由两方面决定，一是他们在个人经历中形成的价值观，二是他们被允许和期待扮演的机构角色。从传记作家的角度来看，上流阶层人士参与过一系列关系密切的小集团，在余生中可能再次参与其中，他们同集团内部与自己相似的人建立关系，这些关系帮助他们成为上流阶层中的一员。如此看来，精英属于上流阶层，其成员是被精挑细选、训练有素的合格人士，与控制现代社会公立机构等级的人士有密切往来。如果有理解精英的心理概念的秘诀，那就是他们将个人对客观决策的意识和共有的亲密情感相结合。把精英当成是一个社会阶层来理解，我们必须从更细小的范围仔细审视每个成员的社会背景，从历史上来说，最明显的社会背景是上流家庭，但是在当代，最重要的是进入适合他们的中学和都市俱乐部。[6]

五

正确理解了关于精英的这几种观念后，会发现各种观念之间存在错综复杂的联系，我们必须综合运用所有这些概念，以便探索美国的成就。我们会为精英提供候选人，对几个上流阶层进行逐一研究，我们也会对决定美国社会的重大机构进行研究，研究机构内部和机构间的关系，探索财富、权力和名望之间的相互联系。但是我们最关注的是占据指挥职位的人拥有的权力，以及他们在现代史上扮演的角色。

这样的精英或许会被认为是无所不能的，他们拥有的权力被认为是暗箱操作的结果。在庸俗马克思主义中，事件和趋势是依据“资产阶级的意志”来解读的，纳粹主义是参照“犹太人的阴谋”来解读的，当今美国的少数右翼分子，是参照共产主义间谍的“隐形力量”来解读的。根据这些把全能精英看成历史缘由的观念，精英从不是完整的有形机构。事实上，人们认为非精英人士有能力反对并最终超越精英，除此之外，还有一种观点，精英是上帝意志的世俗化替身，是受神的旨意产生的。

另一种截然不同的观点是：精英是软弱无能的，这种观点在思想开明的观察家中间非常流行。精英远非无所不能，他们被认为太分散而缺乏作为历史推动者的连贯性。他们的隐蔽性不是故意隐藏的那种隐蔽性，而是因为群众人数太多而无法凸显的那种隐蔽性。占据正统位置的人，或被其他精英施加压力，或作为选民被公众严密监督，或被宪法法规严格审查，因此尽管或许有上流阶层，却没有统治阶层；尽管或许有权势兼备者，却没有权力精英；尽管或许有阶层化的系统，却没有高效的上层领导。对精英的极端观点是，精英由于妥协而被削弱，由于不团结而成为无价值的人，是非个人的集体命运的替代品，依照这种观点，上流阶层中明智者的决定对历史的发展无足轻重①。

在国际上，精英的全能形象非常盛行。所有好事和令人愉快的事情一旦发生，意见领袖会迅速将之归功于国家领导人，将所有不好的和令人不快的事情

---

① 无能的精英的观点，正如我们将在第十一章中看到的：平衡理论得到自主经济的强力支持，经济精英通过否定权力的存在来解决自主经济中的权力问题。没有人有足够的权力来实现颠覆，事情是一种隐形平衡的结果。权力精英也是如此，用平衡的模式来解决权力问题。与市场经济一样，无领袖的民主里，每个人都不需要为什么负责，又什么都负责，人的意志通过公正的选举程序得以体现。

归咎于国外的敌人。在上述两种情况中，邪恶的或者高尚的万能统治者都是假定的。在美国，使用这种说辞更加复杂：当人们谈及所属党派或阶层的权力时，它们及其领导人当然都是无能的，只有“民众”是全能的；但是，当人们谈及反对党或反对阶层的权力时，会冠以它们全能标签，“民众”则是无能的。

更笼统地说，出于传统习惯，美国的当权者倾向于否认他们拥有权势。没有美国人竞选公职只是为了统治、治理，或只是为了为公民服务，这并不会让他们成为官僚或者是官员，而只是一名公务员。现在，正如我所指出的，这种姿态已成为所有当权者在公众面前表现出的标准姿态。弄权风格如此一致，以至于保守派作家误以为这是一种“无组织的权力格局”的趋势。

但是，当今美国社会的这种“权力格局”比那些将其视为情感困惑的观点更无“形状”可言。比起水平式的短暂“格局”，它更像是一种阶梯式的恒久结构，即便那些占据最高级别的人不是万能的，也绝对不是无能的。如果要理解精英掌握和行使的权力有多大，我们就必须探究权力等级的形式和高度。

如果决定国家事务的权力以绝对公平的方式进行共享，就不存在权力精英了，事实上，也将会不存在权力等级，只有彻底的一致性。在另一个极端，如果决定权被小集团独揽，将会不存在权力等级，一切都由这个小集团来掌控，直接管理、支配下面无差别的普通大众。现在，美国社会既不是决定权公平共享的代表，也不是小集团独揽大权的代表，但这两种极端的概念仍然是有用的：这使我们更清楚地认识到美国权力的结构问题，以及权力精英在权力结构中所处的位置。

在现代社会中，所有最有影响力的机构内部都有权力等级。在社会、经济或政治领域任何事务的决定权上，路边的水果摊摊主都无法与市值数百万美元的水果企业业主相媲美。没有哪个前线中尉手中的权力，能与五角大楼总参谋长手握的权力相提并论，没有哪个副警长能像美国总统那样有权威。因此，权力精英的界定问题在于我们想在哪个级别划定界限。划定的界限过低，界定的精英会超出范围，划定的界限过高，界定的精英范围会小于实际范围。我们用最原始的方法，用笔粗糙地描出界线：我们把权力精英圈界定为政治、经济和军事圈，这是有着复杂交集的小集团，他们共同制定的决策至少能在美国范围内产生重大影响。只要国家事务被决定了，那一定是由权力精英决定的。

在现代社会，权力和机会都有明显的等级，这并不是说精英是团结在一起的，他们清楚地知道自己在做什么，或者他们是有意识地参与了阴谋活动。解决这些问题的最佳方式就是更多地关注权力精英在机构中所处的位置，以及他们做出的决策产生的重大影响，而不是只关注他们自我意识的程度，或者他们的动机是否单纯。要理解权力精英，必须从以下三个关键点入手。

1. 在对每个上流阶层展开讨论的过程中，我们必须始终强调的一点是：这些精英在他们各自的社会环境中的心理特征。只要权力精英是由出身和教育背景相似的人组成，只要他们的事业和生活方式相似，他们之间的团结就有心理和社会基础，也因为他们的社会类型相似，他们能够更容易融合在一起。当共享名流阶层的名望时，他们之间的团结程度达到顶点，在政治、经济和军事这三大主要领域的机构内部或之间实现职位互换时，他们之间的团结程度达到更稳固的顶点。

2. 我们或许能够发现，隐藏在心理和社会团结背后的是三大领域机构等级制度的结构和机制，政府官员、企业富商和军队将领通过这些结构和机制进行现在的工作。各机构统治的范围越大，与之相应的精英手中的权力范围就越大。主要的官僚机构是怎样形成的，以及各官僚机构之间的关系如何，在很大程度上决定了它们统治者之间的关系。如果这些官僚机构是分散的、不联系的，那么它们各自的精英群体则也是分散和不联系的，如果官僚机构之间存在众多关联，而且存在利益一致的地方，那么，它们的精英则倾向于形成一个联系紧密的整体。

精英之间的团结并不是简单反映机构的联结，而是精英和机构总是相关联的，我们对权力精英的看法要求我们确认那种关联。现在，在美国，在几个机构统治的范围内，重要的结构利益是一致的，例如，在政治真空的地方，采用私人赞助的方式建立固定的军事基地。

3. 但是，权力精英的团结不仅仅取决于心理上的相似性和社会融合性，也不仅仅取决于主导位置和利益在结构上的一致性。有时，权力精英的团结取决于协调上的一致性。这三个上流阶层的协调性越来越高，这是他们团结的基础，在战争期间，这种协调性至关重要，但也并不是说协调性就是完全的、连续的，或者非常稳固的，更不用说有意图地协调是精英团结的唯一基础或是主要基础，或是说权力精英是伴随着计划的实现而产生的。但是，这表明随着我们这个时代的机构机制打开通道，在人们追求一些利益的时候，许多人开始明白，如果他们以非正式或更正式的方式携起手来，可能会更容易实现获取利益，而且他们已经在这样做了。

六

我的论点并不是在人类历史上，所有国家经历的各个时代，有创造力的少数派、统治阶级、全能精英决定了所有的历史事件。一旦经过仔细检视，这些理论不过是些赘述而已，[7] 即便不是如此，它们也太过普通而无益于理解当代历史。狭义上，权力精英是指所有那些做出具有重大影响的决定的人，但这并不是说精英成员总是且必须是历史的创造者，并不代表将来也是如此。我们绝不能把给精英下的定义与精英角色理论——精英是我们时代的历史创造者——相混淆。例如，将精英定义为那些统治美国的人，这与其说是下定义，不如说是一种关于权力精英角色的假设。无论我们以何种方式来定义精英，其成员掌握的权力范围都是受历史变化影响的。如果我们以教条的方式，试图将那种变化涵盖在我们宽泛的定义里，那我们就缩小了定义的使用范围，这是愚蠢的。如果我们坚持将精英定义为一个严格协调一致的阶级，永久占有绝对的统治地位，那我们将无法得到更确切的定义。简而言之，关于各地统治集团拥有的权力及其程度的定论，我们不能将其恰到好处地囊括在对于权力精英的定义中，更不应该将历史理论掺杂到我们的讨论中去。

在人类的历史长河中，大多数历史变革是不为参与者或者是实施者所见的。例如，古埃及和美索不达米亚延续了400代人，但是，它们的基本结构只有轻微变化，延续时间是整个基督教时代的6.5倍，后者只延续了60代人，是美国5代人存在时间的80倍。但是现在，变化的速度如此之快，观察的途径如此便利，以至于只要我们从一个十分有利的角度仔细观察，就会发现事情和决策间的相互作用似乎在历史上常常是相当明显的。

当博学的新闻记者告诉我们“是事件，而不是人塑造了重大决策”时，这是他们在回应财富、机遇、命运，或者“看不见的手”之类的理论。因为“事件”仅仅是那些旧理论的现代说法，旧理论将人和历史成因分开，让我们相信历史进程是在人们背后悄悄推进的。历史是自由向前发展的，历史过程中只有行动没有事迹，历史发展是自发行为，事件不受制于人的意志。[8]

在当代，事态进程更多地取决于一系列人的决策，而不是任何注定的命运。社会学角度的“命运”是指：当决策数量数不胜数，每个决策都产生小小的影响，所有影响在客观叠加后，构成如同命运的历史。但并非每个时代都是如此。随着决策者圈子的缩小、决策方式的集中、决策影响的加大，重大事件的进展往往取决于决策者们的决策。这并不是说决策圈以这种方式对待所有事情，所有历史事件都是他们谋划的。精英的权力并不一定意味着，历史不是在一系列小的、不假思索的决策的影响下形成的。精英的权力并不意味着一百个小安排、小妥协和小改变不会发展成为即行的政策和即将发生的事件。权力精英的概念并没有表明决策的制定过程是尝试界定社会领域，无论制定过程呈现出何种特征，都在向前推进。权力精英的概念是谁参与决策制定过程的概念。

决策参与者的预见能力和控制力因人而异，权力精英的概念并不意味着关于已定决策的预计风险总是无误的，实际上，决策造成的结果时常达不到预期效果。决策制定者常常受制于自身的缺陷，并被自己犯下的错误所蒙蔽。

然而，小圈子决定我们时代或者无法决定的关键时刻已经来临。无论哪种情况，他们都是权力精英。向日本投射原子弹就是这样一个关键性时刻，对朝鲜的决策也是这样一个时刻。美国决定参加第二次世界大战也是这样一个时刻。我们时代的很大一部分历史都是由这样的关键时刻写就的，不是吗？当人们说我们生活在一个由重大决策组成的时代，难道不是指权力的高度集中化吗？

我们中的大多数人都不会尝试通过希腊人信仰的永恒轮回、基督教信仰的救赎，或者人类的任何一个进步来认清我们这个时代。尽管我们不会仔细思考这些事情，但是我们却相信布克哈特所说的，我们不过是生活在一连串事件中，纯粹的连续性是历史的唯一原则。历史只是一件接一件的事情，历史不是实现某个确定的策略，从这方面来讲，历史毫无意义。当然，我们的持续感，我们对这个时代的历史感，确实受到危机的影响。我们几乎无法预料到即将发生或者迫在眉睫的危机。我们既不相信命运也不相信上帝。我们在心里默默地认为国家层面上的“我们”能够决定未来，但是个体层面上的“我们”是无法做到这一点的。

历史的任何意义都是“我们”必须通过行动去赋予的。然而，事实却是尽管历史层面上的我们代表所有人，但并非每个人都拥有同等的权力创造历史。如果我们装作拥有同等创造历史的权力，从社会学的角度来说是谬论，从政治角度来说是不负责任的。之所以说是社会学的谬论，是因为任何组织或者个人都受到限制。首先，权力行使的途径受主导位置技术和机构的限制；其次，并非所有人都享有同等的机会行使权力；再次，每个人行使权力产生的影响也是不一样的。之所以说那是政治上的不负责任，是因为这给确定重大决策制定者的责任造成困难，而恰恰这些决策者享有行使权力的机会。即使只对西方社会的历史进行象征性的审视，我们也能从中得知，决策者的权力首先受技术水平的制约，制约还来自特定社会里流行的权力行使手段、暴力行为和占主导地位的组织。从这种联系中，我们发现了一条非常清晰的线索，贯穿了整个西方社会的历史。压迫和剥削的手段、暴力和破坏的方式、生产和重建的方式都在逐步加强和日益集中化。

权力的机构手段和沟通手段之间的联系越来越高效，掌控这些手段的人已经开始掌控人类历史上无可比拟的统治工具。然而，我们还没有到达统治工具发展的顶峰。我们再也无法依靠以往各个时代的统治集团的历史起伏，或者从中得到安慰。从这个意义上来讲，黑格尔是正确的：我们学习历史，却不从中吸取教训。

对于每个时代、每种社会结构，我们都必须解答关于精英权力的疑问。人类的目的通常是希望，但是实现希望的手段却由一些人掌控着。正因为如此，各种权力手段就成了精英领导者的目的。这也是为什么我们可能会从权力手段这一层面，将权力精英定义为那些身居要职的人。现在，关于美国精英最主要的问题是：精英的构成、联合和权力，现在必须高度重视精英拥有的权力手段。相比于拿破仑对法国的贡献，恺撒对罗马的贡献则相形见绌；相比于列宁对俄国的付出，拿破仑对法国的付出则无法与之相比；相比于希特勒对德国的影响力，列宁对俄国的影响力也黯然失色。但是，与苏联不断变化的核心圈的权力或美国临时政府的权力相比，恺撒位于巅峰时的权力是怎样的？任何一个圈子的人都能够在一夜之间将大都市夷为平地，在数周内用核武器将各大陆摧毁成不毛之地。权力的机构得到了巨大的扩展和高度集中化，这意味着现在小集团的决策越来越重要。

即便知道现代社会结构的顶层职位允许更多的重要决策，也不能说占据这些高位的精英是历史缔造者。或许扩大化和一体化的经济、军事和政治结构被塑造为允许指挥决策，还觉得和以前一样“他们自己管理自己”，简而言之，那些占据顶层职位的人，他们的决策由“必须”决定——取决于他们在机构扮演的角色和这些机构在社会总结构中的位置要求他们这样做。

精英自行决定他们要扮演的角色吗？或者机构分配给他们的角色决定精英的权力吗？笼统的回答是——虽然任何笼统的回答都是不充分的——各个不同的结构和时代，精英与他们所扮演的角色之间的联系各不相同：精英的本质和历史的本质没有提供任何答案。同样正确的是，如果大多数人被允许扮演任何角色，按他们对职位期待的方式扮演角色，那精英就不必做什么，而且可以经常什么也不做。他们可能会质疑自己所在的结构和位置，或者是履行职责的方式。

没有人呼吁或者允许拿破仑在雾月十八日（1799 年 11 月 9 日）发动政变，然后将督政府变成象征王权的执政府。[9] 没有人呼吁或者允许阿道夫·希特勒在总统兴登堡去世当天宣布自己为“领导者和大臣”，通过合并总统和总理的职位，废除并占领职位。没有人呼吁或者允许富兰克林·罗斯福制定一系列决策，最终导致美国参与第二次世界大战，这系列决策不是“历史必然”，只是一个名叫杜鲁门的人和一些其他的人决定在广岛投射原子弹。海军上将阿瑟·雷德福（Arthur W. Radford）提议在奠边府战役打响之前炸毁军队，也没有历史的必然性，只是小圈子内部的决议。现代精英并不依赖于机构的结构，他们可能摧毁一个结构，成立另一个结构，然后扮演截然不同的角色。事实上，这种机构结构的摧毁、建立和所有权力手段，当事情可能会有好结局时，就是“优秀的领导能力”的表现，否则，当事情可能会变糟时，就是巨大的专制统治的表现。

当然，一些精英是典型的角色决定型，但是其他精英有时会决定角色，他们不仅决定他们自己扮演的角色，而且决定其他数百万人的角色。当社会结构正在经历时代过渡时，重要角色的创建和实施经常发生。美国发展成世界两大“超级大国”之一——伴随着新的歼灭、行政和精神上控制的方式——造就了 20 世纪中期的美国，20 世纪中期就是这样一个过渡时期。

这与告诉我们权力精英无法做到这些的历史无关。当然，权力精英的意志经常受到制约，但是从未像现在这样广泛，权力的手段也从未如此多样。正因如此，我们的情况变得如此不稳固，了解美国精英的权力及其限制就变得更重要。精英的本质和权力的问题是现在唯一一个再次质疑政府是否负责任的切实可行的、严肃的方式。

七

那些没有批评新美国庆祝活动的人，很容易产生这样的观点，认为精英是无能的。如果他们严肃对待政治，以他们的观点，应该对掌控美国政策的人说：[10]

“很快，你就会相信，你有投放原子弹的机会，或者进一步恶化与同盟之间的关系，或者恶化与可能投放原子弹的苏联人之间的关系，但是，不要愚蠢地相信你真的可以做出选择。你既没有选择也没有机会。整个复杂的形势是经济和社会力量造成的，也是灾难性的结果，你只是这个形势中保持平衡的一部分。做个安静的看客，就像托尔斯泰说的那样，让事情自然发展，即使你采取行动，即使你有明确的目标，结果也可能不是你预想的那样。

“但是，如果事情发展得很好，就像你事先决定好的那样谈论。因为，那时人们会做出道德选择，也有权力做出负责任的选择。

“如果事情变糟，也就是说你没有真正的选择权，当然，也没有责任：他们或者其他人有选择权，也有责任。你可以避开责罚，即使你掌握了世界上一半的军队，上帝知道有多少原子弹和轰炸机。事实上，因为你是所处时代历史命运中弱小的一分子，道德责任是一种假象，尽管如果用警示公众关系的方式处理道德责任的话，道德责任有着重要作用。”

所有这些宿命论都暗示着如果命运和上帝主导一切，那么权力精英就不会被合理地认为是历史决策的来源，而对负责任的领导的要求更是一个空洞和不负责任的概念。显然，无能的精英、历史的玩物，不能被追究责任。如果我们时代的精英没有权力，他们不会承担责任，作为处境艰难的人，他们应该引起我们的同情。美国人受至高无上的命运驱使，无法控制的结果给他们和他们的精英造成致命影响。如果是那样的话，我们所有人都应该去做许多人已经做过的事情：彻底放弃政治反思和政治行动，为物质生活的舒适和绝对的私人生活而努力。

另一方面，如果我们相信战争与和平、贫穷与繁荣已不再和“财富”或“命运”有关，我们相信这些比以往更好控制，那么我们必须追问这一切是由谁控制的。答案必定是：除了那些掌握的决策和权力手段得到高度强化和集中化的人以外，还能是谁？我们可能还会追问：为什么不是他们呢？为了回答这个问题，我们必须了解现在美国精英的背景和特点。

精英阶层无能的观点，不应该阻止我们提出这样的问题，这可能是政客们现在能问的最重要的问题。美国精英既不是全能的，也不是无能的，这些是被代言人作为借口或是吹嘘时，公开使用的抽象的绝对思想。但是，就此而言，我们想要澄清眼前的政治问题，首先是负责任的权力的问题。

我们时代“历史的本质”没有排除决策者小集团的重要功能。与之相反的是，现在的结构正好使这种观点不仅合理，而且非常具有说服力。

占据现代社会主导职位的人，通过“人的心理特征”或“社会行为”塑造和挑选为其服务的人。有人认为他们确实面临选择，而且他们的选择导致的结果是在创造历史。“人的心理特征”或“社会行为”并没有使这种观点变得不合理。

因此，美国政客完全有理由为一系列组成当今历史的决定性事件，向权力精英问责。

现在人们认为没有权力精英，就像19世纪30年代人们认为统治阶级是一切不公正和公共问题的罪魁祸首，这两种概念的流行程度不分上下。我不应该武断地将一些简单和单方面的统治阶级界定为美国社会的主要推动力，就像我不应该认为当今美国的所有历史变化只是顺其自然的事。

认为所有的一切都是盲目的自发行为，这是深感自己无能的宿命论者的想法，如果他们曾经积极参与政治事务，而且讲求原则，也可能是深感愧疚的自白。

认为历史源于臭名昭著的恶棍或名声卓著的英雄的阴谋活动，这种想法也是对以下探索的映射：努力探索社会结构的变化如何为各类精英提供机会，以及他们如何对自身优势加以利用或摒弃。认为历史源于阴谋活动或认为历史是顺其自然的结果，接受其中任何一种观点都是在放弃对权力真相和途径的探索。

八

我想尝试弄清我们时代的权力精英，从而给匿名的“他们”一个负责任的定义，底层大众认为“他们”与匿名的“我们”是相对的概念。我应该首先简单测试一下大多数人熟知的上流阶层：当地社会的新旧上流阶层和大都市前400强；然后勾勒出名流圈，展示出美国社会的名望体系首次上升为国家体系，在这个体系中，越是细微和独特的方面越能立刻分散人们对更具专制特征方面的注意力，这也证明了通常鲜为人知的权力。

在调查富豪和总裁时，我需要指出，无论是“美国六十大家族”还是“管理革命”都没能为上流阶层的转变给予合适的解释，因为如今他们是在企业富商的特权阶层中被组织起来的。

在把美国政客描述为一个典型的历史类型后，我将尝试展示出，在“进步时代”①，被观察者视为“隐形政府”的事物，现在已为人所知。压力、竞选活动和国会权术，这些被称为政治方面的核心内容，如今已经在很大程度上被下放给了权力中层。

在讨论军事优势时，我将尝试理清，海陆空上将们是如何获得与政治、经济高度相关的决定性职位，以及他们是如何与企业富商和有形政府中的政治委员们共逐巨额利益的。

在我尽力把这些和其他趋势清楚展示出来后，我将重新回到权力精英的主要问题上来，然后继续为大众社会补充概念。

我认为，在这个特别的时代，历史形势的结合导致权力精英的崛起，权力精英现在可以单独或共同制定关键决策，由于现存的权力手段得到强化和集中化，他们参与或未参与制定的决策所产生的影响之大和影响的人数之多，达到了人类史上前所未有的程度。

我还认为，权力的中间阶层产生了一种半组织的僵持局面，在权力底层产生了一种类似大众的社会，其形象与志愿社团和大众代表掌握权力秘诀的社会几乎没有任何相似度。相对于被权力中层分散注意力的人通常所持的观点，事实上，美国权力体系的顶层更加团结一致，也更有影响力，而底层则更为分散，也更加无能。权力中层既不能像底层一样表达意愿，也不能像顶层一样做出决策。

注释：

[1] Jacob Burckhardt, *Force and Freedom*（New York：Pantheon Books，1943）pp. 303 ff.

[2] 参见 Hans Gerth 和 C. 赖特 · 米尔斯合著的 *Character and Social Structure*（New York：Harcourt，Brace，1953），pp. 457 ff.

[3] 在现代，利用统计学概念挑选出一些价值，并把最能体现这些价值的人称为精英，这源于意大利经济学家维弗雷多 · 帕累托，他以这种方式指出了中心要旨：“我们假设在人类活动的每一个分支中，按照在学校考试中各科目被划定等级的方式，给予每人一个代表能力水平的指

① 进步时代（Progressive Era），在美国历史上是指 1890 年至 1920 年期间。——译注

数。例如，律师中水平最高的给予 10 分，给予没有签到客户的人 1 分，给予彻头彻尾的傻子 0 分。对于赚了数百万美元的人——以诚实或不诚实的方式——我们会给他 10 分。给赚了数千美元的人 6 分，努力脱贫的人 1 分，变得贫穷的人 0 分……我们给他们活动的分支中，得分指数最高的人划定一个阶层，并把他们命名为精英”。维弗雷多·帕累托的 *The Mind and Society*（New York：Harcourt，Brace，1935），par. 2027 和 2031。遵循这种方式的人最终没有发现一个精英，只得到与他们挑选出的一系列价值对应的数字。同许多异常的推理方式一样，这种方式的好处在于，为我们提供了一种明确的方式进行思考。要熟练使用这种方式，可以参见 Harold D. Lasswell 的著作，尤其是 *Politics*：*Who Gets What*，*When*，*How*（New York：McGraw-Hill，1936），要更加系统地使用该方式，参见 H. D. Lasswell 和 Abraham Kaplan 合著的 *Power and Society*（New Haven：Yale University Press，1950）。

[4] 毫无疑问，精英作为上层社会成员的概念与当前盛行的分层的共识是一致的。严格地说，它更接近“地位群体”而非“阶层”，Joseph A. Schumpeter 的“Social Classes in an Ethically Homogeneous Environment，” *Imperialism and Social Classes*（New York：Augustus M. Kelley，Inc.，1951），pp. 133 ff.，尤其是 pp. 137-47，以及参见 *Capitalism*，*Socialism and Democracy*（New York：Harper，1950）第三版的第二部分。想要了解阶层和地位群体的区别，参见马克斯·韦伯的 *Essays in Sociology*（由 Gerth 和米尔斯编译；New York：Oxford University Press，1946）。对比卡尔·马克思的阶层概念，以及关于法国的数据，来分析帕累托的精英概念，参见 Raymond Aron 的“Social Structure and Ruling Class，” *British Journal of Sociology*，vol. I，nos. 1 and 2（1950）。

[5] 近年来，本着道德标准衡量特征类型的原则，界定精英和大众的文章中，最有名的可能是 Jose Ortega y Gasset 的 *The Revolt of the Masses*（New York：New American Library，Mentor Edition，1950），esp. pp. 91 ff.

[6] 美国精英是一种模糊的有歧义的形象，当我们听见或使用上流阶层、大人物、高层、百万富豪俱乐部、上等人和大人物这样的词汇时，我们至少依稀知道他们意味着什么，他们经常做什么。然而，我们不经常做的事情就是把这些形象中的每一个都联系起来；我们很少努力在脑海中形成精英阶层的整体形象。甚至偶尔当我们努力这样做的时候，也往往会认为本来就没有“完整的形象”。就像我们认为的那样，不存在单个的精英，而是许多，认为他们与其他精英没有真正的联系。我们必须明白，或许我们认为他们不是一个整体的印象，可能仅仅是因为我们缺乏严谨的分析和社会学的想象力。

精英的第一个概念是就这些机构形成的机构位置和社会结构的社会学而言的，第二个概念是就挑选出来的价值观的统计学而言的，第三概念是就集团成员而言的，第四是就特定人格类型的道德程度而言的。直白地总结一下就是：他们领导着什么？他们拥有什么？他们属于什么？他们到底是谁？

在这一章中，以及整本书中，我把第一个概念作为通用概念——从机构位置来定义精英——在其中也加入了一些其他观点。对精英的直白定义有一个实际优势和两个理论优势。实际优势是它似乎是进入整个问题最简单、最具体的“方法”——如果仅仅因为大量的信息是多多少少已经存在的，可供对这些圈子和机构进行社会学思考。

但是，理论优势更加重要。首先，机构或结构上的定义并没有要求我们根据定义来预判我们应该对合理调查持开放的态度。精英的道德构成，例如人们形成了特定的性格特征不是最终的定义，因为除了道德上的武断外，这会立刻引人发问，他们为什么形成了这种或那种性格。因此，我们应该放开精英真实的性格类型，而不是通过定义就哪一种类型来挑选他们。同样，我们也不要仅仅通过定义去预判精英是否是一个社会阶层有道德良知的成员。就主要机构而言来对精英进行定义的第二大理论优势是，我希望这本书从整体上表述清晰，是事实让我们以系统的方式来与精英的其他三个概念契合：一、他们终其一生占据的机构位置决定了他们具备和维持那些价值的机会；二、他们养成的心态，在很大程度上是由他们感受到的价值观和他们在机构中的职责决定的；三、最后，他们是否认为自己属于上流阶层，是否根据自己认定的利益而行事——这些同样在很大程度上取决于他们在机构中所担任的职位，反过来决定他们具备挑选出来的价值观和他们养成的性格。

[7] 这个例子十分有名，参见 Gaetano Mosca, *The Ruling Class*（New York：McGraw-Hill，1939）。对 Mosca 的精辟分析，参见 Fritz Morstein Marx 的“The Bureaucratic State,” *Review of Politics*, vol. I, 1939, pp. 457 ff.，以及1952年4月米尔斯的“On Intellectual Craftsmanship,”油印，哥伦比亚大学，1955年2月。

[8] 了解几个主要的历史哲学观准确而精辟的陈述，参见 Karl Lowith 的 *Meaning in History*（Chicago：University of Chicago Press，1949），pp. 125 ff.。

[9] 一些内容出自 Gerth 和米尔斯合著的 *Character and Social Structure*, pp. 405 ff.。关于由角色决定的和决定角色的人，参见 Sidney Hook 的论著 *The Hero in History*（New York：John Day，1943）。

[10] 下面的观点是我从 Joseph Wood Krutch 关于道德选择的展示中得出的观点，参见 *The Measure of Man*（Indianapolis：Bobbs-Merrill，1954），p. 52。

第二章

当地社会

在美国的每个城镇和市区，都有一个凌驾于中产阶级、工薪阶层和底层大众之上的上流家族。这些上流家族所拥有的一切超过当地任何人，他们掌握当地决策的关键，他们的名字和照片经常刊登在当地报纸上，事实上，他们不仅拥有当地的报社和广播站，还拥有三大重要的当地工厂和大部分主街商业地产，他们甚至指导着银行。各上流家族之间联系紧密，他们深知他们共同属于上流家族组成的上流阶层。

他们的所有子女通常从私立学校毕业后升入大学，然后相互通婚，或者与来自相似城镇、相似家庭的男孩或女孩们结婚。在实现联姻后，他们开始掌握、占据资源和做决策。现在，一个上流家庭的儿子在当地一所国企分支机构担任管理人员，也会令父亲大失所望、令祖父勃然大怒。一名上流家庭的医生有两个儿子，一个儿子继续当医生，另一个在不久后娶了当地第二大工厂的千金，可能会成为下一任地方检察官。以往的传统是这样，在美国的小城镇现在依然如此。

美国社会各阶层的阶级意识并不同等显著：上流阶层的特征最为明显。美国各地的底层大众对阶级界限、对服装和住所意味的身份价值、对赚钱和投资的方式甚是困惑和模糊。中下阶级民众当然是由价值观、所有物和经验来区分，这是由收入水平不同导致的，但是通常他们既不知道这些价值观，也不知道他们的阶级基础。

另一方面，仅仅因为人数更少，那些上流阶层的人能够更容易加深彼此之间的了解，维持相同的传统，从而保持他们自己的领地。他们有维持共同标准所需要的金钱和时间。富有阶层的人们或多或少有着明显的特征，他们之间联系紧密，共同形成了一个紧凑的圈子，有着同样的诉求，希望被所在城市认可为上流家庭。

一

小说家和社会学家在审视这样的小城市时，对新旧上流阶层的戏剧性状况感受最深。他们在这些城镇观察到持续上演的地位之争，可能是在整个西方社会的现代史上最具规模的。几个世纪以来，新上流阶层的暴发户和势利之人与“守旧派”关系紧张。虽然有区域差异，但是全国的小城镇富人们保持着惊人的一致性。现在，在这些城市，上流阶层主要有两种类型，一类是食利者和社会上的旧式家庭，另一类是新式家庭，后者无论是在经济上还是社交上都更具企业模式。这两类上流阶层的成员知道他们之间的几个区别，尽管他们各自都有自己不同的理解。[1]

不应该认为旧上流阶层一定比新上流阶层的地位“更高”，或者认为新上流阶层只不过是暴发户而已，竭力用旧上流阶层轻松拥有的名贵服装来彰显他们获得的新财富。新上流阶层有自己的生活方式，尽管其成员——尤其是妇女——借鉴了许多旧上流阶层的生活方式，他们也会以自己的价值观和志向为名对那种方式加以批判，尤其是男士。新旧上流阶层用各种方式来竞争名望，他们之间的竞争还包括削弱对方的利益。

旧上流阶层的成员认为，他们的名望源于时代本身。“在过去的某个地方，”他说，“我的祖先是当地家族血脉的创始人，现在，他的血液在我的血管里流淌。我的家族成员一直都是出类拔萃的人，我同他们当初一样。”相比其他地区，新英格兰和南方地区有更多家族极其重视家族血脉和旧居，更加抵制新富和新居民的社会优势。也许有一种更强烈和更具包容性的家族感，尤其是在南方，包括一直忠贞不渝的仆人和孙辈。这种家族感甚至包括那些被称作“堂兄妹”或者“姑婶”的人，因为他们“和母亲一起长大”，尽管没有姻亲或血缘关系。旧上流阶层家族则倾向于形成一种内生的表兄妹关系。对家族的虔诚和家族感使他们对过去怀有敬意，并往往培养了对当地历史的兴趣，氏族从此以往在当地扮演着十分高贵的角色。

谈到“旧式家族”，当然要谈到“富裕的旧式家族”，在旧上流阶层的地位中，已有的资金和财产可以轻易获得，但是这被轻描淡写成：“当然，你必须有充足的货物来维持生计和享乐的成本，以及为教堂捐赠物资等等，但是社会地位不仅仅是金钱可以换来的。”旧上流阶层的人们通常对金钱持消极态度——认为金钱是新上流阶层过度关注的东西。“我们的大企业家们越来越金钱至上，真是遗憾。”他们这样说的时候，将现已退休的上一代从事地产行业的企业家也考虑在内了。旧上流阶层认为富人们曾经和现在都更加关注“团体和社会”资格，而不只是关注金钱。

旧上流阶层对小规模生意人的一个讨论主题是，他们在上一次战争中赚了许多钱，但是却无法在社会上获得名望。另一个主题是关于新富们采用的不体面的赚钱方式。他们提到了弹珠台特许经销商、旅店老板和在卡车运输线上工作的人们。因为经常光顾他们，所以新富们非常了解战时的黑市。

旧式家族血脉的延续作为声望的基础受到了来自新上流阶层的资金和傲慢风格的挑战，新上流阶层在“二战”中壮大和富裕起来，在社交上非常大胆。旧上流阶层认为新上流阶层的风格正在取代旧式一方更为安静的风格。导致这种地位紧张的原因是，旧上流阶层家庭的经济基础呈现出下降趋势，在许多城镇，旧上流阶层主要从事地产行业。然而，旧上流阶层依然牢牢掌握着当地的金融结构：在佐治亚州和内布拉斯加州的市场中心，佛蒙特州和加利福尼亚州的贸易和生产集镇上，旧上流阶层的银行家是贸易场所的地产老板，他们让与之合作的商人打着自己的旗号，为教堂命名，体现出他们的宗教信仰、显示出他们的社会地位并表明他们的经济实力，从而使他们精明能干的形象深入人心。

与其他地方相比，新旧上流阶层之间的紧张态势在南方尤具戏剧性，因为在南方，旧家族主要从事地产生意和农业经济。新财富和旧地位的结合自内战以来就开始了，自大萧条和“二战”以来速度不断加快。无论是根据小说中的描述，还是显示的事实资料，南方旧贵族的地位确实呈下降趋势。如果不与日益崛起的新贵族联合，他们必将会被以工业和贸易为主的新贵族彻底取代。假以时日，当地位无法确保财富的时候，他们就会沦为无人重视的无名之辈。没有充足的资金作为后盾，十足的高贵和怡然自得的隐退更像是贵族的堕落和腐朽。

对家族血脉的重视加之隐退，家族中年长者的地位随之得到巩固，尤其是年长的公爵遗孀，她们可以随意评判年轻人的行为举止。这种情形不利于上流家庭的女儿嫁入蒸蒸日上的新上流家庭。然而，小城市的工业化不断冲击着旧的地位结构，新阶级也因此不断形成：发家致富的工业家和生意人的地位不断提高，必然导致地产贵族地位的下滑。在南方，其他地方也一样，高效、成规模的农业经营需要注入大量资金，以及优惠的税收和给“农场主”给予补贴，才能使地方形成如在城市一样的新上流阶层。

因此，小城市中的新旧上流阶层眈眈相向，眼神中饱含紧张，有些许轻蔑，也有无奈的羡慕。在上流阶层男士的眼中，旧上流阶层拥有他们渴望得到的名望，但同时他们也认为旧阶层是老顽固，会阻碍重要生意和仕途，把他们当成是乡巴佬，认为他们注定只能停留在当地，毫无远见和抱负。反过来，在旧上流阶层眼中，新上流阶层是利益至上的人，一心只想攫取更多财富，虽然挣得财富，却没有与之匹配的社会背景和有品位的生活方式，因为新上流阶层并不真正关心市民生活，除非为了一己私利。

当新上流阶层与旧上流阶层在生意、民生和政治议题上意见相左时，他们就会把那种名望当成是因为“上了年纪”，是旧上流阶层“已过时”的思维方式、缓慢的生活节奏和陈腐的政治观念。他们认为旧上流阶层并未像新上流阶层一样利用他们的名望来创造财富。新上流阶层并不把旧的名望当成是可以享受的东西，他们从政治和经济利益方面来审视：当他们没有拥有名望时，名望就是一种阻碍①。

二

上流阶层的社会和经济裂缝也是政治裂缝，只是在各地还未完全显露出来，但事实是，“二战”后，裂缝已经开始在全国蔓延。

当地的上流阶层，无论新旧，无论是众所周知的还是隐藏在幕后的，无论活跃与否，都构成了美国共和党的社会支柱。然而，“二战”后，旧上流阶层成员在政治上没有新上流阶层那样活跃且咄咄逼人，或许是因为他们认为无法缩短自己与选民之间的社会距离——像艾利森·戴维斯（Allison Davis）和其他南方旧上流阶层建议的那样。当然，无论在哪里，旧上流阶层的社会地位都受到从政人员的明确认可，他们免受许多小的法律限制，绝不会因为酒驾或者小的交通违法情况被捕，也很少会要求履行陪审团义务，还通常能得到他们要求的优待。[2]诚然，在与税率和财产评估有关的事务上，旧上流阶层有所担忧，但这些担忧得到了新上流阶级的充分认同，在没有旧上流阶层的个人干预下得到了很好的解决。

新上流阶层在全国范围内，以一种极端的形式发泄政治情绪和地位挫折，《调查者》（*The Investigators*）对此进行了清楚描述。国会和当地社会的这些政治情绪的关键，存在于新富阶层的地位心理学中②。这些新富阶层——从得克

① 新上流阶层的女士则持不同的观点：她们认为旧上流阶层的名望是一种值得尊敬的“修养”。她们总是试着给旧上流阶层赋予一种“有教养”的含义：新上流阶层中比较年轻的女士尤其这样认为，她们的丈夫是专业人士，她们自己也上过“好大学”。她们接受过教育，有时间、有财力组织文化活动，比她们的丈夫更加尊重旧上流阶层风格中的“文化”成分。知道旧上流阶层的社会优越性，因此新上流阶层的女士重视她们已有的社会优越性。这些女性组成了当今最可靠的投资对象，实现对小城镇的旧上流阶层的地位诉求。中间阶层的女士通常认为：她们对文化感兴趣，但是她们没有机会、背景或者学识。她们会利用讲座，但是她们没有背景知识帮助理解。

② 参见第十四章：保守情绪。

萨斯州的百万富豪到伊利诺伊州大发战争横财从而巩固了他们的地位的人——感觉自己在某种程度上被旧富阶层和家庭的地位所压制。一年挣 30000 美元的保险推销员突然驾驶 260 马力的汽车，心怀内疚地去为他们的妻子买庸俗的钻戒，一年 60000 美元收入的商人建设 50 英尺长的游泳池，不知道如何对待他们的新仆人——他们认为自己取得了一些成就，但是还没有好到能够拥有全部的成就。现在，得克萨斯州有的人只在当地有名，但是却比东部许多在全国声名显赫的家庭更富有，他们在全国范围内并不出名，即使他们声名远播，也不会是以同样的方式。

事实上，这种较小规模的情感存在于每一个较小的城市和镇区。这种情感并不总是被明确地表述出来，当然，也没有成为任何真实政治运动的基础。但是当已经建立声望的人“被差遣”，暴发户们训斥普通人，新富们在公开论战中驾轻就熟，甚至粗鲁无礼地喊着旧富们的名字时，这种心理会被无法形容地满足。

新上流阶层中的小城市官员的政治目的是摧毁《新公平交易》（The New and Fair Deals）这项立法。而且，“二战”期间，许多小城市的工会崛起，有更多的工人领袖呼吁要加入当地的公民委员会，工薪阶层的安全感增强，因为战争期间，在商店、银行和星期六拥挤的人行道上加大了检查力度。小部分人新购置的大型汽车——过去的 20 年里所有阶层的变化，从心理上给新上流阶层造成了威胁，使他们觉得自己的重要性下降，名望排序的合理性降低了。

街道、商店和银行的周例行检查一直持续，旧上流阶层的社会安全感也随之降低，但毕竟他们认为：“这些新富阶层并未真正触及我们，他们只有钱。”然而，新上流阶层的地位不如旧上流阶层稳固，当他们看见其他人也在小城市经济圈崛起时，他们确实感到自己的价值有所下降。

当地社会是一种权力结构和地位等级结构，顶层是小集团或“一群人”，其成员评判和决定集团内的重要事务，以及这个“社区”参与的州和国家的许多较大型事务。[3]通常，这些小集团绝不总是由旧上流阶层的成员组成，也包括较成功的商人和一些通常与主要地产商有联系的银行家。这些小集团以非正式的形式结成，每个集团都有几个主要的经济功能：有工业集团、零售业集团和银行业集团。这些集团相互重叠，经常会有人从一个集团到另一个集团，协调意见和决策；也有律师和固定的食利者家庭的管理者，他们通过代理的权力和他们所代表的新旧富之间的许多联系，将这些人捆绑在一起，着眼于制定关于金钱、信贷和组织的决策。

这些小集团的下一级大部分都是新上流阶层中的能人，他们实施上层阶级的决策和项目，有时也参与决策，但多数只是执行者，他们是银行副行长、成功的小商人、高级官员、承包商和当地产业的管理人。第二层级下面是第三层级——社会团体领袖、机构官员、较小的民间领袖、新闻记者，最后是权力等级结构的第四层级——职业领域和商业阶层的普通成员，牧师、优秀教师、社工和人事主管。

几乎在任何既定的感兴趣的议题或者决策上，一些顶层集团或者一些关键人物，都会成为手边决策的关键，并成为以非正式方式协调重要集团支持他们的关键。现在这些人是集团和州长的联络人，是银行家的集团，是深受大众喜爱的国际扶轮社（Rotary Club）、商会以及社区基金和律师协会成员。

权力不属于这些中间层级的机构，关键决策也不是由它们的成员制定的。它们的顶层人士才是决策者，但也只是偶尔参与其中。中间层级机构帮助实施较高权力阶层制定出的政策，它们是顶层年轻能人证明自己的训练场，有时尤其是在较小的城市，它们是顶层阶层招募新成员的基地。

“我们不应该参与到‘社团’，就像你称呼的那样——那不会马上发生，”中南部的大城市里一位有权势的人告诉弗洛伊德·亨特（Floyd Hunter），“如果你说的社团是指在会议室一起讨论‘目标’和‘理想’的商会或者社区委员会，那么这里有许多。我不知道这些社团指的是什么。坦白说，我并没有加入这类委员会，城镇里许多人都加入了，但是我没有，查尔斯·霍默（Charles Homer）是我们这里最有影响力的人，当他提出一个观点时，其他人就会遵从他的观点，最近他提出应该把‘区域城’（Regional City）作为国际贸易委员会的国家总部。他把我们这个圈子内部的一些人召集在一起，然后陈述了他的观点，但并没有细说，我们并没有参与到关于局面和所有其他事情的‘理想情况’的讨论中。我们直接进入问题的实质，那就是怎样成立这个委员会，我们都认为这是个好主意。我们中有 6 个人参加了会议，所有人都分配了要完成的任务。莫斯特起草这个协会的文件，他是律师，我将邀请一群朋友参与进来。其他人也会像我一样邀请自己的朋友参与进来，你可以把这些人称为追随者。

“我们认为需要筹集 65000 美元来完成这件事情。我们可以在自己的圈子里筹集到这笔钱，但这件事终归是一个社区计划，于是我们决定让其他人也参与进来，我们决定在格兰德维尤俱乐部与其他群体的优秀成员见面。当我们在俱乐部与其他群体见面共进晚餐时，霍默发表了简短的讲话，他依然没有做过多说明，他以自己的表态结束讲话，他说愿意在第一年出资 10000 美元。霍默落座后，其他群体里的一些人交头接耳，生产者银行（Growers Bank）群体不甘示弱，表示愿意提供相同数目的资金，而且保证他们会连续三年支持该项目。其他群体出资 5000 到 10000 美元不等——我想说的是在 30 或 40 分钟内——我们宣布所需资金就已筹齐。在三小时内，所有事情解决完毕，包括晚餐。

“我漏掉了一个细节，这个细节至关重要。和我们会面的是一个被选出来的董事会。章程是明文规定的，而作为行政长官领导这个委员会的人被提名为……第三层级领导人，一个将会接受建议的人……公众对这个项目毫不知情，直到它进展到我正在描述的这个阶段。项目资金筹集完毕后，我们登报说有一项提议，请予以考虑。当然，这时对许多人来说已经不是什么新闻，但是商会委员会和其他社会组织这时才加入进来，他们都认为这是一个好主意。他们为这个委员会的选址和成立提供了帮助。这就是事情的全部。”[4]

三

新旧上流阶层在地位上的戏剧性转变，决定了戏剧性的阶级结构；高层集团的权力体系形成了地方上流社会的标准模式，甚至是十分复杂的模式。但是，所有这些城市都只是国家地位、权力和财富体系中的一部分，如果我们忘了这一点，就无法理解这种模式，也不能理解该模式正在经历的变化。尽管不少国会发言人都会使用一些忠实的修辞，但是，没有一个地方社会在本质上是完全独立自主的。在过去的一个世纪，地方社会已经成为国家经济的一部分，它的地位及权力等级体系已逐渐成为国家等级体系的从属部分。早在美国内战后的数十年里，就已经逐渐形成地方社会名流——而且仅仅是在地方。[5]那些在地区和国家范围内积极做决策以及受到公众赞扬的人正在进入人们的视野。在今天，只心怀当地必定会失败，会被那些举足轻重的大人物的财富、权力和地位所掩盖。要走向成功，就得把地方社会抛在脑后——尽管为了入选全国性的集团派系，的确需要本土的认可。

当然，美国所有的旧派方式都具有乡土性，但出身乡村和乡村居民的价值有时候是模棱两可的。一方面，一直以来，城里人排斥乡下人，大城市的居民又排斥小城市的居民，认为后者是乡巴佬，而且许多小城市里的人获取声望，是因为他们不同于下层的工人阶级，他们已经在城市里度过了一代人的时间；另一方面，那些获得声望的人又经常吹嘘自己是地地道道的乡下人。或许是受到了杰斐逊①式思潮——认为乡村的美德要胜过城市——的影响，或是想借以表现自己一路走来取得了很大的成就。

如果在公众生活中，农场是人们发家致富的好地方，那么在社会生活中，它常常是一个值得拥有及游玩的好去处。无论是小城市的上流阶级，还是大城

① 托马斯·杰斐逊（Thomas Jefferson，1743—1826），美国第3任总统。——译注

市的上流阶级，现在都在“乡下”拥有“房产”，而且还会去那里度假。早在1890年代的中西部地区就有人这样做，从某种程度上来说这是一种方式，富人借此尝试拥有古老而尊贵的地位，用金钱和关爱甚至有时用缺点来展示自己，同时表示对过去的怀恋。所以，南方有修复了的古老庄园，得克萨斯州和加利福尼亚州遍布牛群或者培育良好的果场，爱荷华州有现代农场，拥有纯种家畜和巨大的谷仓。有人想买下农场作为投资，也作为避税手段，当然，也可以作为供他们享乐的季节性度假胜地。

对小镇和周边的乡村来说，这些事实意味着当地的身份安排不再只是绝对地方性的。小镇和乡村已经进行了很好的融合，对于富裕的农场主，尤其是一退休就搬到小城，富裕的城市家庭已经在乡村买了许多地。在一个中西部社区，霍林斯黑德先生说，约25个家庭的祖先累积了周边160平方英尺的肥沃农田60%以上的面积。[6]城乡上流家庭之间的联姻强化了这种集中化。在当地，任何可能占优势的“乡土贵族”已经至少集中在了小城市；农村上流阶层和较小城市的地方社会联系紧密，事实上，它们属于同族亲戚。

除了城市家族拥有的农场，以城镇化为中心的活动和农村家庭的房子以外，农村和小城镇的上流阶层随着季节而更换房子的情况在不断增加。上流阶层的女士和孩子们夏季到湖景房避暑，男士则会在周末前往，甚至纽约的家庭会到佛罗里达州过冬。分季节去海边、山区或岛屿度假普及到了小城市和乡村的地方上流阶层中，30年前，这种季节性的度假更多的专属于大都市的上流阶层。

小镇和乡村的联系，上流世界是以较大型的城市为中心，两者在进入由小镇环绕的、活跃着一群十分绅士的农场主的乡村展露无疑。这些季节性的居住者影响了他们所在的大型城市的行为和价值观，他们对当地人对声望的诉求不了解也不在乎，他们利用在乡村的地产成为农业领域的上层阶级，尽管他们对农业领域的底层知之甚少或完全不知。埃翁·沃格特（Evon Vogt）在一个中西部的小镇进行了研究，这种城市群体拥有全镇一半的土地，[7]他们并不寻求与当地上流社会建立联系，甚至常常对地位晋升也没有热情，但是，他们会把这些乡村地产传给孩子们，到现在甚至已经传到了他们的孙辈。

地方上流社会——无论是乡村还是城镇——的成员，都可以尝试走这两条路中的一条：他们可以离开和揭露新来者的不道德行为；或者尝试加入他们，从而也可以将他们的社交生活扩大到以大都市为中心。但是，无论选择哪条路，他们很快就会心酸地知道，他们曾经用金钱向新上流阶层和当地的中上阶层换取地位，现在这些阶层在紧紧地盯着他们的一举一动，且常常以此为乐。曾经他们拥有的是一个小公国，一个貌似有地位的自给自足的世界，现在沦为一个偶尔被大城市上流阶层利用的卫星城。

地方社会正在发生的事情是与周边的乡村进行整合，并逐渐融入国家权力和地位体系中。相比半个世纪以前，印第安纳州的曼西市离印第安纳波利斯和芝加哥更近了；在曼西市，与当地的中下阶层相比，上流阶层旅行的行程更远也更频繁。现在，少数小镇的新旧上流阶层不大可能至少每月参观一个周边的大城市，如今这种旅行是小城市富人们在商业、教育和社交生活上的常规方式，他们在远处有更多的朋友，且与他们之间的联系也更频繁。地方上流阶层比 1900 年时的规模更庞大，也比现在的中下阶层更庞大。

较小城市的地方上流社会都将目光投向大都市的上流阶层，新上流阶层成员受到的公开仰慕更多，旧上流阶层成员受到的仰慕更少。当你知道纽约会在明年秋天举行马戏表演时，在人口为 10 万的小城举行同样的表演有什么意义呢？尽管你有能力举办？更重要的是，当你知道在仅 175 英里之外的芝加哥，人们正忙于 50 万美元的生意时，在当地 5 万美元的生意能带来多大声望呢？尽管你拥有充裕的资金？随着身份地位的扩张，人们不满足于在小城中获得名声，而是渴望加入大城市的声望中，哪怕不能获得全国性的声望。于是，地方上流社会保持自己的地位，开始和更多的大都市人交往，并更为轻松地谈论东部学校和纽约的夜间俱乐部。

小城市新旧上流阶层之间的一点区别让旧上流阶层倍感担忧，因为这导致新上流阶层不太情愿和信赖旧上流阶层认为具有地位要求的交易区域。毕竟，旧上流阶层只是相对于新上流阶层才算旧的，以便能感受到在它的小小的地位圈中一切都是正确的。但是，新上流阶层和许多旧上流阶层的成员一样，非常清楚现在这个当地上流社会仅仅只是属于当地的。

旧上流阶层成员知道他们的地位在自己的城市十分稳固。他们可能去佛罗里达州或者加利福尼亚州过冬，但他们经常是以游客的身份，而不是新方式的探索者，或去结成新的生意伙伴。他们觉得在自己所在的城市是有地位的，并觉得这个城市包含了给所有人划分等级所需要的原则。另一方面，新上流阶层重视当地人与有地位的人和其他城市的人的联系方式和次数——而真正的旧上流阶层人士经常被认为是"异乡人"。而且，许多能说会道的中下阶层成员都仰慕新上流阶层，全因与"古老的家族居所"截然相反的这些"外部"联系。古老的家族居所是一项以社区为中心的标准；外部联系则以大城市为中心，有时甚至辐射到全国①。

① 新上流阶层比旧上流阶层更激进，新上流阶层对顶层人士的标准是，不仅要富有，而且还要是"能晋升"，要与比他们能晋升到更高位置的人有交情。在一个典型的小城市中，新上流阶层的英雄形象是，"拥有许多非同凡响的事迹。他们共同进入城市中的一些场所，做所有对该城市有利的事情。他们的生意遍及全国，在新上流阶层的标准里面，这一点非常重要。他们并不严格参与当地事务，但是他们是活跃人士。他们到处参与投资，不是注资，只是站在那里什么也不做。"旧式家庭的轶事已经褪色，新崛起家庭的传奇故事向新上流阶层展示了"民主事业"和"任何有精力和头脑的人"都可以出人头地。这些故事都是在强化新上流阶层的地位和风格，让他们利用"知道如何高效工作的人必然会成功"的官方神话在全国流传。旧上流阶层不会讲这种故事，至少不会对陌生人讲，因为他们认为名望是他们身上的优点，是他们生活中固有的东西，事实上是他们的本质。但是对新上流阶层而言，名望并不是他们真正占有的东西，但是可以很好地运用到生意和社会进步中去，他们会把旧上流阶层的社会地位看成是"兜售"一个项目或者获取更多财富的一种手段。"在这个镇上没有旧上流阶层你什么也做不成，对他们名号的使用十分重要。你看，如果我和你在这个镇上推销一个项目或者在其他任何一个镇，我们需要打着他们的名号——投资商、地产商等等。除非我们这么做，不然会被拒绝，即便我们拥有全世界最好的项目，也无法实施。"

四

现在，“外部联系”的中心通常是一个非常具体且恼人的象征，象征国家的地位和权力就存在于当地城市：在过去30年里，尤其是随着“二战”的商业扩张，国企进驻许多较小的城市。国企的进驻使当地上流阶层中已有的经济地位失衡，因为随着国企分支机构到来的还有来自大城市的高管们，他们通常使当地社会相形见绌并忽视当地社会。[8]

当然，名望的获得方式是通过结交和效仿那些已经拥有权力和名望的人。现在像当地上流阶层一样的社会地位，尤其在新上流阶层中可能是模糊的、逐渐获得的——通过结交国企高管，追随他们的生活方式，搬到他们居住的郊区，不受这个城市的限制，参与他们的社会职能。因为企业群的名流圈并不只以当地城市为中心，所以当地社会渐渐远离城市威望，把它当成是“当地事物”。

在新上流阶层眼中，城市的旧领导逐渐被企业集团取代。当地上流阶层竭力参与到新领导的事务中，甚至与他们圈子里的人结成姻亲。这种趋势最显著的特征是当地上流家庭大张旗鼓地搬进企业经理们在郊区开发的奢华住所。新上流阶层倾向于模仿企业集团并与他们混迹在一起，出身知识分子阶层的“远见卓识的年轻人”往往选择离开小城市，到大城市开拓新天地，直接略过当地旧上流阶层圈定的范围。

这种发展形势对女性更有利。女性通常在社交和民间事务上比男性更活跃——尤其是在关乎教育、健康和慈善的事情上，最主要的原因是她们有更多时间从事这方面的事情。她们社会生活的中心是当地城市，因为“那就是她们要做的事情”，那是一些享有至高名望的人才会从事的事情。然而，当地女性参与当地事务，在企业精英中只能获得些许社会地位，或者无法获得社会地位，因为企业高管的妻子通常以企业或者城市为中心，不会心系当地社会，更不会关心对当地至关重要的教育事业，因为她们会将子女送入私立学校，或者层级稍低的高管们会将子女送入自己社区的公立学校，与这个城市毫无关联。一位典型的当地女性，即便全身心地投入到民间事务中，也不会被企业高管的妻子重视和接纳。但是，如果由于机缘巧合，她与某位都市名流私交甚好的消息不胫而走，她就会被高管们的妻子接纳。

为了能促进丈夫的事业，当地女性会经常参与当地和民间的事务，但是对企业高管而言，他们成功的关键则存在于自己所在的国有企业，企业高管与当地严苛的生意人之间业务往来甚少。他们与其他企业的采购员或者销售员打交道，将自己工厂的产品出售给他们，或者从他们那里采购原材料和零部件。即使企业高管与当地商人做生意，也不需要任何社交关系——除非涉及企业信誉。所以，企业高管的妻子不必参与当地社会：企业的赫赫大名足以让他们拥有在小城市所需的人际关系。

五

或许曾经——在内战之前——当地社会就是美国社会。当然，每个小城市依然有属于当地的地位等级，位于等级最上层的仍然是当地的权力、财富和名望精英。但是，现在还无法研究许多作为一种美国体系的较小社区的上流阶层，因为许多美国社会学家倾向于把那个结构泛化到全国。[9]美国上流阶层的一些成员确实生活在小镇——尽管并不普遍，而且，他们通常在小镇拥有一处对他们来说意义不大的房产，他们的活动范围遍及全国，即便美国所有小镇的上流阶层组合在一起，也无法构成整个美国的上流阶层，这些权力集团无法合而为一，成为美国的权力精英。每个权力集团都非常相似，都有地域差别。但是，美国的权力层级结构不是地位相当的地方集团简单合并而成的。当地社会的层级、地位和权力体系并不对等，它们不是自治的，名望和权力体系不再由分散的小层级组成，如果每个小层级之间有关系的话，也是淡薄而疏远的关系。这种关系存在于乡村和小城镇之间，小城镇和大城市之间，大城市和大城市之间，在全国范围内形成了一个体系，而且，由于某种力量，其本质并没有根植于任何一个城镇或者城市，现在这种力量以直接和间接控制的方式，改变了当地盛行的地位、权力和财富等级。

对于《社交名流录》（*Social Register*）和名人所在的城市，企业权力的位置，政治和军事决策的国家中心，当地社会中一些较年长的成员不会总是承认这些城市、企业和权力中心在社会上存在。新上流阶层的奋斗和国企管理精英的例子，使当地社会完全附属于超过当地水平的地位、层级和权力体系。在社会地位上，新英格兰地区的哪个城镇可以与波士顿相提并论？在经济上，哪家当地企业可以与通用汽车公司同日而语？在政治上，又有哪位当地领袖可以与国家领袖不分伯仲？

注释：

[1] 本章很大程度上是基于我本人在东北部、中西部和南方地区的数十个中型城市的观察和访谈。这些工作的结果体现在“Small Business and Civic Welfare, Report of the Smaller War Plants Corporation to the Special Committee to Study Problems of American Small Business,”（同 Melville J. Ulmer 一起），Senate Document No. 135，79th Cong.，2nd Session，Washington，1946；“The Middle Classes in Middle-sized Cities,” *American Sociological Review*，October 1946；*White Collar：The American Middle Classes*（New York：Oxford University Press，1951）。我还利用了 1945 年夏天对伊利诺伊州一个人口达 6 万人的城市进行深度调研时的现场笔记。除标注外的内容，本章所有引用资料都是我自己的研究。

我还利用了 J. W. Harless 先生为我准备的一个备忘录，其中关于后文对上流阶层研究的所有文献整合如下：Robert S. Lynd and Helen M. Lynd，*Middletown*（New York：Harcourt，Brace，1929）；*Middle-town in Transition*（New York：Harcourt，Brace，1937）；Elin L. Anderson，*We Americans*（Cambridge，Mass.：Harvard University Press，1938）；Hortense Powdermaker，*After Freedom*（New York：The Viking Press，1939）；John Dollard，*Caste and Class in a Southern Town*，2nd ed.（New York：Harper，1950）；W. Lloyd Warner and Paul S. Lunt，*The*

Social Life of a Modern Community (New Haven: Yale University Press, 1941), volume I of the Yankee City Series; Allison Davis and Burleigh B. Gardner and Mary R. Gardner, *Deep South* (Chicago: University of Chicago Press, 1941); Liston Pope, *Millhands and Preachers* (New Haven: Yale University Press, 1942); John Useem, *Pierre Tangent*, and Ruth Useem, "Stratification in a Prairie Town," *American Sociological Review*, July 1942; James West, *Plainville*, *U.S.A.* (New York: Columbia University Press, 1950); Harold F. Kaufman, *Defining Prestige in a Rural Community* (New York: Beacon House, 1946); Evon Z. Vogt Jr., "Social Stratification in the Rural Midwest: A Structural Analysis," *Rural Sociology*, December 1947; August B. Hollingshead, *Elmtown's Youth* (New York: John Wiley, 1949); W. Lloyd Warner, et al, *Democracy in Jonesville* (New York: Harper, 1949); M. C. Hill and Bevode C. McCall, "Social Stratification in 'Georgia-town'," *American Sociological Review*, December 1950; Alfred Winslow Jones, *Life*, *Liberty and Property* (Philadelphia: J. B. Lippincott, 1941) .

在地方社区进行的大部分声望研究，和对这些社区进行的心理研究一样频繁，都只代表当地的情况。由于进行了方法创新，所以甚至不能说这些研究具有更为广泛的意义，因为事实上，对这些方法的大部分改良仅仅只适用于研究的改良目的——对地方社会的研究。

有一个很有趣的发现，在对美国小城市进行的研究中，无论小说家还是社会学家，都以他们自己的方式，被相似的细节所吸引，并得出十分类似的结论。总的来说，比起权力，他们都对地位更感兴趣。小说家对行为举止、小城市生活对人际关系和个性的负面影响更感兴趣；社会学家没有完全把小城市当成是一个权力结构，更不用说是全国范围内权力体系的一个单位。尽管他们的描述都包含了仪式性的证据，但是社会学家无休无止的"社区研究"读起来像是文笔拙劣的小说；小说读起来像文笔优良的社会学研究作品，这一事实证明了他们描述的相似性。

[2] 参见 Allison Davis, et al, op. cit. p. 497.

[3] 这部分我参考了弗洛伊德·亨特第一手研究的各个部分: *Community Power Structure* (Chapel Hill: University of North Carolina Press, 1953) .

[4] 试比较同上著作，pp. 172-4.

[5] 参见 Richard Hofstadter 的 *The Age of Reform* (New York: Knopf, 1955), pp. 46 ff.

[6] 参见 Hollingshead, op. cit. p. 59。关于南方县城的农场所有权，参见 Allison Davis, op. cit. p. 276.

[7] 关于城市对中西部县城农场土地的所有权，参见 Evon Vogt, op. cit.

[8] 关于小城市和国企，比较米尔斯和 Ulmer, "Small Business and Civic Welfare," op. cit.

[9] 小镇对国家的困惑到了十分夸张的程度的例子，参见 W. Lloyd Warner, *American Life: Dream and Reality* (Chicago: University of Chicago Press, 1953) .

第三章

都市 400 强

小城市望向大城市，可是大城市应该望向哪里呢？美国没有真正意义上的首都，没有哪个城市像巴黎、罗马和伦敦一样，既是全国的社交中心，又是政治和经济之都。在小城镇和大城市的当地社会，没有历史法庭（Historic Court）能够彻底而正式地证明选举及其合理性。国家的政治之都不是地位之都，也不是任何真正意义上的社会重要组成部分；官位晋升和社会地位晋升不是对等的。成为经济之都的是纽约，而非华盛顿。如果从一开始，波士顿、华盛顿和纽约合为美国的社会、政治和经济之都，将会是另外一番局面！那么，约翰·杰伊夫人（Mrs. John Jay）设置的1787年和1788年的晚宴宾客名单，包括出身名门的人、富豪和权贵混合在一起作为全国人口普查的一部分，可能会被完好无损地保存下来并更新至今。[1]

尽管官员和大都市缺少统一性，但170年后的现在，美国各大都市兴起了显赫的上流阶层，他们似乎在许多方面都很团结。在波士顿、纽约、费城、巴尔的摩和旧金山，被松散的新富家庭围绕的旧富家庭有一个坚实的内核。在纽约，这个内核曾经被沃德·麦卡利斯特（Ward McAllister）说成是400强。现在，就试图以家族作为基础而言的光荣血统，他们得到国家认可的机会很渺茫。然而，毫无疑问，都市400强和小城镇400强的优势在累积，客观机会和心理准备相互作用，为每一代人创造和维持上流阶层的世界。在每一个大城市，这些阶层首先都是眈视对方。

一

内战之前，大城市的上流阶层紧凑而稳固，至少社会编年史家回顾过去时是这样说的。伦塞勒夫人（Mrs. John King Van Rensselaer）写道，社会是“在其内部发展的，而非外部……吸收的外部因素是可以忽略不计的。一代又一代，每个家庭为国家繁荣做出了巨大贡献，社会圈也随之得以不断扩大……上流阶层的分界线可追溯至殖民统治时期的家族血统，像中国的长城一样坚不可摧、难以忽视，上流阶层之间唯一的分裂是教派；长老会、荷兰归正教派和圣公会形成了一个非常紧凑的组织。”[2]

在每一个地区，19 世纪的财富导致当地家族中出现了工业等级。哈德逊河上游有大庄园主，他们为自己弗吉尼亚州种植园主的出身感到自豪；在新英格兰地区的每个镇上都有清教徒船主和早期的实业家；在圣路易斯市有法国克里奥尔人时髦的后裔，他们主要从事房地产；在科罗拉多州的丹佛市有富裕的金银矿商，就像狄克逊·韦克特（Dixon Wecter）所说的，纽约市有一个剪息票投资者（Coupon Clippers）组成的阶层，他们以父辈的积蓄为生，像阿斯特家族（Astors）和范德比尔特家族（Vanderbilts）这样的阶层，正试着尽快退出以前的商业项目。[3]

最富裕的人被认为可以拥有独特的社会地位，他们的财富是永恒的，他们的家族是传承已久的。只要他们守住自己的财富，而且没有能撼动其财富地位的新富出现，就没有必要通过家族血统和财富来凸显地位。[4]旧上流阶层的稳定依赖于旧家族和巨大财富，鉴于此，新上流阶层的财富和权力受到了旧阶层的限制，旧上流阶层只有在保持高贵和不构成威胁的情况下，偶尔接受新成员。

内战后的数十年里，旧城市的旧上流阶层被新富们抢走了风采，伦塞勒夫人认为“顷刻间，勇于挑战社会等级制度高墙的人从四面八方涌来，大肆抨击社会体系”。而且，海外移民，如南方人，以及接踵而至的西部人，开始在这座城市发家致富。“已经在其他地方致富的人，则远上纽约寻欢作乐、获取社会认可。”[5]从19世纪70年代到20世纪20年代，在全国范围内，旧式家族同新富家庭之间的斗争规模宏大。这些古老的家族在内战前就已经积累了财富，试图将内战后的新富家庭隔离在其圈子之外。但这种举措失败了，因为新富家庭数量众多，古老的家族无法与之抗衡。而且，新富家庭不局限于任何地区，像是不断扩张的国家版图，新富和权贵——以家族的形式，现在以企业的形式——辐射到全国。县、市、州无法遏制有社会影响力的新富阶层。新富阶层无孔不入，蚕食着大都市中古老家族的领地。

所有家庭都似乎非常“古老”，但并不是所有家族的财富都积累了长达至少两代人的时间，更准确地说是三代或者四代。美国的“古老家族”等于金钱、意志、时间的总和。毕竟，纵观美国历史，其跨度还只有六七代。每个古老家族中的一些成员，都必定会经历家族还不是那么“古老”的阶段，因此，在美国，身为家族祖先和身为家族普通成员同样值得骄傲。

令人难以想象的是，世系家族不允许也未曾允许未经注册的家族加入他们的社交圈，尤其是在未注册的家族抢占了他们的银行业务的情况下。现在，只有那些加入古老家族社交圈不过两三代的人，会竭力将那些意图效仿他们祖先的人阻挡在外，旧富和新贵之间的博弈始于建国之初，现在依然在小镇和都市中心上演。该博弈经久不变的规则是，只要有坚不可摧的意志，任何家族都可在其财力允许的范围内胜出。金钱——纯粹的、赤裸的、庸俗的金钱——毫无意外地帮主人赢得进入美国社会任何地方的通行证。

从地位的角度看，它总是试图建立在家庭血统的基础上，这意味着“家庭地位的高墙”总是摇摇欲坠，从更普遍的立场来看，上流阶层在当地的认可度更高，这意味着上流阶层在不断重组。同时，也意味着无论美国上流阶层如何自命不凡，也只不过是富裕的资产阶级，无论其成员如何权倾朝野，也无法杜撰一个贵族身份。一位细心的系谱学家声称，20世纪初，在纽约，因财富和家族古老性而拥有显赫社会地位的家族，他们的祖先曾受邀出席杰伊夫人的晚宴，这样的家族不足 10 个。[6]

在美国，试图凭借家族血统获得地位，这种自以为是的行为令人怀疑，只涉及了极少数人。出身良好和出身高贵的人，出于强烈的族谱意识，用他们真实或者虚构的祖先，精心编制族谱，刻意与出身卑微的人保持距离。但在他们尝试与底层大众保持距离时，底层大众却似乎对自己的低微出身引以为豪，而且总是热衷于搬出一些极其庸俗的笑话，于是，贵族们的虚荣心在此无处安放，或者说无从施展。

有太多家庭宅邸活动和跨行业的活动，在个人的一生中，以及在各代际之间展开，因为他们觉得家族谱系是根深蒂固的。当这种感觉强化了上流阶层的诉求时，除非受到底层的尊重，否则这种感觉对他们也并无利处。美国人不是特别有家族谱系意识，他们不是那种会用金钱为家族血统镀上高贵的底层大众。只有当一种社会结构在各代之间没有从根本上发生改变时，只有当职业、财富和地位遵从世袭制时，那种傲慢和偏见，那种内心的奴性和自卑感，才能形成声望体系的稳定基石。

尽管没有封建的历史，并且因为移民存在流动性，但是以家族声望为基石，建立一个转瞬即逝的以血统为主导的上流社会是可能的。正是新移民大量涌入大城市的数十年，美国的大都会处于全盛时期。在北方人的聚居区，通过血统获得社会地位是最成功的，而获得成功的与其说是普通民众，不如说是那些声称自己拥有某种血统，想要更多血统的人。这些诉求一直以来都涉及国家团体的地位等级。

但当卑微的移民不再服务于这一目的：移民停止流动，不久，在北美的每一个人都变成或很快会变成土生土长的美国人——父母都是土生土长的美国人。

尽管移民的数量巨大，他们在大城市的数量超过了本地人，但是民族主义的自由情绪正变得过于强烈，无法被严格的血统壁垒所塑造。“移民的美国化”——是有组织的运动，是一种意识形态，也是一个事实——对国家意识形态的忠诚比盎格鲁－撒克逊的血统更重要。认为美国是一个光辉的种族和民族熔炉的观点——中产阶级和知识阶层持此观点，开始在那些关心“种族”血统和血统导向型社会的盎格鲁－撒克逊人中间盛行。而且，每一个国家团体——从爱尔兰人到波多黎各人——已经慢慢在当地赢得政治权力。

创建一个血统清晰的世系社会（Pedigreed Society）的尝试已经在上层流社会中展开，上流社会的组成部分是相互竞争的：东部沿海地区最先建立，因此，那些留在那里的人在当地组成的家庭比最近人口密集地区的家庭历史更悠久。然而，在当地声名显赫的家庭，其享有的名声在新英格兰的许多小镇上和波士顿人家庭一样悠久；南方小镇家庭对持续亲戚关系的诉求不会被极端的波士顿婆罗门所超越；早期的加利福尼亚家庭有强烈的时间概念，认为他们比任何纽约家庭都更古老、经营得更好。当地还存在经济方面的竞争。以矿业为生的家庭、从事铁路方面工作的家庭、以房地产为生的家庭——在每个行业、地区，正如我们说过的，巨大财富滋生了当地家庭自身的阶层。

当阶级结构坚实而稳固时，血统是声望稳固的基础。唯有此时，各种传统和礼节才能在坚实的经济土壤中生根发芽、开花结果。当经济变化非常迅速，流动性具有决定意义时，富裕阶层必定会坚持自己的主张；地位借口会分崩离析，由来已久的偏见会荡然无存。从阶级立场来看，一美元是一美元，但是从世系社会的立场来看，两笔数额相等的资金是不尽相同的——一笔是传承了四代的信托财产，一笔是上周从市场的激烈竞争中赚取的钱。而且，当新赚的钱滚雪球般越滚越大时，该怎么办呢？ 1870 年，阿斯特夫人①该如何对待范德比尔特夫人②呢？阿斯特夫人会处于劣势：1883 年，她在范德比尔特夫人门前留下了她的名片，应邀参加范德比尔特夫人的化装舞会。[7]发生了那样的事情，你无法举办一场真正的血统身份的展示。在美国，正如在其他任何地方一样，

① 荷兰籍纽约人，出身名门，嫁给了一位上了年纪的地产大亨。

② 家族经营铁路。

以血统为根基的社会，总是会或被粗鲁的新富阶层忽视或收买[①]。

在白手起家之人的社会背景下，新富自然会有地位诉求。自力更生的人有资格要求身份地位，而不是被鄙视。每代有家族成就的人中都会有人鄙视新富，将他们视为入侵者、暴发户、异乡人。但是他们的后裔或者他们的子女，都会被世系家庭的上流社会阶层接纳。

二

在美国，地位之争并不是某个时期独有的情况，因而不会随着另一个时期的到来而自然平息。旧富阶层力图依靠家族血统来维持其阶层大佬的地位，失败与成功总是相伴相生。之所以失败，是因为每一代都会出现新成员；之所以成功，是因为上流阶层总在挑起事端。存在上流阶层是毋庸置疑的，然而，成员恒久不变、绝对稳固的上流阶层却是不存在的。就算阶层成员变动很快，也不足以破坏整个阶层。不是相似的个体和家庭，而是相同的模式在阶层内部占主导位置。

用或多或少正规的方式划界，从而尝试使这种模式固定不变。甚至在内

① 但是，不仅仅是瞬息万变的阶级机制搅乱了这场展示，几乎所有快速变化的事物都参与到了破坏中。因为，传统的生活方式对当地社会的声望至关重要，只有阶级和地位关系稳定的地方，传统才能得到稳定的保留。如果规矩非常严苛，连衣裙变成“套装”，习俗变成“传统”。祖先、长辈、旧富、贵族、居民中“佼佼者”的声望以及会员关系和古老的办事风格——所有的这一切融合在一起，构成一个稳定社会内部固定阶层的地位象征。

社会变化之快，声望开始垂青年轻貌美的人，即使他们备受诟病；开始青睐标新立异的人，即使他们粗鲁无比。服装变成“过时的”，总之，最重要的是要“赶时髦”。房子的表面价值，甚至是一个人行为举止所体现的价值，以及他自身的价值，都要赶时髦。一言以蔽之，认可新鲜事物对他们本身有好处：新鲜事物即声望。在此情形之下，金钱更容易决定谁能跟上这些变化的脚步，也决定了着装、汽车、住宅、运动、爱好和俱乐部等方面的消费模式上的差异。当然，像这样的情况，不是对一个稳定的富裕阶层，凡勃伦（Thorstein Veblen）说过“炫耀性消费”和“炫耀性浪费”，对于美国人，对于他写作的那个时代的下一代人来说，他是正确的。

战之前，新富还没有像之后那样推动社会发展时，忧心忡忡的女主人在面对社会决策时，似乎就需要寻求一些社会权威人士。对 1850 年之前的两代人来说，纽约社会信赖艾萨克·布朗（Isaac Brown），他是格雷斯教堂的司事，狄克逊·韦克特说，布朗对姓氏、血统和流言蜚语的记忆准确无误。他随时乐意告知主妇们谁在服丧期间发出凭吊邀请，谁破产了，谁有朋友来访，谁是小镇和社区的新来者。他会主持各种聚会，一些人发现他“手上有一批能歌善舞的男青年”，能为新搬进来的准备办聚会的人提供帮助。[8]

内战后的极富阶层呼吁采用更明确的方式决定被选举人，沃德·麦卡利斯特一度将他自己确定为选民。为了“社会可能获得抵抗虚荣的奸商（大发战争横财）所需的安定”，麦卡利斯特希望致力于必要的工作，将有地位但不时髦的古老家庭，和为了崭露头角而进行娱乐活动、头脑灵活的时髦人物联系在一起。据说，他非常重视这份工作，不分昼夜地潜心钻研纹章学、宫廷礼节、系谱学和烹饪等方面的书籍。在 1872 年和 1873 年的冬天，他组织了“族长会”（Patriarchs），这是一个包括 25 名成员的委员会，他们有权力创建和领导社会，通过邀请四位男士和四位女士参加舞会，履行他们的职责——麦卡利斯特作为神圣信任加以强调的职责。最早的族长会由纽约古老的家族组成，这些家族至少经历了四代人，麦卡利斯特眼中的美国式慷慨是，40 岁的人都能成为优秀且真实的绅士。[9]

在 19 世纪 80 年代，麦卡利斯特接受新闻记者采访时发表评论说，时尚的纽约社交圈只有 400 人。除此之外，你再找 400 人，他们要么自己在社交场合感到拘谨，要么让在场的其他人感到拘谨。[10] 1892 年，族长会的优越性和麦卡利斯特的名声急转直下，他公布了那“400 位社交能人”的名单，实际却只包含了 300 个姓名。那只不过是族长舞会（Patriarch Balls）的登记名册而已，族长舞会是内战前纽约各家族内部社交圈的活动，宾客主要是一些热爱跳舞的单身男女，和一些麦卡利斯特认为适合出席的新富。在当时，最富有的 90 人中只有 9 人会收到他的邀请。[11]

人们对麦卡利斯特那份 400 人的名册十分关注，随后他退出了高级社交圈，这充分反映出他曾试图巩固的旧式上流阶层是何等的岌岌可危。无独有偶，其他城市也同纽约一样，付出百般努力，维护阻挠新富进入社交圈的“旧守卫”。麦卡利斯特的失败象征着所有诸如此类的努力皆已付诸东流，唯一明智的举措就是认可新富，或至少认可其挑选出来的成员，《社会名流录》是最成功的尝试。

19 世纪 80 年代是个辉煌的时代，纽约的一名单身男士，继承了“一笔数额不大的积蓄和算不上显赫的良好社会地位”，他决定出版“一份杰出人才名录”，不接受商业赞助，但商人们极有可能会购买。[12]《社会名流录》的绝妙之处在于既包含了旧富也囊括了新贵，在“烟斗”和“联盟”等纽约俱乐部的鼎力支持下，很快获得了成功。纽约第一期《社会名流录》包括了 881 个家族。其他城市也纷纷效仿，分别出版本市的《社会名流录》，名流录的编纂和出版事宜，都纳入到社会名流录协会（The Social Register Association）的工作范畴中。到 20 世纪 20 年代，共有 21 个城市出版发行了《社会名流录》，但随后有 9 个城市因缺乏兴趣而停止出版。截至 1928 年，每年秋天发行 12 份新版《社会名流录》，出版的城市有纽约和波士顿（自 1890 年）、费城（自 1890 年）、巴尔的摩（自 1892 年）、芝加哥（自 1893 年）、华盛顿（自 1900 年）、圣路易斯（自 1903 年）、布法罗（自 1903 年）、匹兹堡（自 1904 年）、旧金山（自 1906 年）、克利夫兰（自 1910 年）、辛辛那提（自 1910 年）。[13]

《社会名流录》刊登了“社交名流”的住址、子女、就读学校、电话号码和经常出入的俱乐部。增补版会于 12 月和 1 月发行，夏季版于每年 6 月发行。协会建议读者购买一本索引，里面包含了所有在名流录中出现过的姓氏，方便了解各城市中家族通婚和地址变迁的情况。

根据《社会名流录》的描述，能够入选名流录的人们或凭借家族血统，或因其社会地位，或具备其他资格，毋庸置疑，他们的家族都属于城市的上流阶层。然而，入选的具体标准却难以辨别，原因或许正如韦克特所言，“《社会名流录》营造了一种客观、公正和神秘探究的氛围。一定程度的隐姓埋名，对再创辉煌和继续保有声望大有裨益”。[14]现在，社会名流录协会的总部设在纽约，似乎是由伯莎·伊斯特蒙（Bertha Eastmond）女士在掌管，自协会成立之初，她一直担任创始人的秘书。她权衡所有姓氏，哪些应该入选，哪些不配入选，哪些有望在未来加以考虑。完成这些工作，她可能会拜访能提供相关咨询的顾问，为此，在每个出版《社会名流录》的城市都设有个人代表，负责留意在册的姓氏、地址和电话号码。

《社会名流录》登记在册的有38000个夫妻家庭，[15]为什么他们会入选？出版《社会名流录》的12座城市的居民，都可以申请加入，尽管必须要有已入选的几个家庭的推荐书，还需要所属俱乐部的清单。但是，仅凭金钱或仅凭家庭，甚至这两项加在一起都并不能保证能立刻入选，或者能最终被保留下来。用更加武断的方式，旧式家庭的人有时会落选，第二代新富提出的申请也通常不会取得成功。然而，虽说仅凭出身和财富不足以入选，但并不是说出身、财富和合理的举止不重要。

只要小有成就的企业总裁有志于此就有可能入选名录，但是不应过度强调。尤其是1890年到1920年具有历史特殊性的三十年，是进入名流圈的关键时期。事实上，《社会名流录》中新家庭的入选率——只有在费城稳步下降——在20世纪前十年里增长了68%，截至20世纪30年代，增长率下降至6%。[16]

那些落选《社会名流录》的人通常深知原因何在;《社会名流录》因其“武断的”本质，在社会意义方面遭到了嘲笑。实际上，狄克逊·韦克特曾总结说：“不利的宣传可以导致一个人被驱逐，但仍然是直觉多于逻辑……可以说，任何人，只要他的名字不被刊登在报纸专栏上——无论其私生活是何种状况，或者被爆料出何种秘密的传言——都不会影响他入选《社会名流录》。”[17]

虽然入选和落选都看似过于武断，围绕名册充满了势利和苦恼，但是《社会名流录》是一份严谨的名册，确实有其意义。这是一种尝试，它努力将暴发户和臭名昭著的人阻挡在名流圈外，努力证明和巩固财富名流圈，维持名流圈的高贵性和价值。毕竟，它是美国已注册家庭的唯一一份名册，它是在一个没有贵族历史、没有宫廷社会、没有真正首都的国家中，距离获得官方身份最近的一件事。对个人而言，入选可能是无法预测的，甚至是过于武断的。但对一个群体而言，一个人之所以能入选《社会名流录》是因为他的财富、出身和生活方式。因此，出现在 12 个城市《社会名流录》中的姓氏，的的确确代表着一类人。

三

自《社会名流录》发行以来，参与出版发行的 12 座大都市，每座都有一个上流社会阶层，其成员都出身于入选《社会名流录》的家庭。这个登记了的社会阶层和新登记的阶层，以及其他大城市未登记的阶层，共同组成古老的家族群，他们在接下来的两代、三代或四代时间里，一直都是地位显赫、富甲一方。因为有着不同的起源形式、着装风格和行为方式，他们和其他群体格格不入。

这些上流阶层成员住在一个或多个专属的奢华住宅区，其中有许多人自出生起就住在这些精致、古典的房子里，或者住在他们后来建成的简约现代风的房子里。这些房子无论新旧，一律家具齐全，装修精致。他们的服饰即便看起来随意、老旧，但剪裁和工艺都有别于常人。他们购买的东西也都价格不菲，使用起来很低调。他们所属的俱乐部和组织只接纳身份地位与他们相似的人，在这些团体里，他们非常注重仪表和着装。

他们有共同的亲人和朋友，除此之外，他们有着共同的经历，都经历过严格筛选，都受家族控制。他们就读于相同或相似的私立和贵族学校，尤其钟爱新英格兰的教会寄宿学校。他们进入哈佛大学、耶鲁大学和普林斯顿大学，或者如果没有走出当地，也会进入他们家族赞助的当地名校。现在，他们经常光顾学校的俱乐部，以及他们所在城市的顶级俱乐部，时不时也会去其他大都市的一两个俱乐部。

他们的名字不会出现在当地报纸的娱乐八卦栏和社会专栏中，他们中的许多人都是有名的波士顿人和旧金山人，如果他们名字被那样没有意义地随意使用，他们会觉得有失当地身份——廉价的宣传和咖啡社会①的丑闻是新家族咄咄逼人而俗气的风格，不是老派家族的风格。已经在上层立足的人感到非常自豪，还未在上层立足的人也很是自负。前者并不在乎位于他们之下的人对他们持何种见解，后者阿谀奉承，轻易相信吹捧之词，因为他们并没有意识到，他们对自身的看法建立在他人的说辞之上②。

他们组成的各类小集团内部和各小集团之间，这些骄傲的家族成员产生了

---

① 咖啡社会（Cafe Society）一词源自法国，指代经常出没在咖啡馆和夜总会等社交场所的名人。——译注

② 有幸读到了凡勃伦《有闲阶级论》（*The Theory of the Leisure Class*，1899）中的一个词，不是因为他对美国上流阶层的批评仍然充分，而是他的风格使他的批评看起来是合理的——甚至在他的批评没有引起重视时。他所写的内容与事实高度吻合，尽管他描写的事实没有涵盖我们这个时代已经发生的场景和特征，他的论据仍然是有力的，因为如果他没有描写出他所做的以及正如他所做的，我们不可能看见我们这个时代的新特征。这只是他的偏见在美国社会抗议文学中是最有成效的意义之一。但所有评论家都是凡人；总的来说，凡勃伦的理论现在不再是对美国声望体系的充分描述了。

《有闲阶级论》不是有闲阶级的理论。它是在一个国家的一段历史时期内关于社会上层特定因素的理论，是对新旧富豪之间身份之争的描述，尤其是对新富的考证，在凡勃伦的成熟时期，在美国 19 世纪后半期，在范德比尔特家族、古尔德家族和哈里曼家族时期，在萨拉托加泉市和纽波特，在黄金时代最为显著。

这一理论是对把财富转换为身份象征，向社会阶层攀升的上流阶层的分析，但是这样换来的身份情况的象征是不明确的。而且，凡勃伦阶层论的对象不是传统的、深深扎根于类似封建制度的社会结构中的人群。因此，消费模式是身份荣誉竞争的唯一方式。凡勃伦没有用旧贵族或侍臣是一种宫廷社会的成功生活方式来分析社会。（转下页）

亲密的友情，形成了高度的忠诚。他们互相设宴招待对方，参加彼此举办的舞会，他们出席气氛愉悦的婚礼，令人伤感的葬礼，也参加同性恋严肃而拘谨的社会舞会。在社交场合，他们似乎最钟爱的形象是非正式的，在展示他们服饰和举止的信号中，辨别正误和洞察行为准则的明智，可以让他们在休闲、自然和正式的风格之间随意切换。

上流阶层成员的民众服务精神，似乎不直接以政治形式体现出来，而是让他们更乐意领导慈善、教育和文化机构。他们的财富——平均有几百万——他们通常并不会花掉多数资产；如果他们不想工作，也不必强迫自己工作，但是他们——尤其是地位显贵的年长者——通常都会选择工作，甚至是勤勤恳恳的工作。他们构成所在城市的商业贵族，尤其是金融和法律贵族。真正的绅

（接上页）在描述美国上层生活方式时，凡勃伦——像描述他笔下的其他角色一样——似乎是混淆了贵族和中产阶级的特点。有一两处体现得十分明显："贵族和中产阶级的特点——也就是说毁灭性和金钱特征应该主要存在于上流阶层中……"[18]只要考察一下小商人的品位，就会知道这肯定不是正确的。

正如凡勃伦所了解的，"炫耀性消费"并不只存在于上流阶层中。但是，现在我认为炫耀性消费主要是新上流阶层的一个显著特征：拥有新的企业特权的新富们——开支可以报销的人和享有其他企业特权的人，和那些活跃于舞台、银幕、广播和电视的职业名流——对生活标准和生活方式有更大影响的人。当然，这种消费特征也体现在以"得克萨斯州百万富豪"为代表的更加老派的新富中。

在20世纪中期，同19世纪末一样，凡勃伦发现了异常奇怪的情况："男高音歌唱家马里奥·兰扎（Mario Lanza）有了一辆定制的白色超大型凯迪拉克轿车，轿车的仪表盘是镀金的……饭店老板迈克·罗曼诺夫（Mike Romanoff）的绸缎衣服空运到苏尔卡位于曼哈顿的洗衣店进行干洗……建筑大亨哈尔·海斯（Hal Hayes）的凯迪拉克轿车里有内置酒吧，家里有威士忌、波旁威士忌、香槟和啤酒……"[19]但在当地已建立声望的家族，他们的第四代和第五代后人隐秘地过着奢侈的生活，或用奢侈的方式过着隐秘的生活。事实上，他们在消费方面刻意保持低调：住在朴实无华的农舍和避暑胜地，常常过着简朴的生活，没有任何土豪式的炫富行为。

凡勃伦的理论不足以描述当今成熟的上流阶层。而且——正如我们将在下面看到的，凡勃伦的著作作为一个有关美国身份体系的理论，没有充分考虑到机构精英或名流圈的崛起。当然，在19世纪90年代，凡勃伦无法预见到"职业名流"真正的国家身份体系的意义，职业名流地位崛起成为国家大众传媒和娱乐的一部分，无法预测到他们的魅力会在全国范围内增加，由此，初入上流社会的富家妙龄少女被电影明星取代，当地社交名媛被军队、政治和经济方面的管理者——"权力精英"所取代——许多人都对他们成为合格的领袖而感到高兴。

士——在东部城市，逐渐蔓延至全国——是银行家或律师，这很好理解，因为那些拥有财富的人需要可靠、聪明和理智的人来维护尊严，这些人是大型银行的总裁和行长，是当地知名律师事务所的高级合伙人和投资顾问。

几乎在整个美国，大都市的上流阶层在种族、宗教和出生地方面，或多或少都是相同的。即便他们没有悠久的家族血统，他们的家族史也比底层大众要长。当然，也有例外，其中一些是重要的例外。在各个城市，意大利人、犹太人和爱尔兰天主教家族——获得了财富和影响力——的身份地位得到了显著提升。然而，更重要的是，也有例外——就种族、民族和血统来说，社会上流阶层的模式仍然是“纯粹”的。在各个城市，他们可能是新教徒，还有各阶层教堂教派中的新教徒，主要是圣公会教徒、一位论派教徒，或长老会成员。

在许多城市——例如纽约——有好几个而不是一个“都市 400 强”。这虽然属实，但并不是说大城市没有上流阶层，只是，与其他更单一的社会相比，这些城市的地位结构更复杂。地位之争导致的社会纠纷，未能摧毁地位等级。

身份地位较高的家庭可能加入了尊享乡村俱乐部，俱乐部会组织体育赛事和社交活动，但是这种模式对上流标准没有决定性意义，因为“乡村俱乐部”也会接纳中间阶层甚至中下阶层的成员。在较小的城市，最好的乡村俱乐部的会员身份通常是上流阶层的重要身份象征，但是，大都市的地位市场却并非如此。大都市的地位象征是绅士们的俱乐部，是男性俱乐部，这在社交方面非常重要。

绅士参与大都市的男士俱乐部，而且，上流阶层的男士通常会加入一个或多个这样的俱乐部。既允许男士也允许女士加入的俱乐部，例如乡村俱乐部，通常只存在于当地。旧上流阶层男士所属的乡村俱乐部是哈佛大学、普林斯顿大学和耶鲁大学的乡村俱乐部，但是，都市俱乐部在不断扩展，不再局限于优秀的学校。绅士们加入三四个或更多的俱乐部也是司空见惯的情形。各个城市的这些俱乐部是真正排他的，因为总体上，这些俱乐部并不为中间阶层和中下阶层所熟知，它们比那些广为人知的俱乐部更高档，那里的上流阶层的身份得到了更广泛的认可。这些高档俱乐部属于上流阶层、依靠上流阶层、服务上流阶层，但是会有别的城市的上流阶层慕名而去①。

对上流阶层之外的人说，上流阶层的男士或女士加入的俱乐部，是他们身份地位的强有力的象征；对圈内人来说，俱乐部提供了一个更私密的，像大家族一样的内部集团，可以凸显一个人的身份。俱乐部的核心成员通常是凭借血统成功实现地位诉求的家族，后来的成员借由与这些家族之间的亲密关系加入，但反过来，从长远看，他们的加入有助于巩固俱乐部的地位。

当有钱人在社会等级的标准线上相互推搡时，加入正确的俱乐部就具有了重要的社会意义，因为等级的界线往往是模糊的，而俱乐部的会员资格则清楚地界定了有钱人的地位。大都市俱乐部是跻身上流阶层的重要途径：它们是新阶层通往老派上流阶层的身份阶梯；男士及其后代可以逐渐从一个俱乐部晋升到另一个俱乐部，如果成功的话，可以进入最排外的核心要塞。大都市俱乐部对都市圈内、都市圈之间的商业生活来说是不可或缺的：对于这些圈子内的许多人来说，在这个排外的圈子里做重要决策似乎很方便，而且某种程度上也很合适。"私人俱乐部，"一家为管理者服务的杂志社如是说，"正在演变成商人的城堡"。[21]

大都市上流阶层属于富裕阶层，控制了当地关键性的金融和法律机构，因此，各成员之间存在商业和法律关系。对一个城市的经济来说，尤其大都市的经济，并不只与那个城市有关。经济以国家和大城市为中心，上流阶层控制大城市决策中的关键环节，从这两方面来说——各城市的上流阶层之间都有着高度的相关性。如果波士顿的富人的专属俱乐部经营惨淡，休斯敦的俱乐部也将会遭遇同样的情况。与那些被社会接受的人保持轻松、非正式的接触，能更好

① 甚至在1933年，约50位纽约人仍然在缴纳波士顿萨默塞特俱乐部的正式会员的会费。[20]

地在餐桌上达到协议。绅士们的俱乐部立刻成为具有决定性的金融和商业网络的重要据点，以及证明社会契合度的重要中心。旧上流阶层具备的所有特点似乎都是巧合：古老的家族、妥当的婚姻、合理的住所、正确的教堂和优质的学校——他们因此拥有制定关键决策的权力。每个城市的“杰出人才”都加入了这些俱乐部，当其他城市的上流阶层成员拜访时，他们享用午餐的场所极有可能是波士顿的萨默塞特或联盟俱乐部，费城的球拍俱乐部或费城俱乐部，旧金山的太平洋联盟俱乐部，纽约的尼克博克俱乐部、链接俱乐部、溪流俱乐部或球拍和网球俱乐部。[22]

四

在美国的每一座大城市，上流阶层的生活方式十分相似——尽管存在地区差异，都市 400 强关注的住房、服装和社交方式问题都相差无几。布克兄弟的西装和衬衫没有在全国范围内大量投放广告，除纽约的门店外，总共只有四家分店，但这个品牌在国内的所有大城市都非常有名，没有哪个城市的销售代表感觉自己被当成了陌生人。[23]还有其他服饰也是符合上流阶层风格的，但任何有钱和有品位的人都会发现其他品牌的衣服没有布克兄弟的西服那么舒适。全国的旧上流阶层的生活方式远不只体现在这些方面。

有一种把社会上的富人、普通富人及下层大众区分开来的深刻经验，那就是看他们就读的学校，所在的社团组织，还有因教育方式而贯穿他们一生的情感和理智。

例如，纽约旧上流阶层的女孩子，通常在 4 岁之前，都是在护士和母亲的精心呵护下成长，此后，日常起居由家庭女教师照顾，女教师通常擅长法语和英语。等到六七岁的时候就会去私立学校上学，比如蔡平学校（Chapin

School）或者布里尔利学校（Brearley）。上学和放学都由家庭专职司机接送，中午和放学后都由家庭女教师照顾，女教师大部分时间都陪伴在其左右。大约 14 岁的时候会上寄宿学校，比如，马里兰州的圣蒂莫西中学（St. Timothy's School），波特女子高中（Miss Porter's School），或康涅狄格州的威斯多弗高中（Westover）。之后，可能会就读纽约的芬奇女子大学（Finch Junior College），然后毕业，或者如果她进入合适的大学，她会和许多普通的中产阶级女孩一样，就读于布林莫尔学院（Bryn Mawr）、瓦萨学院（Vassar）、韦尔斯利学院（Wellesley）、史密斯学院（Smith）或本宁顿学院（Bennington）。在结束学生生涯或大学毕业后，她很快就会结婚，然后开始引导自己的孩子，走过同样的求学之路①。

纽约旧上流阶层的男孩子在 7 岁之前的经历与女孩们大致相同，然后他也会去上走读学校，比女孩们更早就读于寄宿学校，尽管男孩子们将其称为预科学校，如圣马可（St. Mark）、圣保罗（St. Paul）、乔特（Choate）、格罗顿（Groton）、安多弗（Andover）、劳伦斯维尔（Lawrenceville）、菲利普斯埃克塞特学院（Phillips Exeter）或霍奇科斯（Hotchkiss）学校。[25] 然后他们会进入普林斯顿大学或哈佛大学，耶鲁大学或达特茅斯学院，也有可能就读这些名校的某个法学院。

教育的每个阶段对上流阶层人士的培养至关重要，在所有大城市，上流阶层接受的教育顺序都是一样的。事实上，所有这些城市的孩子都喜欢就读于某个更时尚的寄宿学校，或者新英格兰的预备学校，这些预备学校里来自国内 20 多个州以及留学生随处可见。基于血统的地位诉求越来越难以实现，优秀

① "作为工业领袖和杰出的职业男性的女儿，她们必须在一个更为复杂的文化环境中成长，而这个文化环境不太重视培养女性应当具备的品质：温柔、谦恭、真挚和虔诚。但是这些人必须根据他们这类人的习俗，把女儿送到少数几所学校里，而这些学校就建立在那类人习俗的基础上……全国有 1200 多所女子私立学校中，但奇怪的是，只有分数和更高的分数是真正重要的……使一所学校与另一所学校毁于一旦的事物如此短暂，以至于它们之间的差别是无形的。"[24]

的学校在社会意义方面超越了家族血统。因此，要找到一条进入美国的上流阶层的线索，专属女子寄宿学校和男子预备学校是最佳选择。

私立学校的许多教师都觉得，经济变化没有为顶层人士的子女带来适当的家庭背景和氛围，私立学校是最好的机构，培养他们具备上流阶层人士的礼仪举止，为将来生活在顶层做准备。无论校长知不知道，这似乎是一个事实，对于父辈来说，学校是俱乐部的等级标志一样——但更重要和更有内涵的方式是——私立学校扮演的角色，的确是为上流阶层挑选和培养新成员，以及使上流阶层的子女继续维持在较高水准。只有在"下一代"，在私立学校里，新旧上流阶层间的紧张局势才有所缓解，甚至不复存在。因而，依靠这些学校，而不是任何其他单一机构，新旧家庭——在机会成熟时——成为自觉的上流阶层成员。

作为新旧上流阶层的筛选和培训基地，私立学校对上流阶层有着统一的影响和同化的力量。在道德和文化特征细致地传递下，世系家族变得越不重要，私立学校就变得越重要。传播上流阶层的传统，调整新富和人才进入上流阶层，就这两方面而言，最重要的机构是学校，而不是上流家庭。这是上流阶层经历中最具特色的一点。前 15 或 20 强的学校，是上流阶层的主要组织中心。因为在这些青少年私立学校中，上流阶层的宗教、家庭和教育任务是融合在一起的，维持上流阶层盛行的标准，最主要的任务是集中一致①。

这些学校在经济上独立，政策上自治，最大的特点是非营利性结构。它们不是"教会学校"，因此不受宗教团体管理，但它们会要求学生参与宗教服务，尽管不是宗派学校，但它们遵从受宗教启发的原则。格罗顿中学创始人的格言

① 《财富》杂志的主编曾写道："这些男子学校的数量和录取的学生数量完全不成比例。现在（1944年）美国有 700 多万学生接受了中学教育，其中有 46 万人进入私立学校学习。总共有 36 万人进入了天主教学校（这是 1941 年的数据，是现在可考的最新数据），1 万多人进入军校，这些学校的特殊目的非常明显。另外，有 3 万多所女子学校，角色也有清楚的定位。有 4 万多所男女合校，大部分是私立走读学校；2 万多男学生住校，这是一个特别渴望自我辩护的群体。"[26]

沿用至今，包括建校理念："不遗余力培育学生基督徒的品格，注重学生道德品质、智力水平和身体素质等方面的发展。学校校长将由新教圣公会教堂的神职人员担任。"[27]

"预备学校的重点不在于课程设置，而在其他 12 个方面，其中一些很独特：学生和教师之间的关系，学生和家庭之间的关系，哥特式礼拜堂和崭新的体育馆，学生宿舍的建筑风格和晚饭后所做的事，所有的一切决定权都在于校长。"[28]学校有一个潜在的理想——成为家庭延伸出的组织，一个来自波士顿、费城和纽约的适龄学生一起学习正确的行为方式的大家庭。学校加强这种家庭理想的方式有通过宗教公共实施——往往是圣公会学校；通过上流阶层将他们的儿子送到父亲，甚至是祖父曾就读的学校；通过捐款，以及校友会的爱心活动。例如，乔特学校的根本目的是，证明家庭和学校能有效地结合在一起，从而，学生可以享受学校提供的好处——尤其是"精神指引"和"结交良朋益友"——保持一个恰当的家庭所应该具有的亲密影响。

这些高级专属学校的日常生活通常十分简单，甚至是简朴的；在简单而势力的氛围下，身份地位具有民主性。每个人都或多或少墨守成规，没有机会出现官方认可的炫耀或势利倾向。[29]

这些学校不是经常面向任何明显的实际目的。的确，男子学校一直都是进入大学的跳板，而女子学校开设的课程中，只有一门是为升入大学做准备的课程，也是那些要尽快步入婚姻殿堂的女孩们的终极课程。但是他们普遍缺乏中产阶级的竞争精神。学校似乎在倡导不要和身边的同学比较学习和活动，而要以自己和老师眼中最棒的自己为参照。此外，如果你对此过于关注，将会变得引人注目。

学生之间的身份竞争被降至最低：如果有津贴补助，数额也通常很有限，男孩们通常没有零花钱，都穿校服，女孩们也穿校服或衬衫、裙子和毛衣，正如外界通常解读的那样，他们的穿着没有像上流阶层的那样华丽，似乎是不想像高级群体一样利用服装来显摆。女孩们无论多富有，都不允许有一匹属于自己的马。

学校的年长者是那些高年级的孩子，他们是年幼孩子的榜样。对于八九岁的男孩们，宿舍配有严格挑选出的女管家；12 到 13 岁时便不再由宿舍女管家照看，改由专职的男老师负责照料。男老师的妻子也住在男生宿舍楼里，如亲人般给予学生们亲切关爱。学生的自尊不会遭到不靠谱父母的打击，学生的餐桌礼仪注重在和谐的氛围中培养，而非采用一种专制而令人生畏的方式。

之后，学生将会知道如何处世，即便是在迷惘之时。在同吹毛求疵、难以取悦的人打交道时，也能游刃有余地加以应对，因为他知道如果是正人君子，则不必费尽心机、溜须拍马。率真而高贵的举止皆源于高度自信，这彰显了一个人业已形成的世界观，正因如此，他们不可能会被排斥、忽略、轻视和解雇。在适当的时候，成为年轻的经纪人、银行家或企业高管，他们会感觉顺畅、洒脱，让人觉得和蔼可亲、愉悦有趣，易于结交。较之尊长，只有一丝恰到好处的区别——即便他们是同一俱乐部的成员——足智多谋、热情洋溢，然而并没有过犹不及，毕竟他们的行事风格正是对校训的践行：一切恰如其分。[30]

哈佛、耶鲁和普林斯顿大学都还不够，真正起关键作用的是预备学校，因为高级专属预备学校决定了“两个哈佛生”中的哪一个能进入上流社会。大学的俱乐部和小集团的成员通常是由这些人组成的：社团的上一波成员和特定学校里小有名气的人。他们在哈佛的朋友都是在预备学校结交的，这就是为什么在上流社会，仅仅拥有常春藤盟校的学位并不意味着什么。假定的关键不在哈佛，而在哪一类哈佛。说起哈佛，人们通常是指坡斯廉、弗莱或者 A.D. 等俱乐部；提及耶鲁，人们常常意指捷塔布希、篱笆俱乐部或者德尔塔 · 卡帕兄弟会（Delta Kappa Epsilon）；谈到普林斯顿，则是指小屋、老虎、帽子和长袍或常春藤等俱乐部。[31] 中学毕业后，加入常春藤盟校的某个俱乐部，这使他们有资格出入各城市俱乐部和美国大都市里举办的各种聚会。为了在这些名校中树立威望，对地方的忠诚度会降低，因为名校的经历是通往全国范围内同类的、自发的上流阶级的途径。

在教育背景相似的人中，学校生活会自然而然促成婚姻。男子预备学校通常与女子寄宿学校距离很近，这些学生年龄相仿，一年总有几次因为监护人的缘故而聚在一起，除此之外，男孩的姐妹们和女孩的兄弟们也会参与其中。至于更顶尖大学里的男孩和女孩们，会为他们安排正式的参观和聚会活动——一言以蔽之，就是男女约会模式的活动。到了大学，这些顶尖学校属于广义上的婚姻市场，为上流阶层子女们的婚恋关系牵线搭桥。

五

在内战前发迹的富人成为古老美国家庭的创始人，而那些战后致富的人随后也加入了这些人的行列。他们组成的大都市上流阶层从来都不是、现在也不是一个成员固定的世系社会，但是，尽管如此，他们是闻名全国的上流社会阶层，拥有许多相同的特征和强烈的团结意识。如果新的家族想要加入，也通常是富贵人家、新贵或者传统贵族，他们的子女加入同类型的高级学校，也倾向于相互通婚；他们就读于常春藤盟校，并通过大都市俱乐部的大城市网络保持社交和商业联系。国内的每一个主要城市，他们彼此认可，即使不是严格意义上的同辈，也是有很多共同点的人。在一本又一本的传记中，他们意识到他们有共同经历，如在经纪公司、银行和公司里的财务状况，意识到他们所服务的利益集团。在一定程度上，只要商业发展遍布全国，上流阶层在经济中扮演的角色就会越来越相似，甚至可以互换；在一定程度上，只要政治变得国家化，上流阶层的政治观念和活动就会得到巩固。将地方和分散的公司团结起来形成一个企业的所有因素，也促成了都市 400 强的共同利益、运作和团结。

上流阶层的各类成员关注他们在各种领域的权力，俱乐部、家族亲戚、公司和律师事务所的成员共同关注这些权力。权力是饭桌上的话题焦点，家庭成员和俱乐部协会在非正式的场合也会谈论这个重大话题。他们一起长大，私下里彼此信任，他们私交甚密，尊重每个作为高层人士的成员，每个特定领域有权力和决策权的政策制定者。

他们渗透到了各权力机构的指挥层。一个有前途的儿子就职于政府高层——也许是国务院，他的堂兄在适当时机被提升为一家企业总部的高层执行官；他的叔叔已经升为海军司令；而堂兄的哥哥即将成为一所著名大学的校长。同时，有一个家族法律公司，其合作伙伴与外围成员保持密切联系，共同应对面临的问题。

因此，在上流阶层的核心圈子里，在规模最大、最重要机构中，最客观的问题夹杂着对各个封闭而亲密的小集团的伤感和忧虑。这就是上流家庭和上层学校的一个重要的意义：在关系亲密的基础上，由于“背景”原因，上流阶层的活动可能会心照不宣地一致。同样重要的是，在这个圈子，年轻男女接触到了决策者的餐桌谈话，因此已经学会了决策者们非正式的沟通技巧和自命不凡的特质；简而言之，他们学会了所谓的“判断力”，他们的潜意识吸收了成为决策者的抱负，即便他们没有坚信自己就是决策者。

在上层家庭和他们的公司和办公室之间，有学生时代的情谊、预备学校和大学俱乐部的友谊，以及之后重要的社交和政治俱乐部里的友谊。而且，这些家庭和组织里，有人会在将来——或会面时——操控现代社会的各个高层圈。

上流社会的专属学校、俱乐部和度假村是排外的，不仅仅是因为它们的成员十分势利。这样的地方和团体在塑造上层人物性格上发挥了实实在在的作用，而且更重要的是，这些机构自然而然地把一个个高层圈联系在一起。

因此，著名的法律系学生从预备学校和哈佛大学毕业后，到最高法院担任法官助理，然后成为企业律师，之后进入外交部，然后再加入律师事务所。在这些领域，他遇到和结识的都是与自己身份地位相当的人，作为一种延续，他有家族朋友、学校的朋友，俱乐部的晚宴，每年都会去的避暑胜地。在他进入的每一个这种圈子里，他获得并不断练习和相信自己有做判断、做决策的能力。他能轻易接触到在公共生活领域和重大机构拥有决策权的同辈，他们的经验和鉴赏力强化了他的自信。一个不会背弃自己圈子的人是会被这个圈子接纳的，甚至在现有的大多数情况下也是如此。他融入了国家上层，他的外表就是社会地位的认可；他的言辞和行为方式就是良好培训的奖章；他的同僚就是他得到认可和精明程度的证明。

注释：

［1］参见 Dixon Wecter, *The Saga of American Society*（New York：Scribner's，1937），pp. 199 ff.，这是美国上流社会历史的典型作品。大城市上流社会最好的例子是 Cleveland Amory，*The Proper Bostonians*（New York：E. P. Dutton，1947）；和 Edward Digby Baltzell Jr.，*The Elite and the Upper Class in Metropolitan America：A Study of Stratification in Philadelphia*，（Ph.D. thesis，Columbia University，1953），这两部作品我都有参考。

［2］Mrs. John King Van Rensselaer，*The Social Ladder*（New York：Henry Holt，1924），pp. 30-32.

［3］Dixon Wecter，op. cit. pp. 294-5.

［4］参见 J. L. Ford，*New York of the Seventies*（*Scribner's Magazine*，June 1923），p. 744.

［5］Mrs. John King Van Rensselaer，op. cit. pp. 53-4.

［6］W. J. Mills，*New York Society*（*Delineator*，November 1904. Cf.），以及 Ralph Pulitzer，*New York Society at Work*（Harper's Bazaar，December 1909）.

［7］参见 Harvey O'Connor，*The Astors*（New York：Knopf，1941），p. 197.

［8］Wecter，op. cit. pp. 209-10.

［9］同上，pp. 212，214.

［10］同上，p. 215.

［11］参见第五章超级富豪及其注解。

［12］Wecter，op. cit. pp. 232-3.

［13］参见 Mona Gardner，"Social Register Blues，" *Collier's*，14 December 1946；和 G. Holland，"Social Register，" *American Mercury*，June 1932. 关于截至 1925 年出版的所有《社会名流录》，参见

Wecter, op. cit. p. 233.

[14] Wecter, op. cit. p. 234.

[15] 自 1940 年起，参见 Baltzell Jr., op. cit. Table 2.

[16] 参见同上 Table 14, pp. 89 ff.

[17] Wecter, op. cit. pp. 235, 234.

[18] Thorstein Veblen, *The Theory of the Leisure Class*, 1899 (New York: New American Library, Mentor Edition, 1953), p. 162. 以及参见对凡勃伦理论更加全面的评论。

[19] *Time*, 26 October 1953.

[20] 参见 "Boston," *Fortune*, February 1933, p. 27.

[21] *Business Week*, 5 June 1954, pp. 92-3.

[22] 个人估计，参见 Baltzell Jr., op. cit. p. 178.

[23] 同上，footnote 5, p. 172.

[24] "Miss Chapin's, Miss Walker's, Foxcroft, Farmington," *Fortune*, August 1931, p. 38.

[25] 参　见 Porter Sargent, *A Handbook of Private Schools*, 25th ed. (Boston: Porter Sargent, 1941); "Schools for Boys," *Fortune*, May 1944, pp. 165 ff.; "St. Paul's, St. Mark's, Groton, Andover, et al," *Fortune*, September 1931, pp. 76 ff. 以及参见 George S. Counts, "Girls' Schools," *Fortune*, August 1931 和 "Twelve of The Best American Schools," *Fortune*, January 1936, pp. 48 ff.

[26] "Schools for Boys," op. cit. p. 165. 以及参见 "Boys' Prep School," *Life*, 1 March 1954, 描写的是霍奇科斯学校，比较 Eleanor Roosevelt 将自己最小的儿子约翰送到格罗顿学校的感受，如她在 *This I Remember* (New York: Harper, 1949), p. 43 中的描述。

[27] Frank D. Ashburn, *Peabody of Groton* (New York: Coward McCann, 1944), pp. 30, 67-8.

[28] "St. Paul's, St. Mark's, Groton, Andover, et al," op. cit. p. 76.

[29] Allan Heely, *Why the Private School?* (New York: Harper, 1951) .

[30] John P. Marquand, ff. *M. Pulham Esquire*(New York: Ban-tam Edition, 1950), pp. 76, 60; W. M. Spackman, *Heyday* (New York: Ballantine Edition, 1953), p. 12.

[31] Baltzell Jr., op. cit. pp. 218-20.

第四章

名　流

所有那些在美国取得成功的人——无论他们出身于何种阶层，或者他们的活动范围如何——都有可能进入名流圈。这个名流圈的世界，现在成为具有公众影响力的美国名利场，虽然不是自下而上建成的，但是它缓慢而稳定地连接着当地社会和都市 400 强。它是基于全国性的权力和财富等级，自上而下创建的，大众传媒在全国为其做宣传。因为这些等级和媒体已经覆盖到美国社会，名流新秀同传统富家子弟和名媛们的竞争已拉开帷幕，前者为后者提供补充，甚至取代了后者。

随着经济上的优化整合，军事地位的提升，国土扩张导致的集权化，诞生了国家精英，占据大型集团统治地位的人成为公众注意的焦点，也是被大力塑造的对象。同时，随着国家大众传播手段的细化，娱乐界的职业名流已经全面、不断地进入全国人民的视野。因为名流在全国都有魅力，他们是所有娱乐和宣传手段的焦点。都市 400 强和企业精英必须和世界名流竞争，或者借助他们的声望。

但是究竟什么是名流？名流不需要进一步的身份证明。了解他们的人远远超过了他们了解的人——不需要准确的计算。名流显贵所到之处总能被人认出，掀起一片沸腾，令人既兴奋又惊讶。他们所做之事皆有公众影响力，或多或少会持续一段时间，他们是媒体访谈节目和娱乐节目的目标对象。当影响褪去——一定会的——名流们依然存在，人们时不时会被问到“还记得他吗？”这就是名流的内涵。

一

在咖啡社会中，名流圈的主要成员——机构精英、大都市社交名流和专业艺人——相互合作，互相帮对方实现名望诉求。公众的焦点通常很一致，聚光灯往往会将咖啡社会中发现的魅力传播给更广泛的公众。在咖啡社会，拥有全国性的魅力已经成为稳固的商业路线。

咖啡社会存在于纽约的餐厅和夜总会——从第五十到第六十街，在第三大道和第六大道之间。莫里·保罗（Maury Paul）在 1919 年发明了纽约早期荷兰移民的后裔这个词汇，用于表示一小部分人，他们在公共场合玩乐，但不会去彼此家中做客。直到 1937 年，《财富》杂志刊登了一篇关于咖啡社会颇有见地的报道，[1] 紧紧围绕着咖啡桌旁的是妖艳撩人而没有真才实学的职业名流，以及像约翰·海·惠特尼（John Hay Whitney）一样的旧上流阶层成员。

总之，咖啡社会基于宣传效应，其成员的行为举止和人际关系常常是社会编年史家和娱乐专栏作家的素材——他们以这种知名度为生。这些编年史家和侍者领班最初的身份是聚会的专业组织者或者记者，现在已经成为职业名流，将名流圈塑造成现在的模样。1937 年，莫里·保罗仍在评论获得认证的都市 400 强，尽管他也谈及了他们更活跃（积极）的方面。继他之后，伊戈尔·卡西尼（Igor Cassini）使用“查理·尼克博克”这个笔名，肆无忌惮地加以评论，他描述的世界比都市 400 强更加奢靡浮华，理所当然不局限于《社会名流录》，诸如斯托克俱乐部，小报专栏作家和电视供稿人合作创造出一种魅力十足的氛围，其他机构在影响力方面都无法与之匹敌。[2]

或许自 20 世纪开始，社交精英彻底厌倦了纽波特，为了结交更有活力的玩伴、更幽默的朋友，他们开始将目光转向百老汇以及好莱坞。于是，地下酒吧成为上流社会、百老汇和好莱坞的重要据点。麦卡利斯特是黑市酒贩子，他拜访了邓白氏公司；阿斯特夫人越过铁路轨道，只要她到了好莱坞就一定会去……

《财富》杂志的编辑写道："禁酒令使人们离开家、高档酒店，冒险到地下酒吧饮酒作乐；汽车和无线电行业催生了一批新的百万富翁，房地产市场走势一路向好，使名流们离开他们的豪宅，搬进公寓，使标准化的大众娱乐和新的标准化的大众房屋保持一致。如果说短裙的出现起初让人瞠目结舌，那么格林尼治村则降低了性别差异。"[3]

半个世纪前，约翰·沙利文（John L. Sullivan）没能得到麦卡利斯特夫人的赏识，然而，吉恩·东尼（Gene Tunney）受到了咖啡社会的欢迎。在1924年，威尔士亲王（Prince of Wales）表示更加钟爱爵士殿，而非静谧的寝宫时，都市400强会作何反应呢？[4]咖啡社会取代纽波特成为新晋百万富豪的社会目标。当时的新上流阶层——很大一部分财富来自娱乐产业——给旧上流阶层留下的印象不如给咖啡社会的那般深刻，因此他们从咖啡社会入手，寻找进入上流阶层的入场券。

现在，就全国而言，咖啡社会似乎已经占据美国社会的顶层位置。如果其成员在一些高级场所没有进餐的资格，人们也能迅速从照片中识别他们。咖啡社会的公众影响力已经取代了都市400强的家族模式，出版社的文章已经取代了贵族血统。才智之士追求成功的志向是进入上流社会的关键，而不是世代承袭的财富背景或习惯。在名流的世界中，宣传地位已经取代了血统或财富的层级。不是绅士们的俱乐部，而是夜总会；不是午间的纽波特，而是夜晚的曼哈顿；不是古老的家族，而是名流。1937年，《财富》杂志上刊登了咖啡社会的名流录，其中有三分之一的人没有出现在《社会名流录》中。[5]现在，这一比例应该较之前更低。

职业名流，无论是男士还是女士，都是推崇竞争的社会里明星体制下引以为豪的产物。在美国，这种体制的实施使技术一流的人可以更快速地借助击打母球，将一系列目标球击入洞中，从而获得机会可以接触到美国总统。这种体制的实施，使夸夸其谈的电台和电视艺人成为一流的行业高管、内阁成员和军队将领争相拉拢的朋友。最擅长的是什么并不重要，只要能在竞争中脱颖而出，就能名声大振、受人尊敬。明星体制的另一个特征开始显现：各行各业的佼佼者开始对新秀趋之若鹜，而新秀也被他们吸引。因此，成功、冠军属于那些可以和其他冠军相处融洽，携手进入名流圈的人。

转瞬间，名流圈登上名望体系和商业的顶端。作为一个行业，大众传媒、公共宣传和娱乐活动并不是名流维持名望的唯一手段，他们也会为了谋利而选拔和培养名人。因此，有一类名人是捞金高手，他们不仅从事于大众传媒和娱乐行业，而且实质上，他们主要依靠媒体宣传来维持名流身份。

电影明星、百老汇女演员、情歌歌手和电视喜剧演员都是名人——因为他们在媒体的作为。他们受人尊敬，因为他们展示的是名流形象。如果他们不再受人欢迎，在合适的时间——通常在顷刻间——他们就会失业。他们对身份地位的惊恐已经变成了一种职业渴求：他们的自我形象取决于媒体宣传，他们需要更强大的宣传效应。他们似乎除了名声一无所有。不是因为他们占据名望地位，所以受人尊敬，而是因为他们受人尊敬，所以才占据名望地位。这种赞美的基础——以一种奇怪而复杂的方式——是私人的，同时也是人为的，他们作为名人的才华似乎是由颜值和技巧造就的，影响力使他们成为有魅力的人，时刻受人赞美：他们似乎过着快乐、豪华的生活，人们好奇地关注着他们的生活，赞美他们及其受人欢迎的生活方式。

职业名流的生活方式和活动使都市400强的社交方式黯然失色，他们在全国范围内竞争影响力，改变了那些拥有机构名望的人的性格和行为。一方面职业名流抢走了他们的风头；这些风头是上流阶级给他们的——上流阶级已经退出，去从事其他事业了。

银幕明星已经取代了初涉社交场合的富家少女，在这一点上，后者非常乐意在纽约、波士顿甚至巴尔的摩与那些在国内真正的名媛出入咖啡社会。毋庸置疑，就个人名望而言，照片登在享誉全国的杂志封面上，要比登在任何一家甚至十家报纸的社会专栏更加意义重大。至于谁会成为杂志的封面人物，这是毫无疑问的事。妙龄女郎的首选是《生活》杂志：在 20 世纪 40 年代的十年间，任何城市都没有初入社交界的富家少女登上杂志封面，但却有多达 178 名影视女星、职业名模等类似职业的人登上了杂志封面。

现在更严肃的公众人物也必须和大众传媒捧红的职业名流竞争关注度和欢迎度。在各州，政客们同乡村乐队一起演奏；在全国，他们精心准备，像其他表演者一样，为了电视节目而排练；更重要的是他们是娱乐批评家们审视的对象：

“昨晚艾森豪威尔总统的‘信息交流’，”1954 年 4 月 6 日，杰克 · 古德（Jack Gould）在《纽约时报》撰文称，“是他最成功的电视节目秀……显然，总统和他的电视顾问罗伯特 · 蒙哥马利（Robert Montgomery）找到了一种‘风格’，能够让艾森豪威尔将军放松，行动更轻松自如。自然而然，就达到了最理想的电视效果……随着节目开始，画面显示，总统坐在桌子旁边，两臂交叉，嘴角一抹祥和的微笑。他的右边——观众的左边——设有旗帜。然后开始以随意的形式谈论。同样的心情、不变的语调一直持续到后半个小时……以往的节目中，在使用提词员时，总统的眼睛从未看向摄像机，总是向左或向右侧身。但是，昨晚他的眼睛一直看着摄像机镜头，观众感觉好像在与总统面对面地直接交流……访谈接近尾声之际，他想要进一步强调，将军一会儿两手交叉，一会儿用一只手的手指轻拍另一只手的手掌，这些都是他真实的直觉反应……诚然，艾森豪威尔将军此次非正式谈话的内容中，并没有太多感天动地的豪言壮语……”[6]

“新都市 400 强”应该由娱乐八卦专栏作家甄别，在名流圈，娱乐专栏作家已经取代了有教养的富家子弟和交际花——有自我意识的社交权威人士为都市 400 强增添了稳定性。因为掌握着宣传，这些新的权威人士显然不是他们描写和谈论对象的随从。他们非常乐意告诉我们哪些人属于“新都市 400 强”，以及用“作为国民取得的巨大成就”辨别他们。1953 年，伊戈尔 · 卡西尼——

在 20 世纪 40 年代使用查理·尼克博克这个笔名——发布了一份包含 399 人的名单，他认为这些人代表了“美国的贵族阶层”。[7] 他认为这些人是忠诚的美国公民、行业的领导者、人品出众的人、有内涵有品位的人，都具有温和、谦逊的品质。卡西尼认为，这类名单每年都会有变化，因为他们能入选是由于他们自身的领导力和谦逊的品质，他们的子女无法做到，除非他们遗传了父辈的所有才能，具有领导风范。

所有这些多多少少是些复杂而且没有意义的事。事实上，卡西尼的名单是从以下三类人中武断挑选出的，或偶尔从名流界挑选出的。

1. 职业名流——在名单中占比约为 30%——包括娱乐圈从业者、体育冠军、艺术家、记者和评论家。最大的一个子群体是演艺人员，尽管他们中的少数人也被认为是娱乐界的商人。

2. 都市 400 强——但是只占总名单的 12%——依靠家族血统和财富的人。他们中的一些人只是因为有这样的家庭背景而入选，但是大多数人出身于古老的家族同时也从事商业活动。

3. 新都市 400 强的过半成员——占总名单的 58%——是那些在主要等级机构占据关键地位的人。其中大多数为政府官员和商业领袖——尽管有许多人同时涉足这两个领域——也有一小部分（占 7%）是科学家、医生、教育家、宗教人士和劳工领袖。[8]

二

作为社交团体，都市 400 强被补充和取代了，但作为个人和小集团，他们成了国家名望体系的一部分，那个体系并不以几个都市 400 强的成员为中心。正如我们所说的，如果来自各个城市的 400 强不能找出一个代表城市让其他所有城市——无论大小——都以它为中心，这些城市就只能看向在全国大受欢迎的人，其中的那些人只要有意愿和金钱就能加入名流圈。

许多当地的观察人士认为大城市上流阶层的衰落，事实上是都市400强的衰落。作为最显眼的名望所得者，[9]如果400强的成员没有成为国家名望体系的一部分，他们一定会隐退到当地的岛上，过着在工业和政治权力之外的另一种生活。那些在国内寻求名望的人要么加入名流圈，要么淡出人们的视野。

20世纪初，都市400强达到了国内名望体系的顶峰。在19世纪80年代和90年代，旧派家族和新富家族展开竞争，但是经过第一次世界大战，新富家族突围成功。后内战时期，新富家族成为全国各大城市的上流阶层成员。但是，20世纪20年代和30年代，正如我们所看到的，新兴的、更有魅力的名望竞争者使都市400强黯然失色，都市400强不仅要与新上流阶层竞争，还要与娱乐圈的名流竞争。即使在20世纪之前，也能经常听见400强哀怨地回忆往昔，[10]但所有这些并不意味着都市400强已退出历史舞台。事实上，咖啡社会的一个特点是，保留了400强中“受欢迎的社交名流”以及有“有头脑的社交名流”。许多旧社交界的人士和富人们被获准进入咖啡社会，但是他们不屑于这样做，这表明都市400强在咖啡社会也享有名望。[11]但同时，对于那些不屑于加入新社交界的人士，他们的传统地位已不再那么稳固。

都市400强在各大主要城市的占比没有出现下滑。下滑的中心区是纽约，主要在中西部地区，这些地区效仿东部，推崇咖啡社会。在费城和美国南部，下降趋势更加缓慢。“社交”非常多样化：在亚特兰大，“你所属的俱乐部很关键”；在华盛顿，任何官员都是社交名流；在底特律，你在汽车行业的身份很重要；在迈阿密，起关键作用的是你在邓白氏公司的评级；在洛杉矶，新社交名流和电影明星结交在一起。“迫使我们做出改变的一件事是，”洛杉矶《社交圈观察者》（*Examiners Society*）的编辑林恩·斯宾塞（Lynn Spencer）解释说，“东部的社交名流前往西部，比起与西部的社交名流见面，他们更乐意与我们的电影明星见面。”[12]

在纽约，老派荷兰籍社交名流事实上已经退出了社交圈；但在1954年的芝加哥，200多位世系社交名流仍然可能结识麦考密克夫人，据说借此可以拥有与之共进午餐的机会，麦考密克夫人是其所在社交界的女王，对进餐要求很高，要用黄金碗碟和洛斯托夫特陶瓷餐具。[13]

然而，在国内受到好评的女士会不断炫耀，显示出身份地位发生了主要改变。[14]

1. 这类女士被称为“沙龙女士”——对我们来说就像普鲁斯特的小说——在美国并不出名。沙龙女士是家庭身份的代表，作为女主人，她决定谁会被社交圈认可。如果她生了孩子，会由家庭教师教育孩子，而非她亲自辅导。在她的沙龙聚会上，侍从会理智地相互竞争，以博得她的注意，他们经常贬损、破坏一夫一妻制的美德。色情描述成为一种竞技运动项目，男女成员用引人入胜、令人兴奋的方式征服对方。

除了一些人以外，如第五大道的玛贝尔·道奇（Mabel Dodge）和新墨西哥州的陶斯（Taos），没有人像欧洲艺术和文化中心那样举办真正意义上的沙龙。美国社交名媛们的客厅里聚集的与其说是浅薄的知识分子，不如说是无聊之徒。当然，他们中间也包含了一些了解萨维尔街和巴黎林荫大道的文人雅客。但是，正如狄克逊·韦克特所说，他们最擅长的部分是模仿名流，凭他们众所周知的高情商应对技巧，建立在若有所思的缓慢语速和滑稽之间的亲和力之上。[15]在内战和“一战”期间，社交人士的主要类型是舞者——沙龙舞的领导者；因此，讨论和交流对美国社交名媛的生活没有多大分量，更不用说在沙龙中讨论的形式了。

举办舞会和为女儿安排联姻的社交名媛，仅仅在较小的社交圈中和短时间内如王后一般。社交名媛渴望宣传，但身为社交名媛的她们并没有大把的机会进行宣传。到20世纪20年代，大众传媒开始蓬勃发展，并有重要的影响力，社交名媛知道她们的光辉时代已经画上了句号。

2. 在 20 世纪 20 年代和 30 年代期间，都市 400 强的领袖人物是出入社交圈的妙龄少女。从传统意义上来说，名门望族的妙龄少女初入社交界的目的是进入高级婚姻市场，从而使上流家庭的高级社交圈持续下去。1938 年，大约有 1000 场社交首秀，每场平均花费 8000 美元，但这无法与好莱坞的壮观场面相比。作为身份象征，出入社交界的首秀效应已不断下降，因为在社交界和咖啡社会，有魅力的女孩越来越多，竞争越来越激烈。除此之外，在 20 世纪 30 年代中期，基于家族血脉的都市 400 强在社交界的地位不断下降，富家少女已没有可以进入社交界的场合。或者，至少已不再是一个优质的社交圈。到 1938 年，《财富》杂志的编辑注意到有涵养的社交圈的淡漠，使精心打扮的社交新秀无处可去。[16]

20 世纪 30 年代，一些社交新秀与好莱坞的明星们进行竞争。她们聘请媒体代理，保证她们的照片可以上报，以及在全国性杂志上为她们撰文。埃尔莎 · 麦克斯韦尔（Elsa Maxwell）曾说，这个"技巧看起来太奇怪、太极端，使卡车司机喘不过气来，无处不在的摄像师负责不断拍照"。[17] 年轻团体中耀眼的成员非常关注慈善事业、赛马以及她们的照片——脸色如半透明的雪花膏——出现在女性杂志上，[18] 以及在女性杂志上宣传。一流的社交新秀不仅常去市中心的东边酒吧（East Side），而且在高级商场担任人体模特和女导购员。但是她们在媒体广告和时尚行业所起的作用，模糊了她们的在社交上的独特地位。

或许奢华的私人舞会和宣传，参与布兰达 · 弗拉泽尔（Brenda Frazier）的社交首秀，表明了美国女性公众人物在社交上达到的高度，同时，也表明社交新秀独霸光彩的时代已结束。现在，社交新秀进入社交界，不是在父母的豪宅里组织私人聚会，而是和另外 99 个女孩在酒店里参加慈善舞会。[19] 流水线式环环相扣的慈善舞会，无论如何都不能自动生产出社交新秀……纽约有 10 个委员会监督进入社交圈的方式，尽管一个女孩不需要得到超过 5 个委员会的同意才能进入……[20]这些慈善舞会包含了大多数社交秘书，她们把即将进入和初次进入社交界的少女、年龄相仿且有能力的男青年列了一个清单，并为他们安排聚会。商业杂志建议高管何时以及如何安排他们的女儿进入社交圈，即使他们的姓氏没有入选《社交名流录》。如果高管的方式正确，得到肯定，他们的女儿能够像贵族一样成功进入社交圈。[21]

进入社交圈的秘密形式依然存在，但现在盛行的方式是大众模式，随着社交新秀的时代成为过去，上流社会作为组织良好、界定清晰的群体，也会随之消失。然而，社交新秀的年代仍然具有社会意义，无论是多么的标准化，因为那段短暂的时光里包含的一切，在那之后都变得分崩离析。[22]

就社交上更著名的现代社交新秀而言，她们初登社交界是为了进入咖啡社会并获得认可。只要她广受欢迎，就必须和咖啡社会中其他魅力成员竞争。1946 年，莫娜 · 加德纳（Mona Gardner）报道称，专业模特机构康诺威和帕沃斯公司将模特推崇到巅峰位置，和贵族相比，有能力的男士更愿意与康诺威和帕沃斯的女孩恋爱、结婚。[23]

3. 现在，咖啡社会中仍然有剪着平头的耶鲁男青年、社交新秀，但是也有挥霍成性的高管和美国本土女孩。[24]在纽约的任何一家夜总会，深夜两点会有最新加入的模特：有着洋娃娃般的脸蛋，为了摄像效果，保持妖娆的身姿，她们有着瘦弱的身躯、疲惫的笑容、厌倦的眼神，说话轻声细语，偶尔也会声音洪亮以强调重点。事实上，为了摄像机对准她的激动人心的关键时刻，她似乎一直在准备。竞争的说法非常清楚：以她为代表的职业姿态——傲慢而难以征服的撩人姿态——已经成为她们的谋生手段。拜金女郎认为奢华的行头可以让她们看起来很高贵。这类女孩深知，自己的命运取决于或完全取决于她们的外貌给特定类型的男士留下的印象。

无论是初入社交界的富家少女，还是时尚模特，或者职业演员——美国女孩——她们就是女王。她们设定的形象和行为被整个国家富有魅力的阶层模仿，模仿者还包括为色情承诺商演精心培训和挑选的女孩们，以及年轻的家庭主妇。虽然通过模仿，公众公开支持她的性感形象，但是，偶尔爆出她在商演中履行色情承诺时，人们还是会瞠目结舌。除此之外会怎样呢？模特没有多少积蓄。但是她们约会的人都很富有，她们的品位也迅速变得高端。她们结交的男士控制她们的事业，但是她渴望有一项自己的事业。她们中午才吃早餐或者早餐午餐一起吃，但也不是一成不变。美国女孩位于咖啡社会的顶端。咖啡社会是一种盈利的商业模式，由高管们负责开支。有时，社交皇后的模仿者变成开销巨大的女孩们。[25]西奥多·德莱塞①时代的“美国新女性”，不如“美国女孩”那样深谙邪恶的手段更容易成功。

公众习惯了这种邪恶观念，但是他们认为这些邪恶仅发生在那些纨绔子弟和贫穷的乡下女孩身上。然而，涉及咖啡社会邪恶行径的男士绝不是男孩，男孩们不会游手好闲。他们自己不必非常富有，他们对贫穷无知的乡下女孩不感兴趣；涉足其中的女士也不是女孩，她们可能来自小城市——但是现在都已发展成大城市，她们不幼稚，也不贫穷。很容易忽视的一点是，咖啡社会的光环下隐藏着邪恶的服务交易。参与色情交易的人——皮条客、妓女和嫖客——他们买卖各种色情服务，通常为他们的伙伴所熟知和尊敬。“美国女孩”作为一种宣传形象和代言人，对美国销售员来说是至关重要的伙伴。

在美国人敬仰的人中，没有谁的名声像年轻女孩一样无处不在，好像美国要为这些年轻女孩绘制肖像，让她们同王后一样作为国民形象。目光所及之处都是这些光彩照人的小美人，她们有时异常年轻，有时略显成熟，但总是被人想象或描写成“美国女孩”。她们推销啤酒，贩卖书籍、香烟和衣服，她们每晚都会出现在电视中，每周都会出现在杂志上，还会出现在电影银幕上，她们无处不在。

① 西奥多·德莱塞（Theodore Dreiser，1871—1945），美国小说家，著有《嘉莉妹妹》等作品。——译注

三

我们注意到自18世纪约翰·杰伊夫人的晚宴宾客名单以来，政治、军事和经济精英并不完全等于社会地位高的人，现在的华盛顿社交圈清楚地反映了这一点。就华盛顿的一位都市400强成员来说，这只是国会大厦的社交生活，事实上，和官员的社交生活相比他们不仅黯然失色，更是无法与马萨诸塞州大道的使馆街的社交生活相比拟。然而，并非所有官员都重视社交，一些官员完全避免社交；而且，鉴于政治事实和较高的官员流动率，高级官员一定会受到邀请，无论他们的社会地位如何。[26]

如果咖啡社会和它们所代表的一切涌入和分散了纽约社交圈的注意力，政治优势地位和官员流动率已使华盛顿的社交圈难以为继。华盛顿没有所谓的咖啡社交，重大事情都安排在私人房间或官员府邸，最复杂的事务安排在大使馆，有官衔的人才能参加。事实上，华盛顿并不存在真正固定不变的社交阵容，华盛顿的社交圈由公职人员、政客、家庭主妇、富裕的野心家、有专业知识的寡妇和透露内幕消息的大使组成。

声望是金钱和权力的影子。无论金钱和权力行至何处，必有声望伴随左右。如同国家的肥皂或汽车市场，联邦权力的竞技场扩大，声望的交易范围就会扩大，从而逐渐发展成一个全国性的体系。因为政治、经济和军事圈的高层人士是财富和权力精英，所以他们累积的声望远远超过普通人；他们全都具有宣传价值，有些人是绝对的名人；凭借他们的地位和公共关系，努力提高自己的知名度，使他们的行为被人所接受，使他们的原则更受欢迎。总之，他们希望成为蜚声全国的名流。

权力精英之所以受到追捧，是因为他们占据的位置和享有的决策控制权。他们成为名人是因为有声望，他们有声望是因为外界认为他们拥有权力或财富。诚然，他们必须进入宣传圈，成为大众媒体的素材，但是，无论他们通过和对媒体做什么，他们都是媒体追寻的素材。

约翰·加尔布雷斯①曾说，[27]国会议员的声望是由他控制的投票数量和他所在的委员会决定的；官员的重要性是由他手下的职员人数决定的；商人的声望在更大程度是由他的生意规模决定的，而不是他的财富和收入——尽管这的确十分重要；公司的权力由公司规模决定，商人从公司的权力和自己在等级体系中所占的位置获得声望。小商人每年赚100万美元也不足为道，在国内的知名度也不及大企业领导人，尽管后者每年只赚20万美元。在军界，所有这些无疑都会更加正式和严苛。

在世纪之交，地位的全国化意味着精英群体的崛起，国内各城镇的地方上流阶层随之开始互相比较，于是发现他们只处于当地的上流阶层。50年后，地位全国化的意义更加深远。区分那个时代和我们现在所处时代的标志是大众传媒的兴起，大众传媒是主要的拥护方式，甚至创造拥护的人。大众传媒和大型企业同时出现，催生了享誉全国的精英，这些全国性的大众传媒手段已经成为高层与底层大众接触的渠道。大力宣传、造势的技巧和媒体对素材的持续需求，使所有的聚光灯都集中在精英身上，世界上任何一个国家的精英都没有过这种经历。

大型机构本身就是声望等级森严的世界。它们根据职位高低分成不同的阶层，每一层都有与之对应的声望水平，通过培训和职位构成了一个人员等级体系，在该体系下，人们要服从职位高于自己的人，并尊重权力远大于他们的指挥官。如果没能在大机构成员中获得声望，就无法在他们之下组建一个像大机构一样组织良好、乐于服从的团体，拥有像大机构一样的指挥权。

私人秘书替代了仆人，开放式办公室替代了古色古香的高档庭院，公司的豪华轿车、专职司机和飞机调度室取代了私家车。当然，很多时候，既有古色

① 约翰·加尔布雷斯（John Galbraith，1908—2006），美国经济学家。——译注

古香的高档庭院也有开放式办公室。起初，精英的声望是他们管理办公室的声望，而不是他们所属的家族的声望。

在国有企业任职是谋得地位的主要基础，现在，企业是有产阶级有组织的权力中心；大城市上流阶层中的有产精英和管理精英，以及地方社会中的精英成员，在相互寻求和给予声望的时候，把目光齐齐转向企业，从企业中获得了现在享有的身份特权①。在本企业内、在其他企业圈乃至全国，职位为他们带来声望。

随着国家政府的壮大，在政府内占据指挥职位的人从“肮脏的政客”变为著名的政治家和管理者。当然，政客的身份伪装必须要仔细把控好：身居高位的政客，甚至是遇到有违他们身份的事情也必须学会友好面对，从更有礼仪准则的角度出发，演讲语气和生活方式要平庸。然而，随着政治机构权力的扩大，机构上层人士就成了无法抵挡的国家声望体系中的名流。

在战争期间和类似战争的间歇期，军人的权势越来越大，他们也加入了新的国家声望体系。军人和警察变得如此重要是因为暴力是权力的终极支撑，也是对抗权力之人的最后手段。只有当革命或罪行对国内秩序造成威胁时，只有当外交和战争对国际秩序构成挑战时，警察和海陆军将领们一直以来的贡献才会被人们认识到：他们是世界各国间和各国内部盛行的权力秩序中不可或缺的要素。

一个国家变成超级大国只要具备一个条件：它的军事力量和资源足以威胁重大的战争。在国际秩序中，一个国家必须在一场规模巨大的战役中获得胜利，才能变成真正意义上的强国。大使的言辞影响力有多大直接反映将军的权威有多大，支持他的幕后武装力量的规模和效力有多大。军事实力决定一国的政治地位，民族主义被尊重的程度，因此海陆军将领在国家荣誉体系中拥有决定性

① 参见第七章：企业富豪。

的地位。

各机构在公众中声望不一，这些机构中精英的声望也随之各异。例如，政府官员和军事将领的声望在战争时期较高，此时的商业行政官和铁路运输官只象征性地领取微薄收入，所有团体都团结在一起支持战争中的军队。但是，当一切恢复照常时，当商人离开政府另谋高就时，政府官员和军事将领常常成为被诋毁的对象，因为公职的声望在大型企业大受追捧的情况下被削弱了。

在 1920 年代，通用电气公司的主席被认为是人中龙凤，有望问鼎美国总统的宝座①；甚至在 30 年代，美国内阁成员的地位也无法与巨富家族的成员相提并论②。然而，当与企业高层相比时，对政治官员不予好评的这种现象已经在改变，并将发生更大的变化——随着各类精英之间的交往日趋紧密，所有人都更加懂得如何利用宣传手段，利用他们手中的权力购买、指挥或以其他方式使用宣传手段。权力和财富超过自身声望的人愈加乐于使用宣传手段，他们越来越多地利用广播、电视和新闻发布会。[31]

---

① “……在他的商务和法律伙伴中，”艾达·塔贝尔（Ida Tarbell）提及通用电气的董事长欧文·杨（Owen D. Young）时说，“所有人都认为他会成为一位‘伟大的总统’，但是，有人对我说他现在担任的公职太需要他，不能离开去当总统……”他还有其他的崇拜者和密友——威尔·罗杰斯（Will Rogers）希望他一直是令人骄傲的人；1930 年秋，巴特勒博士（Dr. Nicholas Murray Butler）在晚宴时介绍欧文·杨：“我们尊贵的客人是一位公务员，尽管他没有管理任何一个部门。无论公务员升职是否是偶然性的，如果他一旦偶然获得晋升，很可能使大量公务员丢掉公职。”[28]

1931 年，杨先生在发表他的经济理论时说：“民主政府的运作似乎需要一定程度的闹剧作为舞台效果。世界已经认识到可以在政治上进行一定程度的闹剧，但是不能在经济上开玩笑……在舞台上，政治有时是迷人的，但在化妆室常常是任性而小气的……十年经验中总结出最深刻的一点是，必须保持经济机构，尤其是财政独立于政治领域和政治管控。”[29]

② 因此，哈罗德·伊克斯（Harold Ickes）在关于“一国领导人对另一个国家展开国事访问时”写道：“只邀请极少数挑选出来的心腹坐在长廊上，国王和王后大部时间都在长廊里。显然，除了于尔斯以外，吉姆·法利（Jim Farley）是唯一被认为有资格参与总统竞选的内阁成员。但是，还有摩根、洛克菲勒和范德比尔特女士等等。其他内阁成员和约 1500 名普通人在草地上胡乱走动，在不太频繁的间隔期间，国王和王后会亲切地走到人群中，下面的人群不时地鞠躬致意，并被介绍给一些更优秀的人。[30]

四

我们应该记得，那些熟悉人文科学的人常常会对“声望”一词感到害羞，他们知道它的原意是指用魔术使人眼花缭乱。声望是一种神秘的力量。“无论世间的统治力量是什么，”古斯塔夫·勒庞①曾说，“无论是意志还是人类，大体上，已经通过‘声望’一词表达的不可遏制的力量，执行了自身的权威……事实上，声望是某个人、某项工作或某种观念对我们思想的一种统治……”这种统治“使关键的身体官能瘫痪”，用“惊讶和尊敬”来填充我们的躯壳。[32]

比起“声望”，格拉德斯通先生更喜欢用“尊敬”。但是，正如哈罗德·尼科尔森（Harold Nicolson）曾说，[33]声望一词在西方各国的意思不尽相同②。而且，权势之人不愿意相信，声望不过是那些增加影响力的事物。他们希望自己的声望暗示着，即使他们的权力没有被证明或行使，其他人也愿意相信他们的权力。但是，这一概念既不完整也不足以令人满意。事实上，它是权势之人对声望的简要释义，这些人不需要行使权力就能轻易获得声望。当然，相信名声是建立在亲和力，而不是过去的权力上，这对他们来说是顺理成章的事情。

诚然，掌握军事和财政权的人也并不都享有声望。一些名声必须与权力结合才能成就声望。没有权力，精英无法获得声望；没有名声，无法维持声望。过去的权力和成就树立名声，名声可以让声望维持一段时间。但是，精英纯粹

---

① 古斯塔夫·勒庞（Gustave Le Bon，1841—1931），法国社会心理学家、社会学家，著有《乌合之众：大众心理研究》等作品。——译注

② 在法国，“声望”有一种情感联想，让人想到欺诈、幻觉艺术或至少一些偶然的事物。在意大利也是如此，“声望”一词常常指一些“令人眼花缭乱的、欺骗性的或者有传奇色彩的事物”。在德国，它完全属于外国词汇，对应德语的“名声”或者“尊重”；或者对“名声”来说，接近我们所说的“魅力”；或者它是“国家荣誉”的变体，遇到顽固的言行就会想到的这类词。

依靠名声的权力，已不再能对抗基于权力的名声。

如果精英阶层的声望，在很大程度上包含了道德方面的名声，即使他们失去了巨大的权力，声望依然能够得以保持；如果他们的声望与名声只有些许关系，即使是短暂而微小的权力下滑，他们的声望也会被摧毁。或许这正是美国当地社会和都市 400 强的遭遇。

凡勃伦更关注心理上的满足，他的美国声望理论，忽视了他描述的多数社会功能。但声望不是没有社会意义的胡扯，它满足了人们的自尊：首先，它发挥了统一的功能。凡勃伦认为许多社会现象非常有趣——事实上，大多数“身份行为”——调和了各阶层和地区精英之间的关系。身份位置是精英们达成各类决策的见面场所，休闲活动是确保上流阶层各部分成员保持融洽的一种方式。

如贵族家庭和高级学校一样，身份活动也提供了婚姻市场，其作用超越了表现优雅、棕色的兰花和白色的丝绸所带来的满足：它确保富庶阶层不受伤害、不被分裂；通过对子女的垄断，将这个阶层定位在血统的合法性上。

“势利”的排他性为那些负担得起隐私保护的人提供了保障。排斥他人能够使位高权重的人建立和维持私人世界，从而，他们可以共商要事，以非正式的形式培养年青一辈的决策能力。通过这种方式，他们将客观决策和自然悟性结合在一起，以此来培养精英的性格特征。

还有另一个功能——现在最重要的——声望和身份行为。声望巩固权力，将权力变成权威，保护它免受社会威胁。“急于成功会丢掉声望，”勒庞曾说，“在短时间内消失。”声望还会在质疑声中消磨殆尽，但是速度更为缓慢。在声望被质疑的那一刻起，就不再拥有声望。上帝和那些长期保有声望的人绝不允许被质疑。为了受众人仰慕，声望必须是高高在上的。[34]

从心理上来说，“为了获得权力而获得的权力”是基于对声望的满足。但是凡勃伦一贯的风格是，大声嘲弄精英的侍者、狗、女人和运动，于是，他忽视了精英的军事、经济和政治活动是何等严肃。简言之，他没能将精英在军事和企业方面的权力，与他认为的精英的滑稽事业联系在一起。于我而言，他对身份的态度不够严谨，因为他没有充分认识到身份对权力的重要性。他看到了上流阶级和底层大众，但是，在那个时代，他无法真正理解权力精英的声望。[35]

凡勃伦声望理论的核心，甚至一些术语，早在18世纪末的时候，约翰·亚当斯①就做出过阐述。[36]但是要知道约翰·亚当斯预见到了凡勃伦的很多观点，这绝不是反对凡勃伦，因为那不是亚当斯的理论，亚当斯的理论本质上只是一种被长久熟知和表达的世俗智慧的延伸，但是凡勃伦用一种宏大的形式发布出来，而且在受众都具有文化修养的时代。然而，亚当斯在以下这两方面比凡勃伦造诣更深：在心理层面更机敏也更复杂；在他的评论中，我们看到在一些段落中，他尝试将身份现象和政治领域结合起来，他认为身份是社会和个人生活的实践，政治活动是他们那个时代的习惯做法和建立宪章的关键所在。亚当斯对一个国家的身份体系的理解，与凡勃伦在政治上的理解不同，在此，我们可以仔细倾听亚当斯的想法：

“据说，死亡展示了头衔的虚无空洞，或许果真如此。但与此同时，不也展示出了财富、权力、自由以及世间万物的虚无吗？是否也可从中推理出名声、自由、财富和生命也会常常被鄙视和轻视？在死亡降临时，一切都是无关紧要的，约束尘世万物的法律和政府也会被忽视吗？

“终其一生，奖励是来自他人的尊重和崇拜——惩罚是来自他人的忽略和轻视——或许没有人会想到，这对所有人都是相同的事实。获得别人尊重的渴望，就像饥饿时对食物的渴望一样真切——忽视和轻蔑世界的后果，就像痛风和结石一样严重……政府最重要的目的就是控制这种激烈的渴望，而这种渴望

---

① 约翰·亚当斯（John Adams，1735—1826），美国第2任总统。——译注

反过来变成政府的主要手段。这是维持社会秩序和从属关系的唯一合适手段，它只需要有效服从于法律，因为没有它，人类理性和常备军都无法产生巨大的作用。每一种品质、每一次使人幸福的运气，都与能够满足这种普遍情感，得到公众尊重、赞许、仰慕和祝贺的能力成比例……

“机会通常会激发人的雄心壮志。即使这条规则有例外，发生了一件不太可能的事情，在这种情况下，人们也总是会怀疑和理解危险的原因。我们可能很快就会发现，有一种政府形式，每一种激情都得到足够的制衡，从而使公众免受这种竞争、嫉妒、仇恨带来的危险和灾难。”

正如凡勃伦的身份理论所描述的政治经济的运作，都市400强——正如凡勃伦所写的——并没有成为国家声望体系的中心。大众传媒的职业名流没有任何稳定的权力，其中一些只受到短暂欢迎。

然而，精英们要求获得一些机构所拥有的持续稳定的声望，凡勃伦的理论中未提及这一点。财富精英，尤其是现在美国的权力精英，强烈感受到必须获得持续稳定的声望。

在19世纪，无论是政治精英，还是军事精英，都无法稳稳屹立于国家声望体系的顶峰，或接近顶峰的位置。约翰·亚当斯依靠那个方向的建议没有得到采纳。[37]其他势力，而不是任何官方差异和荣誉体制维持了美国政体的秩序。经济精英——出于这个原因而具有独特的重要意义——开始拥有经济权力，挫败了一再尝试利用家族关系获取身份地位的做法。

在过去的30年里，出现了经济、政治、军事精英身份合体的迹象。同有影响力的人一样，权力精英开始披着权威的外衣，努力巩固自己的权力。他们开始巩固新的身份特权——以消费而闻名，但是深深扎根于他们的企业生活。随着他们更彻底地意识到自己在国民文化圈的地位，他们能满意小丑和女王——职业名流——作为美国在全球的代表吗？

霍雷肖·阿尔杰①式的旧信仰难以消灭，但在合适的时机，那些美国名人会与他们中最有影响力的人同流合污吗？民主领导的形式被深深期待，但是在适当的时机，势力的人是否会变成官员，底层大众是否会惊讶于他们合适的等级身份？如果不相信，那就是否认所有在人类历史上与之相关的一切。但是另一方面，自由的雄辩——作为实际权力的外衣和职业名流——作为身份的掩盖物，使权力精英方便远离公众的注意力。毫无疑问，在历史的紧要关头，他们绝不甘心于做无名之辈。

五

同时，美国名流，也包括平庸和冷酷的人在内。在《社交名流录》背后，是报纸、电影银幕、无线电和电视中的形象——他们有时不是直接出现，而是能够被人联想到。现在，所有较高层次的人都被底层大众视为名流。在名流圈，通过大众传媒的摄像机，可以看见男男女女组成的各类娱乐形象。

在纽约市中心一条简短的街道上，富人正从豪华轿车上下来，街道的一头是墓地，一头是一条河。在阿肯色州一座山脉的平顶上，一位后起之秀的孙子在激情澎湃地建设牧场。[38]美国参议院（民主党）党员会议室的红木桌子后面，7 名参议员侧身在看电视屏幕。在得克萨斯州，据说一名石油商一天可以赚 20 万美元。[39]在马里兰州的一些地方，人们穿着红色的外套骑马纵狗打猎。在公园大道的公寓里，一名矿工的女儿已经结婚 20 个月，刚刚决定接受价值 550 万美元的房产。[40]在凯利菲尔德空军基地（Kelly Field），将军漫不经心地走过列队的士兵身边。在第 57 街，一位贵妇在观察肌肉饱满的雕像。在拉

① 霍雷肖·阿尔杰（Horatio Alger，1832—1899），美国作家，其小说中描述的通过自身奋斗获得成功的故事激励了当时大量的穷人努力工作来换取成功。——译注

斯维加斯和洛杉矶，一位出生在美国的伯爵夫人死于火车车厢内，平躺在长长的水貂外套上，戴着价值25万美元的首饰。[41]坐落于波士顿的董事会，命令将三家工厂搬到纳什维尔市，但不包括工人。在华盛顿，一位冷静的政客周围围绕着高级军事助理和科学顾问，命令一组美国空军飞往日本广岛。

在瑞士，有些人除了在选择运动的场合，从来没体验过冬季；或在南部岛屿，有些人除了在二月休闲季，从未在太阳下大汗淋漓过。在全世界，“建功立业者”是那些通过旅游掌握季节的人，他们住在不同的房子里，在清晨和午睡醒来时，都可以看见美景。陈年威士忌和新酿的酒水，有着性感双唇的金发少女，随时准备启程环游世界；银色的奔驰车正翻越山脉，驶向它梦想抵达的地方，一直待到想要驶离之时。从华盛顿到得克萨斯州的达拉斯，据报道，103位女士各花费300美元买了一支金色的唇膏。在一艘有10名船员的游艇上，在远离驾驶室的地方，一位身份显赫的人躺在床上，对来自纽约办公室的报告忧心忡忡，报告称国税局又开始忙碌起来了。

官员们坐在设有四部电话的大会议桌旁，大使们在会客厅，轻松而认真地交流着。从机场乘专车而来，副驾驶座上是秘密随从，汽车两侧是摩托护卫，后面还尾随着长长的摩托护卫。有些人的成长环境使他们不在乎别人的善意，从不恭候任何人，却总是让人等候。这里有非常重要的人物，他们在战场出生入死，在将军的座驾车前毕恭毕敬。谋得一官半职的人，晋升到更显要的职位。他们的语气证明，他们被精心或无意地训练成有所作为的人。

常常出现在报纸、收音机、纪录片和电视画面中的名字、容颜和声音，以及甚至近在咫尺也不知道的名字和面孔，他们的的确确操纵着一切，消息灵通人士如是说，但你无从证明。需要关注一些人：现在他们是新闻人物，以后会被载入史册。有的人开办了律师事务所，配有四名会计。有的人有自己的优势。有的人包揽了所有奢侈品，似乎富人们都附庸于奢侈品。有的人用沙哑、温和的声音谈论金钱、权力和名声。

注释：

[1] 参见 “The Yankee Doodle Salon,” *Fortune*, December 1937；最新的描述参见 George Frazier, “Cafe Society：Wild, Wicked and Worthless,” *Coronet*, August 1954。以及参见 Elsa Maxwell, R.S.V.P., *Elsa Maxwell's Own Story*（Boston：Little, Brown, 1954）.

[2] *Business Week*, 12 January 1953, pp. 58, 64.

[3] “The U.S. Debutante,” *Fortune*, December 1938, pp. 48 ff.；“The Yankee Doodle Salon,” op. cit. pp. 128-9.

[4] 参见同上 p. 127 和 Mrs. John King Van Rennselaer, “Enter-taining Royalty,” *Ladies' Home Journal*, May 1925, p. 72.

[5] “The Yankee Doodle Salon,” op. cit. pp. 124-5.

[6] Jack Gould, “Television in Review,” *The New York Times*, 6 April 1954.; Jack Gould, “TV Techniques on the Political Stage,” *The New York Times Magazine*, 25 April 1954, pp. 12 ff.

[7] 参见 Igor Cassini, “The New 400,” *Esquire*, June 1953。关于卡西尼，参见 *Who's Who in America*, vol. 27；*Time*, 5 November 1945, pp. 69-70；*Newsweek*, 3 September 1945, p. 68.

[8] 我认为不需要对卡西尼的清单做细致的分析，我可以快速说出他列出的399个姓名中的342个：102 位职业名流，41 位都市 400 强的成员，199 位机构领导人（93 位在政府部门工作，79 位在商务部门）。

[9] “从总体上来说，现在波士顿的各个部门和各个家庭已经退出了生产企业。他已经失去了他的工厂管理职位，失去了对所在城市的控制。100 多年前，他曾是著名的大人物，现在，他不再是国家政府部门内的要员。无论在公众舆论方面还是在私人想法上都不再处于领导位置。他在艺术领域的领导力完全丧失，他曾经的影响力已经成为被讽刺的对象。”但是，一流的波士顿大家族中，没有哪个家族失去了手段或者地位。城市的统治阶级没有真正被摧毁。似乎所有的经济法决定论都与事实相悖……现在，通过补充手段，让受托人根据需要自由决定是否支付工资，马萨诸塞州的一处房产可能会被占用，除了共产国际以外，任何其他权力都无法干涉。但在三代人以前，可以迅速将私人财产安全变为永久财产——或在禁止永久产权规则适用的情况下，可以将很大一部分私人财产转为永久财产。波士顿家庭早期形成的习惯——众所周知的萨福克县禁令和马萨诸塞州受托人投资法的法规都有力地证实了他们的习惯。幸运的是——或者不幸的是——因为在波士顿，他们的习惯是在他们富有时形成的……时间和风俗习惯都不能使他们的各种良好投资打水漂。社交权力是他们的，文明是他们的。但是如果他们像镜子的反射一样，试图重回有实权的世界，他们会流血牺牲。进一步向前，当局中

心是巨大的首个全国性质的银行联盟。在它之下，有着各种财政依赖关系的波士顿企业。在它之上，隐约是控制它的个人……从这方面来说，既与财政网络也与社会没有明显关系的是政治局……在政治局之上，但是与它没有明显关系——除共同的血脉和共同的宗教信仰建立的关系之外——的是城市内爱尔兰天主教的等级制度……无疑存在神秘的脉络和渠道从一个权力中心贯穿到另一个权力的中心。对于这些联系无疑会存在许多谣言……不存在一致的意见，或者如果有的话，那也是一致认为波士顿人手中没有握住权力之绳，把哈佛大学绑在快速帆船船尾的权力之绳。"Boston," *Fortune*, February 1933, pp. 27 ff.

[10] 例如，Mrs. J. Borden Harriman 写道："400 已经变成了 4000。或许我言过其实了，但是，必定有12组，每组都很充裕，然而也像政府部门一样相互关联，决定纽约现在的时尚潮流……"参见"Hither and Yon," *The Century Magazine*, September 1923, p. 881。新闻工作者艾丽斯（Alice-Leone Moats）清楚表示"失去知觉的鼻子"（the cold nose）是不够的："一个人必须要善于表演来使别人相信，使它表现得很明显，拥有失去知觉的鼻子使人拥有显赫地位。但是，进入餐厅会被立马认出来、餐厅会给具有咖啡价值（Cafe Value）的人安排最好的位置。换句话说，耀眼的社交名人都是"戴蒙德·吉姆·布雷迪"（Diamond Jim Brady）。"Cafe Value," *The Saturday Evening Post*, 3 August 1935, p. 12.

[11] "The Yankee Doodle Salon," op. cit. pp. 183, 186.

[12] *Time*, 31 January 1955, p. 57.

[13] *Time*, 18 January 1954, p. 30.

[14] 或许一家全国性的新闻杂志最近刊登的两篇对比鲜明的文章也反映了这一点：（1）1953 年，她的逝世被当成是古老的奇事，反响不亚于社交名媛康内留斯·范德比尔特夫人（Mrs. Cornelius Vanderbilt）（参见 *Time*, 19 January 1953, p. 21）。（2）同时，我读到咖啡社会的名媛普林斯·迈克·罗曼诺夫（Prince Mike Romanoff），可能在布鲁克林为哈利·F. 费格逊（Harry F. Gerguson）生了一个孩子。在对哈利·F. 费格逊个性的描述中，由于他成功制造了名声，对他充满了敬意，以及十足崇拜。参见 *Time*, 9 June 1952, p. 41.

[15] Dixon Wecter, *The Saga of American Society*（New York：Scribner's, 1937）, pp. 227, 226, 228.

[16] "The U.S. Debutante," op. cit. pp. 48, 52. 以及参见 Alida K. L. Milliken, "This Debutante Business," *North American Review*, February 1930.

[17] Elsa Maxwell, "Society-What's Left of It," *Collier's*, March 1939, p. 101.

[18] 参见，例如 *Ladies' Home Journal* 中 Woodbury 的广告, February 1939, p. 45.

[19] *Life*, 25 December 1950, p. 67.

[20] "Yankee Doodle Salon," op. cit. p. 126.

[21] *Business Week*, 3 October 1953, p. 184. 以及 Anonymous, "Piloting a Social Climber," *Ladies' Home Journal*, August 1927.

[22] Maude Parker, "The New Four Hundred of New York," *The Saturday Evening Post*, 2 April 1927, p. 214.

[23] Mona Gardner, "Social Register Blues," *Collier's*, 14 December 1946 p. 97. 以及参见 "Society," *Literary Digest*, 16 January 1937, p. 22；和 Bennett Schiff, "Inside Cafe Society: The Debutantes," *New York Post*, 20 April 1955, pp. 4 ff.

[24] "The Ail-American Girl" 的各种现代形象，参见 Elizabeth Hardwick, "The American Woman as Snow-Queen," *Commentary*, December 1951, pp. 546 ff.; Parker Tyler, *The Hollywood Hallucination*（New York: Creative Age Press, 1944）；和 Bennett Schiff, "Inside Cafe Society," *New York Post*, 19 April 1955, pp. 4 ff.

[25] 关于夜间俱乐部和商人开支账目的关系，参见 *Business Week*, 12 January 1952, pp. 58 ff. 关于"开支账目上的女孩们"，参见 Micky Jelke 的听证会报告，尤其是 *Life*, 2 March 1953, pp. 29 ff. 关于咖啡社会的整体道德水平，参见 Mills, "Public Morality: Girls Using Vice To Help Careers," *New York Journal-American*, 31 August 1952.

[26] 在 1946 年，据说一份重要的华盛顿社交名单中的 5000 人，有 3000 人发生了变化。Jane Eads, "Washington Playground," *Collier's*, 13 April 1946, p. 52. 当然，在华盛顿有被称为"洞穴人"（The Cave Dwellers）的都市 400 强，这个家族的成员在华盛顿生活了至少两三代人的时间，以写书为生。但是，与他们竞争的是"伟大的家庭主妇"，并不是家族所有人都享有高贵地位，他们是地位战略方面的专家；富人，即使是一时的富裕，也会频繁参加娱乐活动，在社交方面很成功。同其他城市一样，尽力改善自己社会地位的人和新晋上流阶层成员一样富有，有社交意愿，谋求地位的提升，却并未成功。

[27] 参见 John K. Galbraith, *American Capitalism*（Boston: Houghton Mifflin, 1952）.

[28] Ida M. T arbell, *Owen D. Young*（New York: Macmillan, 1932）, pp. 211-12.

[29] 引自 *Fortune*, March 1931, pp. 92, 94.

[30] *The Secret Diary of Harold L. Ickes*, *Vol. II: The Inside Struggle, 1936-1939*（New York: Simon and Schuster, 1954）, p.644.

[31] "去年（1954 年），威斯康星州共和党参议员亚历山大·威立（Alexander Wiley）用小锤敲击新泽西州的共和党参议员霍华德·亚历山大·史密斯（H. Alexander Smith）秃头的照片，给家乡人民留下了深刻印象；这一年，新泽西州的 320 选区的民主党代表 T. 詹姆斯·塔马尔蒂（T. James Tumulty）因为内衣秀给人留下了深刻印象。

"第 84 届国会仔细讨论了美国的国情咨文。这一届国会中，缅因州的共和党参议员玛格丽特·蔡斯·史密斯（Margaret Chase Smith）在环球旅行时——例如中国台湾岛、印度、西班牙——上了爱德华·默罗（Edward R. Murrow）的电视节目。一个名叫《化装派对》（*Masquerade Party*）的恶作剧式的电视节目被冠以'参议员云集的小丑表演'的称呼，例如印第安纳州的共和党参议员霍默·凯普哈特（Homer Capehart）以市议员身份穿着一件罗马托加袍，南达科他州的共和党参议员卡尔·蒙特（Karl Mundt）和妻子出场时打扮成了比尔·希考克（Wild Bill Hickok）和"灾星简"（Calamity Jane），阿拉巴马州民主党参议员约翰·斯帕克曼（John Sparkman）（1952 年被民主党提名为副总统）以消防队员的形象出场。" *Time*, 4 April 1955, p. 17. 也参见 Douglas Cater 的出色分析，*Every Congressman a Television Star*（*The Reporter*, 16 June 1955）, pp. 26 ff.

关于商人的身份，比较 1907 年总统致辞中提到杰雷米亚·占克斯（Jeremiah W. Jenks）是"现代商业荣誉的典范"，可以加入美国经济协会（Third Series, vol. in）, pp. 1-22，评论参见 Sigmund Diamond 的 *The Reputation of the American Businessman*（Cambridge: Harvard University Press, 1955），以及参见"Corporation Life Gets a Literature," *Business Week*, 5 June 1954, p. 79.

[32] Gustave Le Bon, *The Crowd*, 1896（London: Ernest Benn, 1952）, pp. 129, 130, 131.

[33] 这部分我参考了 Harold Nicolson 的 *The Meaning of Prestige*（Cambridge, England: Cambridge University Press, 1937）.

[34] Gustave Le Bon, op. cit. p. 140.

[35] 参见 Thorstein Veblen, *The Theory of the Leisure Class*, 1899（New York: New American Library, Mentor Edition, 1953）.

[36] 参见 John Adams, *Discourses on Davila*（Boston: Russell and Cutler, 1805），尤其是 pp. 26-7, 30-34, 48-9，随后的参考来自于 pp. 40, 28-9 和 18。

[37] 但是参考 Rene Sedillot, "Now Medals for Civilians, Too," *The New York Times Magazine*, 24 April 1955, pp. 22 ff.，最近尝试使荣誉更多地受到官方认可。

[38] Winthrop Rockefeller. 参见 *The New York Times*, 27 December 1953，以及 *New York Post*, 16 October 1953.

[39] Haroldson L. Hunt. 参见 *The New York Times Magazine*, 8 March 1953.

[40] Barbara Sears Rockefeller. 参见 *Time*, 28 June 1954 以及 *The New York Times*, 4 August 1954.

[41] Dorothy Taylor di Frasso. 参见 *The New York Herald Tribune*, 5 January 1954, p. 9 和 *Time*, 18 January 1954, p. 88.

第五章

超级富豪

现在许多美国人认为极富阶层诞生于“一战”前，或至少他们没能经受住1929年的大萧条。或许除了在得克萨斯州，别的地方再也感受不到极富阶层的存在了，即使有，也只是风烛残年的继承人，将他们的万贯家财留给税务人员，捐给了可信的慈善机构。曾几何时，美国存在极富阶层，现在，那个时代已经逝去，他们都变成了中产阶级。

这种观点也不尽准确。作为生产百万富翁的机器，美国的资产阶级现在比那些不可靠的悲观情绪所暗示的要发展得更完善。我们中仍然有许多人属于极富阶层和单纯的百万富翁；而且，因为美国系统性地参与了第二次世界大战，更多拥有新权力和特权的新富加入极富阶层和百万富翁的行列。他们共同组成了美国的富商，现在，他们拥有的财富和权力可以媲美人类历史上任何阶层所拥有的财富和权力。

一

观察学术圈是如何改变观点，承认极富阶层存在于大型商圈中，确实有看头。企业大亨的名字最早出现于出版物时，新闻记者可以在学术期刊和书籍中找到相似的人物，随着古斯塔夫斯·迈尔斯（Gustavus Myers）的一本被忽视的作品成为当代文库的畅销书，并被马修·约瑟夫森和费尔南德·伦德伯格[①]

① 马修·约瑟夫森（Matthew Josephson，1899—1978），费尔南德·伦德伯格（Ferdinand Lundberg，1902—1995），二人皆为美国记者。——译注

经常加以引用，到 20 世纪 30 年代，敛财大亨开始变得臭名昭著。现在，伴随着战后的保守趋势，敛财大亨摇身一变成为工商业官员。大企业都具备强烈的宣传意识，它们请文人墨客撰文，为它们洗白黑历史。大亨们光鲜亮丽的形象正在变成具有建设意义的经济偶像，他们的巨大成就和品质造福了所有人，企业高管借助他们的权力来管理企业，并带着良好、稳固和正当的感觉去那样做，好像在长达百年的历史中，历史学家无法保持头脑清醒一样，但是每届政府通过政治的角度仔细审视着一切。

对极富阶层的解读，广泛流传着两个版本——以前的和现在的。第一个版本以迈尔斯的说法为代表，涉及揭露丑闻的新闻记者的诞生，巴尔扎克认为，每一笔巨大财富的背后都隐藏着罪恶，迈尔斯的作品在学术细节方面，对巴尔扎克的观点起了画龙点睛的作用。敛财大亨——在内战后被称为商业巨头——突然涉足投资大众，就像周六早上蜂拥至地下减价商品部的女士。他们利用国家资源，在他们自己中间发动经济大战，结成同盟，在公共领域谋取私人利益，为了实现目的用尽所有的方法。为了获得回扣，他们和铁路部门达成协议；他们收购报社，买通编辑；他们消灭有竞争力的独立企业，聘请足智多谋的律师和声誉卓著的政客，维护他们的权力、确保他们的声望。这些“建功立业者”多少有些丑恶的性质，称他们为敛财大亨不仅仅是一种修辞。或许没有正当的经济途径可以为私人利益积聚一亿美元；当然，尽管在整个过程中，他们可能会使用不坦诚的方式，擅用者的双手仍然可以保持干净。如果所有的巨款都来之不易，那么轻松获取的财富都是安全且巨大的。正如情况展示出的，一家企业从 1000 万人中各赚取 10 美分，好过用枪从 10 家银行中各抢 10 万美元，而且更安全。

极富阶层的这种严肃形象经常受到挑战，不是因为事实中的错误升级，而是更多来自法律、道德、品质的因素，更合适的观点应该考虑到有产阶级大亨在那个时代和地点所发挥的经济作用。约瑟夫·熊彼特①极为巧妙地概括出这个观点，人们认为有产阶级巨头引领了席卷资本主义全盛时期的“创新风潮”，发挥了中流砥柱的作用。通过他们的个人智慧和卓绝的努力，创造和联合私营企业，展现了新技术和金融技术，或者变废为宝。他们呈现的这些技术和社会形态是资本主义不断发展的动力，创造并控制它们的有产阶级大亨决定了资本主义发展的步调。鉴于此，熊彼特把资本主义进步论和社会阶层论结合起来去解释，更确切地说是颂扬伟大企业家们“创造性的毁灭”。[1]

两种对比鲜明的形象——敛财者和革新者——并不矛盾：两者都有可能是正确的，主要区别在于对财富累积者的观察角度。迈尔斯更关注法律条件和违法情况，还有人类更为残忍的心理特性；熊彼特则对他们在资本主义各阶段中，在技术和经济方面所发挥的作用更感兴趣，尽管他也很容易使用道德标准来评估他们，他认为在每一代中，只有最精明、精力最旺盛的人才能因创造力和专注度被提拔到高位。

极富阶层的问题证明了一个更大的问题：人类如何同机构联系在一起，反过来，如何将特定的机构和单独的个人同他们效力的社会结构关联在一起，尽管有时人们塑造机构，但是机构又总是挑选和塑造人。在任何一个时期，我们必须平衡个人品质、意志或智力与允许他们发挥作用的机构在结构上的权重。

借助极富阶层个体身上的奸诈或睿智、武断或决心、天资或幸运、狂热或蛮力来解决这些问题是行不通的。这些不过是不同的词汇，带有不同的道德审判的意味，用来描述财富累积者的活动。无论是迈尔斯常用的残酷和违规行为，还是许多历史学家喜欢使用的远见卓识的政治才能，都不是解释——这些只不过是指控或者辩护。这就是为什么对于任何社会和经济阶层的崛起，现代社会心理学家不满足于依照其成员的个人道德品质来进行解释。

① 约瑟夫·熊彼特（Joseph Schumpeter，1883—1950），奥地利政治经济学家。——译注

更有益的关键是由更客观的环境提供的，这也更容易为现代思想接受。我们必须理解机会的客观结构，以及允许和鼓励人们利用经济史提供的客观机会的个人物质。现在，巩固和提升自己在海滨黑帮中的地位所需的个人品质，和在和善的人中间谋得成功所需的个人品质是截然不同的。同理，在美国资本主义社会，在 1870 年出人头地所需的品质，和在 80 年后所需的品质也是截然不同的。因此，寻求通向极富阶层的秘诀在他们个性和习惯的秘密源头中。

而且，借由富人的个人品质，把他们解释成一个社会事实，这种解释通常是循环论述。例如，在金钱至上的社会，能力测试是赚钱：如果你足够聪明，为什么你没变富？因为衡量能力的标准是赚钱，当然能力是根据财富分级的，最富有的人最有能力。但如果是这样，那么就不能用能力来解释富人；用获得的财富作为能力的象征，然后把能力作为获取财富的手段，用两个词来说明同一个事实：存在巨富阶层。

安德鲁·卡内基①的青春时代，就机会而言，经济形态比他有一个务实的母亲更重要。无论范德比尔特曾经何等“残忍”，如果不是政治体系的彻底腐败，他也不可能有机会挪用铁路项目的公款。可以假设《谢尔曼法案》(Sherman Act) 的执行方式粉碎了大企业的法律支柱。[2] 美国的巨富阶层——无论他们的心理特质是什么——现在在哪里？了解美国的巨富阶层，先了解石油的分布情况和税收结构，比了解哈罗德森·拉菲特·亨特②的个人特质更重要；了解美国资本主义的法律架构和各机构的腐败性，比了解约翰·戴维森·洛克菲勒③的童年更重要；了解资本主义机制的技术进步，比了解亨利·福特④的无限

① 安德鲁·卡内基（Andrew Carnegie，1835—1919），美国实业家，美国钢铁公司创始人，被誉为“世界钢铁大王”。——译注

② 哈罗德森·拉菲特·亨特（Haroldson L. Hunt，1889—1974），美国得克萨斯州石油大亨。——译注

③ 约翰·戴维森·洛克菲勒（John D. Rockefeller，1839—1937），美国实业家，标准石油公司创始人。——译注

④ 亨利·福特（Henry Ford，1863—1947），美国企业家，福特汽车公司创始人。——译注

能量更重要；了解战争对石油需求和税收漏洞的影响，比了解锡德·理查森[1]毫无疑问的睿智更重要；了解全国分布的系统和大众市场崛起，比了解伍尔沃思[2]的俭朴更重要。或许约翰·皮尔庞特·摩根[3]像孩子一样，有着强烈的缺失感，或许他的父亲真的认为他不会成为伟大的人物，或许这影响了他，驱使他为了获得力量而谋取巨大的权力。但是，如果他生活在1890年印度的某个小村庄，这一切都变得无关紧要。要了解美国的巨富阶层，必须首先了解美国的经济和政治结构。

资本主义的运转，如同运转一台生产设备和赚钱的机器，这需要集中各类人才和大量的国家资源。如果没有经济、物质和政治等方面的支持条件，无论是何等优秀的人才，也无法累积巨额财富。美国的巨富阶层是具有美国特色的工业化产物。这种涉及私营企业的工业化为占领战略位置创造了条件，从而可以控制生产的绝佳手段；把科学力量和劳动力联系起来；控制人与自然的关系——从而诞生出百万富豪。让我们对此确定无疑的不是事后之明；我们可以轻易预测没有进行工业化的国家，通过观察工业化的其他方式来加以确认。

苏联的工业化已经向世界清楚展现出，在没有私营业百万富翁参与的情况下，也可以高速完成工业化。苏联以政治自由为代价完成工业化，这并没有改变工业化的事实。私营企业——以及与之相随的百万富豪——是实现国家工业化的一种方式，但不是唯一方式。工业化在美国也在如火如荼地进行，一片巨大的乡村园地已经变成了工业园。这种方式也导致财富累积者在工业化过程中攫取财富。

在美国工业化过程中侵占巨额资金的机会，涉及许多事实和力量，不是也

① 锡德·理查森（Sid Richardson，1891—1959），美国得克萨斯州商人，慈善家。——译注

② 弗兰克·温菲尔德·伍尔沃思（F. W. Woolworth，1852—1919），美国企业家。——译注

③ 约翰·皮尔庞特·摩根（J. P. Morgan，1837—1913），美国金融家，银行家，摩根大通创始人。——译注

无法依据富人以前的为人，或者他们做了什么或者没做什么来决定。

基本事实非常简单。一片大陆上蕴藏着丰富的未被开采的自然资源，数百万人移居到此。随着人口不断增加，这片土地也在不断升值。随着人口的增加，迅速形成了一个不断增长的生产市场、产品市场和劳动力市场。从事农业的人口在不断增加，实业家不需要依赖自己的工人在工厂和矿山开拓他的市场。

人口和资源的实际情况，没有导致巨大的累积。为此，需要一个俯首听命的政治权威。对于旧富阶层连续三代都出现的赤裸裸的违法行为，不需要做详细叙述，因为已经是众所周知的事情了。这些行为对巨额财富的积累产生的影响，无法进行量化来予以评价，因为我们缺乏必要的信息。然而，根本事实是清晰的：巨富阶层利用现有法律，规避和违反现行法律，他们为了自己的直接利益，让人制定法律并实施。

国家确保了私有财产所有权，使现有企业合法化，通过进一步制定法律、解释法律却不加强法律，使他们可以钻法律的空子。因此，极富阶层可以利用企业手段，同时应对多种风险，可以投机赚取别人的资金。由于“信任”是不受法律保护的，在企业控股法的保护下，一家企业可以想办法对其他公司进行控股。很快，控股公司的形成和融资，是自美国立法以来最简便的致富方式。[3]在税收增加的随后几年中，在私有资本注入企业之前，“税务注销”和资本收益为私有资本的累积提供了帮助。

许多关于工业发展的现代理论都强调技术的发展，但是，在极富阶层中，发明家的数量屈指可数。事实上，真正成为巨富的不是远见卓识的发明家或行业领袖，而是金融方面的人才。熊彼特关于“创新风潮”这一概念的一处错误是：他系统性地混淆了技术收益和金融操纵。正如弗雷德里克·刘易斯·艾伦①曾说过的，我们需要的不是专业知识，而是有说服力的销售技巧，指挥

① 弗雷德里克·刘易斯·艾伦（Frederick Lewis Allen，1890—1954），美国历史学家。——译注

百万富豪和大银行的房地产投资销售部门的能力，指挥精明的企业律师和证券市场运营商的能力。[4]

在了解巨富阶层攫取财富时，我们必须谨记，美国私人工业的发展很大程度上是由个人产业之外的“馈赠”提供财力支持的。国家、当地和联邦政府为铁路项目免费分拨土地，为造船业、重要邮件的运输买单。更多免费土地被分配给了企业，而非独立的小型家庭式作坊。根据法律规定，政府出租的土地上的煤炭和铁矿石，政府有开采权没有所有权。政府维持较高的关税，以补贴私营企业，如果美国纳税人没有尽自己的职责为铺设道路系统纳税，那么亨利・福特的精明和节俭，不会助他成为汽车行业的亿万富翁。[5]

在资本主义经济中，战争为攫取财富和滥用权力提供了许多机会。但“二战”的复杂背景，使之前的侵占财产行为变得微不足道。在 1940 年和 1944 年间，价值 1750 亿美元的主要供应合同——控制国家生产方式的关键——给到了私营企业。其中三分之二由前 100 强包揽——事实上，其中近三分之一被 10 家私营企业纳入囊中。然后，这些企业将自己生产的产品卖给政府，赚取利润。他们在原材料和零部件的分配上拥有优先权；他们决定分包商的分配比例，决定谁担任分包商，以及有多少家分包商。他们享有极为优惠的分期付款（每年偿还 20%）条件和税收优待，可以扩建工厂，这样能在 5 年内收回所有成本，而在正常情况下，需要花费 20 或 30 年。通常情况下，大多数政府所有的工厂正是由这些企业经营的，战后，这些企业拥有最优选择权收购这些工厂。

1939 年，建设的所有工厂共耗资 400 亿美元。截至 1945 年，新增的高质量工厂和设备耗资 260 亿美元——其中三分之二直接由政府出资。260 亿美元中约 200 亿美元用于生产和平时期的产品。如果在 400 亿美元中再投入 200 亿，就有价值 600 亿的生产工厂可服务于战后。在 1939 年，前 250 强企业掌握了当时 65% 的工厂，在战争期间，政府出资新建的工厂中，有 79% 由他们经营，截至 1944 年，他们拿下了 78% 的战争物资供应合同。[6] 毫无疑问，“二战”期间，小富变成了巨富，同时也催生了无数新的小富。

二

内战前，只有一小撮富人是美国真正意义上的百万富豪，以阿斯特和范德比尔特为代表，那时很少有人拥有超过百万美元的财富。事实上，1799 年，乔治·华盛顿离开价值 53 万美元的庄园，他被认为是当时的美国首富。截至 1840 年，在纽约和马萨诸塞州，只有 39 位百万富翁。事实上，直到 1843 年才诞生“百万富翁”这一词汇，当时彼得·洛里亚尔① 逝世，报社需要一个词来形容他的富有状况。[7]

内战后，早前就已变得富有的人被认为是家族创始人，他们赚钱的社会阴影将会影响都市 400 强的地位之争，在一定的时机，他们的财富会成为美国经济中高级企业集团的一部分。但是，美国第一批巨富是在内战经济改革期间诞生的，因为致命的腐败行径似乎伴随着美国的所有战争。随后，乡村商业资本主义演变成工业经济，在关税、1863 年的《国家银行法》、1868 年的美国宪法第十四修正案法律框架内，以及随后的司法解释，确保了企业变革合法化。在这次政治体制和经济基础的转变中，巨富一代开始占据赚钱的部门，之前攫取的财富与之相比，可谓小巫见大巫。不只是财富金字塔的顶峰更高，上层的根基也明显得到了拓展。到了 1892 年，一项调查表明美国的百万富翁至少有 4046 位。[8]

在大萧条和战争时期，巨富的数量和安全性，甚至是他们的存在都具有争议。但是，19 世纪末，似乎所有历史学家都一致认为：在内战和“一战”期间，

① 彼得·洛里亚尔（Peter Lorillard，1764—1843），美国商人，从事鼻烟、银行业和地产生意。——译注

巨富们很快声名鹊起，成为卓越之才。

我们应该把这一代定位为巨富一代：他们在1890年代发育成熟。但是，我们应该仅将其视为衡量后两代的一个标准，在1925年成年的巨富二代，在20世纪中期成年的巨富三代。而且，我们不应该将研究对象局限于六七位名人，正统的历史学家和野史传记作家已经把他们当作褒贬不一的素材。对这三代巨富，我们分别收集了每一代中最富有的90人的信息。对这三份名单的研究，扩大了我们的视野，对美国富人的研究包含275人，他们每人至少拥有达3000万美元的财富。[9]

有的超级富豪出身贫寒，有的出身富贵，有些人在运用金钱的力量时和积累金钱时一样浮夸，有些人在生活中吝啬，在获取财富时也同样苛刻。石油大亨约翰·戴维森·洛克菲勒——浸礼会教徒的孝顺儿子——的后裔中约有20位百万富翁。但是亨利·欧·哈夫迈耶（Henry O. Havemeyer）的祖父留给了他300万，亨利埃塔·格林（Henrietta Green）从小接受教育，研读报纸上的金融版块，终年82岁，留下的遗产高达一亿美元。我们不能遗漏了乔治·贝克（George F. Baker, Jr），他是一位哈佛毕业生，是纽约第一国家银行总裁的继承人。每天早上，他在从长岛到华尔街的舱式游艇上梳洗打扮，1929年，他和其他6位银行家筹集了2.5亿美元试图阻止股市崩盘，但以失败告终。[10]

巨富们既不是全部来自过去，也不是全部来自得克萨斯州。诚然，现在的巨富中，有一半来自得克萨斯州，但是据我们掌握的可靠信息，1950年最富有的前90人中，只有10%是得克萨斯州人。

我们可以从著名的文学作品中瞥见形态各异的巨富——或庄严或滑稽；出身各异，或卑微或高贵；不同的生活方式——或高兴或忧伤，或孤僻或友好。但所有的这些发现有什么意义呢？有人出身贫寒，有人出身富贵，哪一个才是典型特征呢？他们成功的秘诀是什么？要找到答案，我们不能局限于每一代巨富中的六七位大亨，社会历史学家和传记作家的作品中已经涉及了无数关于他们的轶事。我们必须对大量个体进行研究，总结出一个典型的群体。

自内战以来，1900 年的前 90 位最富有的人，1925 年的 95 位最富有的人，1950 年的 90 位最富有的人，我们已经收集了这 275 人的信息，他们代表了大量为历史学家、传记作家和记者所熟知的最富有的人。我们对有关巨富出身和事业等貌似简单的问题感兴趣，只有对他们这个群体进行研究，才能准确提问并解答。

在 1900 年的富人群体中，最富有的是约翰·戴维森·洛克菲勒，资产高达 10 亿美元；1925 年的是亨利·福特，达 10 亿美元；1950 年（尽管在其他时期不是很明确）的据说是哈罗德森·拉菲特·亨特，达 10 或 20 亿美元；另一位得克萨斯的富人是休·罗伊·卡伦（Hugh Roy Cullen），据说后来也成为亿万富翁。[11] 这三四个人可能是美国富人圈中最为富有的人，他们是金融传记作家最为确定的几位亿万富翁①。

三

在最近的这三代人中，绝大多数的巨富都不是由发迹的人组成的。

自内战以来的美国历史进程中，巨富们的父亲是小农或者小店主、白领或蓝领的比例在稳步下降。我们这个时代的巨富中，只有 9% 的人来自底层家庭——

① 当然，在不同的时期，相同币值的钱价值不同。但是，我们不会因为这个事实来改变我们的名单。1900 年的 1500 万美元是否在 1950 年的时候价值 3000 万美元或者 4000 万美元？我们对这个问题不感兴趣。我们唯一感兴趣的是，这些时期最富有的人，无论多富有，都可能会被拿来与其他时期的富人作比较，或者和更多的人比较收入和财产。因此，展示在这里的每一代的富人财富量，是每一代人在约 60 岁时所累积到的财富量。

由于通货膨胀与其他的因素，在解释下面这些事实时保持高度谨慎：在 1950 年的那一代中，包括亿万富翁亨特，大约 6 个人有望拥有逾 3 亿美元的财产，而在 1900 年和 1925 年的那一代中不超过 3 位。从这些富人金字塔往下，根据财富规模，在这三代中，比例是极其相似的。粗略地说，每个富人群体中约有 20% 资产过亿甚至更多；剩下的被平等划分为 5000 万—9900 万和 3000 万—4900 万这两个级别。

家庭收入刚好只够满足基本需求，只能偶尔能改善一下生活。

中产阶级跻身巨富阶层的情况非常稳定：1900 年的那一代，十位巨富中有两位来自中产阶级，1925 年为三位，1950 年为两位。但是，上层和底层成为巨富的情况正好相反。即使是著名的 19 世纪那一代——历史学者讨论富人们白手起家的传奇故事时经常提及他们——来自上层的巨富和来自底层的也一样多（占 39%）。在 1900 年的那一代，有 39% 的富人来自底层家庭。1925 年的那一代，该比例下降至 12%，正如我们所见，1950 年的这一代只有 9%。另一方面，1925 年来自上层家庭的富人占 56%，1950 年为 68%。

事实和趋势很明显，即上层社会只接受真正富有的上流阶层。财富不仅可以使财富本身持续下去，而且，如我们所见，它会垄断成为巨富的机会。现在我们身边的巨富，有 70% 出身于十足的上流家庭，20% 来自舒适的中产阶级，只有 10% 来自底层社会。

从职业角度来说，在这些巨富中的上流阶层是指商业大亨。在任何时期，美国的整个商人阶层，无论大小，都没有超过现在工人总数的 8% 或 9%；但是，总的来说，这三代巨富的父亲中，有 70% 是城市企业家，专业人士、农民、白领或蓝领工人各占 10%。纵观这三代，这个比例十分稳定。巨富——从 1900 年到 1950 年——源于企业家阶层；我们将以不寻常的方式看到，在他们的上层中，许多人继续以“企业家”的方式活跃着。

巨富中约 10% 的人出生在国外，尽管有 6% 的人是在国外长大的，成年后移居美国。当然，在 1900 年达到完全成熟的 19 世末一代中，国外出生的人比 1950 年多。1900 年一代的富人中，在国外出生的比例约为 13%，而当时美国成年男性的比例占总人口的 24%。到 1950 年，只有 2% 的巨富出生在国外（1950 年美国白人的比例为 7%）。[12]

当然，东海岸是巨富发源地；在所有巨富中，10 个在美国长大的人中，有 8 个是在这里成年的。1925 年的那一代（82%）来自东海岸的比例和 1900 年的那一代（80%）持平。然而，到 1950 年，来自东海岸的比例——就像在全国人口中所占比例一样——下降至 68%，直接原因是南方百万富翁的兴起，在 1950 年那一代的富人中占比达 10%，而在 1900 年和 1925 年的两代中，南方百万富翁的比例都仅占 1%。在芝加哥、底特律和克利夫兰长大的巨富，在这三代中的比例维持不变，在 1900 年的那一代比例为 16%，1950 年为 19%。

巨富来自大城市，尤其是来自东部的大型城市。甚至在 1900 年，全美有 65% 的人生活在乡村，[13] 比在农场长大的比例还要高，但是 1900 年的巨富中，仅有 25% 来自乡村。自 1925 年起，超过 60% 的巨富均在大都市长大。

生在美国，长在城市，源于东部，来自上流家庭的巨富，像当地社会和都市 400 强中新旧上流阶层的其他成员一样，他们是新教徒。然而，有一半是圣公会教徒，四分之一为长老会教友。[14]

在这些事实面前，我们确实发现巨富们通常比普通大众的受教育程度更高：即使在 1900 年，31% 的巨富接受了大学教育；到 1925 年，接受大学教育的比例达 57%；到 1950 年，这一比例高达 68%。每一代上流阶层的受教育程度都高于底层大众——在 1900 年，上流阶层接受大学教育的比例为 46%，而底层大众只有 17%，这清楚地证明了教育优势往往源于家庭优势。但是，这里考虑到的三代中——1950 年的这一代巨富——阶级出身造成的大学教育比例差异减少了，源于底层或中层的巨富，有 60% 是大学毕业生，来自上层的巨富中，有 71% 接受了大学教育。

在所有这些巨富中，有一半的人大学就读于常青藤盟校。事实上，几乎有三分之一的人或就读于哈佛或耶鲁大学，其他的人就读于普林斯顿大学、哥伦比亚大学、康奈尔大学、达特茅斯学院和宾夕法尼亚大学。另外 10% 毕业于东部其他名校，例如阿默斯特学院、布朗大学、拉法耶特学院、威廉姆斯学院和鲍登学院；还有 10% 就读于少数知名的技术学校，剩下的 30% 则就读于美国各地的大学和职业学校。

巨富出身上流阶层，这直接形成了常春藤盟校的优势：随着巨富来自上流阶层的比例不断攀升，就读常春藤盟校的巨富的比例也随之不断增加。在接受了大学教育的人中，1900 年的那一代巨富就读常春藤盟校的比例为 37%，1925 年的为 47%，1950 年的为 60%。

在 1900 年，只有 39% 的巨富是上流家庭的孩子，众所周知，这些出身上流家庭的孩子，88% 的人至少继承了 50 万美元——通常更多。到 1950 年，来自上流家庭的巨富，有 93% 的人继承了财产。据说，由于税收，现在巨富们无法将 9000 万或 1 亿美元全部继承，从法律上来说这是正确的。但是，1950 年那一代巨富在很大程度上是 1925 年那一代巨富的延续；事实上，1925 年的那一代富人，在更大程度上是 1900 年那一代的延续。1925 年的那一代巨富中，56% 来自上流阶层，1900 年的那一代中，只有 33% 来自上流阶层。但是 1950 年的那一代巨富，68% 来自上流阶层，家族成员属于前两代巨富的占 62%。

而且，相比 1900 年那一代或 1925 年那一代，1950 年那一代更容易将地位和权力传给子女，因为那时上流阶层的权力和地位没有那么仔细地组织、支撑和加固，巨额个人财富是唯一手段，可以确保权力和地位顺利传给下一代。然而，在 1950 年那一代巨富中，正如我们会看到的，有许多方式可以将利润丰厚的战略位置传给子女，这些战略位置是美国自由经营的私人企业中的较高位置。

四

美国的巨富不是游手好闲的富人，从来都不是。当然，他们中“食利者”的比例出现巨大攀升；在 1900 年的那一代巨富中占比为 14%，1925 年是 17%，1950 年是 26%。通过观察他们如何利用时间，约四分之一的巨富可以被称为是有闲阶级的成员。

无论是认为巨富就是少数剪息票投资者，还是认为他们是浮夸的花花公子，这两种观点都不是典型事实。游手好闲的守财奴和繁忙的挥霍者才是美国巨富中的典型代表，但是在美国巨富史上，守财奴并非全都是剪息票投资者；他们通常用其他方式来增加所持剪息票的价值——表面看上去是这样，其实是雇人帮他们这样做[①]。而他们挥霍的方式各异：一些赌100万，加注200万或300万；这些挥霍活动通常发生在投机领域。

1900年那一代游手好闲的富人或是第三四代的阿斯特家族，或是第三代的范德比尔特家族：在他们的领地骑马放松，或者坐游艇出游，他们的夫人则喜欢参加各种各样并且常常是非常奢侈的社交活动。到1925年，巨富中只剩下一些食利者，而且多数都是女性。她们的生活像1900年代的巨富一样奢侈，但是现在她们分散在美国各地，而且在新兴名流圈中，她们很少受到关注。毫无疑问，在新兴名流圈，富裕的女士常常热衷于艺术活动，而非社交活动，或

---

① 凡勃伦关于上流阶层的概念，在很大程度上是基于这种工人所谓的羞耻感，工人所谓的羞耻感没有迎合清教徒的新教伦理，这种新教伦理是美国生活的典型特征，包含了许多上流阶层的因素。我认为，在凡勃伦关于有闲阶级的一书中，他是在为上流阶层代言，而非中产阶级——确定无疑的是，他没有描写富有的中产阶级清教徒。他并不想揭示高级商人在从事效率低下的工作。有闲阶级，这个术语被他用作上流阶层的代名词，但是曾经和现在都有工作卖力的上流阶层——事实上，他们是由无限活力的人组成的阶层。凡勃伦不认可他们的工作，拒绝对他们使用那一术语——工作是他的积极词汇之一——是无关紧要的。而且，在这种情况下，他模糊和扭曲了我们对上流阶层作为一种社会形态的认知。对凡勃伦来说彻底承认这一事实，可能会毁了他的整个观点，那是他进行评判的主要道德基础之一。

从一个比较正式的观点来看，应该注意到凡勃伦是一个极度保守的美国评论家：在美国少有的几个非常明确的价值观中，他非常认可高效、务实、简洁的价值观。他对美国社会机构和人事方面的评判，无一例外，全部基于他认为这一价值观没有得到充分践行。我认为，如果他是苏格拉底式的人物，他之于美国人，犹如苏格拉底之于雅典人。身为批评家，凡勃伦是非常高效的，因为他使用美国的高效价值观来抨击美国现状。他严格按照这一价值观，并进行系统性地利用。在19世纪甚至是现在，对美国批评家来说，那是一种怪异的观点，像亨利·亚当斯（Henry Adams）从圣米歇尔山山顶俯瞰，或像亨利·詹姆斯的视线穿过了整个英格兰一样，凡勃伦颠覆了美国社会批判主义的本质。上一代美国人的形象褪色了，第一代美国人的形象——挪威移民的儿子，纽约犹太人在中西部地区的大学教授英国文学，南方人北上摧毁纽约——被认为是真正的批评家，即使不再是纯种美国人。

表面上看似如此。[15]事实上，她们中的一些人——相比于社交娱乐或个人风采——将更多的时间花费在慈善方面，部分原因是因为清教徒坚定地认为像约翰·洛克菲勒这样的巨富，在很大程度上源于他们财富的衍生。

在1950年那一代富人中，食利者的比例（将近26%）和其中女性所占比例（70%）都增加了，但这还不足以形成任何一种社会类型。现代花花小姐——多丽丝·杜克（Doris Duke）和芭芭拉·赫顿（Barbara Hutton）在试着用专业而昂贵的方式来使青春永驻；有的人像布莱恩夫人（Mrs. Anita McCormick Blaine）一样过着积极而充满活力的生活，将时间和金钱花在慈善和教育上，鲜少参加社交活动。有的人像威尔克斯（Hetty Sylvia H. Green Wilks）一样，是现代版吝啬的剪息票投资者，威尔克斯小时候曾在一个小而破旧的房子里度过整个暑假，而且格林家的房子没有条件点灯，必须在晚上7点半上床睡觉。[16]

美国的巨富史主要是一部父权史：男性通常掌握了美国80%到90%的财富。每一代因为继承巨额财产而变身巨富的比例在不断增加，但这并不意味着所有富人都变得游手好闲，我们知道在1950年那一代巨富中，有62%的人的家族在前几代就已经是巨富；只有26%的人是游手好闲的富人。在继承了财富的巨富中，有许多人毕生都在努力维持或者增加财富，他们最感兴趣的游戏就是赚大钱的游戏。

但是现在有26%的巨富是食利者，他们的资金或多或少是闲置的；另外39%的巨富在家族所有或者控股的企业中身居要职。[17]当下，食利者和家族经理在富人中的占比为65%。那么，剩下的35%新晋为巨富的人呢？

五

如果那些出身巨富家庭的人中，许多人毕生都兢兢业业地工作，那么很明显，从中下阶层跻身巨富的人不太可能成为游手好闲的人。跻身巨富阶层涉及经济事业，具有两个主要特征：大跳跃和优势的累积。

1. 据我所知，从来没有人能仅凭存储剩余工资或薪水而跻身美国的巨富阶层。必须要千方百计地获得战略位置，从而有机会攫取巨额财富，通常还必须要有一笔数量可观的资金，可以加注到真正的巨额财富中去。一个人可能通过工作或者慢慢积累来实现大跳跃，但是在某些时候，他必须要处在有利位置，能够仔细观察，抓住主要机会。假如一年薪水 20 万或 30 万，即使忽略税收，在一所小木屋里面过着省吃俭用的生活，从理论上来说，也不可能积攒巨额财富，成为一名美国巨富①。

2. 一旦他实现了大跳跃，一旦他克服万难抓住了主要机会，那么他就进入了累积优势的阶段，换句话说就是他注定如此。加注数量可观的资金到真正的大生意中，他必须处于一个能从优势累积中获益的位置。他拥有得越多，所占有的经济位置越重要，就越能确保他可以利用机会赚取更多。拥有得越多，信誉度就越高——有机会可以利用别人的资金——从而在累积更多优势时，遭遇的风险越低。事实上，有一种观点认为，在累积优势时，当风险不是风险，而是像政府税收一样明确的时候，利益累积就进入了关键阶段。

顶层的优势累积，如同底层恶性循环着的贫穷一样。因为优势的循环包括心理准备和客观机会：就像底层和身份地位的限制，会导致利益和自信的缺乏，同理，伴随着阶级和身份的客观机会，能够增加利益和自信。人们当然可以按

---

① 如果你从 20 岁开始工作，直到 50 岁左右退休，每年存 20 万美元，以 5% 的利息来计算的话，也只有 1400 万美元，还不到美国巨富最低标准的一半。

但是如果你在 1913 年购买了通用汽车公司价值 9900 美元的股票，而不是使用你的判断，不要抛售——让收益累积——到 1953 年，你就会拥有 700 万美元。

如果你没有经过判断选择通用汽车公司，只是在 1913 年的 480 股中，每股投资 1 万美元——总投资额约 100 万美元——然后进入昏迷状态，等到 1953 年，你可以变现 1000 万美元，外加 1000 万美元的股息。总价值会增加 899%，股息的回报率为 999%。一旦拥有这笔钱，就累积了优势——即使是一个处于昏迷状态的人。[18]

照自己喜欢的方式来增加自信，自信常常源于客观机会，也常常反过来创造客观机会，给人带来自信。斗志昂扬无非是因为经历了一系列的成功；而持续的小挫折会一点点磨灭必胜的信念。[19]

在 1950 年那一代巨富中，大多数与前几代巨富有关系的人出生时就已实现了大跳跃，优势的累积也在运作中。1900 年那一代巨富中，39% 的人来自上流阶层，直接通过继承实现大跳跃；以范德比尔特家族和阿斯特家族为代表的少数人，继承了涉及优势累积的职位。摩根的父亲为他留下了 500 万美元，并资助他成为一家关乎欧美经济问题的银行的合伙人，那就是他的大跳跃。随后是优势的累积，摩根凭借自己金融家和股票经纪人的身份，为他人提供贷款以提高他在新公司的股票和债券的销售额，或者巩固当前所在公司的业绩，获得充裕的股票作为佣金，最终使他的公司控制这家新公司。[20]

安德鲁·梅隆（Andrew Mellon）的父亲是百万富翁，在一桩木材生意中累积了经验和利润后，通过父亲的经济资助，梅隆进入父亲的银行上班，并将业务扩展到全国。然后通过给年轻商人提供银行贷款——尤其是在 1888 年，为了建一家工厂，炼铝专利所有人将匹兹堡冶金公司的一只股票以 25 万美元的价格卖给了梅隆——开始优势的累积。安德鲁保证这家铝业公司保持垄断地位，梅隆家族就此掌握了控制权。[21]

据我所知，仅凭在等级森严的企业中慢慢晋升，没有人能跻身美国的巨富阶层。“在一些规模最庞大的企业中，许多高层领导，”美国钢铁委员会的主席本杰明·费尔利斯（Benjamin F. Fairless）在 1953 年说，“将毕生心血倾注在企业管理上，也没能积累到 100 万美元。因为我就是其中一员，所以深知这一点。”[22]较大型企业的领导者没有成为典型的百万富翁，从这个意义上来说，上面的说辞是不正确的，他们已经是百万富翁；但是，因为他们是企业管理行业的专家，所以他们没有成为百万富翁，从这个意义上来说，上面的说辞是正确的；不是因为行业，而是因为经济，不是因为管理，而是因为晋升以及投机，他们变成了典型的富人，就这些而言，上述说辞是正确的。那些跻身巨富阶层的人，都是经济政客和重要集团的成员，他们处于有利位置，能够将财富据为己有，累积优势。

在跻身巨富的人中，极少数人将主要的职业生涯耗在企业内部和之间的一步步晋升上。在1900年那一代巨富中，只有6%的人经历了漫漫晋升路，1950年那一代为14%。但即使是那些在企业晋升之路上慢慢前行的人，由于商业管理才能方面的原因，也很少能够成为富人。通常他们拥有的天赋是律师的天赋——偶尔——是工业发明家的天赋。

只有当漫漫晋升路转化为优势的累积时，晋升路才有意义；这种转变通常是伴随公司合并实现的。当公司规模相对较小时，常常会出现这种合并，联姻也会出现公司合并的情况——杜邦家族（du Ponts）兼并了最大的竞争对手拉弗林与兰德公司（Laflin and Rand），查尔斯·科普兰（Charles Copeland）——拉弗林与兰德公司的主席助理成为杜邦的助理财务官，和路易莎·杜邦结了婚。[23]

一系列缓慢的职位晋升意味着能够积累足够的内部信息和人脉、预测晋升或者操控股票时使风险更低或者没有风险。这就是为什么在1925年那一代富人中，经历了漫长晋升路的人所占比例最高；当时市场对这些利益是开放的，投机还没有后来那么困难。

无论是哪种形式的冒险能够使富人加注后赚大钱，在某些时候，“官僚”成为企业家的人数，和“二战”后成为财富创始人的数量一样多。事实上，他们中的许多人，例如查尔斯·纳什（Charles W. Nash），[24]突破自我成立了自己的公司。许多人一旦实现了缓慢的晋升，尤其是在1925年的那一代富人中，继续怀有赌博嗜好，甚至有一些人常与19世纪末的敛财大亨混迹在一起。

巨富的经济生涯既不是企业家形式的，也不是官僚形式的。而且，在巨富中，许多在家族企业中担任管理职务的人，同那些没有继承遗产的人一样，都是“企业家”或者“官僚”。企业家和官僚都是带有中产阶级色彩的中产阶级的词汇，无法包含上流阶层的职业。

“企业家”一词容易让人产生误解，在表示小商贩和那些美国巨富时，含义是不一样的。理智的中产阶级创办自己的公司，通过精心地指导，公司不断发展壮大，最终成为一家大型美国企业，这还不足以描述出上层财富创始人的所有情况。

企业家的经典形象，应该不只是在资金方面经历过风险，而是在整个事业上；但是，一旦一家公司的创始人实现了大跳跃，通常当他们开始累积优势通往巨富之路时，就不会再冒巨大的风险。如果有任何风险，其他的一些人会去冒险。在“二战”期间和迪克森 – 耶茨（Dixon-Yates）的努力下，愿意冒险的其他人是美国政府。如果一位中产阶级商人欠债 5 万美元，他可能会陷入困境。但是如果一个人设法举债 200 万美元，如果可以的话，他的债权人会为他们创造机会，以便他们赚钱还债。[25]

19 世纪末期的敛财大亨通常会创建或组建公司，作为他们累积财富跻身为巨富的跳板。事实上，1900 年那一代巨富中，55% 的人都是通过晋升和组建自己的公司实现大跳跃，迈出通向巨富之路的第一步。然而，1925 年和 1950 那一代巨富中，只有 22% 的巨富是这样实现大跳跃的。

在这三代巨富中，很少有人是全凭管理一家大公司而成为巨富的。利益的累积常常需要合并其他公司——作为一种经济运作——直至成立一家大的信托公司。证券操纵和敏捷的法律策略是上层企业家取得成功的关键。因为通过证券操作和法律策略，他们可以进行利益累积。

巨富的主要经济事实是实际的利益累积：那些已经拥有巨额财富的人占据了许多战略位置，可以赚取更多财富。现在，美国 65% 的巨富都在经营家族传下来的企业或者做食利者，享受祖传产业带来的巨额收益。相比这些曾经被称为企业家，随后在资本主义时期又被更准确地冠以企业界经济政客称号的人，其余 35% 的巨富即使没有比他们更勇敢，也比他们更积极地参与更高级别的经济博弈中。

成为巨富的方式有多种。到美国 20 世纪中期，赚钱累积利益成为巨富变得越来越困难。涉及金钱的婚姻在任何时期都是一件微妙的事情，当它涉及巨额资金时，通常是不方便的，有时也不安全。如果没有多少钱，偷盗是一件非常危险的事。如果你赌气，而且长时期如此，最后，所有的钱会输赢相抵；如果赌局是固定的，你真的在赢钱或者偷牌，或者兼而有之，则取决于你坐在桌子的哪一边。仅凭将小公司培育成大企业来积累巨额财富，这不是惯例，也从来不是主流事实。同样，通过缓慢的晋升之路通向顶层，既非惯例，也非主流事实。爬向顶层之路异常艰辛，许多有所尝试的人都失败了。更容易、更安全的方式是生而为富人。

六

在前几代，通常能够使用他人资金的重要机会是成功的关键；在后几代中，以祖父或父亲的职位为基础，累积企业利益代替了重要机会。在最近的三代中，趋势非常清楚：现在，只有 9% 的巨富来自底层，23% 的巨富出身中产阶级；有 68% 的巨富来自上流阶层。

美国企业的合并发生在拥有丰富自然资源的大陆，很快便有移民在此定居，在法律和政治框架下，愿意并且能够允许私人劳作。他们这样做了，完成了他们在工业化和合并中受益的历史性组织任务，他们获得了巨额财富。在私有企业体系下，他们变成了巨富。

在实现财产权和要求立法保护财产的过程中，巨富涉足 20 世纪美国经济的上层企业圈，而且深陷其中。大型企业才是财富的主要组成部分，而非巨额财富，但是，大型企业有产阶级的个人以各种形式附庸着财富的重要单位，企业是财富的源泉，是持续获得财富权力和特权的基础。所有拥有巨额财富的人和家庭都与大企业相关，他们的财富都根植于此。

从经济上来说，如我们所见，无论是继承者还是累积者都没有成为有闲阶级成员和有修养的人。他们中确有人如此，但是，现代近乎四分之三的巨富继续或多或少以某种方式积极从事经济活动。当然，他们的经济活动是企业活动：宣传、管理、指导和投机。

而且，随着有产家庭参与到企业经济中，他们通过财产经理人进入企业界，不久我们将看到，这些财产经理人本身并非无产人士，事实上，他们与巨富并没有质的区别。当然，有产阶级的组织中心已经发生变化，不再只包括那些有产大家族控制的权力，还包括其他的权力。在经理人的整顿下，以富人为核心的财产体系得到了巩固，而且有管理层加入其中，在大企业内部和企业之间，管理层为了企业大亨的共同利益而兢兢业业地工作着。

在社会地位上，美国富豪男女成为几个大都市 400 强的领袖。在 1900 年那一代巨富的 90 名成员中，只有 9 位包含在了麦卡利斯特 1892 年的名单中，但是入选 1900 年名单的家族中，将近一半的后代在 1940 年时入选了费城、波士顿、芝加哥或纽约的《社会名流录》。巨富是都市 400 强的领导成员，他们属于自己的俱乐部，他们中的许多人还有几乎他们所有人的子女，都进入了格罗顿中学读书，然后进入哈佛或其他类似的名校。在 1900 年那一代巨富中，有 10 个人被弗雷德里克·刘易斯·艾伦评选为 1905 年的金融领袖，在他们的 15 个儿子中（到了上大学的年纪），有 12 位进入哈佛或者耶鲁读书；另外 3 位就读于阿默斯特学院、布朗大学和哥伦比亚大学。[26]

巨富不只是在显眼而简单的统治集团中占据高位。虽然在国家和经济层面加入了企业代理和等级体系，但这并不表示巨富们被取代了。无论是经济上还是社会地位上，巨富都没有走下坡路。在大萧条和实施新政之后，巨富必须和政府内外的法律专家合作，法律服务在税收、政府规章、企业重组和合并、战争协议和公共关系方面至关重要。他们也利用各种形式的保护伞来掩盖他们行使权力时不负责任的本质，创造出小镇男孩表现良好的形象，工业政客、伟大的发明家给大众提供了就业机会，但同时仍然只是个普通人。

对于善于揭露真相的观察人士而言，巨富已不再像昔日那样耀眼，例如——他提供了公众对美国社会上层最新的看法。缺乏系统性信息和令人分心的"人类利益"让我们认为，他们不重要，甚至他们根本不存在。但是我们中确有他们的身影——尽管有许多隐藏在非个人的组织中，如同他们的权力、财富和特权一样植根于非个人组织中。

注释：

[1] 参见 Joseph A. Schumperer, *Capitalism, Socialism and Democracy* 3rd ed.（New York：Harper，1950），pp. 81 ff.

[2] 在关键的进步时代，对总统和参与反托拉斯行动的委员们之间的态度和关系的揭露性详细分析，参见 Meyer H. Fishbein, *Bureau of Corporations：An Agency of the Progressive Era*（MA thesis，American University，1954），esp. pp. 19-29，100-119.

[3] Frederick Lewis Allen, *The Lords of Creation*（New York：Harper，1935），pp. 9-10.

[4] 同上 p. 12.

[5] 参见 *Time*，10 August 1953，p. 82.

[6] Report of the Smaller War Plants Corporation to the Special Committee to Study Problems of American Small Business，U.S. Senate，Economic Concentration and World War II，79th Congress，2nd Session，Senate Committee Print No. 6（Washington，D.C.：U.S. Government Printing Office，1946）. pp. 37，39，40.

[7] 关于美国殖民地的财富，参见 Dixon Wecter，*The Saga of American Society*（New York：Scribner's，1937），chap. 2；和 Gustavus Myers，*History of the Great American Fortunes*，1907（revised Modern Library edition，1936），pp. 55-6，59，85。关于乔治·华盛顿的地产，参见同上著作 p. 49。关于 19 世纪 40 年代初期的百万富豪，参见 A. Forbes 和 J. W. Greene，*The Rich Men of Massachusetts*（Boston：Fetridge & Co.，1851）；Moses Yale Beach，*Wealth and Pedigree of the Wealthy Citizens of New York City*（New York：Compiled with much care and published at the Sun Office，1842），4th ed.；和费城酒吧一位会员 1845 年写的"Wealth and Biography of the Wealthy Citizens of Philadelphia"。

关于19世纪50年代中期的百万富豪，参见 Moses Yale Beach，"The Wealthy Citizens of the City of New York，" 12th ed.（New York：Published at the Sun Office，1855）。关于"百万富翁"一词的创造，参见 Wecter, op. cit. p. 113.

[8] 参见《纽约论坛报》，《论坛报月刊》（*Tribune Monthly*），June 1892。西德尼·拉特纳（Sidney Ratner）最近编辑了一本书，*New Light on the History of Great American Fortunes*（New York：Augustus M. Kelley，1953），书中再版了来自1892年6月《论坛报月刊》和1902年《世界年鉴》（*World Almanac*）的两张关于美国百万富豪的清单。这些清单对列出超级富豪的作用颇微（参见下面第9条注解），因为给出的具体财富规模的估值很少，对这份清单的研究展示出了几百个同约翰·洛克菲勒和安德鲁·卡内基一样的"百万富翁"。

[9] 正如费尔南德·伦德伯格曾经所说的，在这个国家里人们对一些不太普遍感兴趣的话题的统计数据简直是一片混乱，对巨额财富没有具体的数据。列出三代最富有的名字，我必须尽最大可能利用这些杂乱无章的资源。当然，我利用了所有美国巨额财富的历史，以及拥有这些巨额财富的超级富豪们的传记。在1924年和1938年分别出版了关于大额收入或巨额财产的系统性信息（见下文）；报刊上断断续续地流出信息和故事，例如，遗嘱验证、税务丑闻和关于富豪的个人轶事。

我从下面列出的书中提到的所有人的一份名单开始着手，他们都出生于1799年以后，据称身家达3000万美元甚至更多。在许多情况下，财富的规模不是根据姓氏资料进行统计的，而是将所有可能的姓氏都考虑在内，我们搜寻了所有已有的资料来估算财富规模。3000万美元的总标准主要是为了方便起见。我们发现按照这个标准可以得出371个姓氏；由于有必要编纂关于财富和这些人职业生涯的详细信息，我们的资料无法让我们处理一份更长的名单，以下是所有我们参考了的资料：

（I）Gustavus Myers，*History of the Great American Fortunes*，1907（revised Modern Library edition，1936）.（II）Gustavus Myers，*The Ending of Hereditary Fortunes*（New York：Julian Messner，1939）.（III）Matthew Josephson，*The Robber Barons*（New York：Harcourt，Brace，1934）.（IV）Frederick Lewis Allen，*The Lords of Creation*（New York：Harper，1935）.（V）Ferdinand Lundberg，*America's 60 Families*，1937（New York：The Citadel Press，1946）——我们对该书的谨慎使用在（XI）中进行了讨论。（VI）Dixon Wecter，*The Saga of American Society*（New York：Scribner's 1937）.（VII）"Richest U.S. Women，" *Fortune*，November 1936.（VIII）Stewart H. Holbrook，*The Age of the Moguls*（New York：Doubleday，1953）. 基于迈尔斯和其他史学家作品中的大量细节，这部作品主要是对早期作品的推广。（IX）"Noted Americans of the Past：American Industrial Leaders，Financiers and Merchants，" *World Almanac*，

1952, p. 381, and 1953, p. 783，没有包括对财富的估值。(X) Cleveland Amory, *The Last Resorts* (New York: Harper, 1952). 当然，在这些资源中会有许多人被重复提及，但是，每个人都提供了其他未被提及的信息。

另外三份资料需要更加详细地谈论：(XI) 在1924年以及1925年颁布的一项临时法规，允许发布1923年和1924年收入所得税支付金额的信息。记者可以进入国税局的各个办公室，逐个复印纳税人的名字。从行政上来说，这份数据的发布如此草率，一份文件上公布了的某个人的数据，在另一个文件上却漏掉了，还印出了一些错误数据，在一些情况中，所有记者都漏掉了众所周知的纳税大户。(当然，有些富豪的所有收入多少是免税的，以1924年的所得税单为例进行研究，我们挑出了所有支付了20万美元或更多税额的人，且同时被刊登在了1925年9月2日至15日的《纽约时报》和《纽约先驱论坛报》里面，或被刊登在其中某一刊中。)

此时的平均税率所处的水平是毛收入的40%；所以，交付的税额为20万，1924年间的年收入应为约50万美元。由于大部分这种高收入都来自于投资，投资的总收益额为5%的话，意味着如果投资赚回50万美元，那么该投资人所拥有的总资本额为1000万美元。假定当时纳税资产只占总资产的三分之一；因此，该纳税人所拥有的总财富量是征税资产的三倍之多。[这是上述费尔南德·伦德伯格的书中关于1924年收益的计算。他评论称："单个情况乘以要缴纳所得税的净资产乘以3，得出的结果可能会有误，但这似乎是得出总估值的唯一方式；通过这个方式得出准确的结果时，总的情况是没有被夸大的。事实上，得出的结果十分保守。"(p.25) 我对此持相同观点。] 通过这种计算方式，纳税20万美元意味着收入为50万美元，可征税的资产为1000万美元，总财富量为3000万美元。

1924年后遗嘱验证的财产提供的大部分证据表明，这种算法是准确合理的。例如，根据这种计算，理查德·克兰（Richard Teller Crane, Jr.）的缴税额为43.4万美元，表明总资产为6480万美元；他死于1931年，遗产为5000万美元。奥顿·米尔斯（Ogden Mills）的纳税额为37.2万美元，意味着他在1924年的财富量为5550万美元；他死于1929年，遗产达4100万美元。当然，也有财产更少的情况，但那通常是因为他们挥霍掉了，这是众所周知的[例如，粮食投机者阿瑟·卡滕（Arthur W. Cutten）在1929年散尽家产] 或在离世之前全部赠送出去了。我所指的是在任何时刻财富量都有3000万美元的人。

我知道没有系统地使用这些人的名字。费尔南德·伦德伯格在1937年编纂了一份"60大家族"的清单，事实上，指的不是所有家族，准确的数字——作为"家族"——不是60，而是74。但他没有对他们进行系统地分析。通过"系统"一词，我认为要把每个人类似的信息编写到清单上，然后得出一个结论。伦德伯格所做的是概括出进入了权力和金融集团的血亲——有时只包括堂兄弟姐妹。其次是我不赞同他从《纽约时报》上摘录的清单，因为它不只关于家族、只关于个人或只关于公司，而是一份家庭、个人和公司混杂在一起的清单。

在所谓的60大家族中，有37个“家族”中有一位以上的家庭成员缴纳税款。有8个不相关的人包含在了摩根家族中；还有一组包含7个家庭，形成第38个“家族”[这是“标准石油集团（Standard Oil Group）”]。这份清单上包含22位在1924年纳税的人，纳税额从18.8608万美元到79.1851万美元不等。因此，如果“家族”意味着血脉关系，那么伦德伯格的清单上超过60个家庭；但是，这份清单甚至没有对这些家族进行充分描述，因为它只包括了那些家族名下的纳税人。而且，有许多人（例如，J. H. 布鲁尔，L. L. 库克）在1924年的纳税额要高于由伦德伯格命名，但未纳入他“60大家族”清单的人。他们中的一些人，不是全部，没有被列入《纽约时报》，但是登载在似乎被伦德伯格忽视了的《纽约先驱论坛报》上。

更为重要的是，为了列出一份富豪榜的榜单，伦德伯格的前60强榜单中的一些家族，就个人而言的话甚至不在超级富豪之列。例如，迪林（Deerings）家族：伦德伯格将迪林家族的三名成员包含在他的榜单中，这三位成员的总纳税额为31.5701万美元。我们并未将迪林家族列入我们“超级富豪”的榜单，因为詹姆斯·迪林（James Deering）的纳税额仅为17.9896万美元，查尔斯的纳税额仅为13.9341万美元，迪林家族的第三位成员的纳税额仅为7000美元。塔夫脱（Tafts）、雷曼（Lehmans）和德福雷斯特（deForests）家族的情况也是如此。毫无疑问，他们都是富豪，但他们的富裕程度不及我们感兴趣的那些富豪。

（XII）最近，关于私人财富规模更系统的信息来源是，the Temporary National Economic Committee's Monograph No. 29："The Distribution of Ownership in the Non-Financial Corporations,"（Washington：U.S. Government Printing Office，1940）。这本专著给出了截至1937年或1938年，200家最大的非金融企业中各自最大的20位股东，以及这些企业的主管和行政官的持股情况。尽管它包含了大部分基于企业所有权的大额财富，但是这份清单是不完整的：它没有包含政府或地方债券、房地产或金融公司方面的持有资金。而且，在许多情况下，工业企业的所有权都伪装成各个投资公司旗下的大量股票的所有权，这些投资公司不会透露实际的持股人。尽管如此，在我们后期找到的资料中，这份美国临时经济委员会（TNEC）的清单是最好的。比较现存对19世纪的零散的案例研究，它展示的富豪是一批比较固定的人。

我从这份资料中得出了在1937年或1938年，在列举出的所有企业中拥有的股份总价值相当于1000万美元或更多的人。用这个数字乘以3（再次假设可征税的财富占总财富量的三分之一），我们得知所有这些人在1930年代的末期拥有3000万美元或更多。

（XIII）上述资料中，没有哪份提供了关于超级富豪的最新信息。当然，各本书中提到的许多人和位列1924年与1938年的榜单中的人都还在世；我们找到了已故者的继承人——通过讣告，我们尝试寻找我们榜单中所包含的所有人的财富，寻找继承遗产数额达 3000 万美元甚至更多的人的财富。

（XIV）为了获得现在仍在世的人的信息，我们联系了以下代理和政府机构——这些机构中的各个官员都尽可能为我们提供这些信息，没有一条信息是“官方的”，对我们来说没有多大用处：纽约联邦储蓄银行（the Federal Reserve Board of New York）；美国证券交易委员会（the Securities Exchange Commission）；美国国内商务部（U.S. Department of Commerce，Bureau of Domestic Commerce）；国税资料和信息局（the Bureau of Internal Revenue's Statistical Division and Information Division）；此外，我们还联系了以下私人机构：邓白氏公司；全国工业理事会下属商业经济处（The National Industrial Conference Board's Division of Business Economics）；《华尔街日报》（*The Wall Street Journal*）；《巴伦周刊》（*Barron's*）《财富》（*Fortune*）；拉塞尔·塞奇基金会（The Russell Sage Foundation）；《美国新闻与世界报道》（*U.S. News and World Report*）；布鲁金斯学会（Brookings Institution）；国家事务、联邦储蓄及贷款署（Bureau of National Affairs，Federal Savings and Loan），和两家私人投资公司。我们在这些机构中见到的人只能提供我们已知的资料，一些人根本就没有对这个问题多加思考，另一些人则对我们“找出”超级富豪的想法略感震惊，还有一些人对我们的想法十分感兴趣，但是没有提供任何有意义的资料。大多数这些联系都是弗雷德·布卢姆（Fred Blum）教授为我们安排的，而且对整个问题提供了宝贵的意见，我深为感激。

（XV）“二战”后，我一直在查找提及其他百万富翁的近期的报纸和期刊。我从《商业周刊》《观察》《生活》《时代》《纽约时报》等杂志中找到了其他的名字，主要是得克萨斯州的新一批富豪。在对其他富豪的搜寻中，我从约 24 个感兴趣的学生和朋友那里获得了帮助。

由于要统计的富豪性格各异，我们无法确保，我没有声称清单中包含了过去 100 年中美国所有的超级富豪；也没有事实证明，所有包含在我们清单中的人都在某个时刻拥有 3000 万美元。

然而，有两件事可以说是确定无疑的：（1）对于 3000 万美元这个数字有十分准确的证明。在人们过世之后，我们查看了遗嘱验证，发现这些估算是十分准确的。（2）尽管这份清单没能被证明囊括了所有超级富豪——包括每个拥有 3000 万美元的个人——按照任何一种合理的定义，所有这些人无疑都是美国最富有的人。确定无疑的是，在我们的清单中漏掉了一些本该包含在内的人，而包含了一些本不应该包含在内的人。但是，我们已经包含了所有有可供考证的信息的人。我们认为，可能包含的一些错误不会从实质上影响整体情况。简而言之，我们没有准确的、可供考证的清单；对我们来说，这份清单是对关于过去 100 年中美国最有名的超级富豪最合理的估算。

上面对程序的概述、最初选出来的姓名清单、我们设计的第二份第二梯队的富豪清单一起发送给以下各位，希望得到他们的建议和指正：联邦贸易委员会工业经济署（The Bureau of Industrial Economics，Federal Trade Commission）的约翰·布莱尔博士（John M. Blair）；宾夕法尼亚大学的托马斯·科克伦教授（Thomas Cochran）；哥伦比亚大学的谢波德·克拉教授（Shepard Clough）；哈佛大学企业历史研究中心的阿瑟·科尔（Arthur Cole）、利兰·占克斯（Leland H. Jenks）和西格蒙德·戴蒙德（Sigmund O. Diamond）教授；哥伦比亚大学的约瑟夫·多尔夫曼（Joseph Dorfman）和博尔特·林德（Bobert S. Lynd）教授；斯坦福大学的弗兰克·弗赖德尔（Frank Fredidel）；《商业周刊》的弗兰克·福格蒂（Frank Fogarty）；哥伦比亚大学商学院的欧内斯特·戴尔（Ernest Dale）；还有《纽约邮报》和布兰戴斯大学的马克斯·勒纳（Max Lerner）。感谢他们利用宝贵的时间考虑我们的调查并给予帮助，尽管他们绝不需要对事实或判断上的任何错误承担责任。

在 371 个姓名中，关于其中 69 人的生活，我没有从传记资料的研究、上述图书和报纸文档中找到任何信息。这些姓氏超过一半来自 1924 年的税务清单，我们在税务清单中只找到了姓氏和首字母。在 1920 年代，有许多大额收益都是投机性的，因此我认为许多大额收入很可能不是持久的巨额财富；我们关注的是“最有名的”美国超级富豪，因此将那 69 人排除在超级富豪之外是可行的，无论如何也是必要的。

适当考虑在我们感兴趣的各个时期的币值有所差异，通过对财富规模的估算，我把三代中每一代的超级富豪成员排列了出来。我咨询的经济历史学家表示，他们“不知道任何满意的方式，可以降低长期以来购买权力所需的金钱数额”（西格蒙德·戴蒙德和利兰·占克斯在 1954 年 3 月 30 日写给作者的书信）。当然，当一个人加入了百万富豪的行列，生活成本——通常是处于稳固相关购买力的目的——不需要考虑。

我列出了每一代人中最富有的 90 人。我们正在考虑这三个历史时期中各自最著名、最富有的 90 人。我们总共集中分析了 275 个人，在我们已知的资料中，占上述提到的 371 人的 74%。

在 Group I 的 90 人中，平均出生年份为 1841 年；平均死亡年份为 1912 年。那么平均年龄为 60 岁的年份就是 1901 年；那么 Group I 被定义为 1900 年的一代人。

在 Group II 的 90 人中，平均出生年份为 1867 年；平均死亡年份为 1936 年。那么平均年龄为 60 岁的年份就是 1927 年；那么 Group II 就是由 1925 年的一代人组成的。

在 Group III 的 90 人中，平均出生年份为 1887 年；平均死亡年份为 1954 年。那么平均年龄为 60 岁的年份就是 1947 年；那么 Group III 就是 1950 年的一代人。

[10] 关于约翰·洛克菲勒，参见 Wecter，op. cit. pp. 141-2，482；Frederick Lewis Allen，op. cit. pp. 4-7；*The New York Times*，24 May 1937 and 6 June 1937；以及 其他参考资料，参见 John T. Flynn，

Gods Gold（New York：Harcourt，Brace，1932）。关于 Henry O. Havemeyer，参见 *Dictionary of American Biography*；Myers，*History of the Great American Fortunes*，pp 697 ff.；以及 *The New York Times*，5 December 1907。关于 Henrietta Green，参见 *Dictionary of American Biography*；*The New York Times*，4 July 1916，p. 1 和 9 July 1916，杂志评论；以及 Boyden Sparkes 和 Samuel Taylor Moore，*The Witch of Wall Street*：*Hetty Green*（Garden City，N.Y.：Doubleday Doran，1935）。关于 George F. Baker，Jr.，参见 *Who Was Who*，1897-1942 和 *The New York Times*，31 May 1937.

[11] 关于亨特和卡伦，参见《纽约时报》，1952 年 11 月 21 日和 1953 年 3 月 8 日的杂志评论；《华盛顿邮报》，1954 年 2 月 15 日至 19 日；还有《联合调查》（the *United Press Survey*）的其他报道，例如《长岛星刊》（the *Long Island Star-Journal*），1954 年 8 月 4 日和 5 日中对普雷斯顿・麦格劳（Preston McGraw）的报道，和"World's Richest Man is a Texan，"*Pacific Coast Business and Shipping Register*，1954 年 8 月 16 日中对吉恩・帕特森（Gene Patterson）的报道。

[12] 1900 年计算的在国外出生的美国成年男子的比例来源于 U.S. Department of Commerce，*Historical Statistics of the U.S.*，1789-1945，p. 32。关于 1950 年在国外出生的白人人数，参见《世界年鉴》，1954，p. 266。

[13] 参见 *Historical Statistics of the U.S.*，1789-1945，p. 29.

[14] 无法更加准确地提供关于宗教的总人数，因为许多超级富豪的宗教信仰不得而知。在美国大部分历史时期中，对宗教派别开展的人口普查是不准确的，因此无法计算出任何一个派别在总人口中的占比。

[15] 例如，埃莉诺・赖斯（Eleanor Rice）是威廉・埃尔金斯（William L. Elkins）的女儿，也曾是乔治・怀德纳（George D. Widener）的妻子，她为各种不同的艺术和教育组织捐赠了几百万美元，她的第二任丈夫是一位医生，也是地理学家，因远征到南美洲研究热带疾病和土著部落而名声大噪。参见 1951 年 10 月 5 日的《纽约先驱论坛报》。在她位于加利福尼亚州富丽堂皇的家中，玛丽・弗吉尼亚・麦考密克（Mary Virginia McCormick）聘请了一位全职音乐家和为排队和音乐会服务的整个交响乐团。参见 1951 年 5 月 26 日的《纽约时报》。

[16] 关于 Anita McCormick Blaine，参见 *The New York Times*，13 February 1954；关于 Hetty Sylvia Green Wilks，参见 *The New York Times*，6 February 1951，p. 27.

[17] 甚至在 1900 年，当时只有 39% 的超级富豪出身上流阶层，25% 左右的超级富豪是家族管理人类型的经济人士。范德比尔特的儿子威廉・亨利・范德比尔特（William Henry Vanderbilt）是范氏企业的传统经理人，死于 1900 年，事实上，他领导范德比尔特企业走上了财富的巅峰时刻。当然，无从得知这是否得益于他的管理——既不是投机性的也不是不切实际的——或是客观变化引发铁路证券价格攀升的结果。范德比尔特的儿子在欧洲的时尚博弈中投入

了更多时间，范德比尔特财富的下滑，更主要的原因是铁路经济的恶化，他儿子的懒惰不是主要原因。参见 Wayne Andrews, *The Vanderbilt Legend*（New York：Harcourt, Brace, 1941）。怀德纳（P. A. B. Widener）的儿子乔治・怀德纳成为23家公司的股东和18位董事成员的主席。他是活跃类型的经济人士，卷入了 1902 年的一起诉讼中，他被指控涉嫌欺诈，把实力不济鼓吹成实力雄厚的公司，从而在这间公司倒闭之前，售出他在这家公司中所持的股票。参见 *Philadelphia Public Ledger*, 2 April 1912 和 *Philadelphia Press*, 23 September 1902.

在现代的家族经理人中，例如，约翰・雅各布・阿斯特（John Jacob Astor）的曾孙文森特・阿斯特（Vincent Astor）是游艇和赛车的狂热爱好者，但却让挖掘他游手好闲丑闻的社会编辑大失所望，在他 21 岁时，父亲过世，于是他从哈佛退学，开始致力于提升阿斯特家族在纽约的地产价值。年轻的文森特创新管理政策，取消了许多经济公寓，试图为阿斯特家族地产赢得中高层客户，这无疑也使他自身的价值得到了提升。参见 Harvey O'Connor, *The Astors*（New York：Knopf, 1941）, p. 336。洛克菲勒三世（John D. Rockfeller III）的日常决定涉及数百万美元的交易；他接受培训，担任全职工作，在国际上从事慈善工作。而且，他是许多美国企业的董事，例如，纽约人寿保险公司和大通国家银行（Chase National Bank）。

[18] 参见 *The New York Times*, 1 August 1954, pp. 1, 7.

[19] 关于贫穷的恶性循环和由富转贫，参见 Mills, *White Collar*（New York：Oxford University Press, 1951）, pp. 259 ff.

[20] 参见 Myers, *History of the Great American Fortunes*, pp. 634 ff.; Lewis Corey, *The House of Morgan*（New York：G. Howard Watt, 1930）; 和 John K. Winkler, *Morgan the Magnificent*（New York：The Vanguard Press, 1930）.

[21] 参见 Harvey O'Connor, *How Mellon Got Rich*（New York：International Pamphlets, 1933）和 *Mellons Millions*（New York：John Day, 1933）; Frank R. Denton, *The Mellons of Pittsburgh*（New York：Newcomen Society of England, American Branch, 1948）; 和 *The New York Times*, 30 August 1937, p. 16.

[22] 引自 *Time*, 1 June 1953, p. 38.

[23] 参见 *The New York Times*, 2 February 1944, p. 15.

[24] 参见 *The New York Times*, 7 June 1948, p. 19.

[25] 参见 Wallace Davis, *Corduroy Road*（Houston：Anson Jones Press, 1951）。以及参见詹姆斯（James D. Stietenroth）的证词，他是密西西比动力与电力公司（Mississippi Power & Light Co.）的前首席财务官，关于迪克森－耶茨合同，参见 Interim Report of the Subcommittee of the Committee on the Judiciary on Antitrust and Monopoly on Investigation Into Monopoly in

the Power Industry, Monopoly in the Power Industry, U.S. Senate, 83d Congress, 2nd Session (Washington, D.C., U.S. Government Printing Office, 1955), pp. 12 ff.

[26] 参见 Frederick Lewis Allen, op. cit. p. 85.

第六章

首席行政官

许多倾向于赞美美国经济的人，他们的关注点在一堆关于大企业首席行政官的概念上。据说，在自由的私营企业体制内，出现了一批管理人员，他们与旧式的粗鲁的企业家截然不同，后者为了自身利益，采用早已消失的残忍的资本主义管理方式。已经升到上层的管理人员，他们是尽职尽责的受托管理人、不偏不倚的裁判、涉及大量经济利益的专业经纪人，包括美国大企业的数百万个小股东的利益，还有工人和消费者，他们都从商品和服务的大流通中受益。

这些行政官员要负责厨房的冰箱，还要负责车库的汽车——以及所有保卫美国不陷入危险的飞机和炸弹。他们中几乎所有人都是从底层爬上来的；他们或是在农场长大的小孩，现在在大城市发迹，或是贫穷的移民，现在在享受梦想成真的喜悦。据说，高效、坦率、诚实的首席行政官们具备使美国变得伟大的专业知识，这些首席行政官应该被允许管理政府，因为如果由他们来管理政府的话，将不会再有浪费、腐败和不忠。简言之，肮脏的政治会变成干净的生意。

然而，更复杂一点，人们对高层管理人员的评价相当不快。毕竟，他们是有影响力的人和新的权势者，但是他们的权力基于什么？他们不是企业的所有者，只是经营者。他们的利益与企业所有者的利益相悖的时候，这些利益是什么？这些首席执行官有没有实施安静的变革，一场来自上层的管理变革，他们的变革有没有改变财产的意义？简而言之，是否旧的剥夺者现在被他们聘请的经理篡权了？或许首席执行官是各种经济利益的受托管理人，但是衡量他们工作表现公正、合格的标准是什么？难道不是国家，在自由选民的控制下，充当尽职尽责的托管人、公正不阿的仲裁人和利益冲突与权力竞争的专业经纪人吗？

赞同或不赞同行政管理人员通常都是错的，也是混乱的。赞同的人通常是如孩童般交流的经济文盲；不赞同则是基于美国私有财产的规模、组织和定义而迅速做出的推测。关于上层经济圈的概念，无论是认可的还是不认可的，通常都忽略一个简单的事实：首席行政官和巨富不是截然不同的两个群体，他们都与拥有财产和特权的企业圈融合在一起，要理解他们中的任何一个，都必须先对企业圈上层有所了解。

一

企业是私有财产体制的组织中心，首席行政官是这个体制的组织者。身为经济人士，他们曾经是企业革命的产物和倡导者，简而言之，企业革命将财产从工人的工具转变为精密的仪器，工人的工作因此被控制，可以从中榨取价值。小企业家不再是美国经济生活的关键；在许多经济部门，小的生产者和分销商依然存在，他们竭力——如果还没有倒闭就必须这样做——建立贸易协会或谋求政府立法保护他们，就像政府为大工业和金融业颁布公司法一样。[1]

美国人喜欢自诩为世界上最具个人主义的人，但在他们中间，非个人的企业发展得最快，而且已经深入人们日常生活的方方面面。现在全美 0.2% 的制造业和矿业公司雇佣的工人，占所有基础工业工人的一半。[2] 因此，自内战以来，美国经济的故事是创造和巩固财产集中化的企业圈的故事。

1. 每条主要工业线的发展中，许多小公司之间的竞争在一个行业的形成之初是最频繁的。存在的争夺和操纵，在一定时候会演变成合并和兼并。在早期的竞争中，出现了五巨头或三巨头，情况可能是这样：一系列共享行业利润的小公司，决定该行业做出的决策以及为该行业做出的决策。“少数几个大型公司行使的权力，”约翰·加尔布雷斯曾说，“与占据垄断地位的公司，只在程度和准确度上存在差别。”[3]如果它们相互竞争，在价格方面的竞争远不如在产品研发、广告和包装上的竞争那么激烈。[4]这些公司中，没有一个可以独自做决策，但也没有哪个决策是由有竞争力的市场自主决定的。这种草率的方法要成为通行的规则，风险实在太大了。决策直接或间接变成了委员会的决策；三巨头或四巨头以某种方式参与制定主要决策。制定这些决策不需要详细共谋，当然也没有哪个决策被证实是经过密谋的。重要的是每一个大的生产者，都是基于其他大生产商的反应来做决策的。

2. 在企业合并的过程中，许多企业家，甚至连雇用的经理也变得很狭隘，他们无法从自己的公司中摆脱出来。任何一家公司带有较少个人情感的经理，将逐渐取代那些受制于个人经验和利益的人。在更高的层次上，掌握大企业的人必须能够拓宽自己的视野，从而成为行业代言人，而不是仅仅作为行业内某个大型企业的所有者。简而言之，他们必须能够把一家公司的政策和利益变为该行业的政策和利益。另一种他们中的一些人会采取的方式是：他们将行业的利益和前景变为大型企业阶层的利益和前景。

企业所有权在某种程度上是分散的，这有助于从公司到行业、行业到阶层的转变。在巨富和大企业首席行政官中间，所有权的分散使有产阶级团结一致，因为通过各种法律手段控制许多企业，已经排除了较小的而非较大的有产者的利益。[5]巨额财产的“分散”存在于很小的范围内；有产阶级的行政官和产业所有人不能只推崇财产在狭义上的利益，他们的利益涉及整个企业阶层。

3. 1952 年，有 650 万人持有上市公司的股票，占成年人总人口的近 7%，[6]但这不是事情的全部。事实上，这本身就是有误导性的。最重要的是哪种类型的人持有股票，其次他们持有的股票价值有多集中。

首先，45% 的行政官、26% 的专业人员和 19% 的监察官员持有股票。但只有 0.2% 的非技术工人、1.4% 的半熟练工人、4.4% 的工头和技术工人持有股票。[7] 约 98.6% 的生产线工人没有持股。

其次，1952 年，在持有任何一种股票的 650 万人中，只有 160 万人（25%）每年可以从各种资源中获得 1 万美元。我们不知道这 1 万美元有多少属于红利，但是有理由认为平均比例不高。[8] 1949 年，约 16 万——占全美成年人口的 0.1%——42% 的企业红利发放到了个人手中。这一年，这些人的最低收入为 3 万美元。[9] 认为经济所有权分布广泛实际是一个精心编造的假象：至多只有 0.2% 或 0.3% 的成年人，掌握了企业界大部分的有偿债券。

4. 一流的企业不是一系列被孤立的企业巨头。在各自的行业、地区的协会，以及如全国制造商协会（National Association of Manufacturers）这样的超级协会将它们联系在一起。这些协会使管理精英和企业巨贾的其他成员团结一致。它们将狭义上的经济权力转变成整个企业和阶层的权力；首先，在经济方面运用这些权力，例如有关劳动力和组织；其次，在政治层面上加以使用，例如政治领域的大人物，它们给把大企业的观点灌输到小商人的队伍中。

当这些协会貌似难以操控，即存在难以解决的矛盾时，小集团在这些协会中应运而生，试着主导项目，引导政策方向。[10] 商界上层及其协会中，长期以来一直存在着一种紧张关系，比如实用主义保守派的"旧卫士"和"商业自由人士"，或见多识广的保守派之间的紧张关系。[11] 旧卫士代表的即使并不总是明智的利益，但也是比较狭隘的经济前景。商业自由主义者代表整个新兴有产阶级的前景和利益。他们是"老于世故的"，因为他们更加灵活，能适应新政和大劳工这样的政治生活，他们已经接受和利用主流的自由说辞来实现自己的目标，总的来说，他们已经尝试走在这些发展趋势的前面，哪怕只是稍微在前面，而不是像实用主义保守派一样习惯性地反对发展。

5. 简而言之，企业的发展和联系意味着更加精明的管理精英的崛起，他们从具体的财产利益中得到了一定的自主权。企业的权力是财产权，但是，这些财产并不总是一个持续、狭窄的类型。从操作上来说，它是整个阶级的财产。

毕竟，在一个如此重视私有财产，且私有财产如滚雪球般不断壮大的国家，最近50年一直弥漫着敌意，我们一直都有所耳闻，经济人士掌握了世界上最伟大的行政和管理才能难道不是很奇怪吗？——如果他们没有巩固自己的地位，只是随波逐流，没有尽可能做到最好，只是应付每天的任务，这不是很奇怪吗？

6. 企业圈存在一个复杂的董事联合网络，这进一步强调了企业圈的巩固行为。“连锁董事会”（Interlocking Directorate）不仅仅是一个词组：它表明了商业生活的稳定特性，表明了社会学上的利益共同体，盛行于有产阶级内部的前景和政策的统一。对企业圈的任何部分进行详细地分析，都能印证董事联合网络——尤其是当商业与政治相勾结时。做最保守的推测，这种安排提供了一种便捷、或多或少正式的方式，使拥有共同利益的企业巨贾能够进行观点交流。事实上，如果没有这种重叠的董事联合网络，我们会质疑是否存在不那么正式但却相当充分的接触渠道。对相互联系的董事所做的统计数据，并不能清晰地反映企业界或其政策协调的一致性：这里存在、也能够存在不涉及连锁董事的协调政策，同理，也有不涉及协调政策的连锁董事。[12]

7. 现在大多数资产达300多亿美元的企业都是在19世纪成立的。帮助这些企业成功的不只是机器技术，还有打字机、计算器、电话和打印机等原始的办公室设备，当然还有运输网络。现在，电子通讯技术和信息控制开始变得更加集中化。在管理部门的掌控之下，闭路电视和电子计算器（电脑）控制了无数生产单位——无论现在这些技术单位有多么分散。企业错综复杂的专业设备必然会被更容易地集中控制在一起。

企业界在向更大的金融部门转变，这些金融部门有着更为复杂的管理网络，远比今天更为集中化。生产率还将会得到大幅提高，尤其是当自动化使几台机器相互协作成为可能，从而减少生产环节中人为控制的需要，而现在必须通过人来控制生产环节。那意味着，企业行政官将不需要管理大批人马；用《商业周刊》的话说，他们将“用越来越少的人操作大型如机械般的组织。”[13]

所有这些已经不可避免，现在也是如此；毫无疑问，现代企业的巨大规模无法归结为效率得到了提高；许多专家现在认为规模，即巨头的典型特征，已经超过了效率的要求。诚然，企业规模与效率的关系还不得而知；而且，现代企业的规模在更大程度上得益于金融和管理的结合，而不是技术效率①。但无论是否不可避免，事实是现在美国的大型企业更像是国中之国，而不仅仅是私人生意。美国经济得到了极大的整合，在整合的过程中，企业领袖掌握了技术创新，积聚了已形成的巨额财富和小额、分散的财富，为未来提供了资金。在企业的金融和政治范围内，工业革命本身也被集中化了，企业控制了原材料和将原材料转变成成品的发明专利。企业领袖指挥着世界上最昂贵、最优秀的法律人士，为他们辩护和制定策略。他们雇用工人作为生产者，生产消费者要购买的商品。他们为人们提供衣服和食物，投资金钱。他们指挥生产用于战争的武器，为战争期间的广告宣传、围绕着他们的蒙昧主义的公共关系提供资金。

他们的私人决定，为了像维护封建社会的私人财产和收入，他们谨慎地做出私人决定，决定国民经济的规模和状况、就业水平、消费者购买力、广告商品的价格和提供的投资。掌握了经济权力的关键的不是“华尔街的金融街”或银行家，而是自筹资金企业的大业主和行政高管。掌握了维护企业界特权的权力和手段的不是有形政府的政客，而是以直接或代理的方式担任政治委员的首席行政官。虽然他们没有控制一切，但美国日常生活的许多重要方面，确实由他们控制。没有权力能够有效且持续地与他们对抗，他们是由企业塑造出来的，

① “至少，”联邦贸易委员会的约翰·布莱尔曾说，“人们普遍认为，因为缺乏大量基础设备，由一家企业拥有和控制多个生产部门，有益于提高效率。这些大企业最可观的收益在于原材料的采购方面，无疑，主要是因为它们强大的购买力，而不是技术或管理效率。”[14]

没有培养任何有效的约束性良知①。

二

企业圈只有两三代历史，然而在如此短的时间内，它已经挑选和培育出特定类型的人，他们崛起于企业内部，同企业一同崛起。他们是哪种类型的人？

---

① 无论是探索制约权力的新平衡，还是探索有约束作用的企业良知，都没有说服力，前者是由经济学家约翰·加尔布雷斯推行的，后者是由法学理论家伯利（A. A. Berle, Jr.）推行的。两者都显示出对企业既定权力的限制：加尔布雷斯从外部探索一种新的平衡理论，伯利从内部探索一种奇特的良知效应。

1. 新巨头中盛行的任何平衡，都必须对它们的许多例外加以注意。从供应的资源到最终的客户，一些行业都进行了整合；在一些诸如住宅建设的行业，私人承包商受到了来自强大的行业工会和供应商的压榨，而不是享有一种平衡。而且，正如加尔布雷斯本人认识到的，“权力抵消”在通货膨胀时期无法发挥作用，因为那时企业减少了对加薪的抵制，因为可以轻易将增加的成本转嫁到消费者身上，反过来，消费者的要求也会相应增加，使得零售商在取悦消费者方面存在压力，从而，使零售商无法在权力上与生产商进行对抗。这时，不受权力抵消影响的大型组织就形成了“对抗公众的联盟”。大型权力集团联合对抗消费者，而不是相互竞争使消费者受益。似乎市场权力也不一定“导致”权力抵消：除铁路以外，直到 1930 年代，政府给予强大的联盟以支持，这些大联盟才在强大的行业里获得发展。在形成对抗的汽车或石油行业，连锁商店并没有繁荣发展起来，反而在相对分散的食品工业行业获得了发展。简而言之，这种新平衡不是自动调节的。要知道权力不是自动“引发”与之相抵消的权力的，因此必须考虑农场工人和白领。但是，加尔布雷斯先生认为，弱小的部门必须组织起来反对，这样它们可能会获得政府的帮助，政府应该支持任何不平衡中处于弱势的一方。因此，弱势和强势将导致权力的抵消，大平衡理论更像是面向公共政策的建议方针，战略行动的道德建议，而不是基于事实的理论。而且，相对于认为政府是平衡中不可或缺的要素，人们更认为，政府是偏袒市场权力弱势方的裁判员。当大平衡的概念和提出的条件、例外情况理所当然地被并列时，它们没有“抵消权力”初次被提出时那样引人注目。像小企业家之间的“竞争”一样，注定会出现取代的情况，大集团之间的“权力抵消”更多的是意识形态上的希望和教条主义，而不是事实描述和现实主义。[15]

2. 至于伯利先生对企业良知的探索，参见本章提示，了解他形成这个观点的大致情况。在货币经济中，投机的周期会更长或更短。货币经济想要更长久更稳定的利益，在与政治结构相融合、军对采购为支撑的经济体中，想要获得更持久、更稳定的收益，需要企业更多涉入到政治事务中，现在企业的确已如经济机构一样参涉政治。政治机构无疑是集权和专制的，尽管表面上极具亲和力、维护自身时言辞开明。简而言之，伯利先生错把应急的公共关系当成了“企业良知”。[16]

这里我们对数量繁多的企业经理不感兴趣，对普通的行政人员也是如此——如果这个概念有意义和发人深省的话。我们对企业圈的顶层人士感兴趣——根据他们勇于给其他人划分等级的标准，顶层是他们占据的主导位置。

领袖、执行官是在上百个大企业内，在顶层占据两三个指挥位置的人，这些企业就销售量和资本而言是最大的企业。在任何一年，如果我们给所有行业的龙头企业列一个清单，从它们的高层中挑选总裁和董事会主席，我们列出的清单就是首席执行官。关于 19 世纪的这些执行官，我们进行了六七项详细的研究。[17]

大企业的高层领导是一类独特的人吗？或者他们仅仅是一群各具特色的美国人？他们是巴尔扎克所说的名副其实的社会类型吗？或者他们代表了一部分碰巧获得成功的人吗？大企业的高层领导从来都不是一群形形色色的美国人；他们属于相同的社会类型，他们在出身和培训方面有绝对优势，他们并不是人们普遍认为的那样。

1950 年代的高层不是后来在城市发迹的乡土人士，然而，在 1890 年出生的人中，有 60% 的人居住在乡村，只有 35% 的 1950 年代的行政官出生在乡村。在“过去的美好年代”尤为如此：甚至在 1870 年，有一半的行政官出身于农场，而 1820 年这一比例为 93%。

无论贫富，他们不是移民，甚至不是在美国发迹的移民后裔。在改革以前，1950 年代的行政官中，有一半定居在美国——与在民众中所占的比例相差无几，1870 年代的行政官中，有 86% 来自英国殖民家庭，如此看来，1950 年的比例确有下降。然而，内战后的行政官只有 8% 出生在国外——在 1950 年代的行政官中，这一比例只有 6%，还不及他们出生时——15% 的行政官出生在国外——的一半。在国外出生的那一代的子辈——第二代——的比例增加了，尤其在新兴分销、大众传媒和通讯行业，但是比例依然低于典型水平。在 1950 年的那一代行政官中，超过四分之三的人出生在美国，其父辈也出生在美国。

企业行政主管主要是新教徒，与新教徒在大多数民众中所占的比例相比，他们更有可能是圣公会教徒或长老会教友，而不是浸礼会教友或卫理公会教徒。他们中犹太教教徒和天主教教徒所占的比例，比两个教派在民众中所占的比例更少。

这些信奉新教的白种城市居民，出身于上层或中上层的家庭。他们的父辈主要是企业家：他们的父辈 57% 是商人，14% 是专业人士，15% 是农民，只有 12% 的人父辈是工薪阶层或底层白领。这种企业家的出身，更加毫无疑问地将行政官分成独立的群体，我们应当还记得他们生活开始的时代——大约 1900 年——全美只有 8% 的人是商人，3% 为专业人士，当时约 25% 为“农民”——一个有歧义的术语——蓝领或白领的比例约为 60%，比行政官中所占的比例多出了五倍。

而且，除行政官出生在农场的比例下降外，整个内战后时代，行政官的职业出身大体相似。在任何时期，超过 60%——通常接近 70%——的行政官出身于商业和专业人士阶层，出身于工薪阶层和底层白领家庭的行政官从未超过 10% 到 12%。事实上，在 1950 年那一代的行政官中，有 8% 的人祖父是雇佣工人或白领，而当时 57% 的男性人口都是雇佣工人或白领。他们的祖父，有 54% 的人是商人或专业人士，在当时全国只有 9% 的人是商人或专业人士；33% 的人祖父为农民或种植园主，大致与在普通男性人口中所占比例相同。

现在至少有两代美国大企业顶层领导的家庭，已经作为一个群体远离雇佣工人和底层白领的行列。事实上，在他们的家庭中，有相当大一部分都在当地的社交圈享有很好的声誉。1952 年，在 50 岁以下的首席行政官中，只有 2.5% 的人来自工薪阶层家庭。[18]

在 1870 年，接受过大学教育的人不超过 1% 到 2%，但是 1870 年的行政官中，约有三分之一是大学毕业的。现在的行政官中大学毕业生的比例（60%），是年龄在45到55岁的白人男性中（7%）比例的9倍。而且，将近一半的人在大学毕业后，接受了正规的教育培训，15%的人接受了法律方面的培训，15%是工程方面的培训，参加其他各种课程的比例也是15%。[19]

同过去一样，典型的行政官生来就具备一大优势：他们父亲的职位和收入至少属于中上层次；他们是出生在美国信奉新教的白种人。这些出身因素直接成就了他们的第二大优势：他们在正规大学和研究生院接受了良好的教育。他们的出身是他们享有教育优势的关键，这是显而易见的事实，在他们中间——和其他任何我们会研究的群体一样——那些出身上层的人拥有最好的机会，可以接受正规教育。

行政官的薪水因他们所在的行业而异，但是在1950年，前900位行政官的年平均薪水为7万美元，其中首席行政官为10万美元。[20]但是，薪水显然不是他们的唯一收入来源。事实上，在每个主要行政官的公文包内，都准备了一份额外的股票投资方案。他们在企业圈有许多可以安身立命的地方①，但是最保险的职位是成为公司的大股东。在大企业内，行政官对他们管理的财产没有所有权，这意味着他们所做的决策，并不会影响他们私人财产的安全。但利润高时，他们继续领取高薪和奖金。当企业利润不那么可观时，他们依然可以领取高薪，尽管奖金会减少。现在，大量行政官除了领取薪水和奖金以外，还能获得股票或现金，通常是在数年内分期领取。[21]在1952年，薪水最高的行政官有：杜邦公司的总裁克劳福德·格林沃尔特（Crawford Greenewalt），他的薪水高达15.329万美元，外加35万美元的奖金；通用汽车公司的四位副总裁之一哈洛·科迪斯（Harlow Curtice），年薪15.12万美元，奖金37万美元；伯利恒钢铁公司的总裁尤金·格雷斯（Eugene G. Grace），年薪15万美元，奖金30.6652万美元。查尔斯·欧文·威尔逊（Charles E. Wilson）是美国薪水最高

① 参见第七章：企业富豪。

的行政官：年薪20.1万美元，奖金38万美元，外加数额不详的红利。[22]

行政官没有形成一个有闲阶级，[23]但是他们享有比有闲阶级更舒适的条件。等到他们50或60岁时，大部分首席行政官都拥有令人赞叹、通常位于郊区的豪宅，离"他们的城市"并不太远。他们在城里是否也有房子，取决于在哪所城市——相比于洛杉矶，他们更喜欢在纽约或波士顿有住所。现在，他们享有巨额收入，一方面来自薪水，一方面来自与薪水相当或更高的红利。这时，他们会以各种形式来扩大活动范围。许多人获得了规模巨大的农场，喜欢饲养品质优良的牲畜。在底特律和华盛顿声名显赫的威尔逊在密歇根州的农场里饲养了爱尔夏牛，计划和他在路易斯安那州种植园的新品种进行试验。[24]齐鲁斯·伊顿（Cyrus Eaton）饲养短角牛，艾森豪威尔先生模仿伊顿的模式，采用较小规模养殖无角黑牛。拥有长达65英寸或排水量为15吨的船只的人有三四千，行政官无疑是这个群体的多数成员。他们甚至会骑马纵狗打猎，而且，像乔治·汉弗莱（George Humphrey）先生一样在打猎时穿粉色的外套。许多行政官的闲暇时间都是在郊外度过的，他们经常打猎。有人乘私人飞机到加拿大丛林中，其他人在迈阿密或霍布桑德有私人度假小屋。

阅读书籍不是美国执行官的作风，除非是关于管理和奥秘的书籍；大多数首席执行官几乎从来不读戏剧作品、小说、哲学作品和诗歌。那些的确敢于在这些区域冒险的人，一定是行政官的消遣行为，同事们看到既惊叹不已又难以置信。[25]行政官的圈子和有艺术或文学爱好的人没有多少交集。他们讨厌读超过一页的报告或信件，这种避开文字的做法十分普遍。不知为何，他们似乎对长篇大论的演讲持怀疑态度，除非他们自己是演说人，但他们没有时间这样做。他们有时间读"简报"、摘要和两段备忘录，他们阅读的内容，通常是由其他人为他们剪辑、总结出来的。他们擅长谈论、倾听，不擅长阅读和写作。许多信息他们是在会议桌上以及从其他领域的朋友那里得知的。

三

如果试着给行政官的副业描绘一幅蓝图，会发现几个多多少少明显不同的类型：

1. 按定义，企业家是用自己或他人的资金建立或组织一家公司，随着公司的发展壮大，他们作为行政官的声望也随之增长。在行政官中，受教育程度较低的人往往开始工作的年纪比较小，通常有在几家公司工作的经历。根据苏珊娜·凯勒小姐（Suzanne I. Keller）的详细统计，1950 年，有 6% 的首席行政官的企业家之路都是如此。

2. 一些被安排在父亲或其他亲戚公司上班，随后继承亲属职位的行政官。与其他类型的行政官相比，他们步入职场时的年龄要大一些，而且在一家公司效力，最后升到顶层。然而，他们都在这些公司效力了很长一段时间，最后才晋升到重要职位。在 1950 年，约 11% 的人是这类家族经理人。

3. 另外 13% 的人完全没有从商业开始进入职业生涯，但他们是专业人士，主要是律师。他们在专业领域的工作——通常在获得职业成就后——使他们成为企业总裁或董事会主席。随着企业合并如火如荼地进行，威廉·米勒（William Miller）曾说，一方面，企业觉得有必要在对外办事处联系律师，另一方面，在制定日常商务决策时，需要有更多的资源来进行私人法律咨询。实际上，这种咨询需求变得如此之大，以至于在 1900 年后，最高薪的都市律师，几乎无一例外用商业咨询取代传统辩护作为他们工作的中心；许多律师屈服于企业的花言巧语，成为公司的法律顾问，甚至当上企业高管。[26] 现在，在很大程度上，企业的成功取决于将税收负担降至最低，通过合并将投机项目最大化，控制政府监管部门，影响国家和州立法机构。因此，律师就成了大企业的关键人物。

4. 这三种行政官——企业家的、家族经理人和专业人士——1950 年的首席行政官有三分之一的人都经历了。剩下68%的行政官们额外的事业线是，很长一段时间内在各层级的企业商圈内部和之间的一系列变动。

两代以前，36%的行政官是企业家，现在只有6%，32%是家族经理人，现在这一比例为11%；当时专业人士的比例为14%，与现在13%的比例几乎相同。从1870年的18%快速稳步地增加至1950年的68%，执行官的事业变成了企业层级之间和内部的晋升。

如果我们研究1950年的前900位行政官——是职业生涯被研究的当代行政官中最庞大的群体——我们发现他们中的大多数人都是从大公司开始入职的，他们中约三分之一的人，除了现在任职的公司，从未在其他公司工作过。大部分都只在其他的一两家公司工作过，超过20%的人在另外的三四家公司工作过。在他们向上奋斗的过程中，显然有一些企业界的十字路口。尽管如此，他们被现在的公司聘用的平均年龄为29岁左右。

约三分之一的人以执行官身份入职现在的公司，因为他们可能会利用出身和教育背景。超过三分之一的人——事实上是44%的人——是从各个“部门”开始工作的，剩下24%的人是从职员或工人做起的。然而，我们必须对他们进行详细解读。低职业并不能说明什么，尤其是考虑到这些行政官的出身和高学历时。担任文员，或情况好一些的暂时担任工人“学习生意”，这是一些家族和公司的常规做法。无论如何，多数首席行政官都是从行政层开始工作，多数较年轻的人是从更专业的部门开始工作的。例如，50岁以下的人中，逾三分之一的人在升入顶层前都是在销售部工作。[27]

这些是行政官职业生涯的客观事实。但是无论外部事实如何说得通，都不是内部事实。有的是官僚体制式地一步步慢慢晋升，有的是企业家式的大跳跃。但是也有暗箱操作的交易、推波助澜者的妙计、小集团的操作。企业家和官僚这样的词语，已不足以表达企业高层职业生涯的真实情况，“攫取巨额财富”这样的词语才能胜任，在与巨富的关系中，我们已经提到这是中产阶级词汇，保留了中产阶级观点的局限性。

“企业家”暗示了这样一个情景：一个人孤注一掷成立了自己的公司，并精心发展为一家大企业。在1950年，企业精英的“企业家”活动有了一幅更准确的画面：进行金融交易，合并其他的企业。现在的首席行政官，常常从已建成的公司入手，很少从零开始建立全新的公司。正如罗伯特·戈登（Robert A. Gordon）所说，比起专业的决策统筹者，他们浮躁，缺乏创造性和活力，他们批准下属的决策，做的事情不仅越来越少，而且缺乏启发性。[28]

通常在研究商业行政官时会把他们的职业生涯称为“官僚主义的”，但是严格来说，这并不正确。正确定义的官僚主义职业生涯，不只意味着在公司的等级体系中，从一级晋升到另一级。它确实有这一层意思，但更重要的是，它意味着为每一个职位制定严格的资格要求。通常这些资格既包括具体的正式培训，也包括资格考试。官僚主义的职业生涯还意味着，工作只为加薪，不会觊觎哪怕一小部分的企业股份，或通过奖金、股票期权、丰厚的退休金和保险计划来私吞少量企业财产①。

“企业家”常常是指称现代巨富的职业，正如这个词汇通常带有误导性一样，“官僚主义的”一词也带有误导性，这个词通常是用来形容企业内层级较高的行政官。无论是首席行政官的晋升，还是巨富们的累积都在较高层次上，与企业集团的“政”界交织在一起。

在私人企业等级制度内和私人企业之间获得晋升，意味着在管理或财务方面得到上司的提拔，对于提拔过程中要考量的资格和资历，没有严格和客观的规定。企业界的高层职业生涯，既不是“官僚形式的”也不是“企业家形式的”，它是有巨额财富的投机商和有赚钱机会的行政官的结合体。在1882年，企业主无法再独自与范德比尔特交谈，但“公众可以”。职业行政官也无法独立与

① 了解更多官僚职业，见下面第十一章：平衡理论。

范德比尔特进行攀谈。联合起来组成一个企业集团，他们就可以说出自己的想法，尽管现在他们在公共关系方面太精明而闭口不谈，而且，他们也没有必要将自己的需求公之于众。

四

诚然，现在盛行的不是一种企业等级制度，而是企业界的一种普遍特征。它是指顶层的第一阶层成员以个人身份且逐渐以委员身份，给第二阶层即运营经理提供建议、咨询，并接收他们的报告。[29]

巨富和首席行政官们都属于第一阶层的成员，第二阶层成员是负责单位、工厂和部门的个人。他们所处的位置，夹在繁忙的工作层和直属领导层之间。在他们年年月月呈递给首席行政官的报告中，最前面的总是一类简单的问题：我们盈利了吗？如果答案是肯定的，那赚了多少？如果是否定的，那原因何在？

顶层行政官的个人决策，逐渐被忧心忡忡的委员会所取代，他们要评判递到他们手中的观点，这些观点通常来自中下层。例如技术人员，可能在首席行政官参加操作层面的会议之前，已经就无内胎轮胎与销售人员协商了数月。[30]委员会的工作不是建言或做决策，只是评判而已。上层的评判通常是关于花钱以挣更多的钱，以及让其他人把相关工作做好。一家大企业的“运营”大体上是指，让一些人制造出产品，其他人再以高出成本的价格将产品销售出去。国际收割机公司（International Harvester）的首席行政官约翰·麦卡弗里（John L. McCaffrey）最近说：“他身为企业总裁，很少会躺在床上长时间思考金融、法律诉讼、销售、生产、工程或会计事务。当他处理这些问题时，他会调动作为总裁所需的所有能力、优秀的判断力和以往的工作经验。”他接着透露首席行政官们在晚上所思考的内容："他们全心全意思考的是行业所面临的最大挑战。"

中层的人们主要是专业人士。"我们整天坐在办公桌旁，"麦卡弗里接着说，"围绕在我们周围的是大量的特殊活动，其中一些我们也只略知一二。每一项活动都有一名专家，无疑所有人都对这些活动很擅长。但是总裁最大的任务是充分了解所有这些专长，以便当问题发生时，他能指派正确的专家团队来应对。对于太专业而得不到晋升的专家，他要如何来维持他们的利益？如何充分利用他们的优势？一方面，公司无疑需要专业人士的技能来进行复杂操作。另一方面，他必须从某处选拔、储备管理层人员。如果他懂得鼓舞士气的话，那个"选拔的某处"在很大程度上必须是所在公司的内部。我们生活在一个复杂的世界，一个精神和道德问题比经济和技术问题更严重的世界。如果现在的这种商业体系要存活下来，它必须配备能解决这两种问题的人才。[31]

在顶层以下，也就是管理层因产业线和管理范围专业化、多样化的地方，执政官和技术员的企业生活更具"官僚主义"形式。顶层以下，第二阶层人士所属的范围是责任所在地。第一阶层是高高在上的，无法对他们加以指责，在他们之下有太多人来承担责罚。而且，如果由上层来承担责罚，那谁来处理其成员的责罚问题呢？这就像军队的"一排排士兵"和"参谋处"，顶层是参谋处，第二层是"一排排士兵"，也就是操作线。每个聪明的军官都知道，要做不担责任的决策，就得和参谋处相处融洽。[32]

中间层需要高度专业化，但是运营专家不会崛起，只有"远见卓识的人"才会崛起。这是何意呢？这意味着，对于一件事情，专业人士的地位要低于那些一心只想着利润的人。对于"远见卓识的人"，无论他们在做什么，都能看清使企业的整体利益——包括长期利益和短期利益——最大化的方式。跻身上层的人都是远见卓识的人，他们的"专长"正好与企业目标吻合——使利润最大化。因为他被认定为实现了这一目标，因此能够在企业界获得晋升。短期经济利益是企业做决策的主要因素，通常而言，行政官的层级越高，就越是将注意力集中在长期利益上。[33]

而且，行政官的地位越接近企业顶层，大型有产集团和政治影响力对他们的职业生涯就越重要。1945 年，通用汽车公司的行政官提议将乔治 · C. 马歇尔将军任命为董事会成员，为此拉莫特 · 杜邦（Lammot du Pont）写了一封信，回信很好地揭示了上述事实，以及当时普遍存在的对合作选择的考虑。杜邦先生对这个提议进行了论述："我不支持他加入董事会的理由首先是年龄（当时将军已经65岁），其次，他没有持股，再次，他缺乏工商业方面的经验。"通用汽车公司的主席阿尔弗雷德 · 斯隆（Alfred P. Sloan）先生考虑后，大体同意杜邦的观点，但是补充道："根据马歇尔将军现在的任职来推测，如果在退休时还住在华盛顿的话，我认为他对我们是有帮助的；考虑到他现在在社区和政府官员心中的地位，以及他所拥有的人脉，他会越来越熟悉我们的思维方式和工作目标，这会抵消人们对大企业的负面态度，我们是大企业的象征，是有盈利能力的公司。在我看来那些理由却有一些道理，在这几件事情上，年龄问题不是特别重要。"

威廉 · 卡彭特（W. S. Carpenter）是杜邦和通用汽车公司的一位大股东，在考虑其他任命（人选）时，斯隆先生写信给卡彭特："通用汽车公司的董事、摩根大通的主席乔治 · 怀特尼（George Whitney）是许多产业组织的董事会成员。他交际甚广，因为他住在纽约，可以轻易且持久地建立许多人脉。道格拉斯先生①从某种程度上来说是名副其实的公众人物。他貌似在其他事情上花了大量时间。在我看来，他们比'杜邦董事会'和通用汽车董事会更能带我们进入更广的天地。"[34]

或者观察最近一个关于企业阴谋的例子，涉及了企业高层几类经济人士。

---

① 刘易斯 · 威廉 · 道格拉斯（Lewis William Douglas，1894—1974），通用汽车公司的董事会成员，相互保险公司（Mutual Life Insurance Company）的主席，前任美国驻英大使。

罗伯特·拉尔夫·杨（Robert Ralph Young）——理财产品推销商和投机商——最近想要取代威廉·怀特（William White），怀特是纽约中央铁路的首席行政官，一直从事铁路营运行政管理工作①。杨成功了——但是这真的重要吗？在企业界获得成功不会按照小说《纵横天下》（*Executive Suite*）中的模式发展，小说中，技术水平下降的年轻人，像威廉·霍尔登（William Holden）一样，就企业责任发表了真挚的演讲而获得了成功。除了两位巨富朋友的相助，杨先生过去 17 年的收入——大部分属于资本收益——据说超过 1000 万美元。他的年收入过百万，他妻子的年收入是 50 万美元——除掉税收部分，他们努力存下了所有收入的 75%。[37] 但当时没有如今的描写企业界的纪实小说。

---

① 在午餐时，杨先生向怀特发出邀请，为他提供“首席运营官”的职位和股票期权——“即有机会以固定价格购买纽约中央铁路的股票，除非股价上涨，否则不用掏钱购买。”怀特拒绝了，声称如果杨先生加入进来，他会放弃合同：年薪 12 万美元直到 65 岁退休；未来 5 年每年的咨询费为 7.5 万美元；每年 4 万美元的退休金。

很快怀特利用纽约中央铁路的资金，以每年 5 万美元的价格雇用了一家公关公司，将 1.25 亿美元的广告预算投入到即将到来的战争中，还从华尔街雇用了专业的代理律师。在佛罗里达州的棕榈滩，杨开始在富人和有联系的朋友之间拉帮结派，以控制房产地块。他的支持方包括三位重量级巨富——伍尔沃思财团（Woolworth Fortune）的艾伦 P. 柯比（Allen P. Kirby），另外两位身价都逾 3 亿美元：一位是之前和杨有生意往来的柯林特·默奇森（Clint Murchison），一位是杨曾到农场拜访过的锡德·理查森。该交易以 80 万股每股 26 美元（价值 2080 万美元）的方式达成了。诚然，这些百万富翁不必自掏腰包凑齐这么多钱，他们主要是从阿勒格尼公司（Allegheny Corporation）借款，杨处理这家公司的财务像处理他的私人财产一样，他拥有这家公司 0.07% 的股份。他们以这种方式进行借贷，从而规避除 20 万股以外的所有风险。他们是即将到任的新董事会成员，杨有 80 万股有投票权的股票。大通国家银行是洛克菲勒的一家银行，他曾经拥有这些股票的托管权，现在将其出售给了默奇森和理查森。银行的董事会主席约翰·麦克洛伊（John J. McCloy）安排怀特与理查森和默奇森见面，次日默奇森将飞往纽约市。现在，他们拥有纽约中央铁路 12.5% 的股票，试图找到一个折中的办法（达成和解）。他们失败了，从散股民手中争取投票权的战争已打响。[35]

杨这一方花费了 30.5 万美元（稍后纽约中央铁路会归还这笔费用，为输赢双方的费用买单）。为怀特效力的 100 位来自全国各地的律师，正在同各个股东以及数百位自愿服务的铁路工人进行接洽。杨也雇用了一家专业的律师事务所；他还得到了默奇森的办公家具公司迪堡（Diebold，Inc.）的支持，他雇用了该公司的 250 位销售员来征集代理人。如果杨获得成功的话，此后纽约中央铁路的所有办公家具都由默奇森的公司生产。[36]

五

当成功的行政官回顾他们的职业生涯时，他们通常都会着重强调他们习惯称之为“运气的因素”。现在，那个因素是什么？据说乔治·汉弗莱先生只允许幸运之人与他一起工作。用充满魔力的语言来解读运气，意思是企业界积累了一系列的成功。如果你很成功，那说明你是幸运的，如果你是幸运的，你就会被上层看中，你会因此获得机会，取得更大的成功。反复观察行政官封闭式的职业生涯，可以看看他们是如何在同一个圈子中进行选择的。例如，汉弗莱先生曾经是商务部的一位咨询委员，他在商务部结识了保罗·霍夫曼（Paul Hoffman），后来，霍夫曼领导欧洲足球俱乐部协会（ECA），他让汉弗莱先生负责一个关于德国工业的咨询委员会。在那里，卢修斯·克莱将军（Lucius D. Clay）注意到了他，克莱将军和艾森豪威尔将军相熟，当艾森豪威尔将军当选为总统时，克莱将军向他推荐了汉弗莱。[38]

另一个与人脉紧密相关的人们称之为运气的因素是：企业的社交生活。认为行政官职业生涯的部分时间是花费在政治活动上，这种观点是合情合理的。像许多政客一样，成功的行政官努力赢得朋友共同结盟，尤其是当他们位于或接近企业高层的时候。人们认为行政官花费大量时间来琢磨自认为反对自己的集团，他们玩弄权力，这些似乎是管理精英职业生涯的一部分。

为了使企业能永久持续下去，首席行政官们认为，他们必须使自己或者像他们这样的人持续下去——不仅要培养接班人，还要给他们灌输这种想法。这解释了人们关于全球最大石油公司领袖的看法，人们认为他如同公司每天产出的 200 万桶石油一样，也是公司的产品。这就是这句话的内涵。当未来的行政官一路晋升到中层，他们就会成为一系列集团的成员，他们经常将那些集团混淆为团队。他们必须服从命令，必须权衡意见，不能草率地做判断，必须适应商业团队和社交集团。就真正的企业事业而言，一个人的进步来自于为企业服务，也就是说服务于那些掌管企业、决定企业利益的人。[39]

行政官的职业似乎完全存在于企业界内部，在过去的三代中，独立的专业人士或来自外部集团的人士，最终进入企业高层的人不足十分之一。而且，在一家公司内部，这种职业生涯越来越普遍：早在1870年，超过十分之六的企业高层是从其他企业跳槽过来的；到1950年，这一数字达到十分之七。[40]首先是副总裁，然后再成为总裁。你必须要有名，必须要受人拥戴，必须是圈内人。

显而易见，成功进入企业高层的关键在于企业内盛行的选拔标准，以及现任高层领导对这些标准的运用。在企业界，直属上司对你的绩效考核决定你是否晋升。大多数首席行政官对于他们可以“评判”别人深感自豪；但是他们评判的标准是什么？盛行的标准并非明确而客观，它似乎十分难以捉摸，常常是主观的，也常常被下层的人认为是有歧义的。“商业心理学”教授一直在寻找“行政官的特点”，致力于发明更多晦涩难懂的术语，但这方面的大多数“研究”，正如研究盛行的标准一样，研究成功人士的个人特质和社交特征以及他们的企业生活都是毫无意义的。

在中下级管理阶层中，的确盛行着与履行职责情况相关的客观标准。可以设置晋升标准，以一种非常官僚主义的方式将标准公之于众。鉴于此，技巧和能量往往能让你获得晋升，而不需要培养所谓的企业性格。但是一旦底层的人成为企业高层的候选人，良好的判断力、开阔的视野以及其他明显的企业品质都是必要的。《财富》杂志的评论员说“品质”，甚至是作为行政官的外在形象，都变得比技术能力更重要了。[41]

我们常常听说实践经验是最重要的，但这种观点毫无远见，因为位居高层的人控制了获得实践经验的机会，这些实践经验对需要良好判断和精心部署的高级任务十分重要。这一事实通常被“管理才能”这一抽象、可转变的能力掩盖了，但是对于许多已经非常接近企业高层（但还不是高层成员）的人来说，他们已经开始怀疑或许没有管理才能这一事实的正确性。而且，即使真的存在这种神通广大的管理能力，只有无知的人才会认为这是企业高层必备的能力，或者应该费尽周折，每年花费 20 万美元聘请一位具备这种能力的人。因此，有人聘请一位年薪 2 万美元的人，或者更甚者，雇用一家管理咨询公司来做年薪 20 万美元的人做的事情。“管理才能”包括清楚知道自己的弱项，并找到具备这种能力的人，雇用他们。同时，对能力这个多方面的词最准确的一个定义是：对处于上层、能控制别人晋升的人有用处。

当人们听行政官关于必备人才的演讲和报告时，人们不能避免这种简单的总结：他必须适应那些已经位居高层的人。这意味着他必须满足上级和同事的期待；在个人方式、政治角度、社交方式和商务风格方面，必须要做到同那些有权参与评判的人，以及所做评判关乎他成功的那些人一样。无论怎样界定才能，要想在职业生涯中发挥作用，就必须要被有才能的上司发现。高层领导不会也无法欣赏他们不理解和无法理解的才能，这是企业成就中道德的本质。

当提及企业高层人士时：“难道他们没有什么晋升到高位所必备的能力吗？”答案是“是的，他们有”。根据定义，他们拥有“晋升需要的”能力。因而，真正的问题是：晋升需要什么？人们可以发现的唯一一个答案是：具备同挑选他们的人同样出色的判断力。适者生存，适应力不是指普通的能力——或许首席行政官不具备这种能力——但是符合成功人士的标准。和高层人士和睦相处就是像他们一样行事、打扮、思考：成为他们中的一员或为他们服务——或至少在他们面前如此，从而制造那样的印象。事实上，这就是“制造”——精心挑选的词——“一个好印象”的内涵。这就是成为“上等人士”，容光焕发的全部内涵。

因为成功取决于个人或集团的选择，评判成功的标准常常是不明确的。因此，那些接近顶层的人士有充足的动机和机会，把顶层人士当成模范来仔细研究，审慎而无忧地观察同级别的同事们。现在，假定他们的技能水平、普通能力、商务经验和中等名望都超过了所需要的标准。现在，他们位于高层内部无形而难以捉摸的圈子中，必须和拥有共同信念的成员们建立特殊关系。加入内部核心圈的先决条件，不是官僚主义的等级规则或客观公正的测试，而是高层成员对为其效力的人们的信心。[42]

在许多所谓的企业管理人员中，只有很少一部分人入选。入选更多的是因为具备对团队有益的品质，而不是完全取决于个人品质——严格说来，他们中的许多人不具备出色的个人品质。在这个团队中，值得骄傲的个体优势并不十分重要。

那些出身高层的人，从一开始就接受能力合格人士的培训，把他们培养成完美无缺的人。他们不必考虑要表现得像一名能力合格人士，他们本身就是能力合格人士，实际上，他们代表了合格的标准。起点低的人在冒险之前必须要更加努力地考量，他们被人认为是不合格的。在获得成绩之后，他们必须训练自己来获得成功；因为他们是由成功塑造出来的，他们也会成为成功的典范，或许比那些一直稳居高位的人更具代表性；因此，无论出身高贵还是卑微，都有他们各自的方式，挑选和塑造出具有优秀判断力的能力合格人士。

在理解首席行政官时，重要的是选拔标准，是遵从和运用这些标准的权力，而不仅仅是关于出身的统计数据。成就企业高层人士的是企业内部的职业架构和心理上的因素，而不仅仅是他们的外在经验。

所以要用饱满的声音说话，不用细节来迷惑上级；知道在哪里划分界限；执行既定的决策；推迟对自己所选择的认识，从而使陈词滥调听起来像是深思熟虑的见解；像低调而有能力的企业家一样说话，从不亲自说不；雇用应声虫，也雇用会表达反对的人；成为宽容的人，他们会怀有希望地聚集在你周围；练习将事实转化成乐观的、实际的、前瞻性的、好的、轻快的观点；直言不讳地表达意见。拥有稳定的影响力：讽刺你本来应该成为的人，但是绝不要意识到这一点，更不要被逗笑；永远不要让你的真实想法表现出来。

六

大企业的招聘和培训项目充分展现了行政官晋升盛行的标准，清楚反映了成功人士中盛行的标准和评判方式。当今的首席行政官非常担心未来的行政精英，他们做了许多努力，尝试把公司的年轻人列一个清单，这些人可能在十年后大有作为；聘请心理学家来衡量人才和潜在人才；为了公司团结一致，培养比较年轻的行政官阶层，聘请顶级大学为未来的行政官们安排确切的学院和课程；简而言之，就是把选拔管理精英作为大企业的一项员工职能。

现在大概有一半的大企业都有这种项目。[43]它们把优秀的人才送到一流的大学和商学院学习专门课程，哈佛商学院是最受推崇的院校。它们选择院校和课程，通常包括由它们的首席行政官担任讲师的课程。它们为有前途的毕业生搜寻一流的大学，为被选为未来行政官的人安排轮值工作。事实上，一些企业有时似乎更像未来行政官们宽敞的校园，而不是企业机构。

通过这些举措，精英阶层试图满足四五十年代企业扩张带来的对行政官的需求。企业扩张发生于就业市场稀缺的1930年代，那时，公司可以从经验丰富的人中挑选行政官。战争期间没有时间开办这些项目，出现了15年行政官供给不足的情况。在招聘和培训这些经过深思熟虑的项目背后，顶层集团内存在着不安的情绪，认为中层行政官没有他们胸襟开阔：他们设置项目，旨在使企业等级持续下去。

因此，企业在大四学生中物色人选，就像社团在大一新生中招募成员一样。反过来，大学会开设越来越多对企业职业生涯有益的课程。据可靠报道，大学生愿意成为企业想要的人才……他们努力寻找线索。[44]相比于学校培养的素质，对现代行政官来说，这种敏捷性和接受力是更加重要的品质。显然，运气对晋升至企业高层发挥着重要作用，他们努力更好地抓住运气，而不是中途放弃。[45]

线索已经有了：作为企业实习生——只有当未来的行政官们接受“管理思维”的强化培训后，才能脱离储备人才库，转为正式员工。这种灌输式的培训可能持续两年，偶尔会长达7年。例如，通用电气公司每年招收1000名大学毕业生，对他们进行长达45个月，甚至更长时间的培训，然后挑选250名成为全职员工。许多人都在注视着他们，甚至他们的同辈也参与到对他们的评判中，据说，接受培训的人都深为感激，因为这样他们不会被忽视。人际关系方面的培训涵盖在了内容宽泛的项目中。“不要说有争议的事情”，“你可以让任何人做你想让他们做的事”，这是高效陈述课程的主题，这是睿智的企业销售培训部制定的课程。

这种人际关系方面的培训努力让受训者对人际问题有不同的感受和思考。不仅仅是技能，还必须培养受训者的明智、忠诚和性格，从而让他们从美国男孩蜕变为美国行政官。他们的成功使他们的思想与非企业人士的普通问题和价值观相隔离。与所有精心设计的思想灌输课程一样，受训者的社交生活也包含在了培训项目中：要想能够脱颖而出，就必须与同事和上司和睦相处；所有人都属于同一个团体；所有社交需求都必须在公司轨道上得到满足。要在这个轨道上找到他的位置，培训生必须利用岗位变化过程中建立的许多关系。这也是公司政策，“如果你很聪明，”一位聪慧的培训生说，“一旦清楚了周围的情形，就能很快拿起电话工作。”[46]

关于行政官的培训项目，有许多赞同和反对的观点，但是接班人形式的培训项目，是大企业首席行政官们争论的焦点。甚至是现在，十分之九的年轻人不是大学毕业生——他们被排除在行政官培训学校外，尽管他们中的大多数人将来会到企业工作。对于被招进企业却未被纳入储备人才库的人来说，这些培训项目会对他们造成什么样的影响呢？但是，一定存在一些方式，可以提高未来行政官的自我形象，从而以良好的心态、合适的方式和优秀的判断力来主宰企业。

行政官群体人数虽少，但很重要，大多数人对他们所持的观点是，知道“管理技巧，而不是管理内容”，“知道如何开展共同咨商，如何召开会议解决问题”的人，会成为未来的首席行政官①。他将是团队领导者，思想观念不是非正统的，有领导才能而不是一味驱使别人。或者，如《财富》杂志总结的：“他们的要点在于，我们确实需求新点子，质疑墨守成规的做法。但是，领导者会请人来替他做。因而，一旦与企业宗旨联系在一起，创新能力就是员工层最优质的能力。换言之，首席行政官的工作，不是谋划自己的未来，而是监督其他想要施展抱负的人。他不是核心创造力，而是管理者。”或者，正如一位行政官说的：“我们过去主要关注才华……现在被滥用的‘个性’一词已经变得十分重要。我们不在乎你是否是全美优等生联谊会或全美工程荣誉协会的会员，我需要各方面都很优秀的人来管理其他全才。”[48]他们不会自己思考创意；他是成熟创意的代理人：决策是由成熟的群体来制定的。

我担心这一切被认为仅仅是一时之势，没有真正反映出行政阶层的思想荒漠和焦虑。通用电气公司已逝总裁欧文·杨的行事风格和思维方式被一致认为是美国现代行政官的典范。艾达·塔贝尔小姐说，20世纪初，典型的实业领袖是专横跋扈的人，他们的理念有攻击性，认为商业从本质上来说是一个人的努力。但是欧文·杨不是这样的，在“一战”和20世纪期间，他颠覆了这个想法。对他来说，企业是一个公共机构，企业领导是负责任的受托管理人，尽管不是由公众选举出来的。“在欧文·杨看来，一家大企业不是……一个人的公司……而是一家公共机构。”

所以，欧文·杨同公司外部的人合作，以整个行业为基础开展工作，嘲笑那些担心任何形式的合作都可能被误解为阴谋的人。事实上，他认为企业时代的贸易协会扮演了小企业时代地方“教堂”的角色。战争期间，他成为公司和

① 最近，有98位首席行政官和人事规划师，被要求在“注重人际关系”和“拥有强烈个人信念的行政官中做选择……不要羞于做出与众不同的决定”，约63人愿意做出选择：40人选择了注重人际关系的行政官，23人选择了个人信念。[47]

各种政府机构的总联络员和总顾问，成为许多行政官的典范。这些行政官在战争期间相互合作，为和平时期的合作奠定了基础。

欧文·杨对自己管理的产业的兴趣，不可能比如果他自己拥有所有权更强烈。关于一家他助力发展的公司，他写信给一位朋友："我们长期尽心尽力地工作，可以毫不夸张地说，没有人比我们俩更清楚产业的优势和劣势。事实上，我怀疑是否真的有一个如此强大的知名产业……"

欧文·杨的面容总是友好而有亲和力，一位同事说他"一笑值千金"。据说，关于他的决策，"欧文·杨的同事们认为，不是条理分明的文件……是出于他的直觉，而不是理性——经过深思熟虑后得出的结论，尽管可能从规则和数据上来说他是错误的，但是你知道他是对的！"[49]

注释：

[1] Mills, *White Collar*: *The American Middle Classes* (New York: Oxford University Press, 1951), Chapters 2 and 3.

[2] 计算结果来自美国人口普查局，1951 年制造商周年调查和 "The Fortune Directory of the 500 Largest U.S. Industrial Corporations," *Fortune*, July 1955，副刊和 p. 96.

[3] 参见 John Kenneth Galbraith, *American Capitalism*: *The Concept of Countervailing Power* (New York: Houghton Mifflin, 1952), p. 58；以及参见 pp. 115 ff. and 171 ff.

[4] 加德纳·米恩斯（Gardiner Means）审慎看待企业经济时代的价格，用最新数据进行证实。参见 John M. Blair, "Economic Concentration and Depression Price Rigidity," *American Economic Review*, vol. XLV, May 1955, pp. 566-82.

[5] 参见 Ferdinand Lundberg, *America's 60 Families*, 1937 (New York: The Citadel Press, 1946), Appendix E.

[6] 1952 年的股东人数和他们在各个职业群体中所占的比例，以及相应的收入水平都来自基梅尔（Lewis H. Kimmel）的研究，参见 *Share Ownership in the United States* (Washington: The Brookings Institution, 1952)。以及参见 *1955 Survey of Consumer Finances*, Federal Reserve Bulletin, June 1955，揭示了仅 2% 的"开支单位"拥有至少价值 1 万美元的股票。关于 1950 年的成年人口总数，参见《世界年鉴》, 1954, p. 259。

[7] 位于股东两极群体之间的是农场主，他们中有 7% 的人持有一些股票。参见 Kimmel, op. cit.

[8] 早在 1936 年时，只有 5.5 万人——不到股东总数的 1%——每年获得高达 1 万美元的红利。参见“The 30000 Managers,” *Fortune*, February 1940, p. 108。在 1937 年，收入达 2 万美元或以上的人——不包括资本收益和亏损——获得企业总红利的 40% 到 50%，在所有股东中占比不到 1%。参见 Temporary National Emergency Committee,“Final Report to the Executive Secretary,” p. 167.

[9] 而且，在 1949 年，13% 的企业红利流向了那些没有可征税收入或年薪低于 5000 美元的人。统计数据来源于美国财政部国税局，“Statistics of Income for 1949, Part I,” pp. 16, 17.

[10] 参见 Floyd Hunter, *Community Power Structure*（Chapel Hill: University of North Carolina Press, 1953），以及 Robert A. Brady, *Business as a System of Power*（New York: Columbia University Press, 1943）。

[11] Mills, *The New Men of Power*（New York: Harcourt, Brace, 1948），pp. 23-7.

[12] 关于 1938 年连锁董事的细节，参见 TNEC Monograph No. 29:“The Distribution of Ownership in the 200 Largest Non-financial Corporations,” pp. 59, 533 ff.; 参见 TNEC Monograph No. 30: “Survey of Shareholdings in 1710 Corporations with Securities Listed on a National Securities Exchange”。1947 年，美国金融和非金融企业更加广阔的基础的故事，事实上，同 1938 年前 200 强非金融企业的董事们是一样的：在 1600 家领先企业中担任董事的 1 万人中，约 1500 人是多家企业的董事。1914 年以来，如果一个人同时在两家或两家以上相互竞争的企业中担任董事，属于违法行为；1951 年，联邦贸易委员会认为，应该进一步修订法律，无论这些颇具规模的企业是否存在竞争关系，同时在两家或以上的企业担任董事，都是违反法律的。“现在的法律……过度限制可能由连锁董事代表的竞争概念，法律仅仅适用于有关联的企业间或已经存在的竞争，并不适用于可能乐意成为竞争对手的公司，以及仅仅是为了关联效应而可能竞争的公司……法律只是由于竞争对手中直接关联的企业，然而，也存在间接关联企业中竞争减少的可能性。”参见 *Report of The Federal Trade Commission on Interlocking Directorates*（Washington: U.S. Government Printing Office, 1951），esp. pp. 14-15.

1950 年，美国规模最大的 25 家企业中有 556 个董事职位。现在的驻英大使温思罗普·W. 奥尔德里奇（Winthrop W. Aldrich）曾在其中四家企业中担任董事——大通国家银行，美国电话电报公司（American Telephone and Telegraph Company），纽约中央铁路，和大都会人寿保险公司（Metropolitan Life Insurance Company）。有 7 个人曾经他们每个人在其中三家最大的企业担任董事；有 40 个人在两家公司任董事职位；451 人在一家公司中担任董事。由此，这 25 家企业共有 556 个董事职位，其中 105 个董事职位是由 48 个人担任的。参见为美国众议院司法委员会（House Committee on the Judiciary）主席、国会议员伊曼纽尔（Emanuel Celler）准备的表格，Legislative Reference Service of the Library of Congress, Hearings Before the Subcommittee on the Study of Monopoly Power of the Committee on the Judiciary, House of Representatives, Eighty-second Congress, First Session, Serial No. 1, Part 2 (U.S. Government Printing Office, 1951), p. 77, Exhibit A.

企业权力的集中和企业界的非正式合作——有或没有连锁董事——都变成了劳工部估计的那样，只有约 147 名雇员利用工人力量对他们的工资条款讨价还价。这些讨价还价决定了工资合同模式；另外几千名雇员可能会经历讨价还价，但是，他们的议价最终按少数巨额交易设定的模式结束的可能性很高。参见 *Business Week*, 18 October 1952, p. 148; Frederick H. Harbison 和 Robert Dubin, *Patterns of Union-Management Relations* (Chicago: Science Research Associates, 1947); Mills, *The New Men of Power*, pp. 233 ff. 以及 Frederick H. Harbison 和 John R. Coleman, *Goals and Strategy in Collective Bargaining* (New York: Harper, 1951), pp. 125 ff.

[13] "Special Report to Executives on Tomorrow's Management," *Business Week*, 15 August 1953, p. 161.

[14] John M. Blair, "Technology and Size," *American Economic Review*, vol. XXXVIII, May 1948, Number 2, pp. 150-51. 布莱尔认为不同于 19 世纪和 20 世纪早期的技术，现在的技术是一种致使权力分散而非集中的力量。因为新技术——例如电力取代蒸汽，轻金属、合金、塑料和胶合板取代钢铁——缩小了操作的规模。由于这些新技术的发展，工厂在比以往运作规模更小的情况下，实现收益最大化。"总而言之……这些新材料越来越多地成为代用材料，这将减少产品的单位生产成本，这必然会催生出规模更小、效率更高的新工厂。" Ibid. p. 124.

[15] 参见 Galbraith, op. cit; 对加尔布雷斯的评论，参见 *American Economic Review*, vol. XLIV, May 1954.

[16] 参见 A. A. Berle, Jr., *The 20th Century Capitalist Revolution* (New York: Harcourt, Brace, 1954) 和 Ben B. Seligman 在 *Dissent*, Winter 1955, pp. 92 ff. 中见解深刻的评论。

[17] 塔西格（F. W. Taussig）和乔斯林（C. S. Joslyn）开创了新天地，从普尔（Poor）1928 年的董事名册中列出的 7000 名商人那里获得了信息，*American Business Leaders: A Study in Social Origins and Social Stratification* (New York: Macmillan, 1932)。米尔斯分析了 1464 位"著名的美国商人"，他们的传记出现在《美国传记辞典》(*The Dictionary of American Biography*) 中，他们出生于 1570 年至 1879 年期间。"The American Business Elite: A Collective Portrait," *The Tasks of Economic History*, Supplement V to *The Journal of Economic History*, December 1945.

威廉·米勒对商业领袖传记的收集做得最好。他从个人角度对这些材料进行了分析，并就此发表了四篇文章："American Historians and the Business Elite," *Journal of Economic History*, vol. IX, No. 2, November 1949, 在这篇文章中他对 1903 年的 190 位商业领袖和同时期的 188 位政治领袖进行了对比；“The Recruitment of the Business Elite,” *Quarterly Journal of Economics*, vol. LXIV, No. 2, May 1950，在这篇文章中他对比了 1903 年的商业领袖和普通大众的社会背景；“American Lawyers in Business and Politics,” *Yale Law Journal*, vol. LX, NO. 1, January 1951，在该文中他比较了商业领袖中的律师和政客中的律师的社会特征；以及“The Business Bureaucracies: Careers of Top Executives in the Early Twentieth Century,” *Men in Business: Essays in the History of Entrepreneurship* (Edited by William Miller) (Cambridge: Harvard University Press, 1952)，在这篇文章中他谈论了 1903 年商人的从商生涯。米勒还收集了关于 1950 年 412 位商业领袖的传记资料。

在米勒的指导下，哈佛大学的企业史研究中心（Research Center in Entrepreneurial History）对 1870 年至 1879 年的工业领袖开展了一项类似的研究：参见 Frances W. Gregory 和 Irene D. Neu，“The American Industrial Elite in the 1870's: Their Social Origins,” *Men in Business*.

关于这三代人的分析，苏珊娜·凯勒写下了“Social Origins and Career Lines of Three Generations of American Business Leaders,” Columbia University Ph.D. Thesis, 1954。《财富》杂志采用与米勒类似的方法，对 1952 年的 900 位首席执行官进行了分析，这些执行官分别是 250 家最大的工业企业中薪资水平位于前三位的人，25 家最大的铁路公司和 20 家最大的公用事业公司的首席执行官，“The Nine Hundred,” *Fortune*, November 1952, pp. 132 ff. 其中包含了同时期最大的企业，好的材料没有得到充分分析。参见 Mabel Newcomer，“The Chief Executives of Large Business Corporations,” *Explorations in Entrepreneurial History*, Vol. V (Cambridge: Research Center for Entrepreneurial History at Harvard University, 1952-3), pp. 1-34，里面包含了 1899 年，1923 年和 1948 年的企业首席执行官。

然而，对相同职业生涯的所有这些研究，以及本书中使用的其他例子都很容易在解释方面存在许多技巧性问题，需要的相关信息常常很难搜集，很容易使人感到迷惑不解。例如，克利福德·凯斯（Clifford Case）是新泽西州的参议员，根据他父亲的职业来判断，他表面的“出身背景”是“不错的，但算不上优裕”：他的父亲是新教牧师，在他 16 岁的时候过世了。但他的叔叔是州参议员，且担任州最高法院的法官长达 23 年之久（参见 *Time*, 18 October 1954, p. 21.）。关于利用相同职业生涯的统计研究预测社会事件的轨迹的危害，参见 Richard H. S. Crossman，“Explaining the Revolution of Our Time: Can Social Science Predict Its Course?” *Commentary*, July 1952, pp. 77 ff.

本章第二、第三部分使用的所有数据，除特殊说明的以外，均引自凯勒对米勒的数据分析，只有在与其他数据相称时才会引用这些数据：因此，我们可能利用文中展示的数据进行类似人口普查的相关研究。

[18] “The Nine Hundred,” 同上，p. 235。

[19] 当你把这个例子普及到其他行政官时，1952年前900强行政官中，有大学学历的比例几乎是一样的（约65%），但他们中只有三分之一的人接受了研究生教育。在现在最年轻的行政官群体中——年龄在50岁以下——84%的人都接受了大学教育。参见“The Nine Hundred,”文献同上 p. 135。

[20] 参见文献同上 p. 133。

[21] 参见 *Business Week*，31 May 1952，pp. 112 ff. 对57家领先企业中127位执行官的研究报道。在这127位执行官中，有72位除了领取薪水外，还有额外收益。

[22] *Business Week*，23 May 1953，pp. 110 ff.

[23] 对于行政官们的工作时长或努力程度，我们没有准确充分的例子，但有一些关于美国西海岸（尤指加利福尼亚州）行政官群体的最新的事实，所有这些行政官的收入都在3.5万美元或以上；关于他们所有的红利和红利收益，我们没有得到准确的数据。在这个群体的111人中，有37人每天上午10点去上班，下午3点左右下班，“午餐时间为3个小时，每周两三次打高尔夫或钓鱼，常常将周末延长至四五天。这个群体中，只有5个人拥有自己的公司，或是当地小企业的行政官。”只有10个人（9%）一周工作40个小时。但实际上，64个人（58%）工作十分努力：“他们几乎全是大型国企的员工……他们一周至少工作69个小时，至多工作112个小时，我指的是所有工作……大多数在8点到达办公室，6点半下班时，还会带一堆工作回去加班；他们外出吃饭（平均一周三次），也通常是因为工作原因。”引自阿瑟·斯坦利·塔尔博特（Arthur Stanley Talbott）所做的研究，刊登于 *Time*，10 November 1952，p. 109。

[24] *The New York Times*，10 April 1955，p. 74.

[25] 参见“Why Don't Businessmen Read Books?” *Fortune*，May 1954.

[26] William Miller，“American Lawyers in Business and Politics,”参考文献同上 p. 66。

[27] 自他们29岁初次加入公司起，在公司效力的年限相同——29年——担任当前的职位已经6年，他们平均用了23年的时间登上现在的高位。在本文的两个自然段中使用的数据和内容引自或改编自“The Nine Hundred,”参考文献同上。

[28] Robert A. Gordon，*Business Leadership in the Large Corporation*（Washington：Brookings Institution，1945），p. 71.

[29] 关于“第二阶层”行政官，例如，关于杜邦公司，参见 *Business Week*，2 January 1954.

[30] *Business Week*，16 May 1953.

[31] 1953年6月，约翰·L. 麦卡弗里在芝加哥大学为期两年的行政官课程的毕业班演讲，“What Corporation Presidents Think About at Night,” *Fortune*，September 1953，pp. 128 ff.

[32] *Business Week*, 3 October 1953.

[33] 参见 Gordon，同上 p. 91；和 Peter F. Drucker, *The Practice of Management*(New York: Harper, 1954).

[34] 拉莫特·杜邦和阿尔弗雷德·斯隆的信件都刊登在了 *The New York Times*, 7 January 1953, pp. 33, 35.

[35] 关于罗伯特·拉尔夫·杨努力控制 纽约中央铁路的事实和引用资料来自于 John Brooks, "The Great Proxy Fight," *The New Yorker*, 3 July 1954, pp. 28 ff.; 以及参阅 *Business Week*, 24 July 1954, p. 70.

[36] *Business Week*, 15 May 1954.

[37] *The New York Post*, 16 April 1954.

[38] Robert Coughlin, "Top Managers in Business Cabinet," *Life*, 19 January 1953, pp. 111, 105.

[39] 关于全球最大石油公司高级行政官的引用资料，来自 *Business Week*, 17 April 1954, p. 76。关于已经成为首席行政官的那些人权位的自我延续，参见 Melville Dalton, "Informal Factors in Career Achievements," *American Journal of Sociology*, vol. LVI, NO. 5(March 1951), p. 414.

[40] 参见 Keller，同上 pp. 108-111。

[41] 参见"The 30000 Managers,"参考文献同上；和 Robert W. Wald, "The Top Executive—a First Hand Profile," *Harvard Business Review*, August 1954.

[42]"布兹（Booz），艾伦和汉密尔顿（Allen & Hamilton）最近进行的一项研究表明，在进行研究的 50 家大型企业中，有一半的企业在对行政官进行评估时只使用了一个人的意见，30% 的企业'采用了多个人'的意见来评估执行官的能力，只有 20% 的企业尝试了更科学的方法。" *Business Week*, 2 April 1955, p. 88.

[43] *Business Week*, 3 November 1951, p. 86. 参见 Mills, *White Collar*, pp. 106 ff.; 和 William H. Whyte, Jr., 和《财富》杂志的主编们, *Is Anybody Listening?*(New York: Simon and Schuster, 1952).

[44] "The Crown Princes of Business," *Fortune*, October 1953, p. 152.

[45] "The Nine Hundred,"参考文献同上 p. 135。

[46] 这两个段落中的事实和引用资料来自"The Crown Princes of Business,"同上 pp. 152-3。

[47] 引用文献同上 p. 264。

[48] 来自《财富》杂志的引用文献同上 p. 266，关于行政官的引语来自一家知名企业的不具名总裁，loc. cit.

[49] Ida M. Tarbell, *Owen D. Young*(New York: Macmillan, 1932), pp. 232, 113, 229-30, 121, 95-6.

第七章

企业富豪

六十个名门望族没有掌控美国经济，从这些家族手中篡夺权力和特权的经理人也没有发起无声革命。把这两个现象描述为“美国六十大家族”或“管理革命”都是不全面的，更为充分的表达是，有产阶级进行管理重组，形成了团结一致的企业富豪阶层。[1]

无论在个人层面还是家族层面，巨富仍然在美国上层经济生活中发挥着重要作用，大公司的行政长官也是如此。我认为这是由于有产阶级重组，同高薪族一起形成了拥有特权的新企业圈。有产阶级管理重组的意义在于，使特定公司、行业和家族狭隘的产业利益和利润，转化为一个阶层更广义的经济和政治利益。如今，富豪在企业中的地位，为他们带来了私有财产制度固有的权力和特权。

在美国资本主义近来的发展过程中，上层资产阶级的持续情况没有出现任何显著的中断。可以确定的是，每一代都有新人加入，也伴随着不为人知的流动率。特定类型人数所占的比例在每个时代都不同。但是，在过去的半个世纪中，经济和政治领域存在着显著的持续性利益，这些利益属于那些维护和提升它们的高层经济人士。上流阶层有几个指向一致的趋势，它的主流趋势明确指出，世界的延续与企业富豪的延续是一致的。因为现在这一阶层牢牢掌握了巨额财富的根本权力，无论他们是基于合法的所有权，还是合法的管理控制。

老派富豪是指以家族为基础的有产阶级，通常植根于当地大城市。除上述人群外，企业富豪还包括那些“高收入”者，这里的“高收入”包括高级行政职位所具有的特权。因此，企业富豪包括都市400强的富豪成员、拥有巨额美国财富的国家级富豪，以及大企业的首席行政官。在企业财产时代，有产阶级成为企业富豪，在这个过程中，他们巩固了自己的权力，吸纳了管理和政治立场更强的新成员。这些成员有意识地认识到他们所代表的企业圈。他们享有尊贵的地位，在美国社会最稳定的私营机构中获得了特权。他们之所以是企业富豪，是因为他们直接或间接地利用了大型企业圈，获取金钱、特权、债券、优势以及权力。如今，所有老派富豪或多或少成了企业富豪，新一代拥有特权的人也成为其中一员。事实上，在美国想要成为富豪或保持富豪身份，就必须想方设法活跃在企业富豪圈。

二

在四五十年代，国民收入分配结构变得更像中间凸起的钻石，而不是底部扁平的金字塔。将物价变化和税率增高的因素考虑在内，收入低于3000美元的家庭比例，从1929年的65%降到了1951年的46%；收入在3000至7500美元的家庭比例，从当时的29%增至现在的47%；但是，在1929年和1951年，收入超过7500美元的家庭，所占比例基本相同，在6%到7%之间①。[2]

① 这个变化——在1936年至1951年产生的影响更具决定性——大体上由以下几个经济因素促成：[3]（1）就业相对充分，将战争期间及战后的所有谋职者，都变成了工薪阶层。（2）家庭收入成倍增加。1951年，夫妻双方都参加工作，收入低于2000美元和高于15000美元的家庭都不足16%，但是在收入介于3000至9999美元之间的家庭中，参加工作的已婚妇女所占比例由16%逐步增加至38%。[4]（3）在二三十年代，大部分贫困人群都是农民，但现在农民在穷人中所占的比例下降，在政府的各种补助下，农民富裕起来了。（4）工会的压力，使薪资从三十年代末开始不断上涨。（5）三十年代的政府福利项目，如出台最低工资标准、为老年人提供社会保障、为失业者和残疾退伍军提供抚恤金，为家庭收入构筑一道底线。（6）当然，四五十年代的繁盛背后，还有结构性战争经济。

在战争期间及随之而来的战备热潮中，许多经济力量在发挥作用，使一些底层大众一跃成为曾经的中等收入人群，使一些曾经的中等收入人群，成为中上等或上等收入人群。实际收入分配发生变化对中下层人士造成了影响，当然，他们不是我们现在的直接关注对象。我们的关注对象是高收入人群；那些经济力量对收入结构的影响，并未改变富豪具备的决定性作用。

20 世纪中叶，在美国经济的最顶层，约 120 人年收入达到 100 万美元或更多。紧随其后的 379 人，年收入为 50 万到 100 万美元。其次，约 1383 人年收入为 25 万到 49.9999 万美元。接着，年收入在 10 万到 24.9999 万美元之间的是一个更为庞大的群体，共 11490 人。

1949 年，13822 人向政府申报不低于 10 万美元的收入。[5]我们以年收入 10 万美元为基准，区分已申报收入的企业富豪，选取这个数字并不武断，钻石型的收入分配结构仍是事实，无论各收入阶层的人数是多少；尤其是中高收入层，年收入越高，资产收益所占比例越大，工资和退股占比越小。简而言之，高收入富豪仍是那些有产阶级，而低收入者以工资为生①。

年收入 10 万美元是产业收益为主要收入来源的一个标准水平：年收入在 10 至 99.9999 万美元的 13702 人，他们三分之二（67%）的收入来源于已有资产——股票红利、资本收益、不动产和信托基金。剩下的三分之一则由首席行政官和顶尖企业家瓜分。

收入水平越高，资产越重要，工资占比就越小。因此，1949 年，有 120 人收入超过 100 万美元，其中 94% 的收入来自资产，5% 来自企业利润，1% 来自工资。这 120 人收入来源的资产类型各不相同。[6]但是，除去相关法律

① 1949 年，收入低于 1 万美元的纳税人，86% 的收入来自工资，9% 来自于经商所得或合伙收益，只有 5% 来自所拥有的资产。

退股所得属于收入的一部分，对年薪在 1 万到 10 万美元之间的人来说十分重要。他们 34% 的收入来自商业利润，41% 来自于工资，23% 来自资产（2% 属于杂项收入，如年金和退休金）。

安排，那些高收入人群赚取的巨额收入，绝大部分来源于企业资产。这是所有富豪如今都是企业富豪的首要原因，也是富豪与逾 99% 的收入低于 10 万美元的人之间的主要经济差异。

报税的高收入阶层中存在人员流动，具体人数每年都在变化。1929 年，税率没有如今这般高，申报高收入的损失没有现在大，高收入申报人数比 1949 年多出千余人，收入高于 10 万美元的申报人数达 14816 人。1948 年这一数字为 16280 人，而 1939 年仅为 2921 人。[7] 但是，从 1929 年到 1949 年，有一群非常富有的中坚分子，收入水平始终居高不下。比如，1924 年，有 75 人年收入逾百万，其中五分之四的人在 1917 年至 1936 年间至少有一年的年收入逾百万。能在一年内赚上百万的人，自然在随后的一两年内也能做到①。在“二战”后的 10 年里，在金字塔底部，只有 3% 到 4% 的人拥有 1 万美元流动资产。[9]

二

我们掌握的收入统计数据几乎全部来自税务部门的申报情况，因此，未能充分反映企业富豪和其他人之间的收入差距。事实上，特权造成了一个重大差距，即免税。这种特权十分普遍，让人很难把注意力集中在“收入革命”上，

---

① 当然，这些数字只是粗略表示巨额资金的含义，因为没有考虑到通货膨胀的情况。任何特定企业富豪的数量，以及上百万美元收入的具体数量，都与税率和企业界的利润水平有关。在低税率和高利润时期，申报的百万美元收入可观：1929 年是理想的一年，估计有 513 人向政府申报逾百万美元的收入。这些收入达百万美元的人的平均收入为 236 万美元，税后平均收入为 199 万美元。在萧条的 1932 年，只有 20 人申报的收入在百万美元及以上；1939 年，全美四分之三的家庭年收入低于 2000 美元，45 人申报的收入达百万美元。然而，在战争时期，收入达百万美元的人数随着收入总水平的增加而增加。1949 年，利润和税率都很高，有 120 人向政府申报达百万美元的收入，他们的平均收入为 213 万美元，税后为 91 万美元。但是，在 1919 年，税率和利润都高，尽管利润有所下降，只有 69 人挣了百万美元，税前平均收入为 230 万美元，但税后仅剩 82.5 万美元。[8]

据说在过去的20年里一直存在“收入革命”。如上文所述，美国的收入分配情况已经发生变化；但是，依照所得税申报记录来判定富人的财富占比下降难以令人信服。[10]

在税率居高不下的情况下，富豪们非常精明，想方设法获得收入或收入带来的事物和经验，从而达到避税的目的。企业富豪的纳税方式更加灵活，相比于中下层人士，他们有更多机会可以钻法律的空子。高收入者会自己想办法避税，或者通常会雇用专家来帮他们出谋划策。依靠资产、创业或专业技能创收的人，或许跟比较贫穷的工薪族一样诚实或虚伪，但在经济上，他们更有胆识，他们拥有更多机会和更加高超的技能，更重要的是，他们可以接触到避税技巧最高的人：比如战绩赫赫的律师和经验老到的会计，他们将税务当成科学和博弈，非常专业。这种情形的本质决定了我们无法精确证明，但是我们很难否定这样一条通则，即收入越高、收入的来源越多样，就越有可能实现逃税。很多企业富豪的申报金额都不准确，都对征税机关合法或非法地要了花样，大量非法收入完全没有进行申报。

或许在保住当前收入方面，最大的税收漏洞是长期资本收益。当军人出版了一部畅销书或请人为他写了一部畅销书时，当商人卖掉自己的农场或12头猪时，当行政官出售自己的股份时，获得的利润不会被当成收入而是资本收益，也就是说，这些途径的税后利润是等额工资或红利税后所得的两倍。而且个人只需为一半的长期资本收益纳税。需要纳税的那一半按照个人全部所得的累进税率进行缴纳，但是最高税率不得超过52%。这意味着，在任何时候，资本收益的纳税额都不会超过总收益的26%。包括收益在内，如果个人总收入处在较低的纳税范围内，纳税额将会更少。但是当资金流转负时，资本损失超过1000美元，该损失可用来抵消前五年或后五年内的资本收益（损失低于1000美元，可以直接从普通收入中扣除）。

除资本收益外，最有利可图的税收漏洞，可能要数油气井和矿藏的“耗减优惠”。来自油井的 5% 到 13.5% 的毛收入，但不超过资产净收入的 50%，每年可享受税收减免。而且，所有油井勘探和研发成本都可以直接扣除，而非在油井生产寿命期内，将其资本化或折旧。[11] 与免税比例相比，这项特权更重要的地方在于，当资产完全折旧后，油田的机器仍可继续使用。

那些运作资金充裕的人，也可以购买免税的市政债券抵消税款；也可以将收入分摊给各个家庭成员，从而降低分摊之前的税额。在富豪的一生中，赠送朋友或亲属的资金总额超过 3 万美元，以及每年超过 3000 美元时，需要缴纳赠与税。但是若以夫妻的名义赠送，则该数额可以加倍。另外，他们也可以进行一些无需纳税的捐赠，例如，将高达 20% 的年收入捐给知名慈善机构，这部分资金不会被当作收入来征税，这项捐赠能为他们的余生提供保障。他们可以将基金的本金捐赠给知名慈善机构，并继续从这笔本金中获得收入①。如此一来，富豪们便能立即减少所得税申报额，也可以减持不动产中需缴纳遗产税的部分。[13]

尽管房地产继承税非常高，富豪们仍可利用其他手段来守住自己的金钱。比如，为孙辈设立信托基金，并规定他们一生都可以从信托基金中获得收入，即使这笔资产在法律上已经属于这些孩子。只有当孩子们（而非资产的原始所有人）辞世后，才需缴纳遗产税。

无论是当前的所得税，还是不动产遗产税，家庭信托基金都可以帮忙减税，因为信托基金的收入是单独征税的。除此之外，信托基金持续为资产所有者提供专业管理，为他们消除后顾之忧，使资产在可管理的额度内完好无损，给资产提供最强有力的法律保护，而且实际上，让所有者辞世后继续控

---

① 例如，一个人可以将价值 1 万美元的股票给予神学院，由于可以节约税收，事实上，他只用花费 4268.49 美元。估算一下，十年后，股票增值到 16369.49 美元，这个人会获得 6629 美元的收入，是他给予神学院股票价值的 50% 还多。当然，这个人过世以后，该神学院将拥有这些股票并获得收益。[12]

制自己的资产①。

信托基金种类繁多，申请时的法律手续复杂而严格（实施起来受到的法律监管也相当复杂和严格），但是有一种短期信托，只需将资产所有权转移给受托人——事实上是放弃基金收益——长达十余年，然后，如果该信托基金满足所有其他要求，那部分收入就会免税。[15]

25年前，整个美国的基金会不超过250个，如今有成千上万个。一般来说，基金会是指非营利性自治法人实体，以“为人类谋福祉”为宗旨，它们管理着由免税馈赠或遗赠过来的财产。实际上，基金会如同捐赠者的私人银行，为他们避税提供便利；获得基金会福利的“人类”，也往往是富豪们的几个穷亲戚。1950年的税收法案曾尝试堵住一些更大的漏洞，但缺乏信任度的基金会仍然占据一项优势：征税机关很难找到与它们相关的信息。税务人员抱怨，对于基金会提交的报告，他们没有时间和人力去核对哪怕一小部分内容。在很大程度上，只能凭直觉决定去调查哪家基金会，而且，1950年的税收法案也没有规定，基金会需向政府提交一切相关数据。

近年来，越来越多的企业开设基金会，提高企业在当地和国内的声誉，同时鼓励对他们所在的行业展开研究。这些企业每年向基金会捐赠5%的利润，这部分利润无需纳税。富豪家族可以将企业大量股份赠予基金会，即使某位家族成员逝世，家族依然可以控制企业（福特公司是个例外，它们只考量相关金额与股份无关）。遗产税税率已经降低了，否则，继承人可能会被迫出售部分股份来缴税。一本商业杂志为行政官读者们给出了精明的建议：“如果一个人

① “以一位已婚人士为例，”一份执行官杂志详细解释道，“他的可征税收入为3万美元，包括一份2.5万美元投资所获的1000美元的收益。这1000美元的收益税后仅剩450美元。每年以4%的复利累积达10年，他的家庭至多可以累积5650美元。但是，假设这个人将2.5万美元的投资转为短期信托基金，如果安排满足具体要求，该笔信托金需要为每1000美元的收入支付200美元的税，剩下800美元。10年后，可以累积收益达9600美元，是没有信托金情况下收益的70%……（在每个州都允许这样做）在信托金终止的时候，这个人可以拿回2.5万美元，以及未实现的增值。累积的收入会进入信托受益人的账户——一个在他的家庭中处于低税收地位的人。”[14]

的主要关切是，为自己的部分收入撑起免税的保护伞，以及为贫穷的仆人提供工作，那么应该想方设法成立自己的基金会，无论是规模多小的基金会。然后，他甚至可以将所有收入用于基金会的运作”。[16]

事实上，对于每一部向富豪征税的法律，他们都有办法避税或将税额最小化，但这些或合法或非法的运作，只是企业富豪享有的部分特权：企业联手利用政府的规章制度，设法直接为行政富豪补充收入，中饱私囊的手段花样迭出，表面领取中等薪水的行政富豪实则过着富裕的生活，而他们的缴税额却低于公平和公正的法律规定额度。这些特权运作如下：

根据延期支付合同，企业数年内以既定薪水聘请人员，并同意在行政官退休后支付年金，只要他们拒绝为任何竞争企业工作。因此，行政官的忠诚度与企业息息相关，行政官可以将收入延缓到其他收入较低的年份，从而降低税额。例如，克莱斯勒集团的一位行政官最近签署了一份合同，未来 5 年他的年收入为 30 万美元，退休金为每年 7.5 万美元。最近退休的美国钢铁公司的董事会主席，退休前年薪 21 万美元，现在退休金为每年 1.4 万美元，外加每年 5.5 万美元的“延期支付”。[17]

延期支付的经典案例或许当数某著名演员，可以要求连续 3 年每年支付 50 万美元的薪水，但是他安排在未来 30 年里，每年支付他 5 万美元，没人指望他在年近 80 岁时依然活跃在演艺圈。他将收入分摊到各年份，使收入保持在较低的税阶，减少了本应支付的近 60 万美元税收。[18]这种避税安排不仅限于演艺界，尽管它们更受瞩目：现在，就连最受人尊敬、规规矩矩的公司也在许多情况下，用这种手段来留住核心员工。

行政官按当前市值或更低价格购买股票的期权非常有限，这可以为公司留住行政官；因为在规定的期限后，如一年，行政官就可以获得股票期权，或在更长的期限后，例如 5 年[19]，获得的期权只能购买数量有限的股票。行政官是没有风险的企业家，在获得股票期权时，就获得了一笔即期收益（之前的期权价格与购买股票时的市值之间的差额)。他出售股票获得的大部分收益，都不会被税务部门认定为应纳税的收入，而会以较低的资本收益税率来纳税。他完全可以借钱来利用自己的股票期权，然后在6个月后以更高的市值出售股票。例如，1954 年，航空公司总裁的待遇——薪水、红利和退休金配额——约 15 万美元，但税后所得仅剩 7.5 万美元。几个月前，按照公司期权计划购买了 1 万股，如果将这些股票全部出售，那么税后所得将为 59.4375 万美元。[20] 在 1950 年通过的税收法案，使期权成为诱人的资本收益，其后所有在纽约证券交易所上市的公司，有六分之一在约一年内给予行政官股票期权。此后，这种做法开始流行起来。[21]

三

企业富豪是有产阶级富豪，但巨额产业不是他们拥有的全部；企业富豪能够累积、保持高收入，但高收入不是他们累积财富的全部。除了巨额产业和高收入，他们享有企业特权，是美国股份制经济中最新身份体系的组成部分。现在，企业富豪的身份特权是标准做法，虽然存在变化，但也是基本常态，属于获得成功的回报。对身份特权的批评，并未激起甘愿为此奋斗之人的愤慨之情，更不用说他们深深扎根的企业体制。

对年收入和所持产业的检查，没有揭露出任何这种特权。或许有人会说，这是上层人士的额外福利。给予低薪族的“额外福利”——主要是私人养老金、福利计划、社保和失业保险——已从 1929 年的 1.1% 增加至 1953 年的 5.9%。大型企业中行政官获得的“额外福利”[22] 是无法精确计算出来的，但确定无疑的是，它们已经成为高额薪水的核心部分。或许正因为这些“额外福利”，企业富豪被确定为特权阶层成员。他们获得资产和薪水的企业，也被认定为特权衍生的根基。特权的形式多种多样，从根本上提升他们的消费水准，巩固他们的金融地位，应对金融体系的风云变化，影响他们的整个生活方式，增加他们的安全保障，像企业经济本身一样强大。这些“额外福利”在增加富豪的财富和保障，实现避税的同时，也增加了他们对企业的忠诚度。[23]

大企业行政官通常享有，但从未上报税收部门的额外福利是：免费医保、俱乐部开销、精于税收的法律顾问和会计、金融和法律工具、款待客户的设施、私人娱乐场所——高尔夫球场、游泳池、健身房、为行政官子女设立的奖学金基金会、公司汽车和行政官们的餐厅。[24]到1955年，在曼哈顿注册的凯迪拉克轿车有37%登记在公司名下，[25]在费城有20%为公司所有。“致力于维持行政官幸福感的公司，”一位可靠的观察家最近说，“为了取悦最大的客户，可以动用公司的所有资产，为商务旅行提供公司飞机，当他们在北方丛林打猎、捕鱼时，提供暂住的小木屋①。隆冬季节，在迈阿密举行会议。只要公司行政官愿意参加，就会免费为他们提供精彩的旅行和度假设施。公司行政官冬季前往南方，夏季前往北方，带着大量的工作或客户为他们的旅行进行辩护，继续欢度时光……行政官在家不工作时，出行也可以使用公司汽车以及司机。公司自然愿意为他们支付费用，参加国内最好的俱乐部，在高尔夫球场取悦客户，在最好的城市俱乐部共进午餐和晚餐。”[27]你可以随便说出个名目，然后享用它。越来越普遍的是：这一切对行政官来说是免费的，就像一笔日常商务开支一样，由公司报销。

这些高薪族还可能获得昂贵的成人礼物，如汽车、皮草外套，以及获得便利，如冻结不是由公司直接启用的采购代理商及商务合同。所有这些在政治领

① 商人每年乘坐私人飞机的时间——几乎所有的都是计划好的，加上乘坐商业航班的时间总共约400万小时。[26]

域被广泛曝光和谴责①，但是，正如任何享有声望的企业行政官所熟知的，出于商业友谊赠送这些礼物属于常规做法，尤其是在大企业内部和各大企业之间。

例如，在1910年，西弗吉尼亚州山上的白硫磺泉镇同巴港（Bar Harbor）和纽波特处于同一社交圈。1954年，拥有白硫磺泉镇的绿蔷薇度假酒店的切萨皮克与俄亥俄铁路公司（Chesapeake and Ohio Railroad）邀请上层行政官来酒店度假，这些行政官是该铁路公司实际上或潜在的托运人，他们对受邀深感荣幸。1948年，切萨皮克与俄亥俄铁路公司曾为接受邀请的商界、社交界、政界名人支付了所有费用，得到了很好的反馈，以至于他们现在都愿意自费前往。该度假村全年运营，但是温泉节（Spring Festival）是一个大型的社会商业活动。[29]

佛罗里达州正在建造一个平均人口为3000人的度假小镇，它将全年出租给行政官和他们的客人。相关公司可以将其转租给员工，也可以将招待客户、召开例会或重要会议期间的费用，作为业务费用扣除。[30]

大陆汽车公司（The Continental Motors Corporation）在阿肯色州的迷失之岛（Lost Island）举办猎鸭探险活动。高尔夫、鸡尾酒、晚餐和夜间俱乐部，对当时已经是重要客户的行政官来说已经过时了。大陆汽车公司设立了一个“客户关系项目”，已经筹备了15年。这种别墅式的幽静销售场所，主要集中在初级产品行业，而不是消费品行业，总裁与总裁之间的大额交易会在这些场所达成。参与狩猎活动的是“总裁或副总裁，也可能是陆军上将或海军上将”。在同一区域，至少有另外三家企业也开办高级猎鸭俱乐部。高层员工和客户通常是捕鸭、鹿和鲑鱼设备的顾客。[31]

---

① 例如：“在过去的两年中，有300多位国会议员到国外旅行，估计花费了纳税人逾350万美元。毫无疑问，许多公费旅游都是有益的、合法的实情调查旅游和检查，其他的则无疑是一些豪华的免费游。上周，众议院法规委员会（House of Representatives Rules Committee）发布通告对公费旅游保密。该委员会声称计划只批准外交部、国防部和岛屿事务委员会（Insular Affairs Committees）成员的公费国外游。上周围绕国会的一个笑话是，”《纽约时报》总结称，“今年夏天要在巴黎召集到通常的法定人数将是很困难的。”[28]

虽然被普遍意识到，但没有被仔细研究过的是拥有广泛而深远影响的报销账目。没有办法找到确切的答案，没有人知道，仅凭报销账目，新的特权阶层享有多高水准的生活，参与了多少令人沉醉的娱乐活动。“一家企业的副总裁，”经济学家理查德·A. 吉拉德（Richard A.Girard）最近说，“被制定每年获得两万美元经费，用于一切他可能想参加的娱乐活动。合同规定，他不必对这笔钱的用途做细致说明。”[32]税务官员继续就报销账目的扣减情况与企业富豪进行博弈，但总体上都会坚持认为每个案件都是独一无二的——这意味着没有既定规则，税务官有广泛的职责范围。

“剧院工作人员估计，30% 到 40% 的纽约剧院观众是利用公款消费的，这一比例关乎剧院生死存亡。”[33]而且，一位调查人员发现，他可以很肯定地说：“在纽约、华盛顿和芝加哥这样的城市，在任何一个特定时间段，在顶级酒店、豪华夜总会和高级餐厅消费的人中，超过一半是利用公司报销账户来付款的，反过来是以税收减免的形式让政府买单。”该调查人员还坚持众所周知的事：“报销账户可能会给即使是最受人尊敬的人带来潜在的罪恶、贪婪和虚伪。开支账目表一直被钟爱它们的享用者们视为‘报销单’。填写开支项目被认为是与公司审计员斗智，将半真半假和完全虚假的报销项目正当化，无论审计员有多么恼羞成怒，都无法证明那些报销项目是假的。”[34]

我们并没有报道出企业富豪的所有特权，我们将视野主要集中在法律和官方判断的类型上。许多新特权——尤其是更高的薪水——一直为州长和政府高官所知和接受。官员享有免费居住的官邸，总统每年享有 5 万美元的免税开支，以及服务周到的生活区和行政办公区。但是，随着企业成为伴随着巨额财富的特权栖息地，随着个人富豪已经转变为企业富豪，这些较高的薪水对他们来说已成常态。在企业行政官心情比较愉快时，当他们将企业称之为“大家庭”时，我们可以真切地领悟到，他们是在维护美国社会阶级结构的社会学真相。企业富豪共同享有的资产权力和特权，现在已经成为集体性的权力，拥有这些特权的个人最大的保障就是身为企业界的一员。

四

在美国，个人享乐与个人权力不受低收入和高税率的束缚。高收入者即使在纳完税以后收入依然很高，存在许多逃税和将税额最小化的方法。美国仍然存在企业富豪阶层，每年这个阶层都在被创新和维护，其中许多成员拥有挥霍不尽的钱财。物价对他们中的许多人来说是无关紧要的；他们不必看菜单右边的价格；没有人对他们发号施令；除了自己强加的任务，他们不必做不合意的事情；他们不会因为成本面临两难的选择，他们不必做任何事。从一切迹象来看，他们是自由的。

但是，他们真的自由吗？

答案是肯定的，在他们的社交圈内，他们真的是自由的。

但是他们所拥有的金钱不会对他们有一定的限制吗？

答案是否定的，没有限制。

但这些不是草率的回答吗？没有更深思熟虑、更有内涵的回答吗？

什么更有内涵的回答？自由是什么？无论自由意味着什么，都是指有权在自己想做什么事的时候，以自己喜欢的方式做自己想做的事。在美国社会，需要金钱才能获得权力，在自己喜欢的时刻以喜欢的方式做自己想做的事。自由来自权力，权力来自金钱。

但是，所有这些都没有限制吗？

金钱获得的权力、基于这些权力的自由当然是有限的。像守财奴和挥霍者一样，富豪也有心理陷阱，会对他们的自由造成影响。

例如，守财奴喜欢占有金钱，挥霍者喜欢挥霍金钱。这两者都没有将金钱视为获取自由、实现人生目标的手段。守财奴的乐趣在于自己的潜在消费能力，所以不进行真实的消费。他们非常紧张，害怕失去潜在消费能力，因而永远无法实现这种能力。他们的安全感和权力体现在他收集的钱财上，以及害怕失去它，害怕失掉自己的一切。守财奴不仅仅是一个吝啬的人，也不一定仅仅是贪婪的人。他们是经济体系中无能的偷窥狂，对他们来说，为了金钱而占有金钱，不把金钱当作实现其他目标的手段，这是他们人生的终极目标。他无法实施经济行为，金钱对大多数经济人士来说是一种手段，对守财奴来说是最高追求。

另一方面，对挥霍者来说，花钱消费是他们快乐的源泉。大肆挥霍不会让他们觉得开心，因为他们期待的安逸或享乐来自于自己获得的物品。无意义的消费行为本身就是他们的欢乐和价值所在，挥霍者以此来标榜他们不关心金钱。挥霍者的大肆消费显示他们超越了金钱观念，因而揭露出他们无比在乎金钱。

毫无疑问，在当今金钱体系中的美国富豪里，这两种人都存在，但他们不是典型类型。对大多数企业富豪成员来说，金钱仍然是令人满意的交换媒介——实现各种各样具体目标的真正手段。对他们中的大多数人来说，金钱可以买到舒适、乐趣、地位、美酒、安全、权力、经验、自由和无聊。

金钱体系底层的人永远没有足够的金钱，只够勉强糊口。在某种意义上，金钱体系下面的人，永远没钱是自己成为金钱体系的一部分。

在中层，金钱体系似乎意味着无穷尽的单调工作。人们永远无法赚得满足；今年 8000 美元带给你的好处，不会超过去年的 6000 美元。位于中层的人士怀疑，是否待他们赚到 1.5 万美元时，仍然会做着单调的工作，为金钱系统所困。

但是超过一定的财富规模，会实现质的突破：富豪会意识到他们拥有得太多，完全不必考虑金钱：只有在金钱博弈中获得真正胜利的人才可以这样；他们不用挣扎。在金钱社会，可以说只有到那时才能实现自由。收购是一种经验，不再需要一个利益链条。富豪可以逾越金钱体系，逾越没完没了的单调工作：

拥有得越多，就越难实现收支平衡，这已不再是他们的真实写照。这就是我们把富豪定义为个人消费者的方式。

对极贫人群来说，生活必需品从未得到满足；对中间阶层来说，总有新的目标，不是必需品就是地位；对超级富豪来说，他们的目标从来不是难以实现的，在普通人受局限的方面，他们像当今的美国人一样自由。

认为百万富翁不过是社会顶层的一个可悲又空虚的位置；认为富豪不知道如何利用自己的财富；认为成功人士是无意义的，生来就成功的人和富人一样，是可怜而卑微的，总之，认为富豪可悲的这些观点，不过是穷人与现实和解的一种方式。在美国，财富直接给人带来满足，以及催生许多更大程度上的满足。

要想真正变得富有，必须掌握实现个人小创意和极端幻想的手段。“财富拥有巨大的特权，”巴尔扎克曾说，“最令人羡慕的是，它那激发人内心深处的想法和感受能力，实现各种奇想，加速感知的能力。”[35]和其他人一样，富豪和其他人一样，也许只是普通人，但他们的玩具更大、更多，而且可以一次性全部拥有①。

至于富豪的幸福感指数，既不能被证明是真实的，也不能被证明是虚假的。我们必须谨记，在金钱和金钱价值高于一切的社会里，美国富豪是大赢家。如果富豪不幸福，那是因为我们所有人都不幸福。而且，认为他们不幸福的人可能不是美国人。如果他们都不幸福，那么在美国，成功的必要条件、所有健全人的抱负都会化为灰烬，而不是取得成果。

即使所有美国人都是痛苦的，也没有理由认为富豪更加痛苦。如果每个人都是幸福的，也没有理由认为富豪被排斥在幸福之外。整个社会似乎就是

---

① 霍华德·休斯（Howard Hughes）曾主张以900万美元的价格从弗洛伊德·奥德姆（Floyd Odium）处收购雷电华电影公司（RKO）。“我需要这家电影公司如同我需要天花一样！”在被要求解释他的动机时，休斯严肃地回答称：“……我从弗洛伊德·奥德姆那里购买雷电华电影公司的唯一原因，是因为我喜欢在我们讨论收购的详细细节时，有许多飞机降落在他位于印第奥（加利福尼亚州）的农场。”[36]

为金钱游戏设计的，如果那些赢家都不“幸福”，难道输家才幸福吗？难道我们必须相信只有生活在美国社会，但不属于美国社会的人才能幸福吗？如果失败是不幸的，胜利是可怕的，那么胜利的游戏实际上是一场可悲的游戏，因为这游戏是美国文化的一部分，每个参与其中的人都无法避免这场游戏。因为客观来说，退出当然意味着失败，客观上失败，尽管主观上认为没有失败——这近乎荒唐。我们必须相信美国富豪是幸福的，否则我们那甘愿付出一切的信念会动摇。在人类社会的所有潜在价值中，只有一个是真正至高无上的、普遍的、正统的且完全为美国人接受的目标，那就是金钱，此处排除所有心理失衡的失败者。

“他就是王……”巴尔扎克作品中的角色称，“他可以做自己选择的事情，同所有富豪一样，是至高无上的。此后，对他来说，‘所有法国人在法律面前一律平等’这个表述是印在法典首页的谎言。他不会遵纪守法，法律会服从他。对百万富翁来说，没有断头台、刽子手！”

“不，有，”拉斐尔说，“他们就是自己的刽子手！”

“又一个偏见。”银行家高呼。[37]

五

在消费和个人体验方面，企业富豪的新特权与伴随金钱而来的权力有关。但是，金钱的权力、经济地位的特权、企业资产的社会和政治影响力，都绝不会受制于企业和个人的积累和消费程度。事实上，企业富豪只是美国精英的一部分，就美国精英而言，消费品带来的权力重要性不及财富带来的机构权力。

1. 宪法是美国至高无上的政治契约。第十四次修正案给予企业应有的法律制裁，现在企业富豪的席位由身为他们一员的行政官来管理。在美国的政治体制内，企业精英构成了一个统治集团，一个自上而下发展起来的等级机构。现在，首席行政官是企业圈的领头羊，企业圈是在美国政治主权区域内的经济主权区，经济主权区享有经济主动权，他们感知到那是属于他们的特权。身为工业庄园主义（Industrial Manorialism）的领袖，他们不情愿承担联邦政府对底层大众在福利方面的社会责任。他们将企业体系下的工人、分销商和供应商视为他们的从属成员，将自己视为已经到达顶层的美国个人主义的代表人物。

他们实行私有制经济。在过去十年内政府还未进行大量干预，事实上，在我们研究的每一个管理案例中，监管机构都倾向于成为企业的堡垒。[38]控制生产设备不只是控制事物，而是控制那些没有财产、为了得到工作的人；是控制和管理他们在工厂、铁路和办公室的工作；是决定劳动力市场的形态，或与工会和政府争夺这一形态；是以企业的名义做决策，决定生产数量、生产对象、生产时间、生产方式以及产品价格。

2. 金钱可以使其所有者的经济权力直接服务于政治事业。19 世纪 90 年代，由于威廉·詹宁斯·布赖恩（William Jennings Bryan）和民粹主义的噩梦，马克·汉纳（Mark Hanna）出于政治目的向富人募集资金；当时许多超级富豪都是政客的幕僚。梅隆家族（Mellons）、皮尤家族（Pews）和杜邦家族一直都是竞选资金的支持者，“二战”后，得克萨斯州的百万富翁捐助了大量资金，支持国内的各个（总统）竞选。他们帮助威斯康星州的麦肯锡、印第安纳州的詹纳、马里兰州的巴特勒和比尔竞选。例如，1952 年，一位石油大亨休·罗伊·卡伦捐款达 31 笔，每笔从 500 美元到 5000 美元不等（总计不少于 5.3 万美元）。卡伦的两位女婿资助了 10 位国会议员候选人（至少 1.975 万美元）。据说，得克萨斯州的百万富翁至少为 30 个州的政治活动提供资金。自 1938 年以来，默奇森一直支持得克萨斯州以外的政党候选人，尽管直到 1950 年才获得知名度，1950 年，在约瑟夫·麦卡锡（Joseph McCarthy）的请求下，默奇森和夫人捐款 1 万美元，挫败马里兰州的参议员泰丁斯，1952 年，资助麦卡锡击败康涅狄格州的竞争对手参议员威廉·本顿（William Benton）。[39]

1952 年，"共和党和民主党六大政治委员的总资助款中，55% 来自 2407 笔不低于 1000 美元的捐款（仅包括两个或多个州为政治活动捐款的集团捐助者①）。"这些数字是绝对的少数，因为许多捐款是由家族成员以不同名义进行的，数字提供者不会轻易获知。

3. 富豪为竞选捐款，直接行使政治权力的行为并不是太多。超级富豪这么做的情况没有企业行政官那么多——大型有产阶级对企业进行重组——有产阶级使产业带来的权力服务于政治目的。随着企业界以越来越复杂的形式参与到政治秩序中，这些行政官与政客的关系越来越紧密，尤其是那些担任美国政府政治委员的关键"政客"。

我们习惯相信 19 世纪的经济人士是精明的，是讨价还价的行家里手。但是，大型企业的数量增加，政府对经济领域的干预增加，这挑选和形成了经济人士，并给予他们特权，这些经济人士遍布各个市场，在讨价还价方面不及专业行政官和精明的经济政客。现在，成功的经济人士或为有产阶级经理，或为产业经理人，必须影响或控制制定对企业活动有重大影响的决策的位置。诚然，战争加速了经济人士的这种趋势，从而使企业活动需要继续同政治和经济手段相结合。政治当然是企业经济的生命力，战争期间，政治经济变得越来越统一，而且，大多数毋庸置疑的事情——国家安全——的政治合法化，是通过企业经济活动而实现的。

"'一战'前，商人相互竞争；'一战'后，他们联合起来形成统一战线对抗

① 位于共和党捐款榜单前列的是洛克菲勒家族（$94000），杜邦家族（$74175），皮尤家族（$65100），梅隆家族（$54000），韦尔家族（$21000），惠特尼家族（$19000），范德比尔特家族（$19000），戈莱特家族（$16800），米尔班克家族（$16500）和亨利·R. 鲁斯（$13000）。位于民主党捐款榜单前列的是纳什维尔的韦德·汤普森（$22000），肯尼迪家族（$20000），费城的艾伯特·M. 格林菲尔德（$16000），宾夕法尼亚州的马修·H. 麦克洛斯基（$10000），和马歇尔·菲尔德家族（$10000）。[40]

消费者。”[41]“二战”期间，他们为无数战争诉讼咨询委员会效力，他们奖赏预备役军团委员会中的商人，催生了更永久的军事机构①。所有这些情况皆持续已久，也为人们所熟知，但是在艾森豪威尔执政时，企业行政官公开在政府行政部门担任要职。以前，他们更多是在幕后出谋划策，签署大量合同，现在是公开发声。

1953年4月29日，在内政部长道格拉斯·麦凯（Douglas McKay）对商会朋友说：“在座各位任职于代表工商业的政府机构时，[43]或当国防部长威尔逊坚称美国和通用汽车公司的利益一致时，需要就这些做详尽分析吗？”这些事件可能是政治错误——如果没有反对党的话，或可能会是——但同时不也揭露了他们坚定的信念和意图吗？

有些行政官害怕政治认同像害怕中立的劳工领袖一样，他们属于第三党派。因为，企业富豪曾长时间接受培训，成为反对群体，他们中更具智慧的人略微觉得他们可能已经处在危险中了。在艾森豪威尔当政之前，这些权力可以不负责任地随意滥用。在他之后，权力的行使就不是那么随意了。如果事情有差池，这些行政官——事情相关方——不该被问责吗？

但是，《财富》杂志编委会主席约翰·诺克斯·杰瑟普（John Knox Jessup）的观点是，企业可以作为自治政府体系取代各州过时的体制——从而填补中层权力真空。作为企业共同体的领导人，管理者有义务保证选民幸福。

---

① 对“二战”期间华盛顿的象征性领取微薄薪金者身份背景展开了调查，调查表明给政府提供贷款的行业，除了极少数人以外，是金融专家，不是在生产方面有丰富经验的人：“……在战时生产委员会（WPB）的销售人员和采购代理都是由费迪南德·埃伯施塔特（Ferdinand Eberstadt）负责，他是华尔街前投资银行家。那些在工作上有特殊技能的人，在过去的一个月中，在战时生产委员会发现十分有必要开始一门特殊的培训课程，教授他们工业生产方面的基础知识时，他们给出的借口让人震惊……我们发现象征性领取收入的人用公司销售员和采购代理的工资单给战时生产委员会做假账。这些象征性领取工资的人应该是高层管理专家和金融专家给政府的工业贷款，帮助打赢战争。现在，行业高层管理由两种类型的人组成……生产专家和金融专家……生产专家是为了自己的利益而奋斗。”[42]

杰瑟普先生认为政治领域和经济领域已经失衡："任何想要治理繁盛国家的总统，对企业的依赖程度至少与企业对它的依赖程度相当——甚至更高。他对企业的依赖与英格兰国王约翰对兰尼米德的地产大亨的依赖如出一辙，兰尼米德是《大宪章》的签署地。"[44]

然而，总的来说，行政官属于企业富豪，他们的意识形态是没有任何意识形态的保守主义。如果他们只是认为自己是成功人士联谊会的成员，而不是出于其他任何原因，那么他们就是保守主义者。他们没有意识形态，因为他们认为自己是"务实派"。他们不会未雨绸缪地思考问题，只对呈现出的方案做选择，因此必须从他们做的选择中判断他们的意识形态。

在过去的30年里，事实上，自"一战"以来，政治人士和经济人士之间的区别在不断缩小；尽管在过去，企业经理不信任在政界资历深厚的同行。他们变化不定来去匆匆，因为当时的他们是不负责之徒。然而，越来越多的企业行政官直接参与政治事务，结果形成了几乎全新的政治经济，在政治经济的巅峰时期，诞生了企业富豪的代表人物①。

企业富豪享有政治权力是显而易见的事，由此引发的问题与相关人士的个人诚信并无太大关系，与个人财富积累、声望提高和权力增加也没有太大关系。当我们发现上层人士普遍道德败坏，以及权力精英形成体系时，这些都是我们应该讨论的重要问题。但重要的政治问题是，这些事实是否能够进一步证明，企业富豪和所谓的政治委员之间存在结构性联系。

超级富豪和首席行政官、当地社会与都市400强中的上流阶层以及企业圈战略集团，已经在政治体系中占据了众多位高权重的位置吗？当然他们已经在蚕食政府，获得特权。但是他们曾经或现在在积极参与政治活动吗？不同于官方传奇、学术神话和民间传说，这个问题的答案是复杂的，但是是十分肯定的。

① 参见下面第十二章：权力精英，对行政官的政治角色进行了更加全面的讨论。

然而，认为政治机构仅仅是企业圈的延伸，或认为政治机构已被企业富豪所取代，这两种观点都是不正确的。无论是简单说来，还是结构性事实，美国政府都不是“统治阶级”的委员会，它是由委员会编织的网络体系，除企业富豪外的其他级别人士也是委员会成员。诚然，职业政客本身是最难对付的人，但是军队高层，华盛顿的军界领袖是最新加入的委员会成员。

注释：

［1］关于“管理革命”，参见 James Burnham，*The Managerial Revolution*：*What is Happening in the World*（New York：John Day，1941）；关于伯纳姆观点的详细评论，参见 H. H. Gerth 和 C. 赖特·米尔斯的“A Marx For the Managers，”*Ethics*，vol. LII，No. 2，January 1942；关于领导人家庭的理论，参见 Ferdinand Lundberg，*America's 60 Families*，1937（New York：The Citadel Press，1946）.

［2］关于 1951 年和 1929 年的收入分配问题，参见 *Business Week*，20 December 1952，pp. 122-3；1929 年和 1951 年的收入都是 1951 美元。参见 *Business Week*，18 October 1952，pp. 28-9.

［3］关于改变后的收入分配背后的一些一般性经济事实的讨论，参见 Frederick Lewis Allen，*The Big Change*（New York：Harper，1952）和 *Business Week*，25 October 1952，p. 192.

［4］美国商务部，人口统计局，“Current Population Reports：Consumer Income，”Series P-60，No. 12，June 1953，p. 4.

［5］1949 年公告的收入数据是源于美国财政部国税局的计算，“Statistics of Income for 1949，Part I，Preliminary Report of Individual Income Tax Returns and Taxable Fiduciary Income Tax Returns filed in 1950”（Washington，D.C.，U.S. Government Printing Office，1952），pp. 16-19.

［6］在这 81 个收入为 1 到 190 万美元的人中，企业股利占的份额最大（42%和 45%）。在 20 个收入 2 至 290 万美元的人中，占比最大的一部分（48%）是房地产和信托。这些赚 300 万美元或以上的人，资本收益占 49%。然而，在最后这两个最高的群体中，红利是他们收入的次要来源，分别为 39%和 43%。参见同上，pp. 16-19。

［7］同上一文献中，pp. 45-7。

［8］1917 年至 1936 年的百万美元收入的历史数据由美国国会国税联合委员会（Joint Committee on Internal Revenue Taxation）编制，“Million-dollar Incomes”（Washington，D.C.：U.S. Government Printing Office，1938）。在 1944 年之前的年份，个人收入没有从房地产和信托中分离出来。如

果将这些纳入1949年的收益中，并与1929年的513人相比，1949年将有1.45亿美元的收入。1939年收入低于2000美元的家庭比例，参见 *The New York Times*（5 March 1952），美国人口普查局呈现的数据。

[9] "Preliminary Findings of the 1955 Survey of Consumer Finances," *Federal Reserve Bulletin*, March 1955，再版第3页。

[10] 税收数据专家西蒙·库兹涅茨（Simon Kuznets）发现，最富有的1%的人口（标准下降到家庭收入仅为15000美元）的税后总收入所占的份额，从1928年的19.1%降至1945年的7.4%；但他谨慎地补充道："从我们的描述中可以明显看出，用一种高度可靠性来构建预算以及发掘数据来检验几个假设，我们在这些方面遇到了相当大的困难。"然而，他的数据是建立在"大升级"和"富人衰落"理论常用的依据之上的。这些数据涉及一定数量的"预算"和"调整"，这是可以详细讨论的；但是，重要的讨论应该关注他们"预算好的"数据。从我们所知道的——我们知道的一小部分——征收重税的合法和非法的方式中，我们严重怀疑，是否从19.1%下降到7.4%同样是一种说明，企业富豪很好地掌握了如何隐瞒他们的收入信息，从而不被政府知道，而不是一场"收入革命"。然而，没有人会真的知道，因为官方要求的调查在政治上是不可行的。参见 Simon Kuznets, "Shares of Upper Income Groups in Income and Savings," National Bureau of Economic Research, Inc., Occasional Paper No. 35, pp. 67和pp. 59；还参见西蒙·库兹涅茨，由伊丽莎白·詹克斯（Elizabeth Jenks）协助，"Shares of Upper Income Groups in Income and Savings"（New York：National Bureau of Economic Research, Inc., 1953）。关于库兹涅茨对税收数据的不同解释采用的方法的一次辩论，参见 J. Keith Butters, Lawrence E. Thompson 和 Lyn L. Bollinger, *Effects of Taxation：Investment by Individuals*（Cambridge：Harvard University Press, 1953）, especially p. 104.

附带说一下，各种税收的收入比例——不同收入水平的哪些成员需要支付税费——最近没有仔细研究。然而，在罗斯福新政期间，格哈德·科尔姆（Gerhard Colm）和海伦·塔拉索夫（Helen Tarasov）对美国临时经济委员会的研究结果（Monograph No. 3："Who Pays the Taxes?" see especially p. 6）向我们透露了，年收入从1500美元到2000美元的人缴纳的税收占他收入的17.8%，只能节省5.8%；而年收入是他们10倍（15000美元到20000美元）的人，相比于他的高比例收入，他们所缴纳的税收比例（31.7%）只有不到前者的两倍，能够节省五倍多的比例（32.3%）。

[11] 任何给定年份的这种费用扣除减少了"消耗津贴"的数额，因为它们减少了净收入的规模，但它们不影响允许消耗的百分比。参见 Roy Blough, *The Federal Taxing Process*（New York：Prentice-Hall, 1952）p. 318.

截至 1954 年 7 月 31 日，所有企业都获得了消耗增加，而不是在整个使用寿命期内分期平均偿还购买的固定设备的成本，现在可以在其使用寿命的上半阶段扣除三分之二。参见 *The New York Times*, 22 July 1954, pp. 1, 10.

[12] *Time*, 2 November 1953, p. 98.

[13] 关于赠与税，参见 *Business Week*, 7 August 1954, pp. 103-104；和 13 November 1954, p. 175.

[14] *Business Week*, 7 March 1953, p. 143.

[15] 在上述引文中，关于家庭信托的内容，同样参见 *Business Week*, 9 October 1954, pp. 175 ff.

[16] 这些涉及基金的事实和报价来自于 *Business Week*, 19 June 1954, pp. 167-9, 173.

[17] *Business Week*, 17 May 1952. 在 1952 年，对大约 164 家有代表性的公司进行的调查显示，它们中只有 8%单凭工资支付高管薪酬，理查德 · A. 吉拉德引用，"They Escape Income Taxes—But You Can't ! " *American Magazine*, December 1952, p. 16.

[18] Girard, op. cit. p. 89.

[19] 目前，这些股票期权仅仅向持有不到 10%公司股票的高管开放；但是，有议论说到要放宽期权持有者的条件，包括大的股票所有者，虽然价格略高于市场价格，但这便于当新股发行出现浮动的时候，公司所有者和总经理可以保留公司股票的控制权。关于经理股票期权，参见 *Business Week*, 4 April 1953, pp. 85-8；和 17 July 1954, pp. 52, 54.

[20] *Business Week*, 25 December 1954.

[21] 同上 19 July 1952。

[22] *The New York Times*, 17 October 1954, p. F3.

[23] 团体人寿保险，健康、意外、伤残和养老金计划在企业富人中越来越受欢迎。关于团体人寿保险和伤残的新趋势，参见 *Business Week*, 14 February 1953, pp. 78, 83；和 26 September 1953, pp. 120, 122；以及 24 July 1954, p. 65。关于"保费分担"人寿保险，参见 *Business Week*, 24 July 1954, pp. 64, 65.

[24] *Business Week*, 20 June 1953, p. 183.

[25] William H. Whyte, Jr., "The Cadillac Phenomenon," *Fortune*, February 1955, p. 178.

[26] *Business Week*, 11 June 1955, p. 168 和 9 July 1955, pp.40 ff.

[27] Ernest Haveman, "The Expense Account Aristocracy," *Life*, 9 March 1953。最近研究的企业中的一个样本，约 73%支付核心管理人员的全部或部分俱乐部费用，参见 Girard, op. cit. p. 88.

[28] *The New York Times*, 22 February 1953，周新闻板块，"Journeys' End"。

[29] *Business Week*, 15 May 1954.

[30] *Business Week*, 16 October 1954.

[31] *Business Week*, 9 January 1954.

[32] Girard, 同上 p. 89; *Business Week*, 29 August 1953.

[33] Marya Mannes, "Broadway Speculators," *The Reporter*, 7 April 1955, p. 39.

[34] Ernest Haveman, 同上。

[35] Honore de Balzac, *The Thirteen*(New York: Macmillan, 1901), p. 64.

[36] 引自 *Look*, 9 February 1954.

[37] Honore de Balzac, 同上。

[38] 参见，例如 "Hearings before the Subcommittee on Study of Monopoly Power of the Committee on the Judiciary," House of Representatives, Eighty-first Congress, First Session, Serial No. 14, Part 2-A(Washington: U.S. Government Printing Office, 1950), pp. 468-9.

[39] Theodore H. White, "Texas: Land of Wealth and Fear," *The Reporter*, 25 May 1954, pp. 11 and 15; 关于休・罗伊・卡伦, 参见 *The Washington Post*, 14 February 1954.

[40] *The New York Times*, 11 October 1953, p. 65. "哈特政治活动法案（The Hatch Political Activities Act)," 《纽约时报》写道, "使得给予任何一个国家集团超过 5000 美元的行为是非法的。但是，它允许个人向任何一个单独组织放弃该金额，并允许每个家庭成员单独捐款。"

[41] Harry Carman 和 Harold C. Syrett, *A History of the American People*(New York: Knopf, 1952), vol. n, p. 451.

[42] Jonathan Stout, "Capital Comment," *The New Leader*, 5 December 1942.

[43] 引自 *The Reporter*, 25 October 1954, p. 2.

[44] John Knox Jessup, "A Political Role for the Corporation," *Fortune*, August 1952.

第八章

军界领袖

在18世纪，历史观察员注意到现代社会顶层权力部门出现了一个显著趋势，即文官开始掌权，可以管控军队，军队的权力被束缚、抵消和削弱。当然，在不同的地方和不同的时间，军队都曾服务于文官的决策，但这个趋势在19世纪达到高潮，并一直持续到第一次世界大战，无论在当时还是在现在看起来，这一趋势都十分显著，因为在此之前，这种趋势的规模从未如此巨大，根基也从未如此牢固。

20世纪，在工业化国家中，伟大但又短暂的文官统治开始变得摇摇欲坠、岌岌可危。经历了从拿破仑时代到第一次世界大战的长期和平后，世界历史长河中的旧格局再次出现。全球的军界领袖开始卷土重来，并制定了世界的规则。在美国也是如此，军界领袖们将自己的触角伸进了政权真空。企业行政官、政客与那些海陆军上将如同美国精英阶层中不安分的表亲一样，他们手中掌握和被赋予的权力日益膨胀，并且能够做出和左右那些影响最为重大的决定。

一

所有的政治手段都是在谋求权力，权力的最终形式就是暴力。那为什么在当时军事独裁不是正常和普遍的政府形态呢？事实上，在人类历史中，人们大部分时间生活在刀锋之下，只要一出现重大的人事骚乱，不管这些骚乱是真实的，还是仅存在于想象中，社会便会求助于军事统治。即使现在，我们也经常忽视这些世界历史上较为普遍的事实，因为我们继承了一些价值观，而这些价值观正是在 19 世纪文官统治政权下兴盛起来的。即使权力的最终形式是暴力压迫，每个国家内和各国之间相互竞争的权力也还没有达到最终形态。我们的政府学理论采用了某些制度，同时我们的宪法也促成了这些制度，在这些制度下暴力被最小化并且受到人民统治的有效制约和平衡。在当代西方长期和平的时代，人们往往将历史归功于政治家、富豪和律师，而不是陆军将领、强盗和海军将领。但是这段和平是如何产生的呢？文官又是如何战胜暴力崇尚者成为主宰的呢？

加埃塔诺·莫斯卡①[1]在谈到军队时曾做过一个假设，我们虽然不同意他的这种假设，但却也无碍于我们接受他的大致推理框架。他说在任何社会，总有部分人当被激怒时就会采取暴力，如果我们赋予这种人才干和时机，那么我们就会得到一个拿破仑；如果赋予他崇高的理想，我们就会得到一个加里波第；如果赐给他一个机会，仅此而已，那么我们就会得到一个墨索里尼；如果放在一个商业时代，我们会得到一个匪徒集团。

但是，莫斯卡还说过，如果我们让这些人在特定的社会等级集团内拥有一份工作，那么我们得到的就会是职业士兵，而且通常是文官可以控制的士兵。

当然，除了职业的常备军（Standing Army）外，还有内在的和平力量。比如神职人员所传达的“上帝赐予的和平”，又比如在中世纪的欧洲，强迫人们接受的“国王赐予的和平”，实质是专门针对那些认为荣誉和权力是依靠武力来取得的人。但是，你也许会意识到，现代和平史甚至是整个世界的和平史都是一个矛盾，即和平都是来自于政府对暴力的集中和垄断，同时世界如今大约有 81 个这样的政府，这也是现代战争爆发的首要条件。

在出现政府之前，暴力者时常能够并且也经常在局部范围内采用暴力手

① 加埃塔诺·莫斯卡（Gaetano Mosca，1858—1941），意大利政治理论家、新闻记者。——译注

段。欧洲和东方的封建社会在很多方面其实就是暴力者在局部范围内进行统治。在政府对暴力手段进行集中垄断前，权力通常能够在分散的地方小范围地进行自我复制，并且被当地的帮派所掌控，这通常就是在国家出现之前人类的历史进程。但是，在一心建立国家的斐迪南国王和伊莎贝拉王后的带领下，高尚的西班牙人变成了被国王统治的群体，接着在适当的时间变成了征服者，接着变成了由女王统治的士兵。很快，那些小地方的暴力者成为被平民首领所统治的常备军的一员。

常备军到底采用的是怎样一种了不起的制度，以至于能引导暴力者好斗的天性，让他们顺从文官的领导，并且将这种顺从作为自己的荣誉准则？如果在当代社会常备军垄断了暴力，变得足够强大去主导社会，他们为什么还没有这么做呢？为什么反而他们能够接受人民首领的领导？为什么军队甘心从属于人？常备军的秘诀是什么？

其实并没有任何的秘诀，但是在常备军由文官掌控的地方，总是会有如下一些公开的运行机制。首先，这些军队都有“贵族气派”。任何时候，只要有人企图要改变这一点都会失败，比如早期布尔什维克的狂热。另外在国家的常备军中，军官和士兵总是保留着很明显的分界线；军官基本上都是从人民领导阶层或与领导阶层有着相同利益的人群中甄选而来。因此，领导阶层内部力量的平衡便反映到常备军中去了。最终在这支常备军中，或者说在很多支这样的常备军中发展出了能让人拥有满足感的东西，这些东西甚至让暴力者们也垂涎欲滴：一份稳定的工作，但更多的是通过遵守硬性的荣誉法则便能获得可以预见的荣誉。

在 18 世纪末期，约翰 · 亚当斯曾问道：“参加常备军的欧洲人是出于单纯的爱国吗？他们的军官都是有远见、乐于奉献，指望在来世才得到回报的人吗？他们敢于冒生命危险，在受伤后能泰然处之，是源于道德的力量还是宗教的使命？”可能有人确实如此，但是如果有人认为所有或者大部分这类英雄都是由以上因素驱使，那只能证明他对这些人还不够熟悉。这些人所得到的报酬足够鼓舞他们自己吗？其实他们得到的报酬仅仅称得上是普通而且简单的谋生品，与在其他领域能追求到的财富，以及正常生活所拥有的快乐相比不值一提，何况这份工作艰难而且危险。所以，能够鼓舞他们的其实是参军后能够获得荣誉的考量和机会。

“士兵们会拿自己与战友相比，为了提拔成下士相互竞争，下士们也为升为中士相互竞争，中士们为了成为少尉愿意赴汤蹈火，这样一来军队里的所有人都在不断地渴求升职，就如同联邦公民们都不断努力提高自己的阶层一样，以求吸引更多人的目光。”[2]

从声望到名誉，以及这所带来的一切，可以说一直都是军队放弃政治权力的报酬。而且这种放弃已经根深蒂固：它已经成为军队荣誉准则的一部分。军队的官僚等级制度通常十分精简，在这样一种体制下，军官们认为“政治手段”是一种肮脏、不可靠和不绅士的游戏。按照军官自己的身份法则来衡量，他们一直认为政客们只是生活在一个无常世界里的不合格生物。

常备军们所拥有的这种状态机制并不总是会导致文官统治的结束，但是在这一方面没有什么事情是不可能的。比如，我们都清楚只要当军官们在国家的议会里拥有一席之地时，他们就会努力地去控制整个议会，而当军官们在议会里没有一席之地时，他们就有可能会向首都进军，这也正是西班牙语国家所摆脱不掉的诅咒。

二

与世界趋势和事实相关的所有这些情况，以极其高明的方式，对美国军事机构、军队高层将领产生影响。同其他国家一样，美国也诞生于暴乱中，但在美国建国之时，战争还不是人类社会的主要特征。战争机器无法轻易抵达美国的建国基地。不会轻易受到战争的摧残，不会受制于军事人员的欲望。美国成立之初，意欲建立一个文官当权的政府并加以保卫，管控好军界领袖们可能爆发的野心。

美国的民族主义革命是与英国政府征用的士兵交战，这些雇佣兵居住在美国的家中，这个年轻的国家不太可能会热爱职业军人。美国国土广袤，被两大洋所包围，周边是实力弱小的邻国以及印第安人，美国在 19 世纪的数十年内都不需承担庞大的军费开支。而且，从门罗主义诞生到 19 世纪后期适用于英国，为了保护在西半球的英国市场，英国舰队徘徊在美国和欧洲各大陆国家之间。甚至在“一战”后的时期，直到纳粹德国兴起，美国成为欧洲破产国的债权人，美国不再担心会面临军事威胁。[3] 同时这也意味着，正如在不列颠各岛一样，海军历来是最主要的军事力量，而非陆军；海军对国家社会结构的影响力弱于陆军，因为他们不能有效镇压群众暴乱。因而，海陆军将领在政治事务上发挥的作用不大，文官的统治地位坚如磐石。

国民一心想着赚取个人财富，从经济层面来说，这个国家不可能会资助寄生群体。在中产阶级重视自由和进取心的国度，严守纪律的士兵不可能会得到尊重，他们常常被支配，残暴地支持缺乏自由精神的政府。因此，自古以来，经济实力和政治环境都赞成文官贬低军人，认为他们只是偶尔有用，却一直都是负担。

美国宪法的颁布是出于畏惧一个强有力的军事机构。身为文官的总统，可以任命所有军队的最高将领，在战争期间，可以任命州民兵团的最高将领。只有国会可以宣战或者为军费拨款——两年一次。各个州保留他们的民兵团，独立于国家军事机构之外。没有条款规定，军队要向文官首领不断地建言献策。如果宪法中有关于暴行的规定，也是很勉强的规定，暴力分子会被严格追究重大责任。

继老一辈革命家之后，上流阶层没有了军事标签，美国精英成员没有系统性地包含高级军事将领，没有形成服军役的传统，军事人员不会享有声望。相比于军事人员，经济人士的优势在于光荣性方面，内战时期，事实上一直持续到“一战”，招募雇佣兵是不受歧视的。因此，军事人员长期被孤立在岗位上，没有进入美国上流阶层。

无论跨半球远赴战场经历怎样的艰难险阻，无论他们的远征队和军队多么好战——在许多方面，在大部分时间，都身处战争营地中——国家元首仍然不崇尚军事思维、不担忧军事前景。

纵观整个美国史，会发现一个非常奇怪的局面：我们被告知美国从来不是现在也不是军国主义国家，事实上，我们不相信军事经验，而且我们注意到，革命使华盛顿将军成为总统，竞选总统失利的官员提议，在辛辛那提协会（Order of Cincinnati）中，组建军事委员会，任命军事领袖。接着，杰克逊将军、哈里森将军和泰勒将军参与了墨西哥战争，前线战争和小规模战斗都与他们的政治成就有关。还有漫长而血腥的内战分裂着美国社会，留下了挥之不去的伤痕。无论内战中抑或内战后都由文官执政，但内战的确使格兰特将军获得优势，登上总统宝座，成为经济利益的掩护者。

从格兰特到麦金莱，除克利夫兰和阿瑟以外，其余总统都是内战时的官员，尽管只有格兰特是职业军官。我们还注意到，在规模极小的美西战争中，最粗暴无情的罗斯福——或许因为他不是职业军官，最终成为总统。事实上，在33位美国总统中，约一半有军事经历，有6位职业军官和9位将军。

从谢司起义到朝鲜战争这段时期，军官暴乱事件不断上演。事实上，自1776年，美国参与了7个国家的战争，经历了4年内战，与印第安人的冲突和战争持续了一个世纪，不断侵略亚洲，征服加勒比海和部分中美洲地区①。所有

---

① 1935年，《财富》杂志的主编写道：“人们普遍认为美国军队的理想是和平。但对这支高素质的经典部队来说不幸的是，自1776年以来，美国军队已经攫取的土地面积要比世界上任何一支军队攫取的土地面积都多，除了英国以外，英美之间的竞赛一直十分激烈，1776年之后，英国占领的土地达350万平方英尺，美国（如果包括购买的路易斯安那领地）占领的土地约310万平方英尺，以英语为母语的人对此深感自豪。”[4]

这些都被认为是对更重要的事情的干涉，但至少可以说，暴力作为一种手段，甚至作为一种价值观，在美国人的生活和文化中是模糊不清的。

这种歧义基于这一事实：历史上发生过无数暴乱，但其中大多数都是“民众”直接参与的。军事力量被分散到各州民兵团，达到近乎封建领地的程度。几乎无一例外，军事机构与分散的经济生产方式、政治权力的联盟是同时存在的。与欧亚大草原的哥萨克人不同的是，面对美洲印第安人，美国边疆居民在技术和数量上占有优势，无需组建一个真正的尚武阶层，以及一个庞大、守纪的暴乱管理部门。事实上，每个人都是步兵：考虑到战争的技术含量，暴乱的方式不是统一的，这一简要事实对文官占统治地位、对美国早期的民主制度和道德观意义最为重大。

从历史角度来说，在以步枪为主要作战武器的时代，一个人代表一支步枪和一张选票，美国的民主政体得到了民兵体制的支持。相应地，教科书式的历史学家认为政治和经济变化的原因，不在于军事机构和武器体系的变化。他们动用军事力量，与印第安人爆发冲突以及发动一个边远地区的战争，然后让军队隐没起来，或许历史学家是正确的。但是，欧洲征兵组建的第一支军队是革命军，理应被人们铭记在心。其他国家不情愿地武装起自己的民众，梅特涅①在维也纳会议上呼吁取消大规模征兵；普鲁士在其常备军遭受挫败后，才采用普遍征兵制；沙皇在克里米亚战争后才实行普遍征兵；俾斯麦的新兵击败弗朗兹·约瑟夫的军队后，奥地利实行普遍征兵制度。[5]

欧洲大规模征兵组建军队，为了加强士兵的忠诚度，扩大了征兵方面的其他“权利”。在普鲁士以及随后的德国，都在深思熟虑后实行大众征兵制。农奴制的废除，以及随后实行的社保计划，都伴随着大众征兵制的建立。尽管不完全相同，但是很显然，携带武器的权利扩大的同时，其他权利也会相应扩大。

---

① 克莱门斯·梅特涅（Klemens Metternich，1773—1859），奥地利政治家，曾主持维也纳会议。——译注

但在美国，携带武器的权利并未从军队扩大到普通民众手中：他们从一开始就携带武器。

直到第一次世界大战，军事活动不涉及固定的军事训练纪律，也不是只有联邦政府才能使用暴力手段，也不涉及大型、固定军事机构顶层的职业士兵。在内战和美西战争期间，军队平均有 2.5 万军人，以军团为建制，军团和连队分散在边疆沿线和偏远的西部哨所。在整个美西战争中，美国军队是民兵团组成的，这意味着权力是分散的，由受当地影响的非职业军官领导。

州民兵团加入小规模正规军（Regular Army），形成美国志愿军团（The US Volunteers），指挥官由州长任命。在这种非专业化建军的情况下，正规军常常是志愿军团的将才。政治——也叫文官统治——拥有最高统治地位。在任何一个时期，将军的数量都不多，上校常常是西点军校学生的最高目标。

三

在 19 世纪末的陆军老将中，凌乱的蓝色制服上散发着内战时留下的缕缕硝烟味。他在内战中脱颖而出；在时间上介于内战和美西战争之间的印第安人战争中，他勇于冒险，与印第安人开战。骑兵的勇猛影响了他，尽管他有时像一个横冲直撞的笨蛋（别忘了卡斯特将军和小巨角战役），他的一生正是西奥多·罗斯福所推崇的顽强的生活。通常他蓄着八字胡，有时蓄着浓密的胡子，经常以一副没刮胡子的模样示人。他穿一身二等兵制服，制服上的扣子因未经打磨而暗淡无光，靴子陈旧不堪，这是他一贯的风格。这位老兵曾经近距离作战：直到第一次世界大战期间，官方才开始保护受训军人的行动；许多将军和几十名上校在内战和后来与印第安人的冲突中牺牲。他不是通过坐在五角大楼里组织工作赢得下属的尊敬，而是通过准确地射击、精湛的骑术和面临困难时的随机应变赢得了尊敬。

典型的1900年代[6]将军出身于古老的美国家庭并且拥有英国血统。他在1840年左右出生于美国东北地区，可能是在那里或在中北部的农村地区，也许是一个小镇中长大。他的父亲是一位专业人士，很可能有政治人脉——这可能会或可能不会对他的事业有帮助。自他进入军队或西点军校以来，他用了38年左右的时间成为一名陆军少将。大约60岁时，他进入最高指挥部。如果他有宗教信仰的话，可能是主教制教会的信徒。他结婚了，一些情况下结过两次，他的岳父也是一位专业人士，也可能有一些政治上的人脉。在军队服役时，他不属于任何一个政党；但是退休后，他可能会涉足共和党政治。他不太会写东西，也不会有人写很多关于他的东西。按照官方规定，他必须在62岁退休。平均来说，他会在77岁时去世。

这些老将军中，只有三分之一的人就读于西点军校，另外只有四人完成了大学学业，老一辈的军人不看重读书。但我们必须记住，许多曾就读于西点军校和曾在旧联邦军队中占大多数的南方人都返回家乡加入了美利坚联盟国①的军队（Confederate Army）。1900年代的将军们中，一些是在内战期间接受任命成为将军的，有些是通过州民兵团成为将军，有些亲自招募了足够的士兵然后成为上校。在他成为正规军后，他的晋升很大程度上由资历决定，这种晋升的速度在战争中大大加快了，就像他在美西战争期间以上校身份的晋升一样。至少有一半的老将军们与其他将军和政治家有更紧密的关系。比如说伦纳德·伍德将军（Leonard Wood），他在1891年是一名医疗队长，成为白宫的医生，先后为他的朋友西奥多·罗斯福和威廉·霍华德·塔夫脱（William Howard Taft）服务，最终在1900年担任参谋长。

36名顶层军人中，只有3人有从商经历，其中两人仅短暂地经营过生

① 美利坚联盟国是1861年至1865年由11个美国南方蓄奴州分裂出的政权。——译注

意。在临近战场的城镇，当地商人通常对这一老军队怀有好感，因为这支军队和印第安人打仗并且赶跑了偷牛贼，驻守军队对当地经济来说意味着金钱。在更大的城镇里，军队有时被授权驱散罢工人群。小男孩们也特别喜欢这支军队。

在内战和西奥多·罗斯福任期内的海军扩张之间，公众看到的更多的是陆军，下层阶级也在陆军对其地位的主张中得到了好处。但海军更像是一个绅士俱乐部，偶尔进行探索和救援的远航，而且海军在上层阶级中颇具威望。这解释了其军官团的高层出身和更专业的培训，由此也得到了部分解释。

除了从英国继承的对海上权威的认识，还有海军上将阿尔弗雷德·马汉（Alfred Mahan）把国家的伟大和他的海上权威联系起来的理论的影响，这在海军副部长西奥多·罗斯福听起来十分受用。在美西战争中海军的威望更进一步，影响了更大范围内的公众，因为对外行人来说，海军军官的技术比陆军军官更神秘，很少有人敢于指挥一艘船，但是很多人敢去指挥一个旅的军人。陆军军队里没有自行的系统，但海军有在安纳波利斯海军学院接受正式、专业的教育并增强技能的优势。这也离不开巨大资本投资的事实，海军军官统辖下的船舰就是代表。最后，船长拥有绝对的权威，尤其是在蔑视水手的海洋传统之下——适用于服军役的船员，确实抬高了海军军官的地位。

1900 年代典型的海军上将大约在 1842 年出生，有殖民背景、拥有英国血统。他的父亲从事某种专业工作；更重要的是，他来自东北沿海地区的上层社会，很可能身处城市中心。这位未来的海军上将接受了学院教育，加上两年的接收舰（Receiving Ship）经历。他加入海军的时候年仅 14 岁；如果他有宗教信仰，他肯定是新教信徒。大约在他加入海军 43 年后，他成为一名海军少将。那时他已年届 58 岁。他和来自同一阶层的人结了婚。他可能已经写了一本书，别人写一本关于他的书的可能性要小一些。在 1898 年美西战争后他可能会获得荣誉学位，并在 62 岁时从海军退役。他担任海军少将的时间只有三年，退休十年后逝世，达到了当时 72 岁的平均寿命。

即使在 1900 年，海军高层基本上都曾在安纳波利斯海军学院受训，同时也很绅士。比起陆军，海军招募的人社会阶层更高，居住在东部的更多，接受过更好的准备训练，然后进入安纳波利斯海军学院。海军上将也曾参与内战，内战后他通过避免在个人生活或在军事职责上打破陈规，慢慢晋升。鉴于他一丝不苟、缓慢前行的职业生涯，为了在 62 岁法定退休年龄前成为海军上将，能够早日受到委任和保持长寿是很重要的。成为一名船长通常要用 25 年左右的时间。“军人在下层花的时间太长了，他们从未学会自己思考。他们做到高层时已经太晚了，那时的他们不再年轻，不再踌躇满志，他们只学会了服从而非指挥①……”

高级海军军官三分之一到二分之一的任期是在海上度过的，当然主要是在其等级较低的时期。在 35 名顶层海军将领中，大约有一半的人曾经回到安纳波利斯海军学院担任教员或官员。有些海军将领在安纳波利斯做了研究工作。一团糟的官僚作风通常是海军特征，其关键在于随着船舶、枪炮、物流技术上变得更复杂，对其进行管理的海军军官更多的是通过资历而非专业技术晋升。因此，船长就疏远了他的船舰，去负责那些自己不完全了解的事务。海军负责人与国务卿有联系，并且经常与国会议员关系密切。但尽管有明显的联系，这一时期只有一名海军上将进入商界，两名进入（地方）政界。

简而言之，这就是美国 19 世纪后期处于政治家控制之下的军队，其半职业化的高级军官团的成员，在任何意义上都不是商界和政界精英。但现在已经不是 19 世纪后期，当时塑造国家军事角色的大部分历史因素，对美国军队高

① “1906 年 12 月，美国海军最年轻的上尉是 55 岁，在这一军衔的平均任职年限为 4.5 年；在英国，最年轻的上尉是 35 岁，这一军级的平均任职年限为 11.2 年。”法国、德国和日本的情况与英国相似。“军官的情况也是如此。在美国，退休之前通常只在最后的职位待上一年半。”但是在英国、法国、德国和日本，会在退休前的职位上待 6 到 14 年。[7]

层已经没有任何影响力了。

小巨角战役发生在1876年6月25日的蒙大拿州小比格霍河附近，美军和北美势力最庞大的苏族印第安人之间的战争，最终以印第安人的胜利而结束，整场战役历时仅半小时，是整场印第安战争中印第安人所取得的最大胜利。

四

在20世纪中期，和平和文职官员价值观的影响力——他们不信任处于从属地位的职业军人——必须由前所未有的局势来制衡，美国精英是这样描述国家形势的：

1. 美国精英和底层大众中的优秀人物，第一次意识到生活在军事区域意味着什么，在国土上进行灾难性的袭击活动意味着什么。或许他们还意识到，由于美国的地理位置与世隔绝，国内市场不断扩大和稳定，进行工业化所需的自然资源丰富，只需要举行军事活动对抗技术落后的民众，在美国形成一个军事时期非常容易。所有那些都是事实：美国的军事实力与苏联旗鼓相当——甚至有过之而无不及——如前几个世纪的德国之于法国。

2. 对最新武器体系的物理效应做了更加详细的估测——目前已公开——立即和戏剧性地说明了这一点。一次饱和攻击会导致5000万人，即三分之一的人口丧生，这不是毫无根据的猜测。[8]美国会立刻以同样的杀伤力来对敌人进行报复，当然，这并不能降低对自己领土和人员造成的影响。

这种技术可能性有可能会被用于政治和工业领域，或直接运用到军事领域，拥有相关决策权的美国精英主要将其用于军事领域。他们是用军事术语来给国际实况下定义的，因此，在任何重要的历史局面中，上流阶层会评估战争可能性和战争威胁的严重性，而不是直接采用外交手段。

而且，新武器已经被开发为“第一道防线”。与毒气和细菌不同，新武器不是敌人反对使用的备用品，而是主要的防御性武器。如此重要的战略已经公之于众，理论上是基于这种假设，认为只会在全面战争爆发初期使用这些武器。事实上，这是普遍假设。

3. 对现状的定义和相应的政策倾向催生了美国国际立场的另一特点：当权者在谈论无法预见结果的“紧急情况”，这在美国历史上是头一回。在现代，尤其是在美国，人们开始把历史当成是被战争中断了的和平时期。但现在，美国精英对和平没有真正了解——而不是凭借双方制衡取得了令人不安的短暂间歇。唯一被真正采纳的和平计划是荷枪实弹。简而言之，战争或高规格的战备状态被认为是常态，似乎是美国不变的情形。

4. 关于美国的形势，我们要提及的最后一个新特征同官方定义的一样，甚至更重要。在美国历史上，精英们首次发现他们正面临一场潜在战争，他们在自己的圈子，甚至在公共场合承认，参战方都不会取得胜利。他们不知道胜利意味着什么，他们不知道胜利的途径是什么。毫无疑问，将领们也对此一无所知。例如，朝鲜僵局是由政治层面上“意志麻痹”造成的，这变得越来越明显。梅尔文·沃里斯中校（Melvin B. Voorhees）在与詹姆斯·范佛里特将军（James Van Fleet）交谈时，做了以下汇报。记者问：“将军，我们的目标是什么？”范佛里特说：“我不知道。这个答案必须由高层决定。”记者：“将军，我们要如何取胜？何时以及我们能否取胜？”范佛里特：“我不知道，只有高层能对此做出回答。”《时代》杂志的社论作者评论称：“那是对过去两年朝鲜战争的总结。”[9]在之前的时代，国家领导人在备战时就制定了取胜方案、投降条件，至少他们中的一些人对实施的军事手段有把握。到第二次世界大战，无论在政治层面还是经济层面，美国的战争目标都变得十分模糊，但是有通过暴力手段取得胜利的战略计划。现在也没有关于胜利的资料。鉴于现在存在的暴力手段，“大规模报复”既非作战计划也非胜利理念，仅仅是一种暴力的外交——也叫政治——姿态，现在两个国家之间的全面战争，已经成为互相摧毁的手段。同样的状况是：所有参与战争的国家都可能会衰落，所以彼此害怕战争，最终都得以存续。和平就是彼此害怕，制衡战争威胁。

在这一点上，我不必为美国国家地位或政策的真实情况进行辩解。考虑到世界形势具备的这些特征，正如现在官方规定的，我们应该意识到，在决定和平的世界事务上，正统军事战略和各类军事专家都变得无关紧要和具有误导性。显然，在所有重大问题中，最首要的问题是战争与和平的问题，相较以往，这已经变成十足的政治问题。从军事角度来说，北约有 10 个还是 30 个师，与德国是否将重新武装起来一样无关紧要。全面轰炸造成的影响已成既定事实，因此，这些问题已不再是无关紧要的军事问题，是事关美国能否将欧洲各国联合起来的政治问题。

但是，鉴于决策者对事实情况的军事定义，将军们跻身美国精英的上流阶层完全合情、合法、合理。美国在国际上的新地位，以及新的国际形势都是由精英们阐释的，这种新地位和新形势改变了精英的关注点。华盛顿军界领袖指挥权的扩大和地位的提高，正是精英焦点发生改变的最好证明。在很大程度上，最为重大的决策都已经成为国际性的决策。对于许多精英来说，国内政治已经成为在国内控制权力的重要手段，从而对国外的国家机构施加影响力，如果那样说太夸张的话，以下这一点是千真万确的，几乎所有生活领域的国内决策都越来越多参考国外的危险和机遇。

同时，随着军界领袖权力的增加，高层文官有所警惕，这一点不足为奇。如果能够有效挑战现实的军事定义，有利于全球事务的政治、经济和人文想象，那么这种警惕是负责任的。但是到那时，更容易对军界领袖产生警惕，毕竟他们是造成现状主流定义的始作俑者。

五

美国的暴力手段得到了扩大和集中化，已经形成了一个十分复杂的官僚结构，陆军部队辐射到亚洲边缘地带，以及欧洲的半岛，战略空军力量深入欧亚大陆的中心地带。机构和武力手段的可及范围发生了变化，使暴力分子也随之发生了巨大变化：他们成了美国军界领袖。

五角大楼完美地诠释了新式军队体系的规模和结构，这里集结了美国各类军事人才。[10]作为全世界最大的办公大楼，五角大楼的五部分平均分布，任意一面外墙的长度都相当于三个足球场的直径之和。走廊长达约 28 千米，设置有 4 万部电话总机，通气管长达约 24 千米，有 2100 部可与世界各地联系的内部通讯电话，以及 31300 位工作人员。配备有 170 位巡逻的安保人员，1000 名提供服务的工作人员，4 名专门负责换灯泡的全职工作者，还有另外 4 位全职工作者专门负责监视校准 4000 个时钟的主控板。大楼水闸入口的下方建有 5 个手球场和 4 个保龄球场。每天产生 10 吨未分类的废纸，每年可卖 8 万美元。大楼内的广播电视演播厅每星期可制作 3 套全国性的节目。通讯系统支持四方会谈，即使各方分别远在华盛顿、东京、柏林和伦敦。

五角大楼的建筑结构和人员构成极其复杂，是现代军事领袖的办公场所，其中难觅印第安勇士的身影。

国防部长由总统任命，担任总统助理。在军队官僚体制高层，仅次于总统和国防部长的是军事领袖委员会——美国参谋长联席会议。紧接着是海陆军将领们组成的上流圈，他们掌管着需要精心部署且分布广泛的陆海空军事力量，负责维护军力所需的经济和政治合作，控制着宣传机器。

珍珠港事件之后颁布了一系列法律和命令，竭力统一各部门分支机构。这种统一会使文官统治更容易，但并未取得全面成功。尤其是海军高层常常感觉被忽视了，偶尔会出现各部门越过部长直接向国会汇报的情况——空军甚至在反对部长的情况下占了上风。1949 年，胡佛委员会报告称，军事机构缺乏核心权威和充足的预算；军事机构不是一个“团队”，科学研究和战略计划之间的联系不够紧密。国家军事机构在指挥方面缺乏核心权威，行动上缺乏严格的法定体系和细分的责任，致使文官未能实现对军事力量的绝对控制。[11]

自“二战”以来，文官和军官最高层的人事方面发生了巨变——尽管人物类型并未发生根本变化。[12]政客、经纪人、将军、银行家和企业行政官分别担任过部长。与这些人平起平坐的是四位最高军事长官，他们都是“军人出身”①。就军事角度而言，或许理想的顶层文官是国会领袖，但事实是军事决策的工具。但也并非总是如此。例如，最近海军部长由于“政策分歧”撤掉了一位海军上将的职务。[14]毫无疑问，双方之间会产生紧张情绪，同所有人一样，在某种程度上都是自身历史的囚徒。

诚然，高级军官中也存在派系，各自之间存在各种联系，和特定的文官政策和小集团也存在各种联系。这些情况变得愈发明显，当隐藏的紧张关系变成公开争论时——例如麦克阿瑟被撤销东部军区司令时。那时，除了主张亚洲优先（Asia First）战略的麦克阿瑟派系，还有重视欧洲的马歇尔派，影响力都在下降。还有艾森豪威尔 – 史密斯集团，拥有巨大的影响力，但是没有掌控军队；布拉德利 – 柯林斯集团是掌控军队的首要集团②。[15]有的人认为服役的意义在于，在前线军官的领导下建立起真正专业化的武装力量，有的人则对新专家和

---

① 阿瑟 · 雷德福上将是参谋长联席会议的主席，他的父亲是一位土木工程师；海军作战部部长罗伯特 · B. 卡尼上将（Robert B. Carney）的父亲是海军司令；陆军总参谋长马修 · B. 里奇韦将军（Matthew B. Ridgway）的父亲是一名军官；空军总参谋长特文宁将军（Nathan F. Twining）的两个兄弟毕业于海军学院。[13]

② 例如，参谋长联席会议成立于 1953 年，控制了太平洋地区的所有指挥职位，对于他们的任命，有人认为比起被他们取代的布拉德利、柯林斯、范登堡和费克特勒，他们更具亚洲思维，而不是欧洲思维。据说，他们所有人都支持讲求战术的空袭——至少他们不是纯粹只知道“大轰炸”的人。事实上，雷德福上将是太平洋舰队的总司令，他领导了 1949 年因 B-36 预算争议引起的“海军上将起义”。[16]

参谋人员的崛起感到很满意，他们之间显然存在明显的分歧。[17]

随着军队权力的增加，可能会产生更多关系紧张的派系，尽管表面上是“统一”的——当然这绝不可能实现。当军队是为了生存而战的少数派时，他们更容易团结在一起，当他们在权力精英中占据支配地位时，他们面临的已经不再是生存的问题，而是扩张问题。

20世纪初，民兵体制实现了集中化；现在，武器系统的发展使步枪沦为玩具级别的武器。在集权控制下，民兵的武装发展成训练有素的组织，镇压非法暴力的手段也有所增加。因此，军事统治阶层外部是缺乏军事才能的人。但与此同时，几乎所有人都像士兵和文官一样被卷入战争，这说明他们在以华盛顿军界领袖为领导的统治集团内接受训练。

六

海陆军将领们的最近一次轻型武器会战，是在大陆汽车公司的度假村与企业行政官们一起参加的猎鸭活动。事实上，一家保险公司“连续15年为官员们提供保险服务，其中包括‘二战’期间……幸存者……在朝鲜战争中，战区投保官员的死亡率低于行业平均水平。”[18]更为深入的一点是，塞缪尔·马歇尔准将（S.L.A.Marshall）的研究表明，在“二战”期间的任意一次行动中，能够把枪口对准敌人并真正开枪的士兵不足25%。[19]

相比人们眼中固化的战士形象，海陆军上将更像职业化的行政官。1950年[20]的陆军上将中，有三分之二毕业于西点军校，1900年至1950年的所有海军上将都毕业于海军学院。他们中的大部分人都参加了“一战”，且大部分都经历了二三十年代反对军国主义、呼吁和平、祈求拨款、否决军火商报价这些事件。他们的上司都像潘兴将军一样注重仪表。

在两次世界大战之间的岁月里，他们的职业生涯没有任何起伏波动。从某种程度上来说，军人没有接到命令要求他们运用专业技能，无异于不接诊的医生，蹉跎年华。但是，他们一直在服役。或许这就是他们在这些时期的发展轨迹：他们深藏心底、难以察觉的欲望不断增强，希望符合标准，在下级面前保持冷静，不动声色，最重要的是，不要擅自打乱指挥系统的安排。不能让他们的上司察觉任何与之相左的事情，这一点很重要。无论在国内还是国外，职业军人都生活在他们的小圈子内，不干涉国家经济和政治生活。文官疑心重重，军人应该远离政事，大部分军人对此并无不满。

在“一战”和“二战”之间的太平时期，军官军旅生活的主题是军衔。想要通过资历晋升为上校，必须越过由四五千名军官集结而成的“驼峰航线”（The Hump），而且这些军官大多都参与了“一战”。要越过驼峰，从少尉晋升为上尉，需要22年之久，50岁之前晋升为上尉的概率极低。[21]

在这段和平时期，军官的社交生活也仅仅围绕着军衔。一方面不受文官认可，一方面不受军方赏识，因此他们有着强烈的军衔意识。乔治·马歇尔将军夫人清晰地记得那段时期，她回忆了一位军官夫人的话：“在茶会上，常常会邀请高官夫人喝咖啡，而不是喝茶，因为咖啡更高档。”她还记得上校在经济萧条时期的生活，那时军费吃紧，实弹射击练习都减少了：“我们在莫尔特里堡的住所不是家，而是旅馆。房子是在温暖惬意的日子里由海岸炮兵建造的，但现在维修不善。房子的42扇法式门通向高低两层走廊，走廊从三面围绕着房子。”马歇尔晋升为将军时：“住所前停放着一辆崭新的帕卡德轿车，以替换我们之前的小福特。他对晋升为将军职位感到异常兴奋，在经济萧条时期，帕卡德轿车实属巨大惊喜，我也是喜不自胜。”[22]

另一位上校夫人回忆军官夫人的等级秩序称：“有人提议选举一个委员会购买图书，这时，知道我弱点的军医夫人轻声说出我的名字，上校夫人则举荐了在场的三位级别最高的夫人。”她还回忆了海外高级军官的生活：“驻中国的参谋部是一个五人小组……经济萧条时期，开支被冻结，弹性津贴遭削减，除一位海军上将外，没有其他将军受此影响，对下级军官造成的伤害更大，上尉、中尉、准尉和护士分摊了75%的削减份额。”[23]在这段和平时期，艾森豪威尔少尉结识了玛米·多德（Mamie Doud），其父十分富有，36岁就已退休，在丹佛与家人一起享受安逸的生活，冬天则前往圣安东尼奥。[24]

据说，截至1953年，“按照惯例，一位职业军官到45或50岁时，能够积累一笔高达5万美元的保险金。”[25]对这一时期海军军官的报道是：“夏季巡航是令人激动人心的事情，高层军官拥有金质肩章和特权，让你觉得自己是个大人物……你经过学习，变得彬彬有礼，圣诞节前往费城去室友家做客，初尝社会对品貌兼优的年轻海军的厚爱……听了太多不要心存优越感的教诲，反而让你觉得较之寻常百姓自己真的不寻常，但不要显露出这种想法。”[26]

凡勃伦认为“战争是光荣的，尚武之人的英勇理应得到尊敬”。[27]但在美国，真实情况并非如此。认为军官通常来自以凡勃伦为代表的有闲阶级，或最终成为他们中的一员，这种观点也是不正确的①。海军比陆军更加真实，空军是新型军事力量，发展形势还不明显。总的来说，海陆军高级军官是中上阶层成员，而非绝对的上层或底层。他们中只有极少数人出身工薪阶层，他们的父辈是专业人士、商人、农场主、公务员和军人，他们中绝大多数都是新教徒，主要是圣公会教徒和长老会教友，极少数人是普通士兵。[29]

现在，“二战”几乎对他们所有人而言都是重大事件，是现代军旅生涯以及与之息息相关的政治局势、军事情况和社会形势的转折点。现在，高层中的年轻军官领导团、师作战，年长军官则在军事扩张中迅速获得晋升，进入国内

① “事实是，我们海军军官的待遇是全世界最好的，”1903年官方声称，“然而，对军队职位的追求没有给人们带来与金钱相关的诱惑。如果他们没有外部收入来源，就只能依靠工资生活；60%（或者更多）的人收入没有超过他们获得职位所支付的（40%的人收入达到了他们所支付的）……大多数重要的细节，可能是美国在国外某个公使馆的武官的……获得这些职位的人通常都有他们自己的外部收入，比如通过家族关系。”[28]

外的军队总部。

七

对职业军人的声誉来说，相比于其他社会地位的象征，社会出身和早期背景则不那么重要。未来的海陆军将领的培训开始得很早，因此根深蒂固，他们进入的军事世界包罗万象，以至于生活的重心完全落在军界内部。鉴于此，无论是出生于木匠家庭还是富豪家庭都不那么重要。

当然，不应该太极端。军人在美国精英中最具官僚气息，但也不是绝对的。如所有官僚机构一样，军队高层的官僚氛围也没有中下层那般浓厚。然而，当观察一个人的军旅生涯时，我们发现了一个不能偏离太远的核心事实，即海陆军将领的大部分军旅生涯都统一遵循事先安排好的模式，一旦我们知道了这种标准化职业生涯的基本规则和关键环节，我们就能从众多职业生涯的详细数据中知道一切。

军队挑选并塑造具有职业技能的成员。西点军校和海军学院是严苛训练的开始——基础训练中难度系数较低的服役任务——表明军队试图打破早期的文官价值观及其情感，以便尽可能根植一种全新的品质结构。

破除之前已形成的情感，途径是改变招募新兵和分派任务的方式。必须要抛弃以前的身份，以便以军人的身份实现自我认知。必须屏蔽往日的平民生活，从而高度重视军队实况，从内心深处接受军方的观点，在军队等级制度内按规定获得成功、感到自豪，他的自尊完全基于同级和指挥部中上级对他的评估。他的军人角色和他所属的军队，以上流社会的形式展现在他面前，以各种正式和非正式的方式强调所有社交礼仪，鼓励他同身份高贵而非出身卑微的女子约会。因此，他认为自己进入了上流阶层的重要部分，随之，他认为自己是高级组织的忠实成员，于是，他自信满满。在美国，唯一可媲美军事教育课程的是都市 400 强的私立学校，但这些私立学校并不符合军队的教育标准。[30]

西点军校和海军学院是军事将领的起点，尽管在军事扩张的紧急情况下有许多其他的征兵途径和训练方式，但这两所院校是军队精英的训练基地。[31]当今大部分陆军上将和所有海军上将都是从西点军校和海军学院毕业的，他们自己也意识到了这一点。事实上，如果他们没有这种等级意识，这些挑选品质、塑造品质的机构所做的就是失败之举。

军队的等级意识是职业军官团体的基本特征，自美西战争以来，职业军官团体就取代了旧式权力分散、带有些许当地政治色彩的民兵体制。“目标是舰队，”海军上校纳尔顿（L. M. Nulton）写道，“信条是责任，问题是培养军人品质。”[32]当前大部分的海军上将在西点军校时期，海军中校主张：“海军学院的纪律充分阐述了这条原则，即在每个军区，纪律都意味着简单有序的生活，这是正确生活的条件，因为如果没有正确的生活方式，文明就无法存在。不按正确方式生活的人将被强迫遵守，而且必须对被误导的个体加以限制。这些仅仅只是严格的纪律或一种惩治形式。诚然，军区理应如此。如果使这些人感受到专制、死板、强硬的手腕，从而驱使他们从一个组织到一个他们无权加入的组织，世界可能会变得更美好①。”

军界对其成员有着决定性的影响，因为它精心招募新兵，打破业已形成的价值观，让他们与平民社会隔绝开来，这将伴随他们一生的职业和行为标准化。在这样的职业生涯内，轮换执行任务有助于培养相似的技能和灵敏度。在军界，一个较高的职位不仅仅是一个工作或是职业生涯的高峰，显然，它是包罗万象的纪律体系下形成的整体生活方式。军人也参与到了官僚等级生活中，培养了

① 他说：“星期天有义务去教堂……（这使）他意识到，他不仅仅是一个个体，而是一个组织中的一员，即便是在他祈祷的时候，教堂的祈祷者也证明了这一点，每周日早上他听见有人为自己在舰队上的兄弟祈祷，有人为军校的同伴祈祷……[33]

自己的品格，树立了自我形象，军人常常潜心于此，或者像合格的文官一样沉沦于此。作为社会的产物，他们直到最近才基本上与美国生活的其他领域完全隔绝；作为封闭教育系统的智慧产物，他们的经验被职业规范和一系列工作所控制，他们被塑造成高度统一的类型。

两星或以上军衔的现代军事将领，无论是内在还是外表，都比上流阶层的其他成员更具相似性。就外表而言，正如约翰·P. 马昆德①所观察到的，[34]他们的制服似乎包括面具，这当然是指他们典型的表情——双唇紧闭，眼神镇定，似乎面无表情，身姿挺拔、肩臂垂直，步伐一致。他们不是小步慢走，而是阔步前行。内在方面，因为整个生活和培训系统是成功的，他们的反应和主张都非常相似。据说，他们拥有"军事头脑"——一个无意义的短语：这说明他们是官僚机构专业培训的产物；说明他们是一个集正规挑选、共同经验、友谊和活动为一体的体制的产物——所有这些都包含在一个相似的例行程序中；说明事关纪律——意味着指挥系统迅速和无条件地服从。军人思维还表现为持相同观点，这是基于他们将事实抽象解读为军队事实。甚至在军事范围内，这种思维不相信"理论家"，可能仅仅是因为他们与众不同，官僚主义的思维方式是有条理且具体的。

军事将领成功在军事等级制度中攀爬，比其他人获得了更多的殊荣，也因此自信满满，伴随着他们问鼎高位而来的各种待遇更为他们增添了自信。如果他们失去了对自己的信任，那么他们还有什么可失去的呢？在有限的生活范围内，他们通常很有竞争力，但是就他们坚定不移的忠诚度而言，对他们来说，这个领域是唯一有意义的生活区域。他们处在一个有特权且特权分级别的机构内，经济上有保障，可以高枕无忧，不过通常来说，他们并不是富豪，但也从未体会过中下阶层讨生活的艰辛。正如我们所知，指挥系统内的等级秩序延续

① 约翰·P. 马昆德（John P. Marquand，1893—1960），美国作家，普利策小说奖得主。——译注

到了他们的社会生活中；正如他们自己所知，在明确、有序的身份等级下谋取地位，并各安其位。

在军界，辩论没有劝说重要，重要的是一方服从，一方指挥，即便不重要的事情也不会由投票表决。因而，军队生活会影响军人对其他机构和他们自己的看法。军事将领通常将经济机构看成是军事生产的手段，将大型企业视为运转不佳的军事设施。在他们的世界里，工资是固定不变的，工会是遥不可及的。军事将领将政治机构视为障碍，满是纪律散漫、脾气暴躁的腐败、无能之辈。如果听闻文官和政客贬损他们，他们会勃然大怒吗？

正是在这种条件下形成的思维和观点，他们才在战后占据了有重大决策权的位置。不能说——不久我们就能确定——他们一定要谋得这些新职位；他们的地位得到提高，在很大程度上是由于文官政客失职。或许正如福里斯特①的类似评论，缺乏想象力的精英制定的政策，需要由同样缺乏想象力的人来执行。[35]但也可以说，托尔斯泰认为战场上的将军通过他的行为树立军心，他知道战场上的混乱意味着什么，在此基础上，我们认为将军掌管着致使暴力手段多样化的人和机器。

和两次战争之间的职业活动不同，“二战”后的军事将领被提名为高级将领，将在五角大楼度过一段特殊的执勤期，五角大楼内的中下级军官高傲地望着自己的肩章，高层文官和军官则彼此提防。陆海军中校如果在五角大楼或附近当职，在 30 岁时可能会实现飞跃。身为复杂机构中的小成员，可能会被位高权重者看中，推举为参谋职位，然后担任有前途的指挥职务。潘兴看中了乔治 · C. 马歇尔，尼米兹看中了福里斯特 · 谢尔曼，哈普 · 阿诺德看中了劳里斯 · 诺斯塔德，艾森豪威尔看中了格伦瑟，格伦瑟看中了斯凯勒，谢尔曼看中了尼米兹。格伦瑟被艾森豪威尔看中，斯凯勒被格伦瑟看中。

① C.S. 福里斯特（C. S. Forester，1899—1966），英国小说家。——译注

未来，五角大楼上将的数量会多于少尉，未来的军事将领将会在五角大楼做什么？他不再指挥人，甚至不再短暂指挥一位秘书。他将会阅读报告，并总结为内部备忘录；用颜色标签标注文件，红色代表特急，绿色代表加急，黄色代表急件。他会在232个委员会中的某一个任职，为决策者准备好信息和意见，维护上司的意见，努力成为出色的“新来者”，会作为大人物身边聪明的年轻人在企业界为人熟知。正如身在官僚主义的迷宫一样，需要借助“标准操作程序”了解还要多长时间才能处理完信件，从而成为督办员、管理者。身在底层，可以请另一位秘书为他的办公室效力，在高层，则有另一个“空中羽翼”。现在我们必须要观察的是，正处在高层的军事将领们的活动。

注释：

[1] 参见 Gaetano Mosca，*The Ruling Class*（Hannah D. Kahn 译）（New York：McGraw-Hill，1939），特别是 pp. 226 ff.，还有 *Livingston's Introduction*，pp. xxii ff.

[2] John Adams，*Discourses on Davila*（Boston：Russell and Cutler，1805），pp. 36-7.

[3] Ray Jackson，“Aspects of American Militarism，” *Contemporary Issues*，Summer 1948，pp. 19 ff.

[4]“Why An Army?”，*Fortune*，September 1935，p. 48.

[5] 参 见 Stanislaw Andrzejewski，*Military Organization and Society*（London：Routledge & Kegan Paul，1954），pp. 68 ff.，关于西方“军国主义”最好的书无疑是 Alfred Vagts，*A History of Militarism*（New York：Norton，1937）.

[6] 为了进一步详细研究而挑选的将军和上将，我从登记在册的官方军队、海军和空军中，按照正规的自上而下的顺序进行选择。1900年的军人出现在1895年至1905年的登记册中，包括以下十五名少将：Nelson A. Miles，Thomas H. Ruger，Wealy Merritt，John R. Brooke，Elwell S. Otis，Samuel B. M. Young，Adna R. Chaffee，Arthur MacArthur，Lloyd Wheaton，Robert P. Hughes，John C. Bates，James F. Wade，Samuel S. Sumner，Leonard Wood，George L. Gillespie。

1895年至1905年的登记册里出现的64名海军少将中，只选取了那些出现了至少三年的人。这在任何给定年份产生了18名海军上将：George Brown，John G. Walker，Francis M. Ramsay，William A. Kirkland，Lester A. Beardslee，George Dewey，John A. Howell，William T. Sampson，John C. Watson，Francis J. Higginson，Frederick Rodgers，Albert S. Barker，Charles S. Cotton，Silas Terry，

Merrill Miller, John J. Read, Robley D. Evans, Henry Glass。

我要感谢 Henry Barbera，我使用了他 1954 年的哥伦比亚大学硕士论文，其中提供了关于 1900 年和 1950 年与军事职业有关的数据。

[7] Gordon Carpenter O'Gara, *Theodore Roosevelt and the Rise of the Modern Navy* (Princeton: Princeton University Press, 1943), p. 102.

[8] 参见例如，*Business Week*, 26 September 1953, p. 38.

[9] Lieutenant Colonel Melvin B. Voorhees, *Korean Tales* (New York: Simon and Schuster, 1952), 转引自 *Time*, 3 August 1953, p. 9, 作为 *Time* 的评论。

[10] 以下关于五角大楼的真实信息来自这份报道，*Time*, 2 July 1951, pp. 16 ff.

[11] The Hoover Commission，引用 Harold D. Lasswell, *National Security and Individual Freedom* (New York: McGraw-Hill, 1950), p. 23.

[12] Hanson W. Baldwin, "The Men Who Run the Pentagon," *The New York Times Magazine*, 14 February 1954, pp. 10 ff.

[13] 参见 "The New Brass," *Time*, 25 May 1953, p. 21; "New Pentagon Team," *The New York Times Magazine*, 26 July 1953, pp. 6, 7; 和 Elie Abel, "The Joint Chiefs," *The New York Times Magazine*, 6 February 1955, pp. 10 ff.

[14] 秘书罗伯特·B. 安德森（Robert B. Anderson）和海军少将霍默·N. 沃林（Homer N. Wallin）。海军将领沃林从五角大楼的顶级职位，被转移到华盛顿州布鲁默顿的普吉特海军场；事实上，海军将领告诉安德森，内容是"支持广泛的政策，把细节留给海军上将"。参见 *Time*, 10 August 1953, p. 18.

[15] Hanson W. Baldwin, "4 Army 'Groupings' Noted," *The New York Times*, 9 May 1951.

[16] "New Joint Chiefs," *Business Week*, 16 May 1953, pp. 28-9.

[17] Hanson W. Baldwin, "Skill in the Services," *The New York Times*, 14 July 1954, p. 10C.

[18] "Insuring Military Officers," *Business Week*, 15 August 1953, p. 70.

[19] S. L. A. Marshall, *Men Against Fire* (New York: Wm. Morrow, 1947), pp. 50 ff.

[20] 参见上面的注释 6。从 1942 年到 1953 年的军队登记册中发现了 36 个人，每个人都是四星或五星级将军：George C. Marshall, Douglas MacArthur, Malin Craig, Dwight D. Eisenhower, Henry H. Arnold, Joseph W. Stilwell, Walter W. Krueger, Brehon B. Somervell, Jacob L. Devers, Mark W. Clark, Omar N. Bradley, Thomas T. Handy, Courtney H. Hodges, Jonathan M. Wainwright, Lucius D. Clay, Joseph L. Collins, Waide H. Haislip, Matthew B. Ridgway, Walter B. Smith, John E. Hull, James A. Van Fleet, Alfred M. Gruenther, John R. Hodge, Carl Spaatz,

Hoyt S. Vandenberg，Muir S. Fairchild，Joseph T. McNarney，George C. Kenny，Lauris Norstad，Benjamin Chidlaw，Curtis E. LeMay，John K. Cannon，Otto P. Weyland。

同出生在 1893 年的典型的 1950 年将军，父母是美国人，并且祖先是英国人。他花了 35 年时间，从在学院或服役的第一年，到在 52 岁获得他的最高指挥地位或将军职位。他的父亲来自中上阶层，是一位专家，可能有一些政治交情或关系。这个代表性的将军毕业于西点军校，此外，他从陆军四所学校毕业。如果信仰宗教，他可能是新教徒或者圣公会教徒。他会习惯地和一个中上阶层的女孩结婚，并且她的父亲可能是一位将军，一个专家，或者一名商人。他属于三个团体，举例来说，陆海军队，陆海军国家，共济会。他已经写了两本书，而且有人写了一些关于他的书。他获得了两个荣誉学位，并可能希望获得更多。

1950 年挑选的 25 位海军上将和五星上将是：Harold R. Stark，Ernest J. King，Chester W. Nimitz，Royal E. Ingersoll，William F. Halsey，Raymond A. Spruance，William D. Leahy，Jonas H. Ingram，Frederick J. Horne，Richard S. Edwards，Henry K. Hewitt，Thomas C. Kinkaid，Richoon K. Turner，John H. Towers，Devvitt C. Ramsey，Louis E. Denfield，Charles M. Coke，Richard L. Conollv，William H. P. Blandy，Forrest P. Sherman，Arthur W. Radford，William M. Fechteler，Robert B. Carney，Lynde D. McCormick，Donald B. Duncan。

1950 年的海军上将出生在 1887 年，父母是美国人，并且祖先是英国人。从进入海军学院开始，需要花 40 年的时间登上指挥职位的顶峰，当他达到这个位置时，他已经 58 岁了。他出生在美国东部—中北部的某个地方，在沿大西洋中部区域长大。他生在城市地区，当他 17 岁的时候，就成为一名军人。他的父亲在当时属于中上阶层，家庭里可能拥有一些重要的政治关系。他从海军学院毕业，在这之前还上过其他一些学院。在服役期间，他还拿到了专门学校的学位，例如，美国海军战争学院（中校和上校的顶尖学院）。他的宗教信仰是美国圣公会，岳父来自于中上阶层，要么是专家要么是商人。他可能写了一本书，或者现在正在写。他可能获得了一个荣誉学位，如果没有，也希望不久之后能够获得。

[21] “Who’s in the Army Now?” *Fortune*，September 1935，p. 39.

[22] Katharine Tupper Marshall，*Together*（New York：Tupper and Love，Inc.，1946），pp. 8，17，22；另参见 Anne Briscoe Pye 和 Nancy Shea，*The Navy Wife*（New York：Harper，1949）.

[23] Helen Montgomery，*The Colonel’s Lady*（New York：Farrar & Rinehart，1943），pp. 207，151，195.

[24] *Time*，2 June 1952，pp. 21-2.

[25] *Business Week*，15 August 1954.

[26] “You’ll Never Get Rich，” *Fortune*，March 1938，p. 66.

[27] Thorstein Veblen，*The Theory of the Leisure Class*（New York：Macmillan，1898，pp. 247-9.

[28] H. Irving Hancock, *Life at West Point*（New York：Putnam，1903）, pp. 222-3，228.

[29] 1898 年至 1940 年，在正规军中担任将级军官一职至少一年的 165 名男子中，68%是西点军校毕业生，其中大部分是在 20 世纪前十年服役的。这些人中 2%是工人阶级出身，27%是专家的儿子，21%是商人，22%是农民，14%是公职人员，14%是军人。63%或者是圣公会教徒或者是长老会教徒，28%是其他类型的新教徒，9%是天主教徒。参见 R. C. Brown，"Social Attitudes of American Generals，1898-1940，" University of Wisconsin Ph.D. Thesis，1951.

[30] 关于专业的军事教化的优秀描述，参见 Sanford M. Dornbusch，"The Military Academy as an Assimilating Institution，" *Social Forces*，May 1955；参见 M. Brewster Smith 对第二次世界大战后备军官学校的描述，这被描述为"大体上是对候选人个性的攻击"和"培养一种积极的军官性格"。S. A. Stouffer，以及其他人，*The American Soldier*（Princeton：Princeton University Press，1949）, vol. I，pp. 389-90.

[31] "在第一次世界大战爆发时，西点军校的军官占了军队正规军官的 43%。紧接着，他们占据了主要的职权位置……所有的军队指挥官，以及 38 个部门和军团的指挥官中有 34 人都来自该学院。在第二次世界大战期间，尽管西点军校的军人只占总军官的 1%，在战争结束的时候，他们占部门和高级战争指挥官的 57%。"少将 Maxwell D. Taylor，*West Point：Its Objectives and Methods*（West Point，November 1947）, pp. 16-17.

[32] 引自 Ralph Earle，*Life at the U.S. Naval Academy*（New York：Putnam，1917）, p. 167.

[33] Earle，同上 pp. 165，79，162-3.

[34] John P. Marquand，"Inquiry Into the Military Mind，" *The New York Times Magazine*，30 March 1952，pp. 9 ff.

[35] C. S. Forester，*The General*（New York：Bantam Edition，1953）, p. 168.

第九章

军界地位上升

在珍珠港事件后，那些掌控了大规模暴力手段的人开始享有极大的自主权，同时在同事们中间拥有巨大的政治和经济实力。一些职业士兵放弃了军人身份，享受军队外的高层生活。有权势的人在经济、政治以及教育和科学方面建言献策、提供信息、做出决策判断，这些都影响着其他依然保留士兵身份的人。在有争议的政策上，海陆军上将无论在工作上还是在生活中，或公开或隐蔽地利用自己的权威，尝试左右底层群众的观点。

在许多这种争议中，军界领袖们都得到了他们想要的结果；在其他的争议中，他们阻止那些自己不赞同的行动和决定。在一些决定中，他们拥有极大的话语权；在其他的决定中，他们与人产生了分歧，并以失败告终。但如今他们是美国精英阶层有史以来最有权威的人。现在，他们在许多生活领域行使权力的方式更加多样，而这些领域以前属于平民；现在他们的人脉更广；在他们生活的时代，精英阶层和普通民众都已经接受了从军事角度定义的“事实”。历史上，军界领袖们一直都处于不安的状态，在美国精英阶层中人缘很差，而现在他们首先是表亲，不久之后可能会成为嫡长兄的关系了。

一

虽然陆海军上将在政治、经济决策上的参与度逐步提高，但并没有摆脱军事训练对他们造成的影响，这些训练塑造了他们的性格和世界观。但从更高层次上说，在新职业上取得成功的条件已经发生了变化。细致观察就会发现，一些将领和人们脑海中典型的企业高管的形象并无太大出入，而另一些将领看上去似乎更像古怪的政客而非传统的军人。

据说，军人出身的官员，譬如国防部长，实际上对自己所从事领域的了解，可能还比不上一些对军事或军队人事知之甚少的平民，他很容易被身边的陆海军上将蒙蔽。人们也常常认为，政界中的军人没有坚定、新颖、果决的政策路线，甚至在平民政治领域中，也由于缺乏专业知识和具体目标变得漫无目的，甚至软弱无力。[1]

另一方面，我们不要忘了军队训练和军旅生涯给他们灌输的自信心。那些在军旅生涯上取得成功的人通常都拥有十足的信心，并且能随时将这种信心运用到政治和经济领域中。跟其他人一样，他们当然也会接受老朋友的帮助和精神支持，这些老朋友主要也是来自于军队，因为军人职业在历史上还是相对孤立的。个人层面如何我们暂且不提，但是在团队层面，目前军人团结一致，在处理国家政策方面的能力可能是最为突出的。没有其他任何团队在协调经济、政治和军事事务上接受过训练；没有其他任何团队具有持续做决定的经验；没有其他任何团队能够如此容易地吸收其他团队的技能，或者如此迅速地运用自己的技能；也没有其他任何团队，能够如此稳定地获取世界各地的信息。更重要的是，政治和经济事实的军事定义在文职政客中十分盛行，但这并不意味着削弱了军界领袖的信心、制定政策的渴望或在上流社会制定政策的能力。

过去十五年间，军队高层一直在“政治化”，这是一个比较复杂的过程：作为职业军官，一些军人在军队扩张的过程中获得了既得利益，包括个人、机构和意识形态方面的利益。作为官僚，有些军人疯狂地扩张自己的领地。作为权贵，有些军人异常傲慢，还有一些则非常精明，他们寻求影响力，认为行使权力具有很高的价值，十分享受行使权力之乐。但是并非所有的军人都是出于这样的动机①。职业军人没有争取政治权力的天性，或者说，至少我们不能归于争取政治权力这个动机。因为即使他们对政治权力没有欲望，但是权力本身对政治至关重要，在文官默认的情况下，可能或事实上已经将权力强加给了他们；无论他们愿意与否，都已经在很大程度上被文官利用，以达成文官们自己的政治目的。

从政党的角度来说，训练有素的海陆军上将是将政策合法化的优秀人选，因为他们的手段精明，能将政策提升到“政治之上”，也就是说政策将免于政治辩论，直接进入行政部门，如艾森豪威尔将军竞选总统时，政客约翰·福斯特·杜勒斯（John Foster Dulles）发布支持言论称，我们需要有能力“制定伟大决策”的人。[3]

从行政官员的角度来说，之所以认为军人是有用武之地的人，是因为他们都接受过执行技能培训，而且没有被贴上谋私利的标签。缺少专门的甄选、培训和鼓舞职员的文官队伍（Civil Service）②，利用军队就变成了更好的选择。

因此，政客们躲在所谓的军事专家背后，而不去履行自己辩论政策的职责，躲在军人的背后，利用他们的专业技能；行政官员们工作失职，没有为人民提供真正的职业服务。由于这些文官工作失职，职业军人的地位获得提升。正是由于这些原因，军队精英——很可能既不是出于政治任命，也不必负任何政治责任——被卷入到高层的政治决策中。

军人一旦登上政治舞台，不管是自愿地、勉强地抑或是不知不觉地，他们都会受到批判；他们在政治上开始具有争议性，就如同其他政客一样会被攻击，即使他们没有明确地涉及政治，也会受到政治攻击。在文官不被信任的背

---

① “从那些军队管理者进入西点军校起，到他们死后在阿灵顿国家公墓举行军葬礼为止，他们接受大量的教育，期间会被反复告知他们应该远离所有看起来像政治决定的事情，他们应该坚守自己的职责，将其与民权分开。海军上将莱希曾写道：我实在是缺乏政治运动的经验，因此无法形成自己的观点，所以罗斯福跟我开玩笑说，‘比尔，在政治方面，你仍停留在中世纪。’”[2]

② 参见下面第十章：政治局。

景下，军队在政治方面常常饱受诟病。但是现在事态更加严重。汉森·鲍德温（Hanson Baldwin）曾说："1953 年，参议员麦卡锡为了夺取军队的掌控权，带队攻击了一批忠心耿耿的官员，因为他们……服从了自己合法上司的命令。"[4] 麦卡锡因此挤进了指挥系统，连入职仪式也省了。军界领袖看到了这种攻击如何毁掉了公众的信任，以及国务院内部员工的士气，担心自己的组织也会这样被掏空。而且，他拥有可以影响经济事务的权力，占据了多半财政预算的份额，很容易受到行政部门新领导们的攻击，这些领导对他一半依赖一半打击，同时，还容易受到来自蛊惑人心的政客们的攻击，这些政客很会利用他犯下的"错误"，或者帮他制造"错误"。

就如政治渗透到军队一样，军队也会渗透到政治中去。军队已经并且将会继续被政治化，一方面是由于文官失职，另一方面是由于军队决策受文官诟病。

军人们并没有掌握一切实况，或者十分信任自己貌似特别专业的军队知识，他们习惯发号施令，所以在受到批评时反应特别僵化。在军事书中，没有反击参议员的"标准操作程序"。当时似乎只有两种选择：一种是实地指挥，严格服从命令，不做任何政治层面上的怀疑，尤其是在战争期间。换句话说，履行士兵该履行的前进或者后退职责，将自己的尊严置之一旁；另一种选择就是，完全从政治角度出发予以全力反击，可以依照传统的方法与政客联盟，如果他们拥有行政职位的话，或许还有其他的新方法。因为只要他们保留军官身份，他们就无法公开明确地选择政治党派——虽然他们中部分军人已经这样做了。但是总体上来说，他们需要在幕后小心运作——简而言之，他们会乐于与其他军人、企业行政官、政治事务局成员和国会议员一起组成或加入亲军派系的高层。

同时需要谨记：职业军人们接受过训练，拥有经验，非常坚信从军事角度给予的现实世界的定义，同时也要记住，他们拥有各种新的暴力手段，加之文官在外交上令人不安的失职行为，他们发自肺腑地为自己的国家感到担忧。当他们沦为无政治倾向的施暴工具时，那些信念最为坚定——或用他们的话来说——能力最强的人会感到沮丧。而且，他们中的许多人或由于职位太高，或由于卷入太深，而无法实现具有军人风度的退出。

正是由于情形如此，我们必须明白军界领袖的政治手段，而且现在军人在权力精英中的影响力更甚。军人被认为仅仅是政客的工具，但他们面对的问题越来越需要他们做出政治决策。如果把这种政治决策看成是“军事必需”，那必然是把文官的职责——如果不是决策权的话——让渡给军事精英。如果现在文官精英坚持的这种形而上学的军事概念为大众所接受，那么按照这种概念，战争是唯一的现实，也就是说战争是我们时代的必需品。

二

随着美国成为世界强国，军事机构得到了扩张，军队高官直接进入了外交圈和政治圈。比如，陆军司令马克·克拉克（Mark Clark）拥有的政治经验是美国任何其他现任军界领袖都无法比拟的，他坚信自己所称的“兄弟系统”，即政客与军人携手合作。对此他曾经说过：“以前很多美国将军对于政治的态度是‘去你的政治，我们待会再谈它’，但是现在他们不能这样做了。”[5]

1942 年，克拉克将军在北非与达尔朗上将和吉罗将军打过交道，接着在意大利掌管第八集团军，然后在奥地利担任占领区指挥官，1952 年他成为美国远东司令部总司令、驻朝鲜的联合国军司令，同时也担任“二战”后美军驻日本的指挥官。乔治·马歇尔将军在担任美国总统私人访华代表后，1947 年至 1949 年担任美国国务卿，并在 1950 年至 1951 年担任美国国防部长。海军中将艾伦·柯克（Alan G. Kirk）在 20 世纪 40 年代末曾担任过美国驻比利时大使，接着担任驻苏联大使。1947 年约翰·希尔德林（John H. Hildring）担任占领区助理国务卿，直接与负责德国、奥地利、日本和朝鲜政策执行的军队指挥官打交道。[6] 美国准将弗兰克·托马斯·海因斯（Frank T. Hines）曾担任驻巴拿马大使；沃尔特·比德尔·史密斯（Walter Bedell Smith）曾担任美国驻苏联大使。后来，史密斯将军在 1950 年至 1953 年间担任美国中央情报局局长，接着在 1953 年到 1954 年担任副国务卿。美国陆军上将卢修斯·克莱曾担任过德国占领区司令；麦克阿瑟将军担任过日本占领区司令。1954 年，前往中南半岛“恢复秩序”的不是任何一个外交家，而是前陆军参谋长约瑟夫·劳顿·柯林斯（J. Lawton Collins）。他曾形容中南半岛“对东南亚乃至整个世界都具有十分重要的政治和经济意义”。[7]

更重要的是，不管是否以军人身份，高级军官都卷入了政策辩论中。对于军队过度影响文官所做的决策，奥马尔·布拉德利（Omar Bradley）将军曾是立场最明确的反对者之一。他曾在国会委员会和广大民众面前，公开支持经济、政治以及严格意义上的军事政策。再例如，马歇尔将军对《瓦格纳–塔夫脱议案》进行过驳斥，该议案同意巴勒斯坦增加接纳移民的数量，并作为犹太人自治领地继续发展。[8] 当共和党攻击杜鲁门政府的远东政策，并要求将远东司令麦克阿瑟将军撤职时，马歇尔将军与谢尔曼上将、布拉德利将军、范登堡将军以及陆军参谋长柯林斯一起在国会委员会前进行过抗辩。

布拉德利将军曾经发表了无数演讲，而这些演讲的内容很快就被塔夫脱和汉森·鲍德温等参议员理解为影射 1952 年的总统选举。汉森·鲍德温曾经写道：“演讲将布拉德利将军以及参谋长联席会议置于与他们毫无相干的政治选举之中”。[9] 参议员塔夫脱曾指控参谋长联席会议受到政府的控制，并指控该会议只对政策进行附和，而不是提出纯粹的专业意见，塔夫脱的这一指控得到了麦克阿瑟将军和阿尔伯特·魏德迈将军的支持。另外一名将军邦纳·费勒斯（Bonner Fellers）则是共和党全国委员会的成员。

在 1952 年的总统选举中，麦克阿瑟将军在一次公开演讲中直接违反了美国陆军第 600-10 条规定，他攻击了现任政府的政策，在共和党大会上发表主旨演讲，并且明确表示自己会参与总统竞选。但是成功当选总统的却是当时的另外一位在职将军——艾森豪威尔。这些将军和他们制定的所谓的政治政策都获得了其他军人的支持。无疑，现在有的将军支持共和党，有的支持民主党，还有支持或反对个人议员的军官，比如麦卡锡。还有选择支持某一方，从而揭示或者掩饰自己政治倾向的军官。

1954 年，已退休的空军中将乔治·爱德华·斯特拉特迈耶（George E. Stratemeyer）和已退休的海军少将约翰·克罗姆林（John G. Crommelin），后者曾担任过参谋长，他们带领一大群著名的高级军官，为了麦克阿瑟将军的请愿书，[10] 主动募集 1000 万个签名。当时正值军队地位攀升之际，老兵麦克阿瑟的讲话尚在回响："我们军人应该永远服从命令，但是如果这个国家想要继续生存下去，在政治家们无法维护和平时，我们必须要信任士兵。"（1953 年）"我意识到有一个一直存在，以前不为人知但充满危险的事情——我们的武装部队主要效忠于政府行政部门的当权者，而非他们宣誓要保护的国家和国家宪法。没有什么比这更危险了。"（1951 年）[11]

但是，比军人直接担任政治职位、给予私人意见和公开演讲更重要的，是另外一种更为复杂的军队影响：高级军官作为权威人士处理传统军事领域以外的事务，已经得到了政治、经济精英的其他成员以及广大公众的认可。

从 40 年代早期开始，国会对军队的传统敌意已经转变为类似"友好的和信任的"顺从。除了对约翰·埃德加·胡佛①外，参议员们对任何人都不如对高级军官那样尊重与顺从。在政府的一项正式发文里，我们可以读到这样的文字："战争期间，无论做什么或者拒绝做什么，国会几乎都是毫无

① 约翰·埃德加·胡佛（J. Edgar Hoover，1895—1972），美国联邦调查局改制后的第一任局长。——译注

条件地遵循参谋长的意见和要求”。[12]在战略联盟时期，虽然是美国总统和英国首相在“做决策”，但是实际上，那些决策是由军队批准的，或由军队事先组织和提出多个备选决策，总统和首相再从中做出选择。

根据宪法规定，国会应该负责管理国家武装力量并对其给予支持。在第二次世界大战之前的和平时期，国会的职业政客的确与军队讨论军旅生活细节，为他们做决定，辩论战略甚至是制定战术。在“二战”时，国会议员为曼哈顿计划“投”了赞成票，他们完全不知道这项计划会增加多少军队预算，有谣言称，杜鲁门参议员认为将会有大事发生，作战部长的一句话使他停止了所有调查。战争结束后，国会根本无法获取有关军队事务的任何消息，更别说有时间和经验去对这些消息进行评估了。军队高层身为“安全”和“权威”专家，在这层身份下，他们的基本政治、经济决策权大大增加。他们决策权的扩大更多是由于文官在政治上失职——考虑到国会的组织和人事架构，这或许属于必然情况——而不是任何军队的夺权。[13]

三

与其他任何领域的决策相比，外交政策和国际关系领域的决策受到军事领袖及其军事观念的影响最大。在这些领域中，军队地位的上升与其他力量不谋而合，这些力量使文官外交成为一门正在衰落的艺术，汇集杰出人才的外交部门也因此衰落。军队地位上升和外交地位下降，两者发生之际，正值国际事务首次成为美国重大决策的中心，并逐渐变得几乎与所有重大决策密切相关。精英阶层接受了军界对现实世界的定义，职业外交家因此在高层完全丧失了话语权，就如我们认识的某些外交家一样，或至少我们可以猜想到。

战争一度被认为是士兵的事情，国际关系是外交家的事情。但现在，战争趋于全面化和永久化，作为国王的免费游戏，它已经成为迫使民众互相伤害的事情，国家间的外交荣誉准则也已经彻底崩塌。和平不再是一件严肃的事情，只有战争才是。国与国之间、人与人之间不是朋友就是敌人，敌对意识变得机械化、大众化且不带任何真情实感。当所有为和平而展开的谈判可能被视为绥靖主义甚至是叛国时，外交家的积极参与就变得毫无意义了，因为外交已经成为纯粹的战争前奏或是战争之间的插曲，在这样的背景下，外交官就被军事领袖代替了。

关于美国外交和外交家的三组事实对于理解当下实况至关重要：职业外交部门的相对弱势；"调查"和"安全"措施进一步削弱了外交部门的实力；掌控外交部门的人越来越信奉军方观点。

1. 只有当社会生活与政治意图之间的细微差别和谐共处时，曾经作为一门政治工具和社交艺术的"外交"才能发挥作用。社交艺术需要社交风度（礼仪），而这通常是那些受过高等教育和过着上流生活的人所具备的。事实上，那些职业外交家已经成为富裕阶层的代表①。

但是到了 1930 年，外交部门的工作再也无法保证人们获得大使的头衔②。1893 年至 1930 年间的 86 位美国大使中，只有四分之一在被任命为大使前就

---

① 外交家的低工资政策使得他们无法在国外的岗位生存下去，除非他们拥有其他私人收入，这一事实让上文提到的两种选择成为必然。40 年代早期，身居要职的大使每年估计要花费 7.5 万至 10 万美元才能过上与自己职位相匹配的生活，而一名大使的最高年薪才 2.5 万美元。[14]

② 1899 年 18 位高级大使中，没人可以称得上是"职业外交家"，因为他们大部分时间都是在外交部门内部工作。他们中有 10 人在成为大使前从未担任过外交职位；有 6 人到 1899 年时担任外交工作不超过 9 年。只有两人在十多年前就开始从事外交工作：驻土耳其大使奥斯卡·施特劳斯（Oscar S. Straus）和驻德国大使安德鲁·迪克森·怀特（Andrew D. White）。这些大使中的大部分似乎是因为他们对党派的忠诚才得到任命的。他们中有 11 人曾在政界十分活跃；有一半从事过律师职业；有一人曾是教授，一人曾是记者；剩下的 5 人曾经是商人，并且往往从事过律师职业。1899 年的那些大使来自于生活优越的家庭，并且他们往往家境富裕，在商界和政界占据要职，他们在美国和欧洲最好的学校接受教育，其中有 6 人毕业于常春藤盟校。[15]

职于外交部。哈特曼（D. A. Hartman）曾经说过："在英国，大使职位是你在外交部清晰规划的职业生涯的最后一站，而美国的大使职位只不过是商业、政治或律师生涯中迟到的一个插曲。"[16]

在民主党漫长的执政期间，建立了一种以上流阶层为招聘对象的职业服务。1942 年的 32 位大使和高级部长中，近一半毕业于私立预科学校，这些学校的学生通常是都市 400 强的子女；外交部 118 位高级官员中，有 51 位毕业于哈佛大学、普林斯顿大学或耶鲁大学。[17]

1953 年，共和党执政时，外交部总共有 1305 名官员任职于 98 个领事馆以及 72 个外交使团（整个国务院当时共有 19405 名官员）。[18]在这 72 个出访的外交使团中，有 40 个使团的团长曾是职业外交家，或许他们的职位是由总统任命，但他们在外交部的任期不受政府更迭的影响。[19]职业外交家一般有两种选择：一是退休，二是从现任职位辞职，在新政府中担任其他职位。

此时，从事外交工作已经成为担任大使的可靠保障，因为艾森豪威尔总统任命的 25 名高级大使中，有 19 名是职业外交官出身。但是也可以说，到 1953 年，对著名商人、律师或政客来说，被任命为美国驻派到小国家的大使已不再是一种"荣幸"，因为所有小国家的大使职位都由职业外交家担任。[20]但是，在艾森豪威尔总统的任职后期，他开始将失败的政客和政治助手外派到此前一直是职业外交家任职的小国家。因此，约翰·戴维斯·洛奇（John D. Lodge）因为竞选康涅狄格州州长失败而被外派到马德里，代替外交经验丰富的詹姆斯·克莱芒·邓恩（James C. Dunn）。滑雪专家和"艾森豪威尔（竞选时的）拥护者"部门的负责人约翰·塔平（John L. Tappin）被派往利比亚取代职业外交家亨利·维拉德（Henry S. Villard）。[21]一些代表美国形象、更令人垂涎的外交职位，则由身价百万的银行家、大富豪或大富豪的亲属和顾问、高级企业律师和女性继承人的丈夫担任。

2. 甚至在政府换届之前，职业外交家的士气和能力就被相关调查和人员解聘大大削弱了。斯科特·麦克劳德（Scott McLeod）作为时任议员麦卡锡的副手，从美国联邦调查局调任至国务院担任安全和人事部门的负责人。斯科特·麦克劳德坚信“安全”是外交工作的一项基本标准，在检查完所有其他方面的资格条件后，他也强调了这一点，他问自己：“我有多愿意在枪林弹雨中和他躲在同一棵树后？当你这样思考问题时，你的标准就会提得很高。我在调查中常常这样思考。”[22]有很多人无法与麦克劳德在同一棵树后共存，对于许多仍然在任的外交官来说，他们越来越认为当外交情形与华盛顿那边的预想不同时，将该事实上报华盛顿是不安全的①。[23]

在许多人因为忠诚而被解雇后，1954 年秋，有 23 年工作经验的职业外交家约翰·佩顿·大卫斯（John Paton Davies）被解雇了，不是因为忠诚原因，而是由于“缺少判断力、谨慎和可靠性”；他十年前在对华政策上所持的观点与当今政府的政策不一致。[25]职业外交家们对此事的评论反映了他们的心声，国务院政策规划部门的一名最新成员写道：“希望美国民众最终能够明白‘安全’已经变成了一个委婉语，它包含了过去五年中最原始的政治动机，即排除政府部门中德才兼备的人，然后安插那些不会恃才傲物的政治好伙伴。例如，在外交部重组后，明确降低了聘用人员的学历要求，这样一来好像那些愚钝的平庸之辈成了最佳人选”。[26]经验丰富的外交家乔治·凯南（George Kennan）是外交事务方面的杰出研究家，他在普林斯顿大学任教时，建议自己班上学生不要选择从事外交工作。换句话说：“国务院内士气低迷，内部的顶尖人才纷纷逃离，并劝告其他人离开”。[27]

① 当然，这对于外交部门来说并不完全是新鲜事。比如：“对于驻中国部门来说，在第二次世界大战前，该部门有 22 名成员，在 1952 年只有两名人员留下来在华盛顿国务院工作，剩下的大部分仍然在美国政府工作，但是，并不是在朝鲜战争中，在那儿或许他们对中国的详细了解还可以在这场绝望的战争中派上用场。”[24]

3. 当然多年来陆军军官们一直有外派岗位，他们在那里理应担任情报部门的纽带以及大使的助手，但是“在战后时代，他们中很多人几乎毫不掩饰对外交部和国务院的蔑视，并且划清自己与大使的关系，而他们本应该效力于大使①。”

然而，问题远非这种低级别的紧张关系。正如我们所见，军人已经变成大使和特使了。在很多重大国际决策中，高级军官和政治人员组成的派系绕过职业外交家，直接制定决策。在1953年9月美国和西班牙签订的国防协议中，军队没有听从外交家的建议或直接反其道而行之，就制定了与外交相关的政策，与1945年至1946年间处理日本占领的西太平洋岛事件如出一辙。美国与日本签订的和平条约不是由外交家而是由将军制定的；与德国根本没有签订和平条约，只是在军队层面建立联盟并签订了协议。[29]在板门店（朝鲜半岛中西部的一个村庄），出席朝鲜战争停战谈判的不是外交家，而是一位衣领敞开、未系领带的将军。伦敦《经济学人》杂志写道：“美国文官已经形成了这种固化的观点，即有些事情属于纯粹的军事事务，所涉及的问题文官是无法进行充分评估的。但是，英国的理论和经历否认了这两种理念……”[30]

海军上将雷德福曾告知国会委员会，即使要进行一场长达50年的战役，也必须消灭红色政权，身为参谋长联席会议的主席，他主张在奠边府（越南

---

① 1954年4月，在全世界发现驻派莫斯科的军官格罗少将在日记中写道他支持攻打苏联，表达了他对大使的反感，不喜欢他身边的熟人时，军队禁止了驻外官兵保留日记。在访问德国的法兰克福时，他的日记落在了一家旅馆，很快被人从旅馆中偷走，拍下照片，然后还了回去。苏联进行了大肆宣传。从情报工作来说，格罗少将显然是不幸的类型，或许比起将他置于莫斯科的军队情报体系的“破坏体系”，他更不应该受到指责。格罗少将的这种不称职无独有偶。战后最重要的军官位置由铁人迈克·奥丹尼尔（Mike O’Daniel）将军担任，他左右开弓的作战方式似乎是让他担任要职的唯一理由。当战争变得“臭名昭著时，在东欧的两位军官，一个热情友好，一个在黑市倒卖他采购过剩的服装”。另一位将军——在战争时是G2的首领，涉嫌从事黑市交易，从伦敦召回进行调查。[28]

奠边省省会）陷落前，用500架飞机向越南军队投射战术性原子弹。我们曾被私下告知，如果中国公开介入越战，北京将会遭受原子弹待遇。[31]这种政治形势被海军上将雷德福定义为军事事件，因此在这件事情上，他与文职上司国防部部长和国务卿享有同等话语权。1954年8月，马克·克拉克将军公开宣称应将苏联驱逐出联合国，并与其断绝外交关系。时任总统艾森豪威尔将军没有同意这位密友的观点，但总统的话并未让詹姆斯·范佛里特将军停止公开支持克拉克将军的言论。[32]并不是说这是一件太重要的事情，因为一直以来，在重大决策和秘密会议上，联合国经常被直接忽视掉。比如联合国没有组织日内瓦会议；联合国没有考虑过美国在危地马拉的行动。[33]联合国在最重要的东西方冲突中被忽视，以及联合国总体的政治力量在不断弱化。这是外交在战后时代衰败的一个方面，另一个方面是军队人员和军队观点在地位上的提升。

在美国，外交从未被能力卓越、训练有素的职业人员成功培育成一门充满学问的艺术，那些从事外交工作的人至今也无法看到担任最高外交职位的曙光，因为这些职位在很大程度上都是根据政治和商业意图决定的。最近的调查和人员解聘毁掉了美国如今的职业外交军团，以及在未来建立这样外交军团的机会。与此同时，军界已经并且正在进入外交高层。

四

当然，军事机构长期以来一直与经济有着千丝万缕的联系。美国陆军工程兵团——有史以来一直是由西点军校的精英组成的——在和平时期一直掌控着河流和港口的建筑工事。当地的利益集团和国会都知道有望获得拨款分肥，以及让兵团反对美国垦务局计划建设多用途河谷的机会。阿瑟·马斯（Arthur

Maass）在游说不能被打败的论述中告诉我们："实际上，到 1925 年兵团开支占政府普通支出的 12%"。[34]

但现在军事机构与经济的关系已经发生了质的变化①。随着国家预算的增加，军队占据的预算比例也增加了。从第二次世界大战开始，军费预算在政府总预算中的占比从未低于 30%，平均占比已超过 50%。事实上，在 1955 年公布的预算中，每 3 美元中就有 2 美元被划拨为军事安全方面的预算。[36] 同时，政府在经济中发挥的作用增加，军队在政府中发挥的作用也随之增加。

我们需要时刻谨记，军队地位上升发生的时间距离现在有多近。在第一次世界大战期间，军队只在"紧急情况下"暂时进入经济和政治圈高层；直到第二次世界大战期间，他们才以一种决定性的方式介入。现代战争的属性迫使他们这样去做，不管他们愿不愿意，就如他们需要拉拢在经济上有权力的人进入军队一样。一方面，军方只有参与企业的决策制定，才能确保自己的项目能顺利实施；另一方面，企业领导必须对战争计划了解一二，否则他们无法制定战时生产计划。因此，将军们为企业总裁出谋划策，企业总裁也为将军们建言献策。莱文·坎贝尔中将（Levin H. Campbell）曾经说道："我在 1942 年 6 月 1 日成为军械所所长后，要做的第一件事情就是成立私人顾问团，顾问团由 4 位杰出的商业和工业领袖组成，他们对批量生产的各个环节都了如指掌。"[37]

在第二次世界大战期间，企业经济与军队官僚的结合开始产生堪比当前的深远影响。单单是"后勤供应"的规模便使得其在经济上具有决定性话语权：《财富》杂志 1942 年将后勤部比作一个庞大的控股公司。事实上，供应

① 在 1789 年至 1917 年间，美国政府花费了 295 亿美元；但在 1952 年这一年，仅军费拨款就达到 400 亿美元。1913 年，军事设施人均开支为 2.25 美元；1952 年，军事设施人均开支近 250 美元。[35]

部今年被指出花掉了约320亿美元，占美国军费总支出的42%。这使得美国钢铁公司看起来像个唯利是图的奸商，美国电话电报公司像个乡村酒店的电话总机，杰西·琼斯（Jesse Jones）的复兴金融公司（RFC）和其他政府机关像小城镇的摆设。在整个华盛顿，几乎只有一扇门——从哈里·霍普金斯（Harry Hopkins）的军火分配委员会——布里恩·萨默维尔将军（Brehon Somervell）和他的中尉不用乞求、租借或者偷窃。"[38]战时经济组织使经济大鳄和军队领导产生了利益和政治交往："军械所所长的顾问团由约翰斯·曼维尔公司的伯纳德·巴鲁克（Bernard M. Baruch）、刘易斯·布朗（Lewis H. Brown）、克莱斯勒集团的考夫曼·凯勒（K. T. Keller）以及美国钢铁公司的本杰明·费尔利斯组成。军械所的合同由其四个主要的分部签订……每个分部的主管……都有一个工业顾问团辅助，顾问团由与分部打交道的大型武器生产商代理人组成"。[39]

当然在以前，军队机构和企业由文官政客掌控。作为美国最大企业团体的管理者，"军队设立了董事会……成员有总统、秘书和国会军事委员会成员。但是董事会中很多成员，如国会议员，仅仅是表达一下自己对管理是否有信心。即使最有影响力的董事会成员，如总统和国防部长，他们与管理层之间的辩论，犹如门外汉与职业人士之间的辩论，这与企业管理层和董事会之间的关系有天壤之别"。[40]

企业和军队商定的"转型"时间和规则，充分显示出企业和军队将会携手合作。军队可能会丢掉权力；企业已经签订的生产合同将会失效；如果不谨慎处理转型，战时生产开始前盛行的垄断模式很可能会被打破，将军和象征性领取工资的执行官们设法使这种情况不会成真。[41]

第二次世界大战后，军队需求继续影响和促进企业经济的发展。因此在过去的十年中，很多将军没有选择退休，而是加入企业董事会，这种情况十分普遍①。很难让人不做这样的推断：在名利交易中，企业执行官们发现军界领袖对他们十分有益，企业执行官看重军界领袖，主要是因为军界领袖在军中有人脉，对军队的规矩和行事方式十分了解，而不是他们的金融和行业知识。考虑到主要合同都是由军队和私人企业签订的，很容易理解为什么商业记者公开宣称："迈克奈米比任何人都了解康维尔公司最优质的客户是五角大楼，康维尔公司的主席弗洛伊德·奥德姆是迈克奈米的朋友，他对此事也是再清楚不过了。"因此，"在商界这样的话已经传开了：交个将军朋友。哪个政府部门的开支最大？当然是军队！除了掮客，谁是繁文缛节方面的专家？将军和上将都是。那么选择他们担任董事会主席。"[43]

但是，军界和企业圈之间的人员流动率持续增加，这作为了解美国结构性事实的线索，比作为处理战时合同的权宜之计更有意义。高层转变就职领域，军队赖以生存的预算增加，这背后暗含着重大结构性转变——美国现代资本主

① 卢修斯·克莱将军在德国指挥军队，后来作为职业指挥官进入政界，现在是美国大陆罐头公司（Continental Can Company）的董事会主席。詹姆斯·杜利特尔将军（James H. Doolittle）在日本投降前夕是第8航空军的统帅，现在是壳牌石油公司（Shell Oil）的副总裁。奥马尔·布拉德利将军以前在柏林指挥第12集团军，随后坐上了高级参谋的位子，后来成为布洛瓦研究实验室（Bulova Research Laboratories）的董事会主席；在1955年2月，布拉德利主席允许将他的名字——"奥马尔·布拉德利将军"——用于整版广告上，支持对瑞士手表机芯增加关税，理由是为了军事需要。道格拉斯·麦克阿瑟将军在日本和朝鲜是政治将领，现在是雷明顿兰德公司（Remington Rand, Inc.）的副总裁。阿尔伯特·魏德迈将军是中国战区的美方指挥官，现在是AVCO企业的副总裁。海军上将本·莫里尔（Ben Moreell）现在是琼斯与劳克林钢铁公司（Jones & Laughlin Steel Corp）的主席。雅各布·埃弗斯（Jacob Evers）将军现在是费尔柴尔德飞机公司（Fairchild Aircraft Corp）的技术顾问。伊拉·伊克（Ira Eaker）将军是休斯工具公司（Hughes Tool Co.）的副总裁。萨默维尔将军曾经主管军队采购，成为科佩斯公司（Koppers Co.）的主席和总裁，直至1955年过世。海军上将艾伦·柯克在卸任驻苏联大使以后，成为梅尔卡斯特股份有限公司（Mercast, Inc.）的董事会主席和首席执行官，该公司主要从事高精度的冶金工作。莱斯利·理查德·格罗夫斯（Leslie R. Groves）将军是曼哈顿计划的负责人，现在是雷明顿兰德公司负责高级研究的副总裁；克萨达（E. R. Quesada）将军是氢弹测试的负责人，现在是洛克希德公司（Lockheed Aircraft Corporation）的副总裁，沃尔特·比德尔·史密斯将军现在是美国机器和铸造厂（American Machine and Foundry Company）的董事会副主席，海军总参谋马修·B. 里奇韦将军明确拒绝凯泽入侵阿根廷的命令，成为梅隆工业研究所（Mellon Institute of Industrial Research）的董事会主席。[42]

义转向永久战争经济。

在一代人的时间跨度中，美国成为世界上领先的工业化国家，同时也是领先的军事强国。年轻的军人无疑成长于经济和军事联盟的环境中，但是比这更重要的是，他们被明确和反复地教育要把这种联盟传承下去。武装部队工业学院（The Industrial College of the Armed Forces）是军事教育体系中的权威，涉及经济和战争的依存关系。[44]

对于19世纪乐观的自由主义者来说，现在的一切像是一个充满矛盾的事实。当时，大部分自由主义的代表都认为，工业主义的发展会使军国主义在现代事务中沦为极不起眼的小角色。在工业化社会友善的原则下，军事国家中那种英雄式的暴力将会消失。工业主义的发展和19世纪的长期和平不正是如此吗？但是，像赫伯特·斯宾塞①一样对典型自由的期望却被证明大错特错。20世纪的主流趋势展现出，随着经济的集中化，经济融入庞大的阶层中，军队开始发展壮大，并对整个经济结构产生决定性的影响；更重要的是，经济似乎已经变成永久性战争经济，在这种情形下，经济和军队已经在结构上进行了深度融合，军人和相关政策不断渗透到企业经济中②。

"相比漫漫无期的朝鲜战争，官员更害怕的，"阿瑟·克罗克（Arthur Krock）在1953年4月的报告中写道，"是和平……"对和平的畅想会使整个世界放低警惕，摧毁西欧正在斥巨资缓慢建设的集体安全机制，而苏联正在继续保持并加强军事实力，这足以使官员变得犹豫不决。克里姆林宫突然提议调停，股票市场出现抛售，证明了这个国家的繁荣离不开战争经济，同时也暗示了（战争）后方可能出现严峻的经济问题。"[45]

---

① 赫伯特·斯宾塞（Herbert Spencer，1820—1903），英国哲学家，社会学家。——译注

② 对这些趋势的详细讨论，参见下面第十二章：权力精英。

五

科学和技术的发展曾经取决于经济，现在已越来越成为军事秩序的一部分，实际上，军队现在是科学研究的最大支持者和管理者，军方给予的资助相当于美国其他研究的经费之和。自第二次世界大战以来，军事考虑决定着纯科学研究的总体方向，其主要资金来自于军事基金，几乎所有从事基础科学研究的人都为军队工作。

美国在基础研究方面从来都不是领头者，美国的基础研究是从欧洲引进的。在第二次世界大战之前，基础科学研究被投入了约 4000 万美元，其中的大部分资金来源于美国的工业；但是，有 2.27 亿美元花费在应用研究和“产品研发和工程学”上。[46]第二次世界大战期间，理论科学家们非常繁忙，但不是忙于基础研究方面。当时，政府的原子弹计划很大程度上是一个工程学上的问题，但这些技术上的发展表明世界各国正在进行科学和军备竞赛。科研方面缺乏政府的政策支持，军队——首先是海军部队，其次是陆军部队——开始指导和支持理论和应用科学。军队跨界到科学领域，得到了企业家的邀请或允许，因为企业家希望由军队控制政府的科研项目，而非由文职官员来掌控，担心文职官员认为科研是他们的专利，是出于对平民将这些研究看作专利的“意识形态”的担忧。

到 1954 年，政府投入的研究经费约为 20 亿美元（是“二战”前的 20 倍），85% 用于“国家安全”方面的研究。[47]在私营行业和规模较大的大学中，进行理论科学研究的资金支持主要来源于军事机构。事实上，一些大学是军事机构的财政分支部门，军事机构给予的资金支持，是他们从其他渠道获得的资金之和的三到四倍。在战争期间，4 家卓越的教育机构签订了超过 2 亿美元的研究合同，合同不包括原子弹研究的费用，原子弹研究的具体经费不详。

科研军事化的总体趋势一直持续到和平年代。国家科学基金会明确表示，这一事实是“基础科学”没有得到相应重视的原因。1955 年，在 20 亿美元的科学预算中，仅有 1.2 亿美元（6%）用于基础研究，也就是说，85% 拨给了军事技术方面的研究。[48]

军队“风险系统”造成的混乱局势，突出体现了军事机构在科学界的地位得到提升。到 1954 年 10 月，局势已经进一步恶化，万尼瓦尔・布什博士（Vannevar Bush）是“二战”时期科学研究与发展局的局长，他认为必须明确指出科学界“士气低落”的现象，“你不会发现任何罢工……”他说，“但现在的科学家们灰心丧气，觉得自己被剥夺了独立性，事实的确如此。”[49]在充满质疑的氛围中，和阿尔伯特・爱因斯坦一样优秀的科学家公开表示：“如果时光倒流，重新选择如何度过一生，我不会努力成为一名科学家、学者或教师，我宁可去做一名水管工或小贩，有望在当前情况下仍可保有些许独立。”[50]

虽然美国大概有 60 万名工程师和科学家，但只有约 12.5 万人活跃在研究领域，约 7.5 万人为企业开发新商品做研究，另有 4 万人在做开发工程学方面的研究。仅有 1 万名科学家从事各个领域的基础研究工作，据可靠消息，一流发明家的数量不超过一两千名。[51]

这些资深科学家已经深入参与到军方决定的政治事务中，也参与到政治生活的军事化之中。在过去的十五年里，他们已经进入了军事理论研究的真空地带，其中战略和政策几乎合二为一。之所以说这是一个真空地带，是因为美国军事领袖历来不关心这方面，正如白修德①曾指出的那样，比起“理论”，军事领袖们更关心“技术”。因此，随着军事地位的上升，军事领袖开始觉得需要重视理论、科学的军事化和现在为军事领袖服务的科学家们低落的士气。[52]

在教育机构中，追求知识已与为现代社会的各个领域培养特殊人才紧密联

① 白修德（Theodore H. White，1915—1986），原名西奥多・哈罗德・怀特，美国新闻记者。——译注

系在一起。除军校以外，军队开始越来越多地利用私立和公立教育机构的教育资源①。截至 1953 年，372 所高校的男学生中，约 40% 参加了陆军、海军或空军的军官培训课程。相关文科院校开设的军事课程占学校总课程的 16%。就整个国家来说，有五分之一的学生参加了预备役军官训练团，在正常的和平年代，这一比例是前所未有的。[53]

在第二次世界大战期间，军队已经开始利用学院和大学进行专家培训，对参与加速课程的学生进行军事训练。专家培训和繁重的科研项目一直持续到战后。

现在，许多学院和大学都渴望在他们的校园中设立军事培训和研究项目，这既能带来声望又能确保良好的财务状况。而且，大多数军人没有任何特定的教育资格和其他执教能力，开始担任大学管理人员，这实在令人印象深刻。当然，艾森豪威尔将军在当选为总统之前，曾是哥伦比亚大学的负责人和美国教育协会政策委员会的成员。即使是一个偶然的调查，也能发现十几个军人处在教育岗位上②。学校和军队之间的关系十分紧张。比如，在武装部队学院——一所现役军人函授学校——和军队签署的合同中，其中一个条款规定军方可以直接干预大学人事——以防政府“不认可”他们；截至 1953 年 8 月，28 所大

① 内战时期，美国各州都设立了赠地大学（Land Grant Colleges），还开设了军训课程。在一些学院中，在内战和第一次世界大战期间，这个培训是自愿参与的；在其他一些学院中，在大学的各个阶段是必须参与的。在 1916 年，在赠地大学，陆军部将军事训练设为大一、大二的必修课。但在 1923 年，威斯康星州议会成功挑战了大学的这项安排，一所赠地大学和其他几所学校也纷纷效仿。在第一次世界大战期间，各所大学都成立了预备役军官训练军团。这项预备役军官训练军团项目扩展到了高校校园中。大学军训——由军队稳步推进——毫无疑问，意味着所有年轻人在军事技巧和良好态度方面的进步，大学四年的学习达到了事半功倍的效果。

② 例如，海军少将赫伯特·J. 格拉西（Herbert J. Grassie），是路易斯科学与技术学院（Lewis College of Science and Technology）的校长；海军上将切斯特·尼米兹（Chester Nimitz）是位于伯克利的加利福尼亚大学的评议员；空军少将弗兰克·基廷（Frank Keating）是伊萨卡学院的董事会成员；海军少将科尔克拉夫（Oswald Colcough）是乔治·华盛顿大学法律学院的院长。梅尔文·卡斯伯格（Melvin A. Casburg）上校是圣路易斯医学院的院长；海军上将查尔斯·M. 库克（Charles M. Cook）是加利福尼亚州立教育董事会的成员。[54]

学签署了这项合约，14 所大学拒绝签署，还有 5 所大学没有做出决定。[55] 但总的来说，在没有这些误解的情况下，教育工作者会接受军队并签署合同，在战争期间和战后完成了合同的签订工作，因为许多学校需要资金支持；文职官员控制下的联邦政府没有为大学提供资金，但是军方做到了。

六

军界地位的上升，不仅体现在政治、经济、科学和教育领域的高层圈。军事领袖及其追随者和代言人都在试图将他们的哲学观点灌输给广大人民群众，并根植于他们的内心深处。

“二战”期间，军事领袖的支持者公开为军国主义代言。譬如，弗兰克·诺克斯（Frank Knox）、查尔斯·欧文·威尔逊，和詹姆斯·福莱斯特（James Forrestal）发表的战时演讲，多次提到未来由关键掌权者控制的军队形象，而且那些形象绝不会褪色。事实上，自第二次世界大战以来，军事领袖已经密集开展了大规模的公共关系项目。为了让公众和国会接受他们的观点，军事领袖花费数百万美元，在军界内外雇用了数千名公关专家。

军方付出的巨大努力揭示了它的根本目的：用军事方式界定国际关系现状，以对文职官员有吸引力的方式描述武装力量，从而强调扩建军事设施的必要性。其目的是为军事机构树立威望，为军人赢得尊敬，从而为军方批准的政策打好群众基础，并使国会乐于为他们买单。当然还有，让公众做好随时迎接战争的准备。

为了实现这些目的，华盛顿的军事领袖们掌握着大量的沟通和公关手段。不论是战争还是和平时期，他们每天都向媒体和五角大楼新闻中心的三四十名记者们发布新闻和报道。他们为电台和电视台准备脚本、制作录音及拍照；他们拥有东部最大的电影工作室，是1942年从派拉蒙影业公司购买的。他们乐意为杂志编辑奉上准备好的新闻副本。他们组织军队人员的报告会并提供演讲稿。他们与重要的国家机构建立联系，并为他们的领导人安排介绍会和实地考察，对企业、教育界、宗教界和娱乐界的管理者和关键人物也是如此。他们在大约600个社区中设立了“咨询委员会”，为群众提供信息，对令他们不愉快的反应给予建议。[56]

对一切出现在报纸或电视广播中有关军事的内容进行总结和分析，他们发布的一切内容，包括退休军事领袖的文章，都要经过审核和审查。

这一计划的成本每年都在变化，但对此感兴趣的参议员们估计该成本在500万至1200万美元之间。这一估值根本不算什么，军队凭借自身地位，每年可以享有价值约3000万美元的电影资金，供他们协力制作电影；获得价值数百万美元的免费电视宣传，美国权威电影杂志《综艺》估计他们获得的免费广播宣传价值约600万美元。

1951年，参议员哈里·F. 伯德（Harry F. Byrd）的估算（估计有2235名军人和787名文职官员参与宣传、广告和公关工作）也没能准确地揭示该项目的规模。因为至少在工作之余不难利用军人进行公关宣传。当然，高级将领有自己的公关人员。1948年，麦克阿瑟将军的指挥部有135名陆军军官和40名文职官员被分配到宣传部门。艾森豪威尔在当总参谋长时，麾下有44名军官和113名文职官员为他进行公关宣传。[57]而且，军事领袖们也一直在学习宣传之道。最近，退休的空军参谋长霍伊特·S. 范登堡（Hoyt S. Vandenberg）将军告诉一个空军基地的毕业生们“地球上最伟大的兄弟会是长着翅膀的人……你们不只是飞行员……要承担起更大的责任理解和宣传空军的作用……那些不愿面对真相的人……必须给予反复、真诚、在理的叮嘱，空军会确保世界免于毁灭……”[58]

这是军事公关们面临的一个十分棘手的问题，但有一个不可争辩的事实可以助其成功：在多元的美国，没有利益——也没有潜在的利益组合——在时间、金钱和人力方面能与军方媲美，对所涉事件发表意见，与军事领袖和雇用的工作人员日夜提出的观点进行有效争辩。[59]

一方面，这意味着在军事政策或军事相关政策方面，没有自由而广泛的辩论。但是，当然这与专业士兵接受指挥和服从方面的训练是一致的，符合军人气质，当然不是一个把决策付诸表决的辩论社会。这也符合大众社会中操控代替明确讨论的权威性趋势，以及在全面战争中军人和平民间界限模糊的事实。军队操纵民间舆论和干预民众思维是军事领袖稳定行使权力的重要途径。

军事宣传的范围广且缺少反对声音，意味着不仅是一个建议或观点受到极力推崇。在缺少反对意见的情况下，宣传战的最高形式可能会出现：对现实情况的定义中可能只存在某几个有限的观点。正在不断宣传和强化的是军方形而上学的哲学观——它以基本的军事思维定义国际事务。有军方地位优势的公关人员不需要向大人物们极力灌输军方的哲学观，因为他们已经接受了。

七

军人被简单地认为是组织和使用暴力的专家，与之相反，为了增强军队威望和权力的“军国主义”被定义为“手段超过目的”的做法。[60]这无疑是出自文官立场的概念，他们认为军队在严格意义上是文官实现政治目的的一种手段。这一定义指出了军人倾向于不再作为一种手段，而是追求他们自身的目的，把其他机构领域变为成就他们自己的手段。

如果没有工业经济，就没有美国现代化的军队——一支机械化的军队。专业经济学家通常认为军事机构完全依赖于生产方式。然而现在，这些军事机构开始在很大程度上决定美国的经济生活。宗教几乎无一例外地为战争中的军队祷告，在军官中招募牧师，他们穿着军服劝导、安慰军人，并在战时鼓舞军队士气。根据宪法给出的解释，军队从属于政治权威，并且军队被普遍认为是文官政客的服务者和顾问，总的来说，一直以来事实的确如此；但是，现在军事领袖正在进入这些圈子，用他们自己对现实的定义影响文官政客的决定。美国家庭将最精壮的男性家庭成员送到军队，并且，正如我们所看到的，教育和科学也正成为军队实现目的的手段。

军人追求地位，这本身并没有对军事优势构成威胁。事实上，常备军确实获得了地位，地位是军人放弃冒险追求政治权力的回报。只要对地位的追求局限于军队内部的等级制度中，对地位的追求就是军纪的一个重要特征，也无疑是许多军人获得满足感的主要途径。当这一诉求延伸到军队等级制度以外，并倾向于成为军事政策的基础时就构成了威胁，并暗示当下军事精英的权力在不断增加。

权力是理解地位的关键。如果军方没有或被认为没有拥有权力，他们就无法在文官中获取地位。如今，权力和权力的形象都是相对的：一个人的权力是另一个人的弱点。削弱军队在国内地位的权力是资本和资本家的权力，是文官政客凌驾于军事机构的权力。

因此，美国的“军国主义”是关于军方企图增加他们的权力，提升他们在企业家和政客中的相对地位。为了获得这种权力，他们必须摆脱为政治家和资本家所利用的形象。不能被视为纯粹被政治家和资本家利用的手段，他们绝不能被视为经济的寄生虫，或位于那些通常被军界称为“肮脏的政客”的监督之下。相反，他们的目的必须与国家的目的和荣誉一致；经济必须为他们服务；他们以国家、家庭和上帝的名义，利用政治在现代战争中管理国家。“参与战争意味着什么？”1917年，伍德罗·威尔逊[①]受到了这样的诘问。他回复道：“这

① 伍德罗·威尔逊（Woodrow Wilson，1856—1924），美国第28任总统。——译注

意味着试图用战争标准重建一个和平时期的文明，在战争结束时，将没有足够的和平标准可以让未受影响的人继续遵从，将会只有战争标准……”[61]如果美国的军国主义得到了充分发展，那将意味着军事哲学在生活的各个领域内获胜，所有其他生活方式会因此处于从属地位。

毫无疑问，在过去的十年中，华盛顿的军事领袖与他们位于政治高层和企业精英中的朋友确实揭示了军国主义的倾向。那么，美国高层里是否存在一个军事集团？对此有争论的人——最高法院法官威廉姆·O. 道格拉斯（William O. Douglas）和陆军上将奥马尔·布拉德利将军最近讨论的[62]——通常辩论的唯一话题是职业军人的影响力增强了。这就是为什么他们关于精英结构的辩论不是很明确，而且通常互不相干。当完全理解了军事集团的概念，就会发现这不仅仅涉及军队地位的上升，还涉及经济、政治和军事因素之间利益的一致性和目标之间的协调。

对于“现在是否存在军事集团”这个问题，我们的回答是肯定的，确实存在军事集团，但对它更准确的称呼是“权力精英”，因为它是由经济、政治和军事领域内利益越来越一致的人组成的。要了解军队在权力精英中扮演的角色，我们必须了解企业家和政治家在权力精英中扮演的角色，也必须了解美国政治领域内正在发生的事情。

注释：

［1］例如，John K. Galbraith，关于 John W. Wheeler Bennett 的评论，*The Nemesis of Power*：*The German Army in Politics in The Reporter*，27 April 1954，pp. 54 ff.

［2］“The U.S. Military Mind，” *Fortune*，February 1952，p. 91.

［3］*Time*，18 August 1952，p. 14.

［4］Hanson W. Baldwin，*The New York Times*，21 February 1954，p.2；另参见 James Reston 的文章，同上一条文献 p. 1。

［5］*Time*，7 July 1954，p. 22.

[6] Hanson W. Baldwin, "Army Men in High Posts," *The New York Times*, 12 January 1947.

[7] *The New York Times*, 15 November 1954 and 9 November 1954.

[8] 参见社论"The Army in Politics," *The New Leader*, 11 March 1944, p. 1.

[9] Hanson W. Baldwin, *The New York Times*, 2 April 1952.

[10] *The New York Times*, 15 November 1954.

[11] 麦克阿瑟将军，1953 年在纽约的演讲和 1951 年在波士顿的演讲，引自 *The Reporter*, 16 December 1954, p. 3.

[12] Mark Skinner Watson, *The War Department*, *Vol. 1*: *Chief of Staff*, *Pre-War Plans and Preparations* (Washington: Historical Division of the Department of the Army, 1950); Maurice Matloff和 Edwin M. Snell, *The War Department*, *Vol. II*: *Strategic Planning for Coalition Warfare*, *1941-42* (*Washington*: *Office of the Chief of Military History*, *Dept. of the Army*, *1953*); R. S. Cline, *The War Department*, *Vol. III*: *Washington Command Post*: *The Operations Division* (Washington: Office of the Chief of Military History, Dept. of the Army, 1954). 这三卷是第二次世界大战前和第二次世界大战期间，关于政治领域的军事优势，具体细节的最佳来源。

[13] Edward L. Katzenbach, Jr., "Information as a Limitation on Military Legislation: A Problem in National Security," *Journal of International Affairs*, vol. III, No. 21954, pp. 196 ff.

[14] Robert Bendiner, *The Riddle of the State Department* (New York: Farrar & Rinehart, 1942), p. 135. 关于通常而言的外交部，另参见驻外事务处的职员准备的文章，"Miscellaneous Staff Studies Pertaining to the Foreign Service," *Foreign Affairs Task Force*, Appendix VIIA, 1 September 1948; J. L. McCamy, *The Administration of American Foreign Affairs* (New York: Knopf, 1950); *The Diplomats*: *1919-1939* (由 Gordon A. Craig 和 Felix Gilbert 编辑)(Princeton: Princeton University Press, 1953); C. L. Sulzberger, *The New York Times*, 8 November 1954; 以及 Henry M. Wriston, "Young Men and the Foreign Service," *Foreign Affairs*, October 1954, pp. 28-42.

[15] 根据对 1899 年 20 名获得 1 万美元或更多工资的顶尖大使的职业生涯的研究。关于其中两个人(Hart 和 Townsend)，我们找不到足够的信息。包括 20 个男人和 23 个国家如下：阿根廷—William I. Buchanan；奥地利—Addison C. Harris；比利时—Lawrence Townsend；智利—Henry L. Wilson；巴西—Charles Page Bryan；中国—Edwin H. Conger；哥伦比亚—Charles Burdett Hart；哥斯达黎加，尼加拉瓜和萨尔瓦多—William L. Merry；法国—Horace Porter；德国—Andrew D. White；大不列颠—Joseph H. Choate；危地马拉和洪都拉斯—W. Godfrey Hunter；意大利—William F. Draper；日本—Alfred E. Buck；墨西哥—Powell Clayton；秘鲁—Irving B. Dudley；苏联—Charlemagne Tower；西班牙—Bellamy Storer；土耳其—Oscar S. Straus；委内

瑞拉—Francis Loomis。我要感谢弗里德曼先生在这个项目上做的研究。

[16] 在 1893 年至 1930 年的 53 名英国大使中，76%来自外交部。参见 D. A. Hartman,“British and American Ambassadors: 1893-1930,” *Economica*, vol. XI, August 1931, pp. 328 ff.，特别是 p. 340。

[17] 美国国务院汇编的数据，外交部的清单是依据 1943 年春天，西尔维娅·费尔德曼（Sylvia Feldman）和哈罗德·谢波德（Harold Sheppard）在马里兰大学的“职业社会学”课程。

[18] *The New York Times*, 7 February 1954, p. 27.

[19] Walter H. Waggoner, *The New York Times*, 3 December 1952, p. 12.

[20] 我们选择研究 25 个国家和地区的男子，这些国家和地区被认为在世界上比较强大或者是利益中心，因为它们的地理位置或自然资源使其能够更强大。这些选择是：希腊—Cavendish W. Cannon；南斯拉夫—James W. Riddleberger；埃及—Jefferson Caffrey；印度尼西亚— Hugh S. Comming Jr.；葡萄牙—Robert M. Guggenheim；英格兰— Winthrop W. Aldrich；西班牙—James Clement Dunn；墨西哥—Francis White；苏联—Charles E. Bohlen；印度—George V. Allen；加拿大—R. Douglas Stuart；法国—C. Douglas Dillon；（前）捷克斯洛伐克—George Wadsworth；南非联邦—Waldemar J. Gullman；意大利—Clare Booth Luce；朝鲜—Ellis O. Briggs；台湾—Karl L. Rankin；伊朗— Loy W. Henderson；以色列—Monnett B. Davis；日本—John M. Allison；奥地利—Llewellyn E. Thompson；波兰—Joseph Flack；澳大利亚—Amos J. Peaslee；越南—Donald R. Heath；土耳其—Aura M. Warren。

在仍然拥有最令人垂涎的外交职位的英格兰，温思罗普·W. 奥尔德里奇是一位银行家、百万富翁，是小约翰·戴维森·洛克菲勒（John D. Rockefeller II）的姐夫。在法国，C. 道格拉斯·狄龙（C. Douglas Dillon）和奥尔德里奇一样，毕业于马萨诸塞州的哈佛大学，是狄龙瑞德公司（Dillon, Read & Co.）创始人的儿子。在加拿大中西部的银行和商业利益由 R. 道格拉斯·斯图尔特（R. Douglas Stuart）代理；阿莫斯·J. 皮斯利（Amos J. Peaslee）是驻澳大利亚的大使，一位国际法专家，杰出的共和党人，银行家之子和旧殖民地家族的后裔；葡萄牙的罗伯特·M. 古根海姆（Robert M. Guggenheim）是古根海姆财富创办人的儿子；在意大利，则是克莱尔·布思·鲁斯（Clare Booth Luce）夫人。

任命职业外交官的国家和地区是：日本，朝鲜，以色列，波兰，南非联邦，越南，印度，希腊，埃及，土耳其，台湾，（前）捷克斯洛伐克，墨西哥，印度尼西亚，伊朗，南斯拉夫，西班牙和奥地利。仅仅在一个重要的国家，苏联——有一个职业外交官，查尔斯·波伦（Charles E. Bohlen）——他的任命几乎没有被参议院确认。像外交部的大多数职业外交家一样，波伦来自一个上层阶级家庭——他的父亲是一位“知名的运动员”。波伦在圣保罗学校接受教育，并且是哈佛坡斯廉俱乐部的成员。参见 *The New York Post*, 8 March 1953.

[21] Marquis Childs, *The New York Post*, 16 January 1955；参见 William V. Shannon, *The New York Post*, 13 March 1955, pp. 5, 8.

[22] 被 C. L. Sulzberger 引用, "Foreign Affairs," *The New York Times*, 8 November 1954.

[23] Charlotte Knight, "What Price Security," *Colliers*, 9 July 1954, p. 65.

[24] Theodore H. White, *Fire in the Ashes*（New York：William Sloane Associates, 1953）, p. 375.

[25] 参见 *The New York Times*, 7 November 1954, p. 31，1954 年 12 月 13 日和 14 日的报道；参见 *The Manchester Guardian*, 11 November 1954, p. 2.

[26] Louis J. Halle, 在给《纽约时报》编辑的一封信中，*The New YorkTimes*, 14 November 1954, p. 8E.

[27] George F. Kennan, 引用自 *The New York Post*, 16 March 1954.

[28] 在正文和脚注中关于军官的信息和引证来自 Hanson W. Baldwin，"Army Intelligence –I," *The New York Times*, 13 April 1952, p. 12.

[29] Burton M. Sapin 和 Richard C. Snyder, "The Role of the Military in American Foreign Policy"（New York：Doubleday & Co., 1954）, pp. 33-4.

[30] *The Economist*, 22 November 1952.

[31] Edgar Kemler, "No. 1 Strong Man," *The Nation*, 17 July 1954, pp. 45 ff.

[32] *Time*, 23 August 1954, p. 9.

[33] Thomas J. Hamilton, *The New York Times*, 15 August 1954, p. E3.

[34] Arthur Maass, *Muddy Waters*：*The Army Engineers and the Nation's Rivers*（New York：Harper, 1951）, p. 6. 另参见他和 Robert de Roos 写的文章，"The Lobby That Can't Be Licked," *Harpers*, August 1949.

[35] C. E. Merriam 和 R. E. Merriam, *The American Government*（New York：Ginn & Co., 1954）, pp. 774, 775.

[36] 埃里克·塞瓦雷德（Eric Sevareid）1955 年 2 月 10 日在记者报中的专栏。参见 1954 年 2 月 14 日的《纽约时报》。到 1954 年，战略空军司令部的"直接固定资本投资达到 85 亿美元，这主要包括其飞机和基地的费用。就资产来说，美国最大的工业公司是新泽西州的标准石油公司，其资产约为 54 亿美元。而 SAC 的 17.5 万名'员工'与新泽西标准石油 11.9 万名员工的资产比率相差并不太远。像石油商一样，SAC 的人经营很多昂贵的设备（其中很特别的一个例子是，三个 B-47 船员占用了超过 200 万美元）。然而，资产比较不能被压得太远，但是，85 亿美元的数字只是 SAC 真正成本的一部分，完整的账目会包括按比例分摊的设备和其他指令的配备费用（在欧洲的美国空军，军用航空运输，空军物资指挥、研究和开发，

等等），这有助于 SAC 的运转。真正的数据远远超过 100 亿美元。”John McDonald，“General LeMay’s Management Problem”，*Fortune*，May 1954，p. 102.

[37] Levin H. Campbell，*The Industry-Ordnance Team*（New York：Whittlesey House，1946），pp. 3-4.

[38] “The S.O.S.，” *Fortune*，September 1942，p. 67.

[39] 少将卢修斯·克莱，参谋团的物资助理参谋长，“The Army Supply Program，” *Fortune*，February 1943，p. 96.

[40] “The U.S. Military Mind，” *Fortune*，February 1952，p. 91.

[41] 关于军事和经济观点再现的一致性的细节，参见 Bruce Catton，*The Warlords of Washington*（New York：Harcourt，Brace，1948），esp. pp. 245-88.

[42] “Generals—Then and Now，” *The New York Times Magazine*，7 March 1954，pp. 78-79；U.S. Atomic Energy Commission，In the Matter of J. Robert Oppenheimer：Transcript of Hearing Before Personnel Security Board，12 April 1954 through 6 May 1954（U.S. Government Printing Office，1954），pp. 163 and 176；*The New York Times*，20 August 1954 and 15 February 1955；*Business Week*，19 December 1953，9 October 1954，27 June 1955；对于很多其他的名称和职位，参见“The Military Businessmen，” *Fortune*，September 1952，p. 128 ff.

[43] 参见同上，以及 *Business Week*，9 August 1952.

[44] “The U.S. Military Mind，”同上。

[45] Arthur Krock，*The New York Times*，5 April 1953，周新闻板块。

[46] 约翰·布莱尔及其他人，*Economic Concentration and World War II*（Washington：U.S. Government Printing Office，1946），pp. 51 ff.；另参见“Special Report to Executives：Science Dons a Uniform，” *Business Week*，14 September 1946，pp. 19 ff；和“The New World of Research，” *Business Week*，28 May 1954，pp. 105 ff.

[47] *The New York Times*，5 October 1954.

[48] “Government and Science，” *The New York Times*，18 October 1954，p. 24.

[49] 引自 *The New York Times*，19 October 1954，p. 12.

[50] 给《记者报》编辑的一封信中，*The Reporter*，18 November 1954，p. 8.

[51] 参见 Theodore H. White，“U.S. Science：The Troubled Quest—II，” *The Reporter*，23 September 1954，pp. 26 ff. 与苏联科学家的数量进行的比较，*The New York Times*，8 November 1954.

[52] 参见 Theodore H. White，“U.S. Science：The Troubled Quest-II，”在所引用的书中，同上 pp. 27 ff. 和 Philip Rieff，“The Case of Dr. Oppenheimer，” *The Twentieth Century*，August and September 1954.

[53] Benjamin Fine，“Education in Review，” *The New York Times*，8 March 1953，周新闻板块。

[54] John M. Swomley Jr.，“Militarism in Education”（Washing-ton，D.C.：National Council Against Conscription，February 1950），pp. 65-7.

[55] *The New York Times*，22 August 1953，p. 7.

[56] John M. Swomley Jr.，“Press Agents of the Pentagon”（Washington，D.C.：National Council Against Conscription，July 1953），pp. 16-18.

[57] 同上 pp. 13 和 9。

[58] 引自 *Time*，29 June 1953.

[59] 关于军事宣传家为成功而努力的因素，参见 Swomley Jr.，“Press Agents of the Pentagon，”前面所引的书中，同上 pp. 53-4。

[60] Alfred Vagts，*The History of Militarism*（New York：Norton，1937）.

[61] 引自 Samuel E. Morison 和 Henry S. Commager，*Growth of the American Republic*，第 4 版（New York：Oxford University Press，1951），vol. 2，p. 468.

[62] Wm. O. Douglas 和 Omar N. Bradley，“Should We Fear the Military?” *Look*，II March 1952.

第十章

政治局

大约 54 年前，在俄亥俄州一个简朴、破旧的农场里，诞生了一位最佳的美国总统候选人。这位候选人家族庞大，在“五月花号”抵达美洲大陆后不久，整个家族便从英格兰来到了这片土地。他从小在农场长大，打理日常琐事，对农场事务非常熟悉。高中时父亲去世，坚强、明智的母亲变卖了农场，把家搬到附近的小镇上，艰苦的日子开始了。

这位总统候选人在叔叔的工厂工作，在兼顾大学学业的同时，迅速成长为劳资和管理方面的专家。第一次世界大战期间他抵达法国，仅用六个月的时间他就证明了，若有一场历时更久的战争，他一定会成为知名的政治家。返乡后，他到州立法学院学习了两年，与中学时期的恋人缔结连理，妻子的祖父曾与南方联盟的军队并肩作战。后来他成立了自己的事务所，加入了当地政党俱乐部和麋鹿组织[①]，并在适当的时机加入了扶轮社，到圣公会教堂做礼拜。现在，他的生活非常忙碌，但他可以承受这样的压力，好像他就是为此而生的。1920 年代，他担任一些小工厂的代理律师处理劳资纠纷问题，表现十分出色，到 1930 年代时，没有出现任何严重的劳工纠纷，其他公司注意到了他的佳绩，争相聘用他，在这种的口碑宣传效应下，他于 1935 年当选为所在城市的市长。

身为劳资关系方面的专家，他的管理才能和魅力受到商界和工人的一致称赞，他当选为市长，成为军事政治家。他是一位循规蹈矩的政治家，但他对市

① 麋鹿组织（Elks），1868 年成立于纽约、分散于全美各地的兄弟会组织和慈善基金会。——译注

政府进行了自上而下地改造。“二战”拉开帷幕，尽管有两个年幼的儿子，他依然选择辞去市长一职，成为上校并加入将军的参谋团，他深受将军青睐。他很快就成为深谙亚欧事务的政治家，自信满满地预测着要发生的一切。

战后他荣升为准将并回到俄亥俄州，发现自己是新一任州长的首选人物。两个任期他都以多票数当选，州政府像任何企业一样高效，像任何教堂一样崇高，像任何家庭一样温暖。他的面容像任何企业高管一样诚实，态度像任何销售员一样真诚；事实上，他有些许严峻，也有他独有的友善。所有这些魅力十足的特点，都能透过电视和电台直观地让人感受到，这使他平易近人，像不受任何镜头和麦克风的隔断的磁力一样，吸引着别人。[1]

一

这幅肖像展示的特征和现代总统的形象差别不大，尽管对他们的解读无法量化。已在美国政府身居要职的人中，至少有两三位集齐了几乎所有你期待的品质。你大可以一刻不停地收集传记趣闻和多彩的图片——但是，关于领袖人物和他们的职业生涯是无法根据这些信息来下结论的。我们必须了解历史和传记是如何相互影响，塑造了美国的政治进程，因为每个时代都会挑选和塑造出具有时代特征的政治人物，以及他们的时髦形象。

这是需要牢记的第一点：事实上，现在流行的许多政治家的形象是从早些时代照搬过来的。因此，“美国政治家”不仅被视为可贵的开创者，而且被视为廉价的工具，不仅是大政治家，而且是肮脏的政客，不仅是人民的公仆，也是狡猾的阴谋家。我们对身居高位者的观察不太清楚，对他们的大多数观点是我们借鉴旧时代混乱的模式，然后对自己所处的时代加以解读得出来的。

托克维尔、布赖斯、奥斯特洛戈尔斯基关于美国政治的经典评论都是基于19世纪的经验——通常指从安德鲁·杰克逊到西奥多·罗斯福时期。诚然，许多决定中期政治形势的趋势仍然在发挥作用，影响着我们所处时代中大多数政治家的风格——尤其是位于国会权力中层的政治家。但在20世纪，尤其是“一战”以后，其他因素大大改变了美国政治机构的构成和重要性。美国的政治机构变得更加紧密，范围更加广泛，越来越接近几乎所有由它构建的社会制度。出现了越来越多的危机，无法在当地权力分散的基础上采用旧措施加以解决，越来越多卷入到这些危机中的人指望政府出面解决。对于能够通过政治机构获得和行使权力的人来说，国家形态和常规发生变化无疑增加了他们的权力，新式政客已经占据优势地位。

高层政治家没有构成任何一种心理类型，不能按照模式化的动机对他们加以分类和解读。无论职位高低，政治家同有其他追求的人一样，有时参与一些活动只是出于单纯的热爱，比如竞选、结盟和连任；通常情况下，他们被政治事业取得成功带来的声望所吸引；事实上，“为了权力而谋取权力”——非常复杂的动机——通常涉及行使权力带来的权威感。[2]极少数政客是为薪资所吸引。

我们唯一可以给“政治家”下的定义是，他们或多或少供职于政治机构，并至少将其视为自己的主业。因此，由于美国有两种政治机构，所以存在两类“政治家”。

党派政客的政治生涯是在特定的政治组织内度过的：他是一个政党人。还存在一些职业政客，他们的政治生涯是在政府行政部门度过的，其“政治”程度之高，可以越过行政机构的常规进入决策层。纯粹意义上的政客就是以前的官僚。

就类型来看，如果职业生涯主要在政治轨道上，那么党派政客和政治官僚是现代政府的专业人士。无论在政党层面还是在官僚层面，不是所有以政治为业的人都是职业政治家。事实上，今天的政治高层并不像官僚，比起政治局外人（Political Outsider），也不像党派政客。

政治局外人的职业生涯大部分都不是在严格意义上的政治组织度过的——有可能——是被人引领进这个行业，或者被强迫进来的，或者经常出入政界。他们在职业上被非政治性的经验塑造，他们的事业和人脉都不在政界，从心理学的角度来说，他们根植于其他领域。事实上，在专业人士眼中，他们通常被认为是非政府利益或集团在政府内部的代理人。政治局外人绝不仅出现在共和党中。在民主党中，他们很可能处于蛰伏期，力争得到企业大佬的认可；然而在共和党中，他们很可能已经得到了认可，因此对自己更有自信，对党内高层会如何解读自己的决策更有把握。另一个结果是，作为一名共和党人他可以不那么虚伪。

当然，如果这些政治局外人在行政工作上花费大量时间，他们可以因此成为官僚主义的专家，将他们的职业和期望与政府联系起来。他们可以在政党内勤恳工作，接着成为党派政客，以党内人脉作为权力和事业的基础。但是，他们不需要做任何改变：他们是当权者的亲信，可以被委任为咨询顾问，直接进入核心层，他们对当权者来说，如同牢牢攥在自己手中的权力。

当然，对于政治人物还有其他分类方式，但上述类型——党派政客、专业管理者、政治局外人——更方便理解当代美国政治面貌的社会构成和心理特征。

在美国的政治体系中，主动性和决策的中心已经从国会转移到了国家行政部门；国家行政部门不仅急剧扩充，而且权力更加集中，并利用将其推上权力中心的政党。行政部门凭借否决权和专家的建议，在立法问题上掌握了更多主动权。于是，在各行政院及其下属的机构、当局、委员会和部门内，而不是在以往公开的政治舞台上，众多利益冲突和权力斗争已经达到高潮。

这些体系在政治金字塔结构内发生了变化，使新的政治领导位置更值得争取，也改变了占支配地位的政治家们的职业生涯。这意味着绕过当地政治生活，直接晋级政界顶层的可能性越来越大。在 19 世纪中叶——1865 年到 1881

年——仅有19%的政府高层在国家层面开始自己的政治生涯；但从1901年至1953年，三分之一左右的政治精英在国家层面开始自己的政治生涯。在艾森豪威尔担任总统期间，这一比例约为42%——是美国政治史上之最①。

从1789年到1921年，经历了一代又一代，在地方或州政府任职过的政治精英比率已经从93%下降到69%。在艾森豪威尔总统任职期间，这个比率下跌到57%。此外，现在这批政治家中只有14%的人——仅为20世纪早期政治家的四分之一——曾经在州立法机构任职。在开国元勋那一代，即从1789年到1801年，81%的高层政治家曾在立法机构任职。高层政治家中，曾在众议院或参议院任职的比例也有一定下降②。进入联邦任职前具有州和地方任职经验的人减少了，有立法经验的人也变少了，这与另一显著趋势有关。底层和立法层的民选职位更多，联邦层面的职位非常稀少。近期的政治精英很可能是通过任命获得职位的，而非通过选举获得。曾经，身处高位的政治精英大部分是通过一级一级的政治体系进行选举。直到1901年，超过一半，通常超过三分之二的政治精英在达到最高位置前，全部或大部分职位都是通过选举获得的。但最近，在一个更重视行政的时代，人们在政治上获得成功，是因为他们自己选举的一小拨人回过头来任命他们：在1933年至1953年间，只有28%的高层政治家主要以民选方式晋升；9%的人以同样多的民选和任命的方式晋升；62%的人在进入高层前的全部或大多数职位是被任命的；1%的人此前没有过从政经验。在艾森豪威尔政府中，36%的人通过选举进入高层，50%的人通过任命而非选举，14%的人此前没有从政经验。

以一组美国政治家为例，其从政时间的平均数为22.4年；在非政治性活动

---

① 1789年至1825年，政治精英中只有约20%的人这样做；历史平均比例是25%。[3]

② 在1801年至1825年，63%的政治精英曾在众议院供职，39%的政治家曾在参议院供职；从1865年至1901年，该比例分别为32%和29%；但从1933年至1953年，只有23%的人曾在众议院供职，18%曾在参议院供职。对于引人注目的艾森豪威尔政府，该比例分别为14%和7%。

上花费的时间是22.3年，因此，政府高层在政治和非政治领域的工作时间大致相当（当然，在这其中的一些时间里，他们同时从事政治和非政治领域中的工作）。但这种概括带有误导性，因为有一个明确的历史趋势：直到内战，高层官员在政治追求上比在非政治追求上花了更多时间。内战以来，典型的政治精英花费更多时间在政治之外的工作上。严格意义上，政客们的政治生涯在1801年至1825年达到高峰，在这一时期，他们65%的工作生涯都在政治领域度过；非政治领域的活动在进步时代——1901至1921年——达到高峰：这个时代的政治家和改革者似乎短暂地获得了政治高位，这一代人72%的工作时间都花费在非政治性活动中。对于1933年以来从政的政客，我无法对他们的职业生涯做统计，因为他们的职业生涯尚未结束。

所有这些趋势——（1）政治精英从国家一级开始政治生涯，绕过州和地方政府,（2）从未在国家立法机构供职,（3）政治生涯通过任命而非选举实现,（4）工作生涯中更少的时间花在政治上——表明了立法机构的衰落，以及在高层政治生涯中对选任职位的回避。这表明政治的“官僚化”和在政治高层单纯老式的、通过层层选举、经历过选举政治的职业政治家的衰落。简言之，这些都指向了政治局外人。政治局外人曾在早些时期流行，在我们这个时代更加盛行，并在艾森豪威尔掌权时期获得优势地位。其实，在很大程度上，艾森豪威尔政府是政治局外人的核心层，这些局外人已经占据了政府的行政要职；这个团体主要由企业富豪和军事高层的成员和代理人组成，与民选的职业党派政客结成不稳定的联盟，这些政客曾主要供职于国会，他们之间的利益和联系遍布当地社会。

二

现在，一个小集团以美利坚合众国的名义制定行政决策。这五十多人的政府行政部门包括总统、副总统、内阁成员；各主要部门、局、机构和委员会的负责人，总统行政办公室的成员，包括白宫的工作人员。

这些行政高官中只有三人是职业党派政客①——大部分工作生涯在竞选公职和任职中度过；其中只有两人在职业生涯的大部分时间做“幕后”政治经理人或“中间人”；只有九人曾在统治集团任职：其中有三人在军队；有四人是政府公务员；有两人曾经被任命担任过一系列的非行政机构职务。因此，这 53 名行政主管中，仅有 14 人（大约四分之一）因其事业可以被称作职业政府管理者或党派政客。

剩下四分之三的人是政治局外人。他们中的一些人曾经通过竞选担任公职，有些人仅在政府工作过很短的一段时间，总的来说，他们职业生涯的大部分时间都忙碌于政府和政治以外的领域。大多数政治局外人——实际上 39 人中有 30 人（超政治主管半数之多）——在经济、事业或同时在经济和事业上与企业界联系紧密。其余的人一直活跃在其他各种“专业”领域。

三个最高的决策职位分别是国务卿、财政部长和国防部长，国务卿由来自纽约的全国领先的律所——为摩根大通和洛克菲勒的利益做国际生意——代表担任；财政部长由掌握着三十多家企业的中西部集团高管担任；国防部长是美国第三或四大公司的前任总裁，是美国最大的军事设备生产商。

内阁中还有四名企业富豪：两位来自通用汽车公司；一位是新英格兰地区最大银行的首席金融家和主管；以及来自得克萨斯州身价百万的出版商。担任农业部部长和劳工部部长职务的是政治局外人，只有一名内阁成员是职业政客，即司法部长，他是纽约州议员和洛德 & 戴 & 洛德（Lord，Day and Lord）律师事务所的合伙人，但是自 1942 年以来，他一直担任托马斯·杜威（Thomas E. Dewey）和随后的艾森豪威尔政府的政治经理人。

---

① 截至 1953 年 5 月。[4]

虽然只有司法部长和副总统是专业政治人士，但另外两名内阁成员曾经当选为州级官员，至少有五名内阁成员在 1952 年的总统大选中表现活跃。无论从哪方面来说，他们中没有一个是公务员；总统是他们中唯一一个曾受训于政府（军队）机构的人。

在政治高官的“第二支队伍”中有一个“小内阁”，其成员曾在该总统的第一任期担任这一职务，实际上，他们掌握着政府大部分的行政职能。在机构、部门和委员会职位最高的 32 名代表中有 21 人是政府新手：他们中的许多人在担任目前的职位前，从来没有担任过公职，事实上甚至从未在政府工作过。通常这些人的父亲是大商人；有 12 个人毕业于常春藤盟校；他们自己常常是商人、银行家、大公司聘请的律师，或大型律师事务所的合伙人。不同于职业政客，他们不隶属于麋鹿组织和退伍军人组织的当地协会；他们通常是低调的社交俱乐部和高级乡村俱乐部的成员。他们的出身、事业、人脉使他们成为企业富豪的代表。

在第二支队伍中，一位来自洛克菲勒家族，一位曾是洛克菲勒家族的财务顾问；有在职的家族权力和纺织公司继承人；有银行家；有一位出版商；一家航空公司总管和律师；一位美国最大企业西南分公司的代表；另一位来自通用汽车公司。还有艾伦·杜勒斯（Allen Dulles），他在外交部门工作了十年，辞职（因为职位晋升并未使 8000 美元的薪水有所增加）加入了沙利文与克伦威尔律师事务所（Sullivan and Cromwell）（那个时候，他的兄弟成为该律师事务所的高级合伙人），然后以高级间谍的身份重返外交部门。在第二支队伍中，有 4 位成员与企业界没有直接联系。

第二支队伍的 32 名成员中，只有 7 人曾在政府机构接受过培训；仅有 4 人在政党政治方面有丰富经验。

在现代政府的复杂组织中，核心个人顾问团已逐渐成为行政官的重要需求，如果行政官是创新者的话，这种需求则更甚。为了制定并实施他的政策，他需要能全心全意为他服务的人。这些人执行的具体任务各不相同，但他们所做所说的一切都传达了其上级的思想意志。这些个人权力的副手是忠诚的代理人——他们的忠诚首先属于他们所在圈子的领导者，他们可能是职业政治家或公务员，但通常两者都不是。

然而，行政官的顾问团必须在立法部门的党派政客、行政管理部门的局外人以及各种外界压力集团之中周旋，他们必须维护与无组织的民众之间的公共关系，因此，与其说白宫的工作人员是因为他们所代表的东西而入选公职，不如说是因其能力。他们是一群身怀各种技能的人，他们的社会背景在许多方面都是相仿的：他们相当年轻，来自国内各个城市——事实上是东部城市，他们很可能毕业于常春藤盟校。

在白宫工作的九名核心成员中，有六位是政府和政治方面的新手；没有文职公务员；仅有一个职业党派政治家，一位职业政治经理人，一名职业军人。总统核心集团的成员来自托马斯·杜威、亨利·鲁斯（Henry Luce）的内部圈子，或是五角大楼的高层。不出例外，他们既不是职业党派政客，也不是政治官员①。

作为一个群体，政治局外人掌握了行政指挥职位，组成政治领导层，这些政治局外人是企业富豪中的法律、管理和金融人士。他们是一个小集团的成员，

① 在最近对艾森豪威尔的高尔夫和桥牌“密友”的描述中提到的27个人里，只有两个人是严格意义上的“政客”；有他的兄弟弥尔顿、以前的高尔夫密友鲍比·琼斯（Bobby Jones）、最大的广告代理公司之一的总裁和弗里曼·戈斯登（Freeman Gosden），他在《阿莫斯和安迪》中饰演阿莫斯；有一位公共关系行政官和一位华盛顿律师；有两个退休的陆军军官，有退休的陆军五星上将卢修斯·克莱，现在是大陆罐头公司的主席。有三个人只确定身份是当地商人——是奥古斯塔高尔夫球俱乐部（Augusta National Golf Club）的会员。剩下的全是各行各业各个企业的高管，通常是在东部沿海地区。高尔夫球场的代理商是大陆罐头公司、扬罗必凯广告公司（Young and Rubicam）、通用电气、城市服务石油公司（Cities Service Oil Company）、斯图贝克公司（Studebaker）、雷诺烟草控股公司（Reynolds Tobacco）、可口可乐和共和钢铁公司（Republic Steel）。[5] 1953年6月和1955年2月，艾森豪威尔先生举办了38场“男性晚宴”，“共招待了294位商人和实业家，81位行政官员，51位编辑、出版商和作家，30位教育家，23位共和党领导人。12个其他团体——农、工、慈善和体育团体——有少数宾客。”[6]（转下页）

已经在经济、军事和政治领域取得了高层的信赖。不亚于职业政客，企业高管和军事将领也有自己的“老朋友”。官职晋升和政党资助均不是政治局外人的规则。如同在私营企业中，规则是已经掌权的人拉拢同类人。

三

政治局外人在现代政治领导层中的崛起，并非仅仅是国家“官僚化”的另一方面。事实上，同军界地位上升一样，对民主理论家来说，政治局外人崛起导致的问题，首先与缺乏真正的官僚体制有关。从某种程度上来说，政治局外人的伪官僚体制取代了真正的官僚体制，这种伪官僚和不入流的党派政客开始占优势。

当说到“真正的”官僚体制时，我们指的是一个有技能、有权威、有组织的等级体系，在这个体系下，每个部门和级别都仅限于其专门的任务。任职于这些部门的人对履行职责所需的设备没有所有权，他们个人没有权力——他们行使的权力属于他们所在的部门。工资以及与他们职位级别相称的荣誉是他们唯一的报酬。

因此，官僚或公务员首先是知识和技能通过了资格考试认证的专家，之

（接上页）在他的各类朋友中，西奥多·罗斯福曾说：“我简直无法尊重超级富豪，很多人也都是这种感受。我愿意尊重摩根或安德鲁·卡内基或詹姆斯·J. 希尔（James J. Hill），但是把他们中的任何一个人，例如，把伯里或皮尔里教授当成是北极探险家，或者把罗兹当成是历史学家——为什么即使我强迫自己那样做，也无法做到。”在艾森豪威尔总统结交的朋友中，一位精明的观察家——梅里曼·史密斯（Merriman Smith）曾说：“他喜欢金融和工业大王的公司纯粹是因为邓白氏公司的评级，这样说是不公平的。他认为如果一个人努力成为福特汽车公司的总裁，斯克里普斯—霍华德报纸（Scripps-Howard newspapers）的负责人，大学校长或是大主教，这个人必然很能干，非常熟悉他所从事的领域，会很有学问和有趣。”对此威廉·H. 劳伦斯（William H. Lawrence）补充说：“这种升迁的方式会令年轻的亨利·福特或杰克·霍华德（Jack Howard）感到惊讶。”[7]

后在他们的职业生涯中，通过了资格经验的认证。作为一个资历合格的人，他们入选公职和晋升的机会或多或少是由正式的能力测试决定的。在提前预设的等级官僚体系下，根据自己的能力和资历、按照自己的志向和成就制定职业规划。而且，他是一个自律的人，举动可以轻易被预料到，即使是违背自己原则的政策，他也会去执行，因为他的“个人意见”和工作、前途和职责是严格分开的。在社交上，官僚和同事的交往可能相当正式，因为官僚等级体系的顺利运作，需要平衡好私人友谊和与职位等级相应的适当人际交往距离。

即使其成员只是近似于这样一个有原则的形象，官僚机构都会是最高效的人类组织形式。但是，很难建立一个这样的组织系统，很可能最终建成了一个难管束、不灵活且程序复杂的保守性组织，而非制定政策的工具。

官僚机构作为政府的一部分，其完整性取决于它作为官员组织能否在政府更替中生存下来。

一个职业官僚的完整性，取决于他的工作作风甚至个人行为是否体现出职业行为准则，其中最重要的是政治中立，他会像效忠之前的政府一样，效忠于新政府及其政策，这才是真正的官僚的政治意义。这一类官僚不制定政策，他提供备选政策的相关信息，他执行成为官方政策的备选政策。作为一位“永久性的员工”，其下有一个几乎是固定的等级体系，官僚只忠诚于执行的政策。赫尔曼·芬纳（Herman Finer）说：“人们几乎普遍认识到，干涉‘来自政党’的中立态度，意味着损失整个国家的专业技术人才，只有左翼和右翼中的极端少数人准备通过‘净化’服务来放弃中立。”[8]

美国民选政府从未有过并且现在也没有真正的官僚体系。根据 1883 年建立的行政体系，由总统任命并获得参议院批准的人不“需要进行分类”，“文官队伍”的组成可以随着政府变化而改变。任何竞争性的招募规则都可以通过成立全新的机构来避开；职位可被划入或踢出公务员的任期和任期限制；

通过国会或通过机构的负责人或预算局，公务员任期可能因整个政府机构或其分支的废除而无效。[9]

在19世纪晚期的实践中，一位英国观察家指出："对级别较低职位的任命都是以个人能力为基础，希望在每任政府中都获得重用，这种压力迫使没有政治经验的个人亲信被安置在高层，这妨碍了晋升并使政府士气低落。因此，法律的整体效果是极大地限制糟糕任命的数量，同时例外的效果是把这些人限制在较高职位，高层的不合理任命造成的士气低落现象影响最大。"[10]

当然，自那时起，公务员在雇员中的比例增加。在西奥多·罗斯福的任期结束时（1909年），大约60%的联邦文职雇员是公务员；在富兰克林·罗斯福的任期之初，这个数据达到了80%。新政的扩展催生了许多新的机构，雇员招聘不需要经过竞争激烈的公务员考试。到1936年，只有60%的政府文职雇员在进入政府前经过了竞争激烈的公务员考试；剩下的40%中，大多数都是依靠关系得到任命，其中大多数是新政的狂热支持者。第二次世界大战又催生了另一大拨政府雇员，他们的工作不是通过激烈竞争取得的。然而，一旦这些政府工作人员进入政府，他们就会寻求行政保护；1953年，杜鲁门总统离任时，"至少95%的政府文职雇员"的任期是受保护的。[11]

现在，在200万左右的政府雇员中，[12]大概有1500人可以被认为是"重要官员"：包括行政部门的负责人及其副手和助理，独立机构的负责人及其副手和助理，各局的负责人及其副手，驻外使团的大使和其他负责人。[13]从职业上来看，他们中包括律师和空军官员、经济学家和医生、工程师和会计师、航空专家和银行家、化学家和新闻记者、外交官和士兵。总之，他们在联邦政府占据了重要的行政、技术、军事和专业职位。

1948年，只有32%（502人）的重要官员在拥有"正式职业生涯"的机构任职，如国务院外交部、军事机构、公共卫生局。职业高层人士平均在政府工作了29年，其中半数以上的人拥有研究生或专业学位，实际上，四分之一的人毕业于哈佛、哥伦比亚、普林斯顿、耶鲁、麻省理工学院或康奈尔大学。他们代表当时政府行政部门的高层。

哈罗德·E. 塔尔博特（Harold E. Talbott）是一位纽约的金融家，后来当选了空军部长，还被揭发利用职务谋取私利。在 1952 年党内总统候选人提名的前两个月，他聘请了一家管理咨询公司，以确定共和党需要接手哪些职位才能控制美国政府。在他当选几天之后，艾森豪威尔收到了一份长达十四卷的分析材料，是对已设立的 250 到 300 个最高决策职位展开的分析，其中包括被任命者应具备的资格和他们可能会面临的主要问题。[14]

具有党派思维的分析师知道，即使按照当时的法律法规，也存在约 2000 个职位空缺。[15]“资助”就是特权，新政府迅速着手寻找更多的“资助”①。1953 年 4 月，艾森豪威尔颁布行政命令，剥夺了至少 800 名“机密和决策”方面的政府工作人员的就业保障；6 月，他又剥夺了约 54000 名非退伍军人的就业保障。[17]

现在难以得知共和党人撤销职位的确切数量：一个较为准确的估计是 134000 个。[18]但撤销行政部门的职位不是安置亲信的唯一途径。工作保障的裁决以“合理怀疑”工作人员的“安全—风险”状态为基础，而非根据“证据”进行裁决，成千上万的人因此被解雇，或被迫从政府部门辞职。这尤其伤害了在政府工作多年的职员，损害了国务院的士气，国务院受到的伤害最多且最为系统②。

这些细节在任何特定时期都不重要，最重要的事实是：无论从可靠的行政

---

① “有些职位可以直接废除，”《财富》杂志的编辑坚称，“其他人可以保留职位，而另一些人会被赋予真正的权威，直接成为部门负责人。一些更加臭名昭著、不择手段的交易商可能会分流到无害的坏账项目。在政府圈内，这种技巧是分阶段的，‘让他在葡萄藤下晾着’或者‘把他送到阅览室’。这些方法是白费力气。然而，实际上，这是艾森豪威尔政府能够保证一个重要的、可信赖的敬业团队的唯一方式……新政府必须同时从两个相反的方向处理人事问题：一方面是摆脱那些在意识形态上公开或私下反对共和党政策的高级别工作狂；同时在另一方面，努力使政府部门运转起来，因此吸引一流人才——从长远来看，这是更为重要的目标。”[16]

② 关于外交地位下降的原因，参见第九章：军界地位上升。

服务事业这个意义上来说，还是从拥有独立高效、不受政党压迫的官僚系统上来说，美国都从未有过且现在也没有一个真正的行政机构。民主党长期统治的事实（1933 年—1953 年），掩盖了某种程度上行政法律未能创建一个文官队伍。1953 年的转变进一步揭露出，行政法律只是使“资助”更加困难和昂贵，而且更如下流——事实证明如此。因为除了“清除保障”程序被用于掩盖可靠的共和党代替了不可靠的民主党的事实，并不存在真正的问题。

专注于政府职业生涯的优秀人才，自然不愿意为这样的政治风险和行政上的无助而培养自己。

如果文官队伍处于令人担忧的政治状态中，就无法为真正的官僚体系提供才思敏捷的高素质人才；因为选拔出的是庸才，并把他们培养成了不懂思考、只知盲从的蠢材。

如果公务员必须在缺乏信任的环境下工作，在怀疑和恐惧之下，不会有品行端正的人为其所用。

在以金钱为首要标准来衡量能力的社会中，如果不提供与私营企业相同的报酬，不论从上层社会还是从中产阶级进行招募，都无法建立真正独立的行政系统。退休金和工作稳定不能弥补公务员薪水较低的不足，对于私企高管来说，正如我们所看到的，现在也有这样的以及更多的特权。在 1954 年，高层公务员的年薪只有 14800 美元，只有 1% 的联邦雇员年薪超过了 9000 美元。[19]

美国行政官僚体制的发展阻力一直来自于政党的猎官制度①，政党作为机构拿职位当作回报，从而无法以专业资格为基础，制定部门纪律和开展招募工作。此外，由于政府对企业的监管日益重要，在政府任职已成为私营企业中商业或法律工作的关键。要进入一个行业，先在与之相关的政府部门工作一个任期，尤其是在监管机构，公共机构往往是通往企业生涯的垫脚石，作为一个组

① 猎官制度（Patronage System），指新政权上台后大幅度更换公职，将新政权政党的人物任命为公务员。——译注

织，这些机构是企业界的堡垒。同时也产生了“新的利益系统”，作为缺少信任背景下的一个安全措施。

针对企业高管的杂志和政客的代笔作者经常发表内容虔诚的社论，呼吁建立一个更好的文官队伍。但是，无论是企业高管还是政客，都不希望有一批真正独立于党派的专业管理者，培训和经验使他们能够谨慎判断替代政策的后果。对一个负责的政府来说，这样一个团体的政治和经济意义实在是再清楚不过了。

在国家等级体系的底层可以招募到真正的公务员，但那里没有足够的特权或金钱来吸引真正的一流人才。在上层社会，官僚机构以外的人被称为“局外人”。他们只在相对较短的时间内担任公职，而不是把公职作为自己毕生的事业，因此，他们不具备理想型公务员的中立态度和风度。在美国政府的更迭中，没有公务员的职业生涯是完全有保障的，没有行政集团是永存不朽的。无论是职业党派政客，还是职业官僚，都没有占据决策的行政中心，这些中心由作为权力精英的政治董事所掌握。

注释：

[1] 本章的导语改编自 Robert Bendiner，“Portrait of the Perfect Candidate，” *The New York Times Magazine*，18 May 1952，pp. 9 ff.

[2] 关于作为政治家主要目的的权力，参见 Harold D. Lasswell，*Power and Personality*（New York：Norton，1948）p. 20.

[3] 除非另有说明，本章第一节中呈现的所有统计数据都来自于 1789 年至 1953 年 6 月期间，对以下职位的起源和职业的原始研究。对于本研究中较早发布的材料，该材料不包括艾森豪威尔管理的部分，参见 C. Wright and Ruth Mills，“What Helps Most in Politics，” *Pageant*，November 1952. 另参见 H. Dewey Anderson，“The Educational and Occupational Attainments of our National Rulers，” *Scientific Monthly*，vol. xxxx，pp. 511 ff.；和 Richard B. Fisher，*The American Executive*（Hoover Institute and Library on War，Revolution and Peace；Stanford University Press）.

如果我们想要理解高级政治家，我们收集的不是一两名，甚至是五十名政治家的信息，而是必须收集那些担任最高政治职位的几百名政治家的信息，在这个简单的意义上说，他们就是政治精英。本注释中提供的统计数据涉及513名男子，他们在1789年至1953年6月期间担任以下职位：总统，副总统，众议院议长，内阁成员和最高法院法官。称任何挑选的男人为“政治家”或“政治精英”，挑选本身会招致不同意见。在这个挑选过程中，我试图只把美国政府中的顶尖职位包括进来，主要的遗漏涉及立法者：甚至包括在这么长的时间内，遗漏了众议院和参议院的委员会主席，这超出了我的研究手段。然而，这样的人是“政治家”的原型。但是，在这一节中，我对美国政治家不感兴趣，而是对那些正式的政府首脑感兴趣。他们是否是政党政治家是我想要找出的答案。的确，有时参议院的领导成员，甚至是重要州的州长都行使了国家政治权力，而没有在这里研究的任何最高政府职位任职。但是许多参议员和州长都陷入了我所说的网络中：在513人中，94人是州长，143人是美国参议员。当然，我并不是认为我所挑选的513名政治家——那些已经担任这些职位或者马上就要担任这些职位的人——是最强大和最重要的参议员和州长。“政党政治家”同样将在第十一章平衡理论中讨论。

在美国历史上，进入政府最高层的500多人中，六分之一有相当富裕的家庭环境，他们是一个个过着舒适生活的男孩，父亲通常很成功，一般是当地社会中的富人。他们的家庭——在美国上层人口的5%或6%之中——能够在他们选择和追求职业生涯的过程中给予他们独特的优势：28%的人来自于上流社会，拥有土地财富，大商人，实业家，全国杰出的金融家，或具有大量财富和国家地位的职业家庭；30%来自富足的中上阶层，商人，农民和专家，他们虽然没有在全国范围内产生大影响，但在他们各自所处的地方都相当成功和突出。

24%的人来自既不富有也不贫穷的中产阶级；他们的父亲是普遍受到尊重的商人或农民，或者在法律和医学领域就职，或者在未来的政治家离开学校的时候就已经离世，把他们繁荣的家庭置于不那么舒适，但是可控的情境下。

最后的18%的人来自下层家庭——13%来自小企业或小农户家庭，这些家庭过得不是那么好，但可以轻易地远离赤贫；5%来自工资工人或贫困的小商人和农民。

从职业上来看，在每一代人中，政治家来自商业和专家家庭的比例远远大于这些家庭在整个人口中所占的比例。专业人员所占的比例从未超过7%，多年来平均约为2%；但44%的政治精英来自于父亲是这些职业的家庭。商业人士从未超过美国总劳动力的10%，但25%的政治精英是商人的儿子。农民的比例从未下降到18%以下，平均超过了劳动力的50%，但只有27%的政治精英来自农庄。此外，儿子成为政治精英的“农民”往往更富裕。

一个想要进入政治领域的人，有一位是华盛顿州的州长或参议员的父亲，这极少会是一个不利条件，即使是叔叔或者岳父在这样的职位也是非常有帮助的。这些高级政治家中，至少有25%的人他们的父亲在儿子离开学校时身居某种政治职位，当考察所有亲戚的政治关系时，我们发现至少有 30%的政治家为人们熟知，在他们职业生涯开始的时候，就有这样的政治关系。在这里有一些下降：在内战结束前，约十分之四的政治家在亲戚之间有政治联系。内战后，约十分之三的政治家在亲戚之间有政治联系。

当然，美国政治中有政治朝代。然而，可以肯定地说，在美国历史上，一半以上的高级政治家来自于以前与政治事务无关的家庭。他们更经常性地来自于社会和经济地位高于政治影响力的家庭。

由于许多高级政治家来自具有独特优势的家庭，因此不少于 67%的人从大学毕业也并不奇怪。 即使在今天——美国教育的历史高峰期——只有 6%或 7%的美国人年龄足够大，可以去上大学。但是在 19 世纪的前 25 年，当很少有人真正接受大学教育时，那些担任高级政治职务的人中，已有 54%的人从大学毕业。一般来说，每一代的高层政治家都包括了较大比例的大学毕业生，因此，在一个更高的层面上，和美国人的教育史平行。

此外，他们上的大学常常是常春藤盟校，而不是普通大学。在哈佛大学和普林斯顿大学的所有校友中，约有 8%的人是高级政治家，排在第一；耶鲁排第三，大约 6%。有超过四分之一的政治家上过常春藤盟校，远超过三分之一的人在去常春藤盟校前就读过其他学校。如果包括达特茅斯学院和阿姆赫斯特学院这样的著名学校，那么三分之一的高级政治家，以及在大学期间花了很多时间的人中，有 44%去了顶尖的东部学校。

这些人中有一半以上在大西洋海岸长大，在东部接受教育。这个比例如此之高，尽管西部扩张在很大程度上反映了国家应该为死亡率高的地区负责，美国濒临大西洋中部各州，纽约州，宾夕法尼亚州和新泽西州仍然是顶级政治家的“产地”。尽管在 1820 年和 1953 年之间，有 4 000 万国外出生的人移民到美国，但只有 4%的美国政治家是国外出生的。只有 2%的人在美国之外长大——这些少数都是开国元勋一代的人。

美国的高层政治家不仅仅是政治家，事实上，这 513 人中只有 5 个人在进入顶级职位之前除了政治领域没做过其他职业。在美国的整个历史中，约有四分之三的人是律师；几乎有四分之一是商人；有少数—— 4%——从事其他职业。美国经济的工业化直接反映在这样的事实上，即内战之后，商人的数量是之前的三倍多。从那时起，这一事实基本保持不变：自第一次世界大战以来，近三分之一的高级政治家是商人；艾森豪威尔政府中超过 40% 的人一直从商。

[4] 以下是 1953 年 5 月 2 日担任“负责执行决定”的人员和职位：总统艾森豪威尔；副总统理查德・尼克松。内阁：国务卿约翰・福斯特・杜勒斯；财政部长乔治・M. 汉弗莱；国防部长查尔斯・欧文・威尔逊；司法部长 Herbert Brownell, Jr.；邮政署长 Arthur Sommerfield；内政部长 Douglas McKay；农业部长 Ezra Taft Benson；商务部长 Sinclair Weeks；劳工部长 Martin P.

Durkin；卫生教育与福利部长 Oveta Culp Hobby。

次内阁——部门：副国务卿 Walter Bedell Smith；国务院政策规划主任 Robert R. Bowie；国务院顾问 Douglas MacArthur II；副国务副部长 H. Freeman Matthews；负责国会关系的助理国务卿 Thurston B. Morton；财政部副部长 Marion B. Folsom；国防部副部长 Roger M. Keyes；负责立法事务的助理国防部长 Fred Seaton；陆军部长 Robert T. Stevens；陆军副部长 Earl D. Johnson；海军部长 Robert B. Anderson；海军副部长 Charles S. Thomas；空军部长 Harold E. Talbott；空军副部长 James H. Douglas Jr.；司法部副部长 William P. Rogers；联邦调查局局长 John Edgar Hoover；副邮政署长 Charles R. Hook Jr.；副内务部长 Ralph A. Tudor；副农业部长 True D. Morse；商业副部长 W. Walter Williams；劳工副部长 Lloyd A. Mashburn；卫生及公共服务部副部长 Nelson A. Rockefeller；原子能委员会主席 Lewis Strauss；公务员事务委员会主席 Philip Young；共同安全局主任 Harold E. Stassen。

次内阁——总统执行办公室：预算局主任 Joseph M. Dodge；预算局副主任 Percival F. Brundage；国防动员办公室主任 Arthur S. Fleming；国防动员办公室副主任 Victor E. Cooley；经济顾问委员会主席 Arthur F. Bums；中央情报局局长 Allen W. Dulles；国家安全资源局局长 Jack Gorrie。

白宫雇员：总统助理 Sherman Adams；副总统助理 Wilton B. Persons；总统秘书 Thomas E. Stephens；总统新闻秘书 James C. Hagerty；总统特别法律顾问 Bernard M. Shanley；总统国家安全事务特别助理 Robert Cutler；总统特别助理 C. D. Jackson；总统行政助理 Gabriel S. Hauge；总统行政助理 Emmet J. Hughes。

在获取这些人的信息时，我始终依据的是有关他们的描述，这些描述出现在 1953 年最初几个月的当代传记中。我要感谢罗伊（Roy Shotland）提供关于这些人的初始备忘录。

[5] Fletcher Knebel, "Ike's Cronies," *Look*, 1 June 1954, p. 61.

[6] "What goes on at Ike's Dinners," *U.S. News and World Report*, 4 February 1955.

[7] Theodore Roosevelt，由 Matthew Josephson 引用，*The President-Makers*（New York：Harcourt, Brace, 1940）, p. 142；另参见威廉·劳伦斯关于梅里曼·史密斯的评论，见《纽约时报》书评中 *Mister Eisenhower*（New York：Harper, 1955）*The New York Times*, 10 April 1955, p. 3.

[8] Herman Finer, "Civil Service," *Encyclopedia of the Social Sciences*, vol. III, p. 522.

[9] 文职政府部门在现有的公务员规章中是否有所不同，差别很大。一些机构——比如国家森林局，联邦调查局，美国国家标准局，州际贸易委员会——都非常专业化。"一般情况下，机构越专业，其工作人员对待求职的政治家的态度就越稳当。"参见 James MacGregor Burns, "Policy and Politics of Patronage," *The New York Times Magazine*, 5 July 1953, p. 24. 当然，这

个规则的例外，现在是国务院。此外，公务员的晋升应根据衡量进度报告的价值来进行。“然而，这个制度不能排除评委个人的偏爱，因为上级官员仍然是评判者。”*Finer*，同上引用的文献，p. 521。

[10] *Encyclopedia Britannica*，第 11 版，vol. 6，p. 414.

[11] 大约 88%的政府雇员都有根据公务员制度规定的任期；其余的 7%中有一部分受到 1947 年总统令的保护，即如果一名雇员在任职公务员后从事了非公务员工作，仍然对他进行免职保护；其他一些人被任命与新行政部门任期重叠的职位。*Time*，20 July 1953，p. 14. 另参见 Burns 同上引用的文献，p. 8 和“On U.S. Jobholders，” *The New York Times*，28 June 1953.

[12] 1953 年，美国有 210 万名全职文职雇员，在大陆地区外有近 20 万名雇员。这些文职人员中，约有 120 万人在国防部工作；有 50 万人在邮政署，接下来人数最多的一组（178402 人）在退伍军人管理局工作，其次是财政部（85490 人）和农业部（78097 人）。参见 *The World Almanac1954*，p. 64.

[13] 关于政府的 1500 名“主要官员”，参见 Jerome M. Rosow 对他们的研究，Jerome M. Rosow，*American Men in Government*（Washington，D.C.：Public Affairs Press，1949）. 关于这 1500 名男性的数据来自于这项研究。

[14] *Time*，12 January 1953，p. 18.

[15] *Business Week*，27 September 1952，p. 84.

[16] 参见这篇直截了当，引人注目的文章，“The Little Oscars and Civil Service，” *Fortune*，January 1953，pp. 77 ff.

[17] 参见 *Time*，20 July 1953，p. 14. 不仅通过公务员制度来提升工作的专业人员没有被它覆盖，他们失去了工作保障——而且还是政府工作者的大杂烩，例如海岸警察灯光师和印地语翻译，他们“不适合常规的公务员录用制度”。

[18] Burns，引用文献同上 p. 8。

[19] *Business Week*，23 October 1954，p. 192.

第十一章

平衡理论

美国人不希望在政治经济上被道德问题所干扰，所以坚持认为政府是一种自动化机器，通过平衡相互竞争的利益来实施管理。这种政治形象只不过是官方经济图像的遗留物：通过拉动和推动多方利益来实现平衡，每种利益只受制于交易带来的结果是否合法、是否违反道德。

18 世纪的经济学术语对自动平衡理论做出了最引人注目的阐述：市场是至高无上的，在小企业家的神奇经济中没有专制中心。在政治领域也是如此：盛行分权和制衡，因此专制主义没有机会。“不会采取权力均衡的政策的国家，”约翰·亚当斯写道，“一定会采取专制主义，没有其他选择。”[1] 正如诞生于 18 世纪的平衡或制衡的机制，现在是保障经济和政治自由的首要机制，也是确保世界各主权国不实施专制统治的主要机制。

如今，我们熟知的自主政治经济的概念，仅仅是指 1930 年代反对新政的务实保守主义。极权主义国家——曾经的德国和当今的苏联——发生的可怕景象赋予了它新的魅力，虽然这是非常不正确的。尽管它与现代美国政治经济无关，但它却是在企业和政府管理精英中广泛流行的唯一说辞。

一

放弃自动平衡这样的旧权力模式非常困难，关于它的假定是，众多独立、实力相当、相互冲突的团体制衡社会。最近关于“谁统治美国”的声明，对所有这些假设来说很明显是一种无意识的讽刺。据大卫·理斯曼[①]先生说，比如，在过去半个世纪里，权力从统治阶级的等级体系中分散到有否决权的团体中。现在没有人统管任何事情：一切都是没有方向的漂移。理斯曼先生认为，“在某种意义上，这只是美国是中产阶级国家的另一种表述方式……在美国，也许人们很快就会意识到这一事实，不再有一个统领所有的‘我们’或‘他们’，或一个不统领所有的‘我们’或‘他们’，而是所有的‘我们的’都是‘他们的’，所有的‘他们的’都是‘我们的’。”

“领袖已经失去了权力，但是追随者们还没有得到它。”与此同时，理斯曼先生关于权力以及它强大的影响力所做出的心理解释达到了极致。例如：“如果商人感到虚弱和依赖，他们就是虚弱和依赖的，无论他们拥有何种物质资源。”

因此，“……未来似乎掌握在以下这些人手中：控制国会的小企业和专业人员；地方房产经纪人、律师、汽车销售员、承办商等等；控制国防和部分外交政策的军事人员；大企业的管理者及其律师，财务委员会成员，和其他决定工厂投资并影响技术变革速度的顾问；管理工人生产力和工人选举的劳动领袖；在南方政治中有极大利害关系的黑带地区（Black Belt）的白人；在外交政策、城市就业、民族宗教和文化机构中有利害关系的波兰人、意大利人、犹太人和爱尔兰人；帮助年轻人社会化，训练成年人，娱乐老年人的编辑和作家；掌握了关键部门和委员会的农民——与之相对应的畜牧者、玉米种植者、乳制品工人、棉农等——作为我们过去不落俗套生活的代表，承载着我们的许多回忆；苏联人，以及另外一些在较小程度上控制着我们关注的大部分议题的外国势力，等等。读者可自行完成列表。”[2]

这的确符合“完全自动化和客观化的现代标准。”[3]然而，在这种浪漫的

① 大卫·理斯曼（David Riesman，1909—2002），美国社会学家，著有《孤独的人群》等作品。——译注

多元主义中，甚至在理斯曼创造的“权力混合曲”之中，也的确存在一些现实：尽管对于权力中层的说明含混不清，但仍然可以辨别，在国会所在地区和国会内部尤为明显。但是，理斯曼的这个创造确实令人困惑，它甚至没有区分权力的高层、中层和底层。事实上，在半组织化的僵局情形下，所有这种浪漫的多元主义的策略清楚明了：

你以一种令人困惑的、惠特曼式的对多样性的热情，详细阐述了所涉及的团体数量。事实上，什么样的团体没有资格成为否决权团体？你没有根据政治相关性或它们是否有政治组织来对这些群体、职业、阶层、组织进行分类，试着弄清那些不清楚的地方；你没有试图弄清它们如何相互连接成一个权力结构，因为根据他的观点，浪漫的保守主义者把精力集中在一个分散的环境中，而不是它们在权力结构里的关系；你没有考虑在顶级团体中，可能会存在任何利益共同体；你没有把这所有的环境和各种各样的团体与重大决策联系起来；你没有利用历史细节来提问和解答：对于引发第二次世界大战的一系列决策和事件，“小零售商”或“砖石匠”与它们有什么直接或间接的关系？“保险公司”和国会与是否决定制造和放弃新式武器的早期模型有什么关联？此外，对于所有团体、阶层和集团的领导人，你高度重视他们极具公关思维的言论，从而混淆了心理不安与关于权力和政策的事实。只要权力没有毫无遮掩地显示出来，它就不能被当作是一种权力。当然，作为观察者，你也没有考虑到官方和其他方面的隐蔽事实给你造成的困难。

简而言之，你用自己混乱的视角来混淆自己的见闻，作为一名观察者和解释者，你小心翼翼，依据现有的细节来解读事实，尽可能用最具体的方式进行描述。

正如欧文·豪①所指出的，权力平衡论是美国政治的狭隘观点。[4]用它可

① 欧文·豪（Irving Howe，1920—1993），美国文学评论家，社会批评家。——译注

以解释一方或另一方内的临时联盟，在时间跨度的选择上，它也是狭隘的：你感兴趣的时间段越短，权力平衡论的适用性就越强。因为当一个人详尽地处理短期问题时，例如特定的选举，个人常常受困于多种势力和原因。美国的“社会科学”变得极其经验主义，一直以来的一个缺陷是假定：理解现代社会明智而科学的方法仅仅是列举事件发生的多个原因。当然，除此以外别无其他：它是一种含混的折中主义，避免了社会分析的真正任务。这个任务就是不仅要列举所有事实，这些事实可能是由于想象而被包含在内的，要对每个事实加以权衡，从而理解它们是如何融合在一起，如何形成你想要理解的模型。[5]

过度关注权力中层，难以理解权力的整体结构，特别是高层和底层。讨论、投票和竞选产生的美国政府主要与权力中层有关，而且往往只与它相关。大多数“政治”消息是关于中层问题和冲突的新闻和八卦。在美国，政治理论家也常常只是一个比较系统的选举研究者，研究谁投票支持谁。政治分析家是教授或自由知识分子，他们自己通常位于权力中层，只能通过八卦了解权力高层；如果想要知晓权力底层的话，只有通过“研究”，但是他们很健谈，与权力中层的领导也很熟悉，可以轻松“聊天”。

因此，大学内外的评论员和分析家关注中层及其平衡，因为他们自己主要属于中层，与中层距离较近；因为作为一个明确的事实，这些层级给“政治”提供了丰富的内容；因为这种观点符合民主运作的形式模型和民间说法；而且因为许多知识分子接受那种模式是好的，特别是在目前爱国主义情绪高涨的情况下，能够很容易满足他们的政治诉求。

当说到存在“权力的平衡”时，这可能意味着没有任何一个利益团体可以将其意志或其条款强加于他人；或者说，任何一个利益团体都有可能造成僵局；或者随着时间的推移，以一种对称轮流的方式，一个接一个的利益被实现了；或者所有政策都是妥协的结果，没有人赢得了他们想要的一切，但每个人都获得了一些东西。事实上，所有这些可能的意义都在试图描述，当所谓的“平等协商权”永久或暂时存在时会发生什么。但是，正如默里·埃德尔曼①所指出的，[6]利益斗争的目标不仅仅是规定好的，它们还反映了当前的期望和接受状态。因此，说各种利益是“平衡的”，一般是表示对现状满意甚至感到良好；让人满怀希望的平衡理论往往伪装成对事实的描述。

“权力平衡”意味着权力平等，权力平等似乎意味着完全公平，甚至是值得尊重的，但事实上，什么是一个人值得尊重的平衡，这往往又是一个不公平的不平衡。优势群体当然倾向于宣称，存在权力平衡和真正的和谐利益，因为他们希望自己的主宰地位和平地持续下去。所以大商人谴责小劳工领袖是“和平的干扰者”，是固有的商业劳动合作利益的颠覆者；实力强大的国家以国际主义的名义谴责弱国，用道德观念来捍卫自己武力掠夺弱国所获的战利品，为了争取优势或平等地位，弱国只能寄希望于通过武力改变现状。[7]

社会变革是由宽容的平等交换、妥协和利益制衡的否决网络来推进的——这个概念假定一切都在大致稳定的框架内进行，框架本身不会发生改变，所有的议题都倾向于妥协，因此可以实现自然和谐。那些从现行总体框架中获益的人，比那些对它心怀不满的人，更容易将这些观点看成是社会变革的机制。此外“在大多数领域……只有一个有组织的利益体，其他一些主要利益体也没有组织。”[8]在这些情况下，正如大卫·杜鲁门②先生所言，“无组织的利益”[9]只不过是用另一个词来表述以前常用的“公众”一词，一个我们现在应该研究的概念③。

这些非常重要的“利益团体”，特别是农村和城市企业中的那些利益团体，或被并入人事部门和政府机构中，包括立法和行政机构；或成为小而强大的集

① 默里·埃德尔曼（Murray Edelman，1919—2001），美国政治学家。——译注

② 大卫·杜鲁门（David Truman，1913—2003），美国政治学家，多元主义政治理论和利益集团理论领域的重要学者。——译注

③ 参见下面第十三章：大众社会。

团的工具，有时作为它们名义上的领导人，但往往不会拥有实际领导权。这些事实超出了自发团体的集中化，对权力无动于衷的成员的权力会被专业的管理者夺走。例如，它们利用主要集团组成的全国制造商协会，告知小企业成员它们的利益与大企业相同，然后将所有商业力量集中到政治压力上。从高层人士的角度看，“自愿联盟”和“利益团体”成为公共关系计划的一个重要特征。这些小集团的个别成员管理了几家企业，这些企业本身是实施指挥、建立公共关系和施加压力的工具，但是通常不会以权力为基础公开利用这些企业，并使各个国家协会成为其联合经营的分支机构。协会是运营性组织，而不是行动与否的最终裁决者，组织的权限由使用它们的人设定。[10]

因此，制衡可以被理解为“分割和统治”的代名词，以及防止更直接地表达普遍诉求的一种方式。因为平衡理论往往依赖于利益自然和谐的道德观念，在利益和谐的情况下，贪婪、残酷与正义、进步相协调。一旦美国政治经济的基本结构得以建立，只要它默认市场将无限地扩张，使优势群体的利益显得与整个社会的利益相一致，利益的和谐可以而且确实适合作为优势群体的意识形态。只要这个信条盛行，底层群体的努力奋斗就可能被认为是不和谐行为，扰乱了共同利益。E. H. 卡尔①先生说，“因此，利益和谐原则是一个巧妙的道德策略，是优势团体用来维护和维持其主导地位的。”[11]

二

平衡理论的主要焦点是美国国会，其主要参与者是国会议员。然而，作为

① E. H. 卡尔（E. H. Carr，1892—1982），英国历史学家，国际关系学者。——译注

一种社会类型，这96位参议员和435位众议员却不能代表普通老百姓，他们代表的是那些在创业和专业方面取得成功的人。年长者是拥有特权的白种人，他们和父母都是美国本土人，信奉新教。他们都有大学学历，就收入和地位而言，他们至少处于中上阶层。一般来说，他们没有打工或低薪工作的经历。简而言之，他们是当地社会的新、旧上层阶级①。

一些国会成员是百万富翁，而其他人必须在农村筹措经费开销。现在，官员的开支相当大，通常要支付两个家庭的生活费，往返于两个家庭之间会产生

---

① 现在，典型的参议员是57岁左右、受过大学教育的人——尽管在第83届国会（1954年）有一位参议员已经86岁高龄。典型的众议员也来自于受过大学教育的10%的成年人，约52岁——尽管在最近一届国会中有人年仅26岁。几乎所有的参议员和众议员都在地方和州政府任职；他们中约一半人都是参加了某场战争的老兵。几乎所有人在政界外都有任职，通常是职业等级机构上层15%的职位：例如，在1949年至1951年的国会中，参议院和众议院中69%的人是职业人士，参议院另外24%和众议员22%的人是商人或经理。参议院中没有工薪阶层、没有底薪白领和农业工人，只有一两位在众议院中。[12]

当然，他们主要的专业是法律——在美国从事法律工作的人只有0.1%，但在参议员和众议员中占65%。很容易理解他们都是律师。律师的语言表达技巧和政客是一样的，都涉及谈判、协商和为商业政治决策者提供建议。律师也常常发现——输或者赢——政治事务对他们的法律职业是有益的，因为对他们的做法有宣传效应。此外，私人的律师业务，一笔生意可以放在一个人的公文包中，也可以在任何一个地方处理好。因此，律师同政客一样，在没有再次当选的情况下，有东西可以依靠，如果他愿意，在当选了以后也可以有东西依靠。事实上，对一些律师来说，一两个政治条款仅仅是获得华盛顿或本地更大法律业务的垫脚石。法律业务通常使律师可以没有风险地进入政界，没有机会在全体选民意志之外获得主要资金来源的好处。[13]

在过去的15年——甚至更长的时间里，大多数国会成员都来自于他们自己在过去10年里从事的相同专业和企业家职位。他们中90%到95%的人都是专业人士、商人或农场主的儿子——尽管大约在1890年，他们的出生时间，只有37%的劳动力属于这些企业家阶层，并非所有这些人婚后生的都是儿子。[14]

在过去的半个世纪中，参议院中都没有黑人，在任何一段特定时期，众议院中的黑人也从未超过两个——尽管黑人占美国总人口的10%。1845年来，参议院中在国外出生的议员比例从未超过8%，在国外出生的人在总人口中的占比更低——例如，1949年至1951年，国外出生的人在众议院中的占比不到50%。而且，第一和第二代国会议员通常有老一辈的北部和南部血统，而不是来自南方和东欧的新移民。高层新教徒（圣公会、长老会、一位论派和公理会）在国会议员中所占的比例是议员在总人口中占比的两倍，中层新教徒（卫理公会教徒和浸礼宗教徒）在国会中的占比与在人口数中的占比成正比，但天主教徒和犹太教徒更少：例如，在81届国会中，众议院中的天主教徒只有16%，参议院只有12%，但在1950年总人口中的占比为34%。[15]

交通费，需要频繁地参加社交活动，而且选举和留任的成本也大大增加了。现在，对国会议员来说，外部收入几乎是必不可少的；事实上，在1952年，五分之四的众议员和三分之二的参议员除了从国会领取工资外，还从他们家乡持续经营的企业、保留的职位，或投资中获得收入。独立的富人在美国的国会山①越来越常见……对于那些没有私人收入的人……作为国会成员的生活状况可以说近于绝望②。“如果联邦法律真的意味着它所表现的那样，关于在竞选活动中的现金运用，”罗伯特·本迪纳③最近说，“同华盛顿相比，莱温芙丝市会有更多经济状况不佳的政治家。”[17]

政治职业对能人志士的吸引力不如以往。从金钱的角度来看，精明的律师每年可以赚取25000到50000美元，不太可能放弃现在收入丰厚的职业，冒险竞争国会议员一职；毫无疑问，除了一些例外情况，如果他们不是富人，国会候选人很可能是县检察官、地方法官或市长，他们的薪水甚至低于国会议员。国会内外的许多观察员都认为，国会在过去50年里受到的公众尊重已经下降；甚至在他们的选区和州，国会议员也不再是曾经那般重要的人物。[18]事实上，有多少人知道他们众议员或者参议员的名字？

50年前，在自己的选区或州，竞选国会议员不必采用大量的娱乐和消遣方式，同各种名人竞争。政治家发表长达一小时的演讲谈论世界局势，在辩论中，他没有机会咨询他的撰稿人。毕竟，他是当地薪酬最高的人之一，是当地的风云人物。但在今天，政治家必须依靠大众媒体，而动用这些媒体的费用

① 国会山（Capitol Hill），位于美国华盛顿哥伦比亚特区，美国国会大厦即坐落于此。——译注

② 从第二次世界大战结束到1955年，国会成员的年收入为1.5万美元，其中包括2500美元的免税费用津贴；但在1952年，众议员的平均收入——包括投资、生意、职业、写作和演讲——约为2.2万美元；参议员的平均收入为4.7万美元。截至1955年3月，国会议员的年收入增加至2.25万美元。[16]

③ 罗伯特·本迪纳（Robert Bendiner，1909—2009），美国记者，编辑，曾供职于《国家》杂志。——译注

非常高昂①。现代竞选活动的成本很高，这一简单的事实明显约束了国会议员，如果他自己不是很富裕，必须对募集的竞选资金来源足够敏感，募集到的资金通常被视为出资者期待预期回报的投资。

作为自由法律从业者和党派政客，他们必须面对选举，职业政客在当地培养了许多不同的团体、各种不同类型的人。他们是社会、商业和兄弟会组织的伟大“加盟者”，这些组织属于共济会，麋鹿组织和美国退伍军人协会。在选区，国会议员负责组织起来的团体，这些团体根据议员对他们的利益和项目的态度，来对议员给予支持或认可。在地方辖区内，掠夺团体（Plunder Groups）为了获得更多支持，公开交易选票。政治家被这些大大小小的地方和国家团体的要求所包围着。作为权力的经营者，政治家必须向一个又一个利益妥协，在这个过程中，他们常常因为妥协，变成了没有任何坚定政策路线的人。

大多数职业政客巧妙地平衡了各种地方利益，在政治决策中这种相当小的自由，他们正是从这个事实中得到的：如果他们幸运，他们可以歪曲并使各种地方利益相互竞争，但他们常常会跳过这些问题，以避免做决定。保护其选区的利益，国会议员对他所属地区保有绝对的忠诚。事实上，他的狭隘主义在某些情况下十分强烈，作为一位地方候选人，他甚至会邀请和召集当地居民，向他们展示其他州对他的各种攻击，从而使他的竞选活动成为维护本州的圣战运动，抵御来自其他州的攻击。[20]

在国会内部，同样在他的选区，政客会发现利益纠葛；他还会发现权力是根据党派和资历组织的。国会的权力集中在委员会，委员会的权力通常集中在主席手中，主席是凭资历当选的。因此，政客在国会内获得权力地位的机会，往往取决于他获得长期且不间断留任的能力，为此，他不能对抗他所在选区的

① 一位资深的国会议员最近称，1930 年，他花费的竞选资金为 7500 美元，现在是 2.5 万到 52 万美元；在参议院，可能要花费更多；约翰·F. 肯尼迪（百万富豪约瑟夫·P. 肯尼迪的儿子）是马萨诸塞州的民主党人，据说在 1952 年的大选中花费了 1.5866 万美元，但是，“代表他的委员会，为了改善该州的鞋业、渔业和其他行业，花费了 21,7995 美元。”[19]

重要原则。灵活调整这些利益体和他们的项目，聪明地支持有时可能冲突的几种政策，这种做法看起来不错，而且是非常有价值的。因此，通过机械选择的过程，20 多年来，平庸的“党员”一直在他们的统治区保有稳固地位，很可能到达国会权力的中心并保持住他们的位置。

即使政治家成为——如果可能的话——影响他所在地区的地方利益的委员会主席，他通常不会试图扮演国家层面的政治家角色。因为无论公务员的声望令人感到多么愉悦，比起获得地方人气也是次要的；他的责任是对当地的主要利益负责，而不是对国家负责。此外，“更好的国会机制，”正如斯坦利·海伊（Stanley High）所言，“不能治愈地方主义的邪恶；事实上，国会机制可以为实施的成员提供更多的时间和更好的设施。”[21]

然而，主要委员会的主席是国会的精英成员。他们掌握了国会的核心权力，包括立法权和调查权。他们可以提出、推动、制止或混淆立法；他们善于回避和拖延。他们可以阻止白宫的提案，使提案永远不能进入辩论程序，更不用说投票了。他们能告诉总统什么提案将会得到他们地区人民，或受他们影响的国会同事的支持，什么提案不会得到他们的支持。

在 20 世纪的前一两个十年，在第一届会议的六个月期间或第二届会议的三个月期间只提出了几个法案。委员会有充足的时间研究和讨论，使这些法案在这段时间内得到详细地评判。辩论十分重要，是在有大量观众的议院里进行的。立法占用了大部分议员的时间和注意力。现在，每届会议都会审议数百项法案，由于议员实际上不可能阅读全部法案——或者十分之一——他们已经开始依赖于提交法案的委员会。现在也几乎没有什么辩论，议院里基本没什么观众。

委员会的演讲主要是为当地议员所做的，许多发言都没有发表，而只是被记录了下来。虽然立法通过了流水线程序，但国会议员却忙于自己的办公室事务，指派一名小职员为选举人跑腿，并为他们打印邮件和其他文件。[22]

在职业政治家的活动中，他们通常不会面临显著的国家问题，但地方问题却以令人惊奇的方式提出。例如，1954 年的第 472 次国会选举没有明确提出任何国家问题，甚至没有提出与其有显著联系的地方问题①。选民看到的满是口号和对个人品质、人格缺陷的人身攻击，像往常一样，没有多少人会注意对这些攻击的质疑和反击。每个候选人都试图羞辱他的对手，对手又反过来试图羞辱他。愤怒的候选人好像都在制造自己的议题，实际上，几乎所有的候选人都失去了议题。选民根本抓不住任何议题，他们也迷失了，虽然他们自己没有意识到。[24]

作为严重琐碎化的公共生活的一部分，美国竞选活动容易分散对国家潜在政策辩论的关注，但是不能认为干扰是所有竞选活动包含的内容。每个地区和州都有议题，这些议题由对当地至关重要、有组织的利益团体设置和监督。这是根据竞选活动的特征得出的重要启发。

职业政客不属于全国性政党，没有全国性政党将它们的辩论明确、持续和负责任地聚焦于国家议题。

根据定义，职业政客是党派政治家。然而，美国的两个政党不是国家集权的组织。作为一种半封建的组织机构，它们用资助和其他好处做交易，以获得选票和保护。影响力较小的政客在他所在的地区交易选票，以获得更大份额的资助和好处。但是两党中没有全国性的“老大”，更不用说任何一个党派中存在负责任的全国性领袖了。每个党派都是一群地方组织，与各利益集团有着纷

① 在一个州，废除种族隔离制度是最重要的；在另一个州，一位意大利人和一位爱尔兰女性结婚，使用两个人的姓名；在一个州，一位候选人关于警察倾向于和谁结婚的讨论历时两年，该讨论的磁带录音似乎很重要；在另一个州，候选人是否对他的姐妹足够或过于友好很重要。这里宾果游戏法很重要，最大的问题是参加参议员竞选的年长者是否精力充沛；在一个关键的州里，一位 20 岁的人指控一名候选人和一家轮船公司有密切关系，该公司为一位法官付清了码头租赁费，这个指控一直花高价在电视上播放。一位著名参议员坚持他的竞争对手——也是一位著名的富人——他“要么不诚实，要么愚笨，要么愚蠢和盲从”。另一位候选人被迫承认并详细讲述了他关于战争记录的谎言。在这种不信任的背景下，到处暗示、含沙射影、认为、猜测竞争对手与红色间谍有联系，即使他们真的没有受雇于苏联的分支机构。民主党再一次解决了经济萧条的问题，共和党再次决定将阿尔杰·希斯（Alger Hiss）关进监狱。[23]

繁复杂的联系。只要竞选经费充足，国会议员一般不依赖他所在党派的国会领导人。每个大型政党的国家委员会主要由在政治上无足轻重的人组成；因为政党是州和地方组织的联盟，为了总统选举，它们每四年组织一次这样的全国联盟。[25]在中下层，主要政党实力强大，甚至实行独裁；但在顶层，主要政党实力弱小。只有总统和副总统的支持者来自全国，并且通过他们的行动和任命，使这样的全国性政党团结一致。

就国家议题而言，两党之间的差异非常有限且含混不清。每个政党看起来像有48个政党，每个州都有一个；因此，诸如国会议员和竞选者这样的职业政客，如果不关心国家的政党路线是很容易被人察觉的。他不受制于任何全国性政党的现行纪律，他只是为自己的地区说话，只有当国家问题影响他所在的地区、涉及的利益、关乎获得连任的机会时，他才会关心国家问题。这就是为什么当他谈及国家事务时，带着官腔的说辞是如此空洞无力。职业政客根植于他们自己管辖的地区，没有登上国家政治权力的顶峰：他们处在和属于中间阶层。

三

由国会或权势颇大的委员会决定的重大问题越来越少，由大选选民决定的就更少了。譬如，美国参加第二次世界大战的决策完全避开了国会。这本就不是一个为了制定公共决策而能清楚辩论的议题。根据行政紧急权，总统可以用近乎独裁的方式做出发动战争的决定，然后以既成事实提交国会。“行政协议”有条约的效力，但不需要参议院的批准：美国与英国之间进行驱逐舰交易，根据北约条例，承诺向欧洲派军，对此参议员塔夫脱曾强烈反对，这些都是极其清楚的例证。在1955年春天关于东亚地区的问题上，国会直接将所有与战争相关的事件和决策的辩论都交给了行政部门。

若根本性的问题都交由国会进行讨论，很可能会因条条框框太多而限制讨论，甚至形成僵局而不能得到解决。因为如果没有一个负责任、集权的政党很难在国会占多数席位；资历制度、规则委员会、拖延表决的冗长演说，以及缺乏信息和专业知识——这些很可能使国会陷入错综复杂的立法局面。在非地方性的事务上，国会欢迎明确的总统议案也就不足为奇，而且在紧急情况下，权力总是被迅速移交给行政部门，以打破半组织状态的僵局。事实上，一些观察家认为权力移交给行政部门，主要原因是“国会的退让和阻挠，而非总统夺权”。[26]

当然，职业政客有情绪和利益的共同点，这源于他们十分相似的出身、事业和人脉；而且，他们的思维还常常囿于相同的修辞。因此，国会议员在追求各自的利益时，采取的方式常常与处理国家相关的事务的方式一致。这些利益很少被明确表述出来。但许多通过议价和制衡来解决的涉及地方利益的小问题，会产生任何相关地方机构都无法预料的全国性的后果。因此，当僵局被打破，有时法律会在相关立法者不知情的情况下被制定出来。因为国会处在权力中层的首要位置，而在这些权力中层，通常倾向于采用制衡措施。

真正的既得利益，是那些被所有众议员和参议员公开支持和保护的利益，是每个国会选区和各州的自身利益。在变为参议员或众议员的既得利益后，这些利益会让步于其他地方利益，与它们形成制衡。每个国会议员的首要追求是维护一方利益，同时这种利益不会伤害他需要平衡的其他利益。

国会中“压力集团”没有必要“贿赂”政客。事实上，游说集团成员会采取不同的方式，有时会表现出诚实的一面，有时，国会议员会伪装成游说集团成员。地方社会成员不必贿赂职业政客以保障他们的利益，因为通过社会选举和政治训练，他们属于、依靠、服务其选区和州的重要群体。[27]比起政府外围无形的施压者，国会议员更多是政府内部有形的施压者。50年前，参议员被金钱腐化的丑恶形象是真实的，[28]毫无疑问，金钱依然是政治因素之一。

但现在重要的资金主要用于选举，而非直接贿赂政客换取投票和支持。

当我们得知，六名影响力最大的立法成员、众议院筹款委员会主席在进入政坛前，通过在六个中等城市宣传和组织商会而声名鹊起，像他说的“没有获得一分钱的联邦援助”，由此，我们可以轻易理解，为什么他们在没有任何无形的幕后压力的情况下，努力争取增加超额利润税。[29] 78 岁的丹尼尔·里德（Daniel Reed）是典型的清教徒式性格——固守原则，但原则是源于性格并得到了进一步强化的性格，是由整个职业生涯决定并塑造而成的。此外，就像一名国会成员最近表示的，“每一位国会议员终有一天要摆脱原则。”[30] 作为政治从业者，国会议员是当地社会同一个或另一个对国家不负责任的政党折中平衡的一部分。最后，他们陷入了国家权力中层半组织状态的僵局中。

政治权力得到了扩大，并且更具决定性，但国会职业政客手中的权力并非如此。重要国会议员手中掌握的巨大权力，现在要与其他政客共享：例如，控制立法的权力主要集中在委员会的领导人手中，但越来越受制于行政部门决定性的修改权。还有调查权，既是积极的也是消极的武器，越来越多地牵涉到公开和非公开的情报机构，同时也越来越多地涉及不同程度的勒索和反勒索。

主要政党之间没有重大政策差异，职业政客必须制造可供谈论的话题。从历史角度来看，包括华而不实的普通“竞选辞令”。自“二战”以来，不得志的政客开始针对竞争对手和无辜的中立者，谴责和诋毁他们的人格。这当然是以现在美国人生活在军事社区新的历史事实为基础，但这还取决于不处理实际问题的政客的地位，中层政治事务的决策权甚至包括资助都掌握在上级手中。在这种情况下，获得的资助更少，也没有能够吸引眼球的大事件，为了占据新闻头条，在充满猜疑的氛围中，一些国会议员采用谴责和诋毁的方式获得短暂成功，至少吸引了公众的注意力。

还有另一种获得和行使权力的方式，这涉及行政系统内，类似官僚体制的机构内部和这些机构之间的小团体中职业政客的活动情况。越来越多的职业政客与机构、委员会或部门的管理者合作，以行使权力对抗其他管理者和政客，而且往往是激烈地针锋相对。“立法”是制定政策，“行政”是执行政策，两者的传统区别已实现了双向突破。[31]

政治家在参与现代政治的连续决策制定中，很少投票赞成或反对一项法案，更多的是加入一个小集团，从而可以对行政部门的负责人或通过他们来施加影响，不调查涉及特定集团利益的敏感区域。[32]职业政客加入各个纷繁复杂的集团，代表着不同的利益，有时参与制定国家重大决策。

如果政府政策是集团利益相互作用的结果，我们必须发问：政府外的什么利益至关重要，政府内的什么机构服务于这些利益？如果这种利益众多，相互之间存在冲突，那么很显然每种利益都会受到影响，相关机构要么获得一定的自主权，要么陷入僵局。[33]在立法的分支机构，许多相互竞争的利益，特别是地方利益开始集中在一起，便常常陷入僵局。其他利益，如国企的强力带来的利益，从来没有集中在一起，但是，国会议员凭借其政客身份和社会属性，将这些利益集中到了一起。但在行政机构内，许多小的一致利益往往是唯一起作用的，它们常常能够自己立足于行政机构内，或有效抵消对自身不利的行为。因此，正如约翰·加尔布雷斯所说的：“除去一些例外，监管机构要么成为他们监管的行业的一个分支，要么服务于这个行业。”[34]此外，行政优势将是否立法在政策制定中置于次要地位，或使其屈从于行政部门的意愿。现在看来，强制执行很显然涉及政策的制定，甚至立法本身也经常是由行政部门成员起草的。

在美国历史上，总统和国会的领导能力发生了多次的摇摆。[35]例如，在19世纪早期，显然是国会占优势。但在20世纪中期，我们关心的行政部门，它们行使权力的手段得到了增加，远远超过之前的任何一个时期，而且它的权力没有丝毫减少的迹象。行政部门占优势意味着立法机构被降到了政治权力的中间阶层；这意味着职业政治家的衰落，因为当地的党派政客主要存在于立法机构，也标志着旧式平衡社会的衰落。旧式平衡不是完全自动实现的，政客是平衡专家，也是互相竞争的各方压力的代理人，由他们协调平衡、达成妥协并维持整体平衡。那些最能实现或抵制各种利益的政客，能最好地获得并控制权力。但现在，旧式平衡社会遗留的职业政客已经被降到嘈杂或令人讨厌的职位，或是对处于优势地位的政治局外人有利的职位，这些政治局外人没有掌握重大决策权。之所以被降职，是因为曾经令他们风生水起的旧式平衡社会已经退出了历史舞台。[36]

四

作为政治决策模式的权力制衡理论的背后是阶级论，阶级论自亚里士多德时期开始闻名，也是18世纪开国元勋们坚信的观点——国家是或者应当是一个制衡系统，因为社会是阶级的平衡，之所以说社会是阶级的平衡，是因为社会的中枢和平衡依赖于强大而独立的中产阶级。

19世纪的美国是一个中产阶级社会，有众多小型且权力相对平等的机构蓬勃发展。在这个平衡社会中，小企业家是经济的中心；权力部门的正式分工是政策事实；政治和经济秩序高度自治。如果它不是一个时时都属于小企业家的世界，至少在权力平衡方面，小企业家一直在这个世界中发挥着实实在在的作用。但在我们现在所处的社会经济体中的关键领域，小企业家已被少数集中化的企业所取代，权力分配不均衡导致行政部门占优势，立法机构沦为权力的中间阶层，而司法部门由于时间的滞后跟着不是它提出的政策走；最后，新社会显然是一个政治经济体，政治和经济事务错综复杂，紧紧缠绕在一起。[37]

在约五分之四的自由白种人大致都是独立业主的社会中，杰斐逊式浪漫的多元主义概念广为流行。但在内战之后的时代，由独立业主组成的旧式中产阶级开始衰落，在一个又一个行业中，更大且更集中的经济实体开始占上风；在进步时代后期，独立的中产阶级农民和小商人开始进行政治斗争，失去了在政治平衡中发挥决定性作用的最后机会。[38]正如戴维·格林厄姆·菲利普斯①所说，他们回顾过去，怀旧情绪十分浓烈，似乎希望回忆可以改变已进入20世纪这一事实。[39]在1924年拉福莱特的竞选中，这种情绪再次短暂爆发，是新政修辞力量的来源之一。但是，关于中产阶级的两个事实和关于工薪阶层的一个事实——在1930年代具有重要的政治意义——在我们这个时代具有决定性意义：

1. 独立的中产阶级在政治和经济上依赖于国家机器。例如，普遍认为美国最成功的"游说"团体是农场主议员集团（The Farm Bloc），事实上，它的表现极为成功，很难让人看出它是作用于几个政府机关的独立力量。农场主议员集团已经和这些机构紧密结合，特别是参议院，由于参议院对议员代表有特殊的地域规定，代表人数最终超标。在意识形态上，由于杰斐逊主义认为农业是一种生活方式，应对这种主义的利用，作为一个行业的成员，大型商业农场主被看作是应享有特殊政策服务的国家利益的一部分，而不是被作为其中的一个特殊利益。这种特殊的政策是平等政策，认为在自由的企业体制下，政府应该保证一个部门的产品处于同一个价格水平，确保从事商业生产的农场主享有的购买力与他们在"一战"前最繁荣时期具有的购买力相同。这是不折不扣的"阶级立法"，但它是"中产阶级的立法"，是一个根深蒂固的政治事实，在不切实际的现实主义领域中，这种想法大肆蔓延，被认为是合理的公共政策。

在企业补贴的制度下，富裕的农场主是农村地区的主要受益者，他们是商人，也认为自己是商人。1890年代的乡巴佬和反叛者已经被1950年代的农村商人所取代。农场主的政治地位仍然稳固，但面临政治高层的要求，他们的地位不再是决定性的，而是令人担忧的。诚然，就农场主拥有的特殊利益而言，他们是考虑

① 戴维·格林厄姆·菲利普斯（David Graham Phillips，1867—1911），美国小说家，新闻记者。——译注

的对象，但这不包括今天的政治局外人所面临的战争与和平的重大问题，经济的萧条与繁荣和农场主息息相关，但却不是政治局外人现在最为关注的问题。

2. 在旧式独立的中产阶级之外，企业社会中兴起了一个新的具有依赖性的中产阶级，主要成员是白领。粗略地说，在过去的两代人中，以中产阶级为整体，旧式中产阶级所占的比例已从 85% 下降到 44%；新式中产阶级的比例从 15% 增至到 56%。我在其他地方试图讲清楚——这个阶层不是平衡社会的政治支点，而是向大众社会转变前负隅顽抗的后卫力量。[40] 不像农场主和小商人——也不像工薪阶层——白领员工出生得太晚，没有享受过哪怕是一天的短暂自治。职业地位和现状趋势决定了白领的前景，使他们成为历史转变的负隅顽抗者，而不是先锋成员。在政治上，他们没有团结在一起。他们的工会必然进入工会组织衰落的主流趋势中，让他们成为攀附最新利益的人，这些新利益试图服务于国家，但未取得成功。

旧式中产阶级曾是一个独立的权力根基，新式中产阶级无法做到这一点。政治自由和经济安全根植于小规模的独立产业中，而不是新中产阶级的职场中。自由市场将分散的产业和其中的所有人在经济上融为整体；新中产阶级的各种工作由企业权力融合在一起。白领组成的中产阶级没有形成一个独立的权力基础：经济上，他们的状况与没有资产的工薪阶层一样；政治上，他们没有组织在一起，处境更加艰难。

3. 旧的中产阶级曾经不断增加在国家机器中的分量，而新的中产阶级生来就不具备独立的政治形态，也因此不可能实现这一点，除了新旧中产阶级，1930 年代一股新的政治力量登上政治舞台：有组织的工人力量。在一段短暂的时期内，工会似乎要成为一个独立的权力集团，不依附于企业和政府，但在企业和政府内运作并反对它们。然而，在依赖政府体制后，工会的权力被大大削弱，现在几乎不参与制定国家重大决策，政治局外人掌握了政府大权，在与政治局外人息息相关的重大决策中，美国工会领导人没有任何分量。

从一个特殊的角度来看，工会已经成为选择和塑造领导人的组织，一旦成功，那些领导者便与政府内外的企业高管为伍，与两个主要政党的政客为伍，那些企业高管和政客都属于美国的权力精英。同社会运动和政党一样，工会的一个职能是努力促成这一领导层的形成。作为权力新贵，工会领袖们最近才登上国家舞台。塞缪尔·龚帕斯（Samuel Gompers）也许是第一个成为国家权力精英的工会领袖，尽管时间极为短暂且地位不稳。他试图在精英群体中立足，从而使工会利益与国家利益融为一体，他的努力使他成为美国工会领袖的典范和榜样。当然，西德尼·希尔曼（Sidney Hillman）不是1940年代唯一一个走这条路的工会领袖，但是，他在战争早期担任工会领导，认为自己是国家精英，以及他的精英身份得到了现实与意识形态上的认可（西德尼基金会），这些都标志着新政时期工会得到巨大扩张之后，成为政治精英的工会领袖会越来越多。随着杜鲁门的公平施政和艾森豪威尔领导的改革运动的到来，不再有工党领袖考虑成为正式或非正式的政治精英。德金是一位不起眼的工人，他提前从不稳固的内阁职位辞职，十分明确地揭示了工会领袖作为准精英所面临的形势，以及工会作为一个权力集团的地位，工会处于高层委员会之下，属于权力的中间阶层。

在过去的20年里，工会领袖的许多行为和策略令人费解，这是因为他们谋求成为国家的权力精英。在这种情况下，他们对权威遭受到轻视极度敏感。他们觉得自己做到了；他们想要获得有权有势的地位。在中小型城市，工会领袖和负责民事企业的商会官员平起平坐；在国家一级，工会领袖希望在生产委员会和价格控制机构获得一席之位。

他们对权力和地位的诉求，基于他们掌握的权力已经增加，而不是基于他们的财产、收入或出身；在这种情况下，权力令他们感到不安，与此同时，权力是他们运作的基础，但还没有打下持续、稳固的，基于运用、习惯强制和法律的基础。他们对权威的敏感，尤其是在国家层面上，是由于（1）自力更生的特点，由于（2）他们的自力更生受益于政府，也受益于他们在1935后的十年里创造的环境。政府成就了他们，他们也担心政府会毁了他们，事实证明，他们的担忧不是多余的。他们对地位的焦虑还因为（3）他们对权力精英及其行事风格很陌生，并且（4）他们感受到工会成员之间的紧张氛围：工会成员和新结交的伙伴在日常生活中的紧张氛围，如果在工会成员面前太耀眼，或与有世仇的宿敌交往过密，都会有政治风险。

许多观察家误以为工会领袖的地位即是劳工权力的证明。在某种程度上说是这样的，但在另一种程度上说又不是这样的。当以权力为基础并带来权力时，工会领袖的地位就是劳工权力的证明。当领导者的地位陷阱没有带来权力时，就不是劳工权力的证明。在这种情况下，我们应该谨记这不是鸡和蛋的问题。鸡是权力，蛋是地位，先有鸡再有蛋①。

---

① 同企业富豪一样，工会领导人作为一个群体并非完全统一。然而，通常“另一方面”十分显著的趋势是，把一方的一些单位的任何举动都当成是对整体具有重要的意义，清楚表明这些人在观点、期望和需要方面确实形成了联盟，即使是不情愿的。他们把彼此当成是联盟的成员，事实上，以各种十分复杂的方式紧密结合在一起。单个工会可能会为了特殊利益进行游说，这是劳工群体不团结的重要体现。但慢慢地，他们遇到的问题和他们必须面对的问题的背景，在范围和影响上是全国性的，所以，他们必须结合全国形势，以损失权力为代价，与工会进行协商。

企业执行官同工会领导人一样，既务实也是机会主义者，为了其他目的而采取的一贯手段，对他的政治行为和劳工问题也同样适用。现在，企业是运作的稳定基础；事实上，这对延续美国的安排比终生的家庭更稳定和重要。权力精英的商业成员在追求他的短期目标和权宜之计时可以依靠企业。但工会通常是反对的；它有时处于防守状态，通常对社会有潜在的敌意。它没有采用随时可用的、由商业精英支配的持久手段。如果他想要这种手段，即使只是为了实现小小的目标，工会领导人必须建立和维护它们。而且，1930年代的组织热潮表明，没有对产业工人的要求给予充分回应的官员会失去权力。另一方面，企业经理在企业内的意义与被选举出来的官员不同。他的权力不取决于为他工作的工人的忠诚度，如果工会成功入侵他的工厂，通常他不会因此丢掉工作。1930年代的组织热潮不会使经理下台；他们负责的对象不是雇用的工人，而是他们自己和各个股东。

权力形势的不同意味着，商业领导人的权力可能会比工人领袖更持久、更有保障：如果工人领袖没能“交货”，他的工作就有可能不保。

无论企业和政治精英如何，在我看来，没有什么能让我们相信，现在工人领袖作为个体和群体的阵容能够或者将会超越最大的适应性战略。我的意思是他们做出的反应比他们所领导的更多，他们这样做是为了稳固和扩大他们在许多权力和利益中的地位。特定事情的发生可能会造成工人领导权或部分领导权的丢失，其他类型的领导人可能会获得工会的权力；但是现在的工人领袖们成了主流中的从属变量，在权力精英中没有扮演任何角色。现在，在全国范围内，工人领袖和工会都不可能是“独立变量”。[41]

在1930年代的美国，工会第一次在全国层面出现；除了“把没有组织的组织起来”这句口号，它几乎不需要任何政治方向感。现在情况已经发生了改变，但是工人——没有拯救萧条的使命——仍没有政治或者说经济方向。像小企业一样，它的领导者试图追随农场主的道路。曾经农场主是叛乱之源；在最近，工会似乎成为叛乱之源。现在，广大农场主是一个有组织的集团，根植于福利国家并对其施压。尽管工会更大的目标是对抗资本主义的工资体制，虽然失败了，但现在仍在为之奋斗。

五

在旧的自由主义社会中，平衡和妥协在国会领导人、政府行政部门和各种压力集团中十分盛行。权力和决策的形象就是平衡社会的形象，在平衡的社会中，任何权力都不够强大，在妥协中和其他势力相互抗衡，每次只能获得一点优势，因此高层间没有团结，更没有协调。一些这样的形象，加上公众舆论学说，仍然是正规民主权力体系的官方说法，是大多数学术社会科学家的标准理论，是最有文化的公民的重要假设，这些公民既不是政治发言人也不是政治分析家。

但随着历史条件的变化，权力机制的含义和政治意义也在改变。制衡既不神奇也绝非永恒。在革命时期，制衡可能是对无组织的和有组织群众的重要制约。在僵化的专制时代，制衡可能是作为分而治之的重要方法。只有在一个已经实现平衡的国家，这个国家的社会结构也是平衡的，制衡才意味着对统治者的约束。

18世纪的政治理论家们认为单个公民是权力的单位，古典经济学家则认为经营小企业的个人是权力的单位。自那时起，权力的单位、单位之间的关系和由此得出的制衡的意义，都已经发生改变。迄今为止，相对平等的平衡单位四处零落，它处于权力中层，夹在自治地区和间歇性压力集团之间，并在国会中到达至高点。因此，我们必须修改和重新定位四处零散的利益的固有概念，当我们近距离仔细观察一段较长的时间，就会发现大多数中层利益集团只关注他们自己的利益和既得利益的特殊区域，而通常这些利益都没有决定性的政治意义，尽管许多利益对福利有巨大的损害。在多种利益之上，权力的单位——经济、政治和军事在任何的平衡中都至为重要，其数量虽少，但重要性远超分散在权力结构的中下层集团。

仍然认为权力体制反映平衡社会的人，往往混淆了现在的时代与美国早期历史，混淆了目前体制下的高层、底层与中层。当把权力体制归纳为一个主模型，平衡理论在历史上并不明确；而事实上，作为一个模型，它应该具体到只适用于美国发展的特定时期——尤其是杰克逊时期[①]，和在完全不同的情况下的新政早期和中期。

认为权力体制是平衡社会，这个观点同时认为平衡中的单位是相互独立的，例如，如果商业和劳动，或商业和政府不是相互独立的，他们就不能被看作是自由公开的平衡元素。但正如我们所看到的，主要的既得利益者为了增加他们的利益往往减少相互竞争，往往他们在许多方面的利益都一致，事实上，他们都处在政府的保护伞下。经济和政治权力的单位不仅变得更大，而且变得更集中，他们的利益趋向一致，并明确结为心照不宣的联盟。

如今的美国政府不再是一种框架体系，供相互竞争的压力集团抢占有利地位、玩弄政治。尽管确实存在一些这样的情况，但是，现在政府的既得利益在它的等级结构中，其中一些利益比另一些等级更高、优势更大。没有力量可以有效抗衡大企业家与占优势的军人组成的联盟，现在，前者作为政治局外人占

① 指美国总统安德鲁·杰克逊的任期，1829—1837年。——译注

据了指挥位置，后者的意见十分有分量，并且经常在高层委员会发言。现在，在美国有实权的人不仅仅是权力经纪人、冲突解决者，或有各种利益冲突的妥协者，他们代表了并确实体现了十分具体的国家利益和政策。

尽管职业政党政客有时还可以充当权力经纪人、利益妥协者、事务谈判人，但是他们已经不再处于国家高层或整个权力体制的顶端。

认为权力体制是一个平衡社会，这种观点使我们认为国家是自治权力的有形面具，但事实上，现在决策权牢牢掌握在国家手中。旧的游说集团无论是有形或无形的，现在都是有形的政府。立法和行政领域及其之间的“游说集团政府化”在持续形成。行政部门不仅成为权力的中心，而且成为解决所有权力冲突或否定决议的场所。行政机关取代了选举政治，派系策略取代了政党冲突。

1890年代的农民起义、自1880年代开始的断断续续的小商人的起义和1930年代的劳工起义——都失败也都成功了。他们作为小业主或有组织的、可能与企业富豪进行权力抗衡的工人自治运动失败了，他们作为政治自治的第三方失败了。但在不同的程度上他们又是成功的，在国家扩张后作为既得利益集团进驻国家内部，他们作为地方性利益集团，分散在各个特定的州和地区，与当地其他较大利益集团没有冲突。他们具有中层权力平衡的成熟特征。

事实上，在美国历史上，在大多数权力中层，所有这些阶层和利益集团都在谋取高层权力的过程中遭受了挫败，或从未为此努力过，包括农村和城市小产业者、劳工工会、所有消费者和主要的白领群体。这些人都处于分散的状态，在结构上不能团结一致，他们确实在组织松散的状态下相互平衡。他们是高度统一的高层的阻碍，但他们中没有人有机会进入高层，来自企业和军队的政治局外人牢牢控制着高层的指挥职位。

当各种各样的中产阶级充当政治的平衡轮时，职业政治家是有权势的决策者。当中产阶级作为自治的政治力量衰落时，平衡社会作为一种权力体制也会衰落，而自治地方的党派政客会沦为国家权力中层。

这些结构趋势在新政时期——当然也是经济萧条时期——开始具备政治形态。当今时代的物质繁荣已经掩盖了这些事实，但没有改变事实，事实上，这对理解现在的权力精英十分重要。

注释：

[1] John Adams, *Discourses on Davila* (Boston: Russell and Cutler, 1805), pp. 92-3.

[2] David Riesman 与 Reuel Denney 和 Nathan Glazer 合作所著，*The Lonely Crowd* (New Haven: Yale University Press, 1950), pp. 234-9, 260, 281, 250, 254-5.

[3] George Graham, *Morals in American Politics* (New York: Random House, 1952), p. 4.

[4] Irving Howe, "Critics of American Socialism," *New International*, May-June 1952, p. 146.

[5] 关于这样一个方法，参见 Gerth and Mills, *Character and Social Structure* (New York: Harcourt, Brace, 1953) .

[6] Murray Edelman, "Government's Balance of Power in Labor-Management Relations," *Labor Law Journal*, January 1951, p. 31.

[7] E. H. Carr, *The Twenty Years' Crisis* (London: Macmillan, 1949), pp. 82-3.

[8] Edelman, op. cit. p. 32.

[9] David B. Truman, *The Governmental Process* (New York: Knopf, 1951), pp. 506 ff.

[10] 参见 Floyd Hunter, "Structures of Power and Education," *Conference Report: Studying the University's Community* (New Orleans: Center for the Study of Liberal Education for Adults, April 1954), 关于在一个城市的这种小集团的组成，以及关于他即将完结的关于国家场景的书的首页附注。

[11] E. H. Carr, 同上 p. 80。

[12] 关于第 83 届国会（1954 年）的成员，参见 Cabell Phillips, "A Profile of Congress," *The New York Times Magazine*, 10 January 1954, pp. 16 ff. 关于 1949 年到 1951 年的国会成员，参见 Donald R. Matthews, *The Social Background of Political Decision-Makers* (Garden City, New York: Doubleday, 1954), p. 29，另参见 Madge M. McKinney, "The Personnel of the Seventy-seventh Congress," *The American Political Science Review*, vol. xxxvi (1942), pp. 67 ff.

[13] Matthews，同上 pp. 30 和 pp.23。另参见 Mills, *White Collar* (New York: Oxford University Press, 1951), pp. 127-8.

[14] Matthews, 引用文献同上。

[15] 同上 pp. 24 和 pp. 26-27。天主教徒在第 83 届国会中只占参议员的 9%。参见教会的全国委

员会报告，引自 *Time*, 19 January 1953.

[16] 文本中的引文来自 Cabell Phillips, "The High Cost of our Low-Paid Congress," *The New York Times Magazine*, 24 February 1952, pp. 42, 44. 总统富兰克林·罗斯福甚至说一般的政治办公室，"个人应该有足够的钱，为他自己进行可靠的投资，当他没有担任公职的时候可以保证他的生活……要不然他应该有商业关系，一个职业或者是一份他可以时常从事的工作。" 1932 年的杂志中的文章，由 Harold F. Gosnell 重新发表，*Champion Campaigner: Franklin D. Roosevelt*（New York: Macmillan, 1952），被《纽约时报》引用，*The New York Times*, 15 October 1952. 另参见 George B. Galloway, *The Legislative Process in Congress*（New York: Crowell, 1953）.

1952 年，国会议员的平均总收入，参见 "The High Cost of Our Low-Paid Congress," 引用文献同上；以及 1955 年关于提高国会议员的年薪，参见 "Congress Take-Home," *The New York Times*, 6 March 1955, p. 2E.

[17] Robert Bendiner, "Spotlight on a Giant Hoax," *The Progressive*, June 1955, p. 5.

[18] 参见例如，来自得克萨斯州的众议员 Martin Dies, "The Truth About Congressmen," *Saturday Evening Post*, 30 October 1954, pp. 31 ff.

[19] 参见 Martin Dies，引用文献同上 p. 138；关于 John F. Kennedy，参见 *The New York Times*, 1 December 1952, p. 16.

在 1952 年的竞选中，密歇根州的已故参议员 "布莱尔·穆迪和几个为他工作的委员会报告称筹集了 98940 美元。参议员的个人报告列出了 37224 美元的开销，而韦恩县委员会为他的竞选花费了 36224 美元。" 在 1952 年的所有竞选中，纽约州的共和党人报告显示，他们在巴腾（Batten），巴顿（Barton），德斯汀（Dustine），奥斯本（Osborne）广告公司花费了 227290 美元，另外还在其他机构花费了 20844 美元（参见上文）。

[20] 五十年前，虽然参议员可能是 "来自铁路部门的代表"，但与众议院议员相比，参议员是一个实质性的家长；因为他有足够的能力，对选举他的州立法机构能产生决定性的影响。但是，自 1913 年以来，直接选举的参议员也不得不在众多利益中进行操纵，这些利益常常分散注意力，影响众议员的政策。

关于专业政治家的狭隘主义，一般来说，参见 James MacGregor Burns 的优秀作品，*Congress on Trial: The Legislative Process and the Administrative State*（New York: Harper, 1949）, pp. 8, 14, 59, 142, 143.

[21] Stanley High，引自 Stephen K. Bailey 和 Howard D. Samuel, *Congress at Work*（New York: Henry Holt, 1952）, p. 8.

[22] 这里有一个极好的描述，关于一位大参议员和重要的众议员贝利和萨缪尔度过生活中的典型

一天。引用文献同上。

[23] 关于 1954 年竞选中，地方“问题”的好的总结，参见 *Life*，1 November 1954，pp. 30，20，21。称他的对手是“不诚实的或哑的或愚蠢的，是一个笨蛋”的参议员，是欧文·艾夫斯（Irving Ives），引自 *The New York Times*，29 October 1954，p. 22.

[24] 据报告，60%的选民根本没有思考 1954 年的竞选。1954 年 10 月 4 日盖洛普民意测验，见《商业周刊》的报道，*Business Week*，30 October 1954，p. 29.

[25] 参见 Burns，同上 pp. 198 和 pp.36。不是诺曼·托马斯（Norman Thomas），而是阿瑟·克罗克说的，“到目前为止的混乱是，在一些州和一些国家问题上，选民很难找到主要政党”分界线……一个突出的原因是……行政机构和主要政党党纲被看作是站在国家立场上的，实际上并不是国家立场……因为在国家的大部分地区，同一党派标签下的人，也会反对这些国家的立场。*The New York Times*，15 June 1954.

[26] Burns，同上 p. 181。另参见 pp. 123，124，182。

[27] 引用文献同上 pp. 18，19，24。

[28] David G. Phillips，*The Treason of the Senate*，*1906*（Stanford，California：Academic Beprints，1953）.

[29] John D. Morris，“The Ways and Means of Dan Beed，” *The New York Times Magazine*，5 July 1953，p. 29.

[30] 匿名的国会议员，被戴斯引用，引用文献同上 p. 141。

[31] 参见 Murray Edelman，“Government's Balance of Power in Labor-Management Belations。”引用文献同上 p. 35；和“Governmental Organization and Policy，” *Public Administration Review*，vol. XII，No. 4，Autumn 1952，pp. 276 ff.

[32] 参见参议院司法反垄断小组委员会的优秀观点，计划由伊丽莎白·多纳休（Elizabeth Donahue）负责迪克森－耶茨的权力调查，The Prosecution Bests，*New Republic*，23 May 1955，pp. 11 ff.

[33] 参见 Edelman，“Governmental Organization and Public Policy，”前面引用的文献，pp. 276-83。

[34] John K. Galbraith，*The Great Crash*（Boston：Houghton Mifflin，1955），p. 171.

[35] 关于总统和国会领导的一次声明，参见 Burns，引用文献同上 pp. 166 ff.

[36] Otto Kirchheimer，“Changes in the Structure of Political Compromise，” *Studies in Philosophy and Social Science*（Institute of Social Besearch，New York City），1941，pp. 264 ff.

[37] 那些把当前权力体系作为平衡社会理解的人必须相应地，要么是（1）在旧的，分散的社会中走私，或者是（2）试图在新的体系中，在更高层次上找到新的均衡，参见第六章首席行政官和第十二章权力精英。

［38］Mills，*White Collar*（New York：Oxford University Press，1951），pp. 54 ff.

［39］Kenneth S. Lynn，*The Dream of Success*（Boston：Little Brown，1955），pp. 148 ff.

［40］参见 Mills，引用的文献同上 p. 65 和章节 13，14，15。

［41］参见 Mills，"The Labor Leaders and the Power Elite，" *Industrial Conflict*（由 Arthur Kornhauser，Robert Dubin，和 Arthur M. Ross 编辑）（New York：McGraw-Hill，1954），pp. 144 ff. 参见 Mills，*The New Men of Power*：*America's Labor Leaders*（New York：Harcourt，Brace，1948）. 另参见 Saul D. Alinsky，*Reveille for Radicals*（Chicago：University of Chicago Press，1946）.

第十二章

权力精英

除了没有取得成功的内战，美国权力体系的变化并未对基本立法构成挑战。即使当权力体系的变化被决定地称之为“革命”，也没有借助巡洋舰的武力，没有借助武力来驱逐选举产生的议会，或者借助警察国家的机制。[1] 国家也没有采用任何决绝的方式来控制大众的思想。美国权力结构的变化通常伴随着政治、经济、军事秩序相对位置的机构变化。从这个角度来说，广义上，美国权力精英已经经历了四代，现在是第五代。

一

1. 在第一代——大致上从革命到约翰·亚当斯执政期间——社会和经济、政治和军事机构，或多或少以一种简单而直接的方式团结在一起：在每个主要机构的顶层，个人精英可以轻易跳槽，他们中的许多人都是多面手，他们可能充当议员、商人、边疆居民、战士、学者和勘测员。[2]

直到 1824 年，国会党团会议（Congressional Caucus）垮台，政治机构似乎非常集中，政治决策拥有重大意义，许多政客被认为是国家政客。“正如我首先想到的，”提及在波士顿的童年生活，亨利·卡伯特·洛奇①曾说，“社会建立在古老的家族基础上，霍姆斯博士将它们定义为‘专制者’，即这些在独

① 亨利·卡伯特·洛奇（Henry Cabot Lodge，1850—1924），美国马萨诸塞州联邦参议员，共和党党员。——译注

立战争时期和美国建国前 10 年，一直位居高位的家族。他们在社区代表了几代人的教育和立场，他们的祖先有的是教师，有的是议员，有的是政府官员，有的参加了独立战争，帮助制定州和联邦宪法，在海军或陆军部队服役，有的在美国建国之初担任过众议院或参议院的议员，有的是成功的商人、生产商、律师或文人墨客。”[3]

这些人——正如我之前提到过的——是约翰·杰伊夫人 1787 年社交名单上的主要人物，当然包括了名声赫赫的政治人物。关于早期的重要事实是，社交生活、经济制度、军事机构和政治秩序是一致的，身居高位的政治家也在经济上发挥了重要作用，他们的家人是当地的知名人士。事实上，第一个时期的特点是领导人的地位并不完全仰仗他们的政治地位，尽管他们的政治活动十分重要，作为政治家的声望也很高。这种声望似乎只属于国会和内阁成员。精英是受过良好教育和拥有管理经验的政客，正如布赖斯子爵提到的，精英具有远见卓识，品格高尚。[4]

2. 在 19 世纪早期——沿用杰斐逊总统的政治哲学，但是，在适当的时机，也包括汉密尔顿的经济原理——经济、政治和军事秩序与美国极其松散的社会结构联系得并不紧密。经济秩序不断扩大，开始辐射到个人财产所有者，杰斐逊购买路易斯安那州的领土，成立民主共和党取代联邦，都印证了这一点。

在这个社会，“精英”成了许多顶层集团的成员，每个集团都是松散地组织起来的。毫无疑问，每个集团都有重叠部分，而且十分松散。这个时期非常关键的一点是，在我们看来，杰克逊时期的革命，与其说是经济或政治革命，不如说是身份革命。在杰克逊式民主下的身份大潮中，都市 400 强不可能真正繁荣，与此同时，政治精英掌握了新的政党体系。没有人集中控制了权力手段，没有小集团主导经济，更不必说政治事务。经济秩序超过了社会地位和政治权力；在经济秩序内，很大一部分经济人士共同决定了经济秩序。因为这个时期——大致上是从杰斐逊到林肯——精英至多是一个松散的联盟。当然，这一时期结束后，南北决裂。

官方评论家喜欢拿美国的权力体系与集权主义国家组织严密的集团进行对比。然而，如果比较 20 世纪中期的苏联和 19 世纪中期的美国，则更容易证实这些评论，这是托克维尔口中美国评论家经常做的事。但那是一个世纪以前的美国人，在过去的 100 年里，美国精英不再是评论家描述的伪爱国者。现在，"松散的集团"领导着颇具规模和拥有权力的机构，尤其是自"一战"以来，松散的集团已经十分紧密。我们超越了浪漫的多元主义时期。

3. 从 1866 年国会选举开始，企业经济权力的优越性正式显现，1886 年最高法院做出裁决，宣布了对企业加以保护的第 14 修正案，优越性得到了巩固。那段时期见证了主动权从政府转移到企业手中。直到第一次世界大战（进一步向我们展示了这个时代的某些特征），这是一个经济精英冲击政府的时代，是一个单纯腐败的时代，是一个参议员和法官能被买通的时代。很久以前，麦金莱和摩根的时代，远没有我们这个时代复杂，现在，许多人都认为那是美国统治阶级的黄金时期。[5]

同"二战"时一样，这段时期的军事秩序不如政治秩序，反过来，政治秩序不如经济秩序。因此，军事力量不再是美国历史的主要推动力。美国政治制度从未形成一个集中的拥有自治权的区域，在缓慢应对企业经济的公众效应下，政治制度得到了扩大和集中化。

在内战后的时期，经济充满活力；"信任"——政策和事件充分证明了——可以使用较弱的政府机构来达到自身的目的。州和联邦政府的控制权受到了决定性的限制，事实上，这意味着它们自己受控于更大的经济利益。它们的权力是分散而无组织的；工业和金融企业的权力集中且相互关联。摩根一个人的利益涉及 112 个企业里的 341 个董事职位，总资产超过 220 亿美元——是新英格兰地区所有不动产和个人资产的三倍。[6] 由于收入高于许多其他州，雇员也更多，企业控制了各个党派，买通了司法人员，使国会议员保持"中立"。由于个人的经济权力超越了公共政治权力，所以经济精英超越了政治精英。

然而，甚至在 1896 年至 1919 年，重大事件都以政治形式呈现，预示着在 1920 年代局部流行的权力将在新政时期盛行。或许在美国历史上，任何时期的政局都没有进步时代那么透明，进步时期是总统塑造者和丑闻揭发者的时代。

4. 新政并未扭转第三时期的政治经济关系，在政治领域和企业界，新政的确创建了权力角逐中心，对企业领导者的权力造成威胁。随着新政董事会获得了政治权力，经济精英在冲击政府以获得特权的同时，在第三时期反对政府扩张，最后试图加入政府高层。经济精英达到目的后，发现他们又面临着其他利益和相关人士，因为决策位置已拥挤不堪。为了自己的目的，他们在合适的时机控制并利用新政制度，他们曾对新政制度的创立予以强烈谴责。但是在 1930 年代，政治秩序仍然以有产阶级的小农场主和商人为主，尽管他们的实力被削弱了，失去了在进步时代获得真正优势的最后机会。大小财团之间的争斗卷土重来，然而，如我们所见，在新政时期的政界，这些争斗加码升级，有组织的劳工和无组织的失业人群也展开了斗争。新生力量在政治庇护下茁壮成长，然而，在美国历史上，社会立法和底层疾苦首次成为改革运动的重要特征。

在整个 1930 年代，新实施的农场议案和新组成的工会——以及大企业——之间不稳定的平衡造就了政治和行政权力的戏剧性。而且，这些农场、工人和商业团体多多少少包含在不断扩大的政府结构框架内，政治董事以标准的政治方式制定决策。这些团体在相互施压的同时，向政府和政党系统施压，完善政府和政党系统。但这并不代表，他们中任何人长期从单方面把政府作为他们的工具。这就是为什么整个三十年代是属于政治的十年：商业力量未被取代，但是受到了挑战，得到了补充：成为权力结构内一大重要力量，权力结构主要由政客而非从经济或军事领域改行的从政者操控。

罗斯福统治的早期和中期最主要的特征是，在当前的资本主义体系内，竭力寻求减少失业人口，增加就业的方法和途径。在这些年，新政作为权力体系，实质上是压力集团和利益集团的平衡。政治高层调停了众多冲突，重点满足这个需求，暂缓其他需求，政治高层不是任何单方的公仆，所以要按照现行政策平衡一切，形成了从一个小危机到另一个小危机的持续政策路线。政策是平衡顶层的政治举措的产物。当然，罗斯福实施的均衡法案没有影响资本主义经济的基本制度，资本主义经济已经衰落。根据罗斯福的说法，他平衡了政治缺陷，在政治上冷落“经济保皇党”。

为了维持平衡、实施补贴而颁布的“福利制度”有别于“放任”政策，“如果在西奥多·罗斯福时期，放任制度被认为是中立的，因为领导人声称制裁不偏袒任何人，”理查德·霍夫施塔特①说，“在富兰克林·罗斯福的领导下，这个制度可以说是中立的，是因为它惠及所有人。”[7]公司决策层的新制度，有别于以往的福利制度。事实上，罗斯福当政的最后几年——从美国公开参战到备战第二次世界大战——不能只从政治权力的巧妙平衡来加以解读。

二

有人说，我们研究历史是为避免重蹈覆辙，权力精英的历史清楚地印证了这一说法的正确性。总的来说，同美国的生活节奏一样，自“二战”之始，权力结构②的长期趋势大大加速，主要机构内和各机构之间的新趋势决定了权力精英的特点，从历史角度赋予了权力精英第五时期的特定含义：

1. 现在，就权力精英在政治秩序中的结构线索而言，政治作为多个决策的

① 理查德·霍夫施塔特（Richard Hofstadter，1916—1970），美国历史学家，公共知识分子，著有《美国政治传统及其缔造者》等。——译注

② 参见第一章：上流社会。

真正和公开辩论——与国内各个负责任的和政策连贯的政党、与中下权力阶层相联系的自治组织和与决策层之间的辩论——有所下降。现在，美国在更大程度上是形式上的政治民主，而非一个民主的社会结构，形式上的政治机制也是软弱的。

商业和政府的长期趋势变得越来越复杂，相互之间的联系也越来越深入，在第五时期，长期趋势的确定性已经到达了新高度。商界和政界不能被明确地视为两个不同的领域。就国家行政机构而言，和解已经取得了最具决定性的进展。行政部门监管复杂的经济，政府行政部门得到发展，并不仅仅意味着政府作为自治体制的壮大，同时意味着企业人士作为政治名人的崛起。

在新政期间，企业领袖加入了政治局，自“二战”以来，他们已经开始在政治局占据主导位置。企业领袖长期与政府紧密相连，现在，由他们完全主导战时和战后经济。企业行政官变身为政治官员，这加速了长期以来国会里的职业政客下降到权力中层的趋势。

2. 如果说权力精英的结构性线索存在于扩大了的军事状况，那么军事地位的崛起使这条线索变得更加明显。军事领袖已经获得了决定性的政治关系，美国的军队结构现在在很大程度上是一种政治结构。表面上一直持续的军事威胁要求重视军队，重视控制人力、物力、资金和权力；事实上，现在，所有政治和经济行为的衡量依据是军队对现实情况的界定：高层军官已经在第五时期的权力精英内部获得了稳固高位。

从某种程度上来说，这至少是由于一个简单的历史事实，自 1939 年以来就非常重要：精英的注意力已经从国内问题——1930 年代的大萧条——转移到国际问题，即二十世纪四五十年代的战争。由于美国政府长期以来一直应对和受影响于国内冲突和平衡问题，无论从哪个层面来说，美国政府都没有适合处理国际问题的机构，也没有那个惯例。在 1941 年之前长达 150 年的国家发展历程中，已经出现了形式上的民主机制，但是并未发展成处理国际事务的民主机制。在很大程度上，权力精英就是在这种民主真空中发展起来的。

3. 如果说经济秩序是了解权力精英的结构性线索，这个线索是基于这样一个事实，经济曾经是持久的战时经济和私营企业经济。现在，美国资本主义在很大程度上属于军事资本主义，大企业与国家之间最重要的关系在于军队和企业利益——军官和企业富豪之间的利益——的一致性上。总之，在精英中，军队和企业高层之间的利益一致性强化了他们的实力，并进一步强化了政客的从属地位。与军队高官同席规划战事组织的是企业行政官，而非政客。

只有当这三种结构性趋势同时显现时，当今权力精英的状况和意义才能被理解：私营企业的军事资本主义赖以生存的土壤是一个被削弱了的形式上的民主体系，该体系包含观点和行为已经政治化的军事秩序。因此，在这一结构的顶层是控制了主要生产方式和控制了更具多样性的暴力手段的人，他们之间的利益一致性塑造了权力精英。那些利益来源于职业政客地位下降，企业主管和职业军官上升到政治指挥的位置，来源于缺乏有能力、有诚信、不受既得利益影响的公务员。

权力精英包括政治、经济和军事人士，但这些组织起来的精英常常有些紧张：他们仅仅在巧合的时间点和“危机”时刻才会组织在一起。19 世纪漫长的和平年代，军官在州议会和政治局没有获得高位，经济人士也是如此——他们冲击政府，但并未加入政治局。在 1930 年代，政客地位上升。现在，军官和企业家占据了高位。

在构成当今权力精英的政治、经济和军事圈中，只有军界从权力的强化中受益最大，尽管企业圈在更加公开的决策圈中的地位更加稳固，职业政客的损失最大。因此，在调查事情和决策时，往往会涉及企业富豪和军队高官在利益一致时共同占据统治地位的政治真空。

不应该说政治、经济和军事圈“轮流”掌握主动权，权力精英的机制并不总是像他们暗示的那样从容不迫。当然，有时也会出现这种状况，当政客考虑能借助将军的名声，他们发现必须为此付出代价，或者当大萧条期间，经济人士会感到需要一位既安全又有投票权的政客。事实上，现在这三个圈子参与了所有广泛而相互交织的决策。政治、经济和军事这三个圈子中，哪一个占据主导位置——就像精英们界定的——取决于所处时期的任务。现在，这些任务集中为“国防”和国际事务。因此，正如我们所看见的，军队在这两方面占优势：人事和判断思维。这就是为什么现在就军界优势而言，我们能轻易地阐述权力精英的团结和状况。

但是，我们必须始终保持历史的特殊性，并对复杂性持开放态度。简单的马克思主义观点使经济领域的大人物掌握了实权；简单的自由主义观点使政界大人物成为权力体系的首脑。有一些人视军事将领为真正的独裁者。所有这些观点都过于简单。为了避免过于简单的论断，我们采用“权力精英”而非“统治阶级”之类说法①。

如果说权力精英已经引起广泛的公众注意，那么“军事集团”也是如此。事实上，权力精英进入军界，形成了他们的现状。在权力精英认为有必要提供任何合法性时，他们的存在和观念就是主要的合法性所在。但是，所谓的“华盛顿军事集团”并不只是由军界人士组成，也不仅仅只在华盛顿具有影响力。其成员遍布全国，由企业行政官、穿着打扮如海军上将的政客、行事风格如政客的企业行政官、晋升为少校的文官、担任某位内阁官员助手的中将组成，内

---

① “统治阶级”是一个复合词。“阶级”是个经济词汇，“统治”是个政治词汇。因此，“统治阶级”一词包含了经济阶级在政治上进行统治的理论。这个简洁的理论有时可能是正确的，有时可能是不正确的，但是我们并不想要用那个词汇中包含的极简理论来定义我们的问题；我们希望用意义更准确、更具体的词来简单说明这个理论。具体来说，“统治阶级”一词在通常的政治含义中，并不意味着对政治秩序和它的机构有充分的自治，而且与军队没有任何关系。现在，读者应该很清楚，我们并不简单地认为高层经济人士单方面制定所有对国家有重要意义的决策。我们认为“经济决定论”的简单观点必须由“政治决定论”和“军事决定论”来阐明；现在，这三个领域内各自的高级机构的自治程度很高；如果他们真的制定和贯彻最重要的决策，也通常只用错综复杂的方式联合起来。这就是当我们从权力方面考虑上流圈时，比起“统治阶级”，我们更喜欢用“权力精英”作为形容他们的特色词汇的主要原因。

阁官员事实上属于管理精英。

无论是“统治阶级”，“官僚政客”，还是“军事集团”，这些概念都不充分。现在，权力精英通常都涉及经济、军事和政治权力不稳定的巧合。

三

即使我们的理解局限在这些结构趋势中，我们应该有理由相信，对于理解现代美国社会顶层的动向，权力精英是一个有益的，事实上不可或缺的概念。但是，当然我们也没有如此狭隘：我们对于权力精英的理解并不仅仅基于所涉及的机构等级制度的一致性，或他们之间众多利益的集合点。我们对权力精英的理解基于人事构成的相似性、他们之间的私人和官方关系和他们在社交与心理上的相似性。为了掌握权力精英团结一致的个人和社会基础，我们必须首先谨记权力精英成员的出身、职业和生活方式。

权力精英不是贵族，也就是不是以世袭高贵身份为根基的政治统治集团。在名门望族的小圈子里也没有坚实的根基，小圈子的人能够一直在几个上流圈占据高位，而且他们还是权力精英，但是，这种高贵仅仅是他们之间拥有相同的出身，对美国精英来说，情况并非如此，那并不意味着精英来自美国社会的各个阶层。在很大程度上，精英来自当地社会的新旧上流阶层和都市 400 强，在许多巨富、企业行政官、政治局外人和军队高官中，他们至多处于收入和职业金字塔上端的第三层。他们的父辈至少属于职业和商业阶层，通常所处阶层更高。他们主要生活在城区，自己和双亲都是土生土长的美国人，除了他们中的政客以外，绝大部分都来自东部。他们主要是新教徒，尤其是圣公会教徒和长老会教友。总的来说，在他们中间，地位越高，就越有可能来自上流阶层，或与上流阶层有联系。权力精英接受教育的路线越来越趋同，更加凸显了他们相似的出身背景。大部分大学生都毕业于常春藤盟校，军事高官的教育背景当然有别于权力精英的其他成员。

但是，关于上流阶层社会构成的简单明了的事实意味着什么？尤其是对于理解这几个圈子的团结程度、政策方向和利益有什么意义？或许最好的方式是将这个问题转化为极其简单的形式：就出身和职业而言，顶层人士代表谁或代表什么？

当然，如果他们是民选政客，他们理应代表选民；如果他们是被任命的，那就间接代表任命者的选民。但这被认为是抽象的事务，是花言巧语的套话，政府所有体系下的掌权者都可以借此维护他们的决策权，有时，无论就他们的动机，还是就他们决策的受益者而言，这可能都是真的。然而，在任何一个权力体系内，仅仅只做假设是不明智的。

权力精英来自国内阶级和身份等级的上层，并不意味着他们一定只代表上层。如果权力精英作为社会类型代表交叉的阶层，那也不代表权力和利益平衡的民主会自动走向政治化。

我们不能仅仅从决策者的社会出身和职业来推断政策方向。要理解社会权力的分配，只着眼于权贵们的社会背景和经济背景不可能得到我们想要的答案。因为：（1）显贵们可能是贫穷卑微之人的意识形态的代表。（2）出身低微而白手起家的人，也许是在为最大的既得利益和继承利益服务。（3）另外，一些人虽然真正代表一个阶层需求的利益，但却不一定属于这个阶层，或从那些提升该阶层利益的政策中获取私利。简而言之，有些政客是特定群体的合意代理人，或许是有意的，或许是无意的，或许是付费的或许是免费的。（4）最后，在顶层决策者群体中，我们发现，一些人是凭借“专业知识”而获得当前职位的。为什么权力精英们的社会出身和职业不能帮助我们推断一个现代权力体系的阶级利益和政策方向，以上所述就是这其中的部分原因。

那么，上层的高贵出身和职业与权力分配没有任何关系吗？绝非如此。

只是提醒我们必须谨慎，不要仅从出身和职业来对政治特征和政策做任何简单而直接的推断，并不是说要完全忽略它们，而是说我们必须分析政治局的政治心理、实际决策以及社会构成。最重要的是，意味着我们必须像之前一样，把握好由政治人士的出身和职业得出的推断，要仔细了解他们所处机构的形势。否则，我们会有愧于总结出一个极其片面的社会和历史传记理论。正如我们给权力精英下定义时，不能局限于催生他们的体制机制，所以，我们不能仅凭成员的出身和职业来下定义。我们需要考虑那两方面以及其他依据，例如身份重叠。

但是，不仅仅是社会出身、宗教信仰、出生地和教育的相似性对权力精英在心理和社交上的雷同十分重要。他们曾经的招募和正式培训都比现在更加复杂，尽管他们仍然属于同一社会类型。因为对一个圈子来说，最重要的事实是圈内盛行的认可、表扬、赞誉和晋升标准，如果在一个圈子里这些都是相似的，那么他们的气质特征就会日趋相似。组成权力精英的各个圈子有着同样的规范和标准。相同的价值观会使各个社会类型相互吸纳，这比我们掌握的任何关于共同出身和职业的数据更重要。

成功人士之间相互吸引——不是上流权贵之间，而是有众多一致性的人之间。细致地说，这是一种心照不宣和互相崇拜，而他们最稳固的联系就是通婚。在这些极端中，有各种级别和类型的联系。在集团、俱乐部、教堂和学校中，存在一些关系重叠的情况。

如果社会出身和正式教育相同，那么这会增进权力精英之间的相互了解和信任，他们之间的持续联系进一步巩固了他们之间的同类感受。几位上流阶层的成员相互了解，是私人朋友，甚至是邻居；他们一起打高尔夫、参加绅士俱乐部、乘国际航班和远洋游轮度假；他们在共同朋友的庄园会面，共同接受电视采访，参与同一个慈善委员会；许多人一定会共同出现在报纸专栏上，即便他们不在这些专栏相信的来源地——某个咖啡厅相遇。正如我们所知道的，在咖啡社会的"新都市400强"中，一位编年史家已经列出了41位巨富、93位政治领袖和79位企业行政官的名单①。

"我不知道，我做梦都没想过，"惠特克·钱伯斯②曾写道，"阿尔杰·希斯的政治联盟和社交关系涉及的权力和范围如此之大，涉及所有政党，从最高法院到宗教之友协会，从各州州长和大学教师到自由杂志的职员。自上一次与他见面后的十年里，他用自己的职业，尤其是他对和平事业的支持，通过参与组建联合国，在美国上流阶层盘根错节的根基中建立了自己的根基，给予中产阶级、自由人士和高级职员以启发。如果不能摧毁与他相关的所有根基，就不可能摧毁他的个人根基。"[8]

权力精英的身份范围反应他们所处的时代。例如，在第三时期，谁能与巨富抗衡？在第四时期，谁能与政治高官，甚至是新政中的新贵抗衡？在第五时期，谁能与海陆军上将和企业行政官竞争？现在他们的形象都被搬上银幕、写成小说、编成舞台剧。你能想象《纵横天下》和《叛舰凯恩号》③在1935年大获成功吗？

精英通常属于声名卓著的组织——巨贾、高级律师、海陆军上将和重要参议员的讣告常常透露出这些人群的多样性——常常是著名教堂、商业协会、高级俱乐部、较高的军衔。在他们的一生中，这些大学校长、纽约证券交易所主席、银行行长、西点军校毕业生——在身份范围内，他们很容易重温旧情增进友谊，利用曾经相互信任的经历，了解他们自己没有获得的权力和决策的背景。

在这些复杂的背景下，上流圈成员相互借助身份在各自的圈子里累积声望。他们利用累积的声望和借来的身份树立和巩固自我形象，因而，无论一个

---

① 参见第四章：名流。

② 惠特克·钱伯斯（Whittaker Chambers，1901—1961），美国记者，《时代》周刊的编辑。——译注

③《纵横天下》（*Executive Suite*）和《叛舰凯恩号》（*The Caine Mutiny*）皆为1954年上映的美国电影。——译注

人看起来是多么势单力薄，他们也会觉得自己是上流阶层的“一份子”或“全能型”人才，一位“综合性”人才。或许这些内部经验是“判断力”的意义之一。

重要组织或许本身就是大型企业，因为我们发现董事会成员也是几类精英成员，一定程度上，冬夏的时候，我们在度假胜地发现各个圈子的人有各种交集，随着时间的流逝，他们会遇见或认识某个将他们和其他人联系起来的人。

军事、经济和政治秩序中的高层成员通常能够以一种合意且明智的方式接受彼此的观点，他们把彼此当成重要的人，因而一定要把对方考虑在内，每位权力精英都会把其他人的观点、期望和价值观融入到自己的真诚、荣誉和良知中。如果他们之间没有基于贵族文化的共同原则和标准，那也不代表他们认为不需要对彼此负责任。

他们之间的利益，以及出身、教育、职业和人脉等复杂的心理事实，所有这些因素在结构上的一致性造成了他们心理上的相似性，从而使他们之间能够畅谈：当然，他是我们中的一员。所有这些指明了阶级意识的基础和心理含义。在美国，权力精英们“阶级意识”的强烈程度位列全国之最，权力精英们高效组织的程度无可匹敌。阶级意识作为一种心理事实，意味着一个阶级的成员只会接受被自身阶级所接受的人，因为阶级成员对他的自我形象十分重要。

权力精英的上流阶层中确实存在派系斗争，存在政策和个人抱负上的冲突。共和党内仍然存在重大差异，甚至在共和党和民主党内，运作方式也各不相同。但是，比这些分歧更强大的是内部纪律和共同利益，这使权力精英能够团结在一起，即使在战争期间他们处在不同国家。[9]

四

我们必须重视这件事情的另一方面，它没有质疑事实，只是质疑我们对他们的解释。对于权力精英的整个概念必然会有一些不足，但那只与权力精英的心理有重大关系。自由主义或保守主义者可能以如下方式表述：

论及权力精英——不是以出身和人脉来描述吗？这种描述不是既不公正也不正确吗？难道人们不会改变自己，尤其是当他们地位上升，能够达到工作要求？在他们所知范围内，难道他们没有达成代表国家利益的观点和政策吗？他们仅仅只是恪尽职守值得尊敬的人吗？

我们该如何回答这些质疑？

1. 他们是受到尊敬的人。但什么是尊敬？尊敬意味着符合人们认为值得尊敬的准则。不存在所有人都认可的准则。这就是为什么，如果我们是文明人，我们不会消灭所有与我们意见相左的人。问题不是：是否这些是值得尊敬的人？问题是：他们尊敬的标准是什么？答案是：他们圈子里意见领袖的标准。怎么可能会是其他情况呢？那是重要真理的一个方面：所有人都属于人类，所有人都是社会生物。至于真诚，只能给予反证，从未从正面证明过。

2. 对于他们适应性的质疑——即他们在工作和经验中获得超越行为准则的能力——我们确定无疑的回答是：不，他们无法超越，至少在他们余生的少数几年内无法超越。期望他们能做到就是假定他们是奇特而机智的人：事实上，这种灵活性有悖于我们称他们为高尚正直的人。同时，美国早期政客不正是因为缺乏高尚和正直，他们所体现的威胁才不及那些品格高尚的人吗？

认为军官的军人品质和观念从单一性变成了多样性，这是对军队高效训练和思想教育的侮辱。或许这个背景对军人比对企业行政官更重要，因为职业培训更深入、更全面。

"缺乏想象力，"杰拉尔德 · W. 约翰逊[①]说，"不能与缺乏原则相混淆。相反，缺乏想象力的人常常是原则性最强的人。问题是他的原则与康福德的定义

① 杰拉尔德 · W. 约翰逊（Gerald W. Johnson，1890—1980），美国记者，编辑，作家。——译注

一致，‘一个原则就是不采取行动的准则，为在特定场合因为无原则而不采取行动提供合理的理由’。”[10]

如果真的相信查尔斯·欧文·威尔逊代表了企业圈外的人或利益，岂不是可笑至极吗？不是因为他不诚实，相反，因为他是一位绝对诚实的人——绝对可靠。他就是现在表现出的样子，别无其他。他和政府内外的同事们一样，属于职业企业精英；他代表企业高层的财富和权力。正如他经常引用的一句话，他相信“对美国有益的就是对通用汽车公司有益的，反之亦然”。

听证会上对这些人的政治职位进行确认，这不是对法律和权力中层议员的冷嘲热讽，也不表示他们不愿意卖掉自己的股票。[11]有趣的是，让他们彻底离开企业圈，尤其是放弃他们自己的企业是不现实的。不仅是他们的金钱，更重要的是朋友、利益和训练——简而言之他们的生活——都与这个世界交织在一起。当然，把股票处理掉只是一个纯粹的仪式，关键是他们对企业圈的认同，而非他们在某个企业的经济或个人利益。突然要求一个人放弃这些利益和情感，犹如要求一位男性变为女性。

3. 至于爱国精神的问题，即是否愿意为国效劳，类似于回答高尚的准则是什么，我们必须首先回答，就国家整体利益而言，爱国主义情感和对国家有利的观点不是最终事实，而是存在各种意见。而且，爱国言论是通过一个人的生活方式和生活伴侣对他的影响而得以产生和持续的。个人品质不是由社会环境简单、机械地决定的，品质的形成是一个复杂的过程，现代社会研究的主要传统中对此有记载。只能感到奇怪，为什么没有更多的社会科学家在推测政局时对它加以系统性地利用。

4. 不能真的认为精英只不过是恪尽职守的人。精英决定自己和位于他们之下的那些人的职责。他们不是简简单单唯命是从的人：他们发号施令。他们不只是官僚：官僚听从他们的指挥。为了在其他人或自己的圈子中掩盖这一事实，他们可能试图诉诸于传统，把自己想象成听命于他人的人，但是存在众多传统，他们必须选择符合他们的传统。他们面临的选择没有可遵循的惯例。

现在，这些答案表明了什么？表明了这一事实：我们不能仅从位高权重者或小集团的动机和品质来推断公共事件和历史趋势。反过来，这一事实意味着我们处理问题的方式遭到谴责时，不应该有所畏惧，比如在我们质疑位高权重者的高尚、真诚或者能力的时候。因为首先它不是一个个人品质的问题，其次，如果我们发现它就是个人品质的问题，我们应该毫不犹豫地将它公之于众。同时，我们判断权势之人的依据，是权力的标准和他们身为决策者的所作所为，而不是他们是谁，或他们私下里做了什么。我们的兴趣不在于：我们对他们的政策和他们的工作造成的结果感兴趣。我们必须谨记权力精英现在占据着美国社会结构中的战略位置，掌控了美国的重要机构，权力精英属于一类人，他们所做的决策能够给世界底层民众造成严重后果。

五

权力精英存在社会和心理上的相似性，但是，他们没有组成一个具有固定和正式界限的俱乐部，且不享有永久会员身份。权力精英的成员有巨大的变动，这是权力精英的本质，因此他们不是由一小部分固定不变的等级和职位相同的人组成的。因为他们相互了解不代表他们之间的政策一致，他们相互不了解也并不代表他们之间不团结。我已经重复过很多次，不能主要依据权力精英的私人友谊来给他们下定义。

主要等级机构对高层职位的要求趋同，占据高层职位的各类人——通过挑选和职业培训——变得越来越相似，从组织到个人无一例外。这三个组织内正在上演的高流动率，通常以一种错综复杂的形式反映了这一事实。“二战”期间，首席行政官、军界领袖和民选政客开始建立亲密的工作关系；“二战”后，他们之间信仰相同、意气相投、利益一致，关系得以持续。在过去的15年里，在军事、经济和政治领域中，大部分高层人士都在另外两个或一个领域任职：在这些高层圈中可以进行职位互换，这是基于“行政能力”的可转换性，本质上来说，是基于集团的内部成员之间的相互合作。许多权力精英都参与了这种职位互换，已经开始把“政府”当成是他们开展工作的保护伞。

这三大领域之间的合作在数量和重要性方面有所增加，人员流动性也随之增加。提拔人才的标准开始体现这一事实。对与政府和军队打交道的企业委员来说，相比于提拔没有从政和从军经验的年轻人，提拔有经验的年轻人更加明智。对于依靠企业决策和企业取得政治成就的政治委员来说，更明智的做法是挑选有企业工作经验的人。因此，成功的标准使权力精英的人员流动性和团结度得以提高。

一些精英的整个职业生涯都是在这三类集团中度过的，考虑到这些集团在形式上的相似性，一个集团的决策对其他集团造成的后果，精英之间在许多方面利益上的一致性，以及美国文官政府的权力真空和任务的扩大——考虑到这些结构趋势，加上我们已经注意到的他们心理上的相似性——如果我们发现，行政和组织能力卓越的人仅仅懂得相互保持联系，我们可能确实会感到惊讶。当然，他们所做的远不只如此：他们还会逐渐在对方的领域内获得职位。

高层职位可以互换展示出的团结基于三个领域内高层职位的平行发展。在利益一致的地方职位互换最频繁，例如，监管机构和接受监管的行业之间，承包单位和承包商之间。正如我们将看到的，职位互换促成了更明确、更正式的协作。

权力精英的核心成员是在主要机构内相互交换指挥职位的高层人士：海军上将也是银行家和律师，还主管一个重要的联邦委员会；曾经在两三家战争物资生产企业担任行政官的人，如今是国防部部长；战时将军穿着便装加入政治局，成为著名经济企业的董事会成员。

变身将军的行政官、变身政客的将军和变身银行家的政客，他们比普通环境中的普通人见识更广，但是，他们的视野也常常局限于他们统治的地区。然而，在他们的职业生涯中，他们在政治、经济和军事三大领域内交换职位，轻易超越了这些领域内的利益特殊性。他们的职业和活动把三大领域牢牢联系在一起。因此，他们是权力精英的核心成员。

他们不一定对权力的各大主要领域都十分熟悉，我们指的是在两个领域内活动的人——例如工业和军事领域——另一个活动在军事和政治领域，第三个在政治领域活动同时作为意见领袖。这种连接性的类型非常清晰地展示出了权力精英的结构和运作情况，甚至他们幕后运作的情况。至于“隐身精英”，这些顾问和联络人就是他们的核心。即使——我认为极有可能——他们中的许多人至少在他们职业生涯的第一部分是作为各类精英的代理人，而非自己就是精英，在把几大领域的高层整合成权力结构并加以巩固上，他们表现得最为积极。

权力精英的核心成员还包括更高级别的法律和金融人才，他们来自大型律师事务所和投资公司，是经济、政治和军事事务的职业中间人，能够将权力精英统一起来。企业律师和投资银行家在充当“中间人”方面表现卓越。由于他们的工作属性，他们超越了任何一个行业相对狭窄的范围，因此能够代表企业界发声，至少能代表企业界的绝大部分人。企业律师是经济、军事和政治领域的重要中间人；投资银行家是企业圈的重要组织者和联合者，也是现在美国军事机构需要的擅长巨额投资的人。如果你遇见一个处理投资银行家的法律事务的律师，你就遇见了一位权力精英的重要成员。

在民主时期，结合民营企业组织和政府机构的是狄龙瑞德投资银行。詹姆斯·福莱斯特和查尔斯·F. 德特马[①]都来自这家公司；费迪南德·埃伯施塔特在成立自己的投资公司之前，也曾是他们的合伙人，他的公司诞生了其他政界

① 查尔斯·F. 德特马（Charles F. Detmar，1906—1986），曾任美国海军部长。——译注

和军界精英。共和党执政期间，促成了库恩雷波投资公司（Kuhn，Loeb）和巴腾、巴顿、德斯汀和奥斯本广告公司。

无论由谁执政，都存在沙利文与克伦威尔律师事务所。中西部的投资银行家齐鲁斯·伊顿曾说，阿瑟·H. 迪安（Arthur H. Dean）是华尔街 48 号沙利文与克伦威尔律师事务所的高级合伙人，曾参与协助起草 1933 年安全法案，这是第一批监管资本市场的法案。他的事务所被誉为美国第一大事务所，自成立之初就一直与美国证券交易委员会保持着密切关系，他们之间的关系对美国证交会有巨大影响力。[12]

还有美国第三大银行：纽约大通国家银行（现为大通曼哈顿银行）。无论由谁当政，这家银行和国际复兴开发银行的行政官都已经换了职位：约翰·J. 麦克洛伊是世界银行的上任行长，1953 年担任大通国家银行的主席，世界银行现任行长是大通国家银行的前任高级副总裁。[13] 1953 年，大通银行的总裁温思罗普·W. 奥尔德里奇离任后成为驻英大使。

权力精英的最外围——比它的核心变化更大——也是“重要人物”，尽管他们没有参与制定有重大意义的决策，也没有在各统治集团内变换工作。不是每位权力精英都需要参与制定各项决策，不是参与决策制定的才是权力精英。在参与制定的决策中，每位权力精英都会将其他人考虑在内。他们不只在战争与和平等几个重大领域制定决策，在他们没有直接参与的决策中，他们是决策制定者重点考虑的对象。

在外围和他们之下，在靠近比他们低的阶层边缘，权力精英逐渐淡化为权力的中间阶层，或为国会普通议员，或为不属于权力精英的压力集团成员，或为区域、州和当地各利益集团的成员。如果所有中层人士都不属于那些重要人物，有时也必须将他们考虑在内，他们被操纵、劝诱、解雇或提升为上流阶层成员。

当权力精英发现为了达到目的必须与略低于他们的阶层接触时——例如需要经由国会通过议案时——他们必须要施加压力。但是，在权力精英中，这种高层级的游说属于“联络工作”。军方有与国会、实业顽固分子，尤其是与权力精英间接相关的每一个重要部分进行“联络”的人。白宫的工作人员中也有两位“联络”员，两人都有处理军务的经验；其中一人曾是投资银行家、律师和将军。

企业富豪和权力精英成员现在的政治领袖不是贸易协会，而是律师和投资银行家的高层集团。“通常认为国家级协会在舆论制造和指导国家政策上有着无上的权威，而一些证据表明协会间正式层面的互动关系并不十分紧密。协会内的总趋势似乎是围绕组织的具体利益促进活动，投入更多的精力培育成员，而非花费大量时间影响其他协会处理手中的事务……作为说明和重申国家总价值结构的媒介，贸易协会意义重大……但是，当事态严重时，与大型企业相关的个人需要在恰当的时间与恰当的位置施加压力。贸易协会可能会充当协调这些压力的中间人，但是，大企业利益集团顶层成员之间的大量沟通似乎决定着政策的最终制定。”[14]

贸易协会仍然在进行传统的“游说”，尽管这种游说常常关乎权力中层，目标是国会，而且只是国会的普通成员。例如，美国制造商协会的重要职责是比较间接地影响政策，而非告诉小企业家他们的利益与大企业相同。但也存在“高层游说”。全国所有企业领导人都通过私人友谊、贸易和专业协会及它们的各个分会、名人俱乐部、公开的政治派别和客户关系进入高层军事和政治圈。在这些权力领袖之间有一个共识，直接参与调查这些行政官集团的人说，现在国家面临许多重大的政策事件，例如减税，把所有的生产经营都交给私营企业，增加对外贸易，保持政府福利和其他国内活动的最低标准，巩固和维护执政党在全国的权力。[15]

事实上，企业行政官集团在企业、军事和政治权力高层的非正式意见领袖，比作为军事和政治组织的实际参与者意义更加重大。在军界、政界内部和经济圈外围，企业行政官的这些圈子和集团几乎参与了所有重要决策的制定——无论是什么主题。对于所有的高层游说，很重要的一点是所有游说都是在精英内部进行的。

六

权力精英的概念和权力精英之间的团结，基于经济、政治和军事组织的相应发展和利益的一致性上。还基于他们的出身和前景相似，与主要集团顶层圈有社会和私人关系。反过来，三大机构秩序内部和相互间频繁的人员流动，中间人的崛起和高层游说，表明机构和心理力量在同时发挥作用。因此，权力精英的概念并不取决于这一假定，即自“二战”以来，美国历史必须作为权力精英的密谋或重大共同阴谋来理解。权力精英的概念基于十分中立的立场。

然而，毋庸置疑的是，美国权力精英——据说包括一些世界上最伟大的组织者——也的确出谋划策。我们已经清楚，精英的崛起不是也不可能由一个计谋引发；概念的合理性不在于任何秘密或知名组织的存在。但是，一旦结构趋势和个人意志相结合，就会导致权力精英的崛起，接而，权力精英就会计划项目，事实上，如果不提及权力精英就无法解释第五时期的许多事情和官方政策。霍夫施塔特说：“历史上存在阴谋和历史就是一场阴谋，这是有巨大差别的。”[16]

机构的结构趋势，被那些占据指挥职位的人定义为机会。一旦意识到这些机会，人们就会对它加以利用。在每个主要机构领域内，特定类型的人都比其他人更具远见卓识，他们在联络尚未具备现代特征前，就积极推动这种联络的发展。他们常常这样做不是为了与同伴分享，尽管并不反对被他们分享；他们联络的结果常常具有令他们意想不到的重大意义，虽然没有露出多少端倪，只是在后来的发展过程中变得十分明确。只有当联络顺利进行之后，大多数成员才发现自己是其中一员，并为此感到高兴，尽管有时也感到担忧。但是一旦协调持续进行，新成员就会很容易地加入进来，并毫无异议地接受它的存在。

对明确的组织而言，无论密谋与否，根据权力精英的本性，他们更可能利用现有的组织，在这些组织内或组织间工作，而不是设立明确的入会资格仅限于自己成员的组织。但是，如果没有机构来保证军事和政治因素在决策的制定中保持平衡，他们就会创立这样的机构并加以利用，例如国家安全委员会。此外，在形式上的民主组织中，精英的各种目的和权力得到了持续战争经济的进一步支持：假定国家安全是基于计划和意图的高度机密性。许多会揭露权力精英工作的高层事务，可以以保密为由向公众隐瞒。由于他们的运作和决策涉及的机密内容很广，权力精英可以掩盖他们的意图、运作并进一步巩固。对于能够清楚观察高层决策者的人，任何强加给他们的保密措施，都有助于而不会违背权力精英的运作。

因此，我们有理由怀疑——但由于事情的本质属性，没有证据——权力精英并非完全“浮于表面”。即便他们的活动不是公开的，那也没什么可隐藏的。尽管精英之间相互认识，一起工作、参与许多相同的组织也是理所当然的，但是他们并没有组织起来。尽管他们的决策常常不为公众所知，运作方式操作性强而不明确，但并不存在什么阴谋。

并不是说精英“相信”幕后有一个紧密的精英群体，而底下有一群大众。不是那种说法。只是人们肯定会感到困惑，就像托付孩子一样，必须把所有新的外交政策、战略和行政活动都交付到专家手中。只是每个人都知道一些人必须操纵局势，这些人的确常常是这样做的。其他人根本就不在乎，而且他们也不知道该怎么做。因此，两种类型之间的差距不断扩大。

当危机被定义为全局性的、似乎是持久的，决策的后果也会是全局性的，主要领域的决策开始具有整体和全局性。在某种程度上，可以评估这些结果对其他机构秩序产生的影响；超过这个程度，必须抓住机会。之后，由于缺乏训练有素的、富有想象力的判断者，政治、军事和经济领域缺乏合格的继任者，行政官对此感到悲伤。反过来，在这种悲伤情绪下，对培训权力接替者的担忧会增加。[17] 每个领域逐渐诞生出新一代，并在决策协调的时代成长起来。

我们注意到每个精英圈都注重招募和培训“全能型人才”作为接任者，即有能力为自己之外的其他制度领域做决策的人。首席行政官设立了正式招募和培训项目，像国中国一样操纵企业界。军事精英的招募和培训一直以来都十分专业化，但是，现在也开始走老一辈将军们认为无意义的教育路线。

由于缺乏真正的行政人员，只有政界落在了后面，出现了军官和企业局外人可以插足的管理真空。但是，自“二战”以来，甚至在政治领域，像已逝的詹姆斯·福莱斯特一样的精英已经做出多次努力，尝试在企业界和政界设立职业服务期。[18]

现在缺乏的是一个真正相同的精英招募和培训程序，因为预备学校、常春藤盟校和都市400强的系列法学院都不是按照权力精英的需求来办学的①。[19]英国人，例如蒙哥马利子爵清楚地意识到了这点，他最近敦促采用一个体系，按照这个体系，将少数资质一流的青年学生与资质平庸的学生分开，尽可能给予一流学生最好的教育，满足国家对领导人才的需求。他抨击了美国的公立教育理论，认为它不能培育出有领导能力的精英群体……而这个国家需要履行世界领袖的义务。[20] 许多人认可这一批评，以各种方式回应了他的提议。

这些需求从某种程度上反映了未言明的需求，即不再局限于只以经济成就为基础来招募新成员，尤其是怀疑招新涉及高层的不道德行为后；也从某种程度上反映了需要有人知道“纪律的意义”，如蒙哥马利子爵所言。但所有这些需求至少反映出一个模糊的概念，在决策协调时代，权力精英需要一系列新的结果，要求权力精英具备全新的素质和能力。制定决策需要考虑的方面很广，而且相互之间有关联，评判所需的信息十分复杂，且需要具备专业知识，[21] 相关负责人不仅需要彼此帮助，而且需要培训继任者处理工作。这些新人将会

① 参见第三章：都市400强。

成长为能够参与经济、政治和军事协调决策的人。

七

权力精英的概念取决于并使我们能够理清（1）决定性机构秩序，以我们这个时期的结构为特征，尤其是私营企业经济中的军事优势，从广义上来说，就是经济、军事和政治机构客观利益的一致性；（2）这些机构内首领之间的社会和心理上的相似性，尤其是他们之间高层职位互换不断增加，以及权势者在这些秩序下的流动性增加；（3）至于实质上的整体性，在高层制定的各种决策的影响下，一群人通过培训和服从开始拥有权势，并成为有巨大影响力的职业组织者，他们也不受民主党训练的约束。

从负面意义上来说，权力精英的形成取决于（1）职业党派政客沦为权力的中间阶层，（2）立法职能陷入了独立地区半组织的利益僵局中，（3）缺乏一个拥有智囊团和行政技能的行政部门，且该部门既与政治密切相关又在政治上保持中立，（4）未经公众甚至国会讨论就秘密制定的决策不断增多。于是，政治局、企业富豪和地位日盛的军官都成为权力精英，他们主导的统治集团得到了扩大和集中化，已经打破了之前的平衡，并使之前的主导者沦为权力的中间阶层。现在，平衡社会是一个属于中产阶级的概念，在这个层面上，平衡已经成为地方性、不负有全国性责任的力量和需求，而非权力和国家决策的中心。

但底层呢？随着高层和中层的趋势都已十分清晰，美国公众的情况如何呢？如果高层的影响力空前强大，且日益团结和固执；如果中层日益陷入一个半组织化的僵局——那么底层的情形如何，广大民众的情况如何？现在我们应该明白了，权力精英的崛起依赖于美国公众向大众社会的转变，在某种程度上也是这种转变的一部分。

注释：

[1] Elmer Davis，*Rut We Were Rorn Free*（Indianapolis：Bobbs Merrill，1953），p. 187.

[2] 对于用来描述第一和第二阶段特征的重点，我借鉴了 Robert Lamb 的文章，“Political Elites and the Process of Economic Development，” *The Progress of Underdeveloped Areas*（由 Bert Hoselitz 编辑）（Chicago：The University of Chicago Press，1952）.

[3] Henry Cabot Lodge，*Early Memoirs*，由 Dixon Wecter 编辑，*The Saga of American Society*（New York：Scribner's，1937），p. 206.

[4] Lord James Bryce，*The American Commonwealth*（New York：Macmillan，1918），vol. I，pp. 84-5，在革命前的美国，区域差异当然很重要；此外参见 William E. Dodd，*The Cotton Kingdom*（Volume 27 of the Chronicles of America Series，由 Allen Johnson 编辑）（New Haven：Yale University Press，1919），p. 41；Louis B. Wright，*The First Gentlemen of Virginia*（Huntington Library，1940），第十二章；Samuel Morison 和 Henry S. Commager，*The Growth of the American Republic*（New York：Oxford University Press，1950），pp. 177-8；James T. Adams，*Provincial Society*，*1690-1763*（New York：Macmillan，1927），p. 83.

[5] 参见例如，David Riesman，Reuel Denney 和 Nathan Glazer 合著的 *The Lonely Crowd*（New Haven：Yale University Press，1950）.

[6] 参见普乔委员会（Pujo Committee）的听证会，引自 Richard Hofstadter，*The Age of Reform*（New York：Knopf，1955），p. 230；和 Louis D. Brandeis，*Other People's Money*（New York：Stokes，1932），pp. 22-3.

[7] Richard Hofstadter，同前面引用的文献 p. 305。

[8] Whittaker Chambers，*Witness*（New York：Random House，1952），p. 550.

[9] 关于公司利益的国际统一的优秀介绍，参见 James Stewart Martin，*All Honorable Men*（Boston：Little Brown，1950）.

[10] Gerald W. Johnson，“The Superficial Aspect，” *New Republic*，25 October 1954，p. 7.

[11] 参见前军事委员会的听证会，1953 年 1 月 15 日，1 月 16 日和 1 月 23 日，美国第 83 届国会第一次会议，关于提名指定 Charles E. Wilson，Roger M. Keyes，Robert T. Stevens，Robert B. Anderson，and Harold E. Talbott（Washington，D.C.：U.S. Government Printing Office，1953）.

[12] 美国参议院司法委员会垄断权力研究小组听证会，美国第 81 届国会第一次会议，Serial No. 14，Part 2-A（Washington，D.C.：U.S. Government Printing Office，1950），p. 468.

[13] *The New York Times*，6 December 1952，p. 1.

[14] Floyd Hunter，“Pilot Study of National Power and Policy Structures，” 北卡罗来纳大学社会科学

研究所，*Research Previews*, vol. 2, No. 2, March 1954（mimeo）, p. 8.

[15] 同上 p. 9。

[16] Richard Hofstadter，前面引用的文献 pp. 71-2。

[17] Gerth and Mills, *Character and Social Structure*（New York：Harcourt, Brace, 1953）.

[18] Mills, "The Conscription of America," *Common Sense*, April 1945, pp. 15 ff.

[19] "Twelve of the Best American Schools," *Fortune*, January 1936, p. 48.

[20] 蒙哥马利子爵在哥伦比亚大学演讲的报道，*The New York Times*, 24 November 1954, p. 25。

[21] Dean Acheson, "What a Secretary of State Really Does," *Harper's*, December 1954, p. 48.

第十三章

大众社会

在权力和决策的传统形象中，任何力量的重要性都不及伟大的美国公众。美国公众不仅仅是另一个制衡机制，更被认为拥有所有合法权力。按民间说法，在官方生活中，美国公众是民主权力的平衡轮。并且，自由主义理论家把权力系统的概念建立在美国公众的政治角色上。所有官方决策，以及有重大意义的私人决策都以公众福祉为理由；所有正式声明都以美国公众的名义发布。

一

卢梭曾慷慨激昂地宣称："公众舆论是世界的女王，不受制于国王的权力，它们是自己的首席奴隶。"让我们以这句话中透露的民主主义理论来考虑典型的公众。

民主的中产阶级的兴起引发了公众舆论，公众舆论最重要的特征是自由辩论。民意得到回应、组织自治的民意团体、以实际行动实现民意，这些都取决于民主体制。公众讨论产生的民意被认为是决议，然后通过公共行动得以执行；在一种情况中，立法机构将民众的"普遍意志"制定为法律，赋予法律效力。国会或议会作为一个机构，是分散的公众之首；它是公民面对面讨论公共事务的小圈子的典范。

公众舆论诞生于 18 世纪，这一概念与自由市场经济的概念如出一辙。一边是由自由竞争的企业家形成的市场，另一边是由讨论圈中看法多样的同辈人组成的公众。正如市场价格是不记名的、地位相同的个体讨价还价的结果，民意也是每个人出于对自身的考虑，并将自己的意见贡献到公众舆论中。毫无疑问，一些人对舆论有更大的影响力，但没有哪个集团能够垄断公众讨论，或自行决定什么舆论占上风。

自由流动的人将无数讨论圈联系在一起，他们将意见从一个圈子带到另一个圈子，争取更多的控制权。因此，公众组织了团体和政党，各自代表一派观点，每个团体和政党都试图在国会占有一席之地，从而可以进一步讨论。在交往密切的小讨论圈之外，社会运动的力量更大，发展成政治党派；公共事务执行的整个过程中，民意讨论是一个重要阶段。

独立自主的讨论，是公众舆论民主合法性的一个重要元素。现行权力机构积极实现既成的民意；所有权威机构往往成就于公众舆论，也往往因其失败。而且，只要公众的需求没有得到满足，他们可能不仅仅是批评具体政策，而是会质疑法律权威的合法性。这就是杰斐逊认为需要偶尔发动“革命”的内涵所在。

公众被认为是典型的、18 世纪民主体制的织布机；辩论就是将讨论圈紧紧织在一起的线和梭子。公共议论催生权力是其概念构想的根基，只有自由的公共议论，社会才有真相和公平。人们面临众多问题，对此他们展开讨论、做出决定、形成观点，把这些观点组织起来相互竞争。当一个观点“胜出”，人们就立刻依照这个观点采取行动，或指示他们的代表迅速依此采取行动。

这就是典型的民主政体中的公众形象，它仍然是美国社会权力运行的合理解释。但现在我们必须承认这一描述是一组童话中的概念，甚至不足以体现美国权力体制大致是如何运行的。现在，影响人们命运的议题既不是由公众提出的，也不是由广大公众决定的。公众社会的概念不是对事实的描述，而是对一种理念的主张，一种合理性伪装的主张——实际上现在的合理性倾向于伪装。现在的公众舆论被公认为不再像以前一样重要了。

在典型的公众社会转化为大众社会的观点中，这些疑虑都得到了肯定的回答。实际上，这种转变是美国现代生活在社会和心理意义上的关键之一。

1. 在公众的民主社会中，约翰·洛克提出，个人良知是判断的最终依据，也是判断的最终讨论场所。但这一说法遭到了质疑，就像 E.H. 卡尔所说：当卢梭首次提出全体人民拥有一切权力时，就产生了大众民主的问题。”[1]

2. 在公众的民主社会里，个体间的利益被认为具有自然的、无冲突的和谐性。但在本质上，这种保守主义学说被功利主义学说所取代，后者认为这种利益的和谐起作用前，首先要通过改革创造出来，后来它又被马克思主义阶级斗争的学说所取代，无论是当时还是现在，都无疑比任何假设的利益和谐更接近现实。

3. 在公众的民主社会里，主张采取公共行动之前，决定行动的个体应该展开理性讨论，由此产生的公众舆论会是绝对理性的声音。但这已经受到了挑战，这些挑战不仅来自（1）对处理微妙、复杂问题的专家的需求，而且来自（2）弗洛伊德对于人在大街上非理性行为的发现，以及（3）马克思对自主理性在社会条件下的本质的发现。

4. 公众的民主社会认为，在真实、正确和公平方面有了论断后，公众或其代表会据此行动。从长远来看，民意不仅是正确的，而且将会占上风。底层大众和以其名义制定决策的人之间存在巨大鸿沟，这一假设已被推翻，对于这些有各种后果的决策，公众往往被蒙在鼓里，直到事后才知道。

根据这些臆断，许多 19 世纪思想家明显的乐观情绪就不难理解了。在许多方面，公众的理论是公众对于知识分子知识至上观念的反映。孔德认为，“知识分子的发展决定了社会发展的进程”。如果 19 世纪的思想家环顾四周，他们仍然能看到不合理的事、无知和冷漠，但在他们眼中，这只不过是教育普及后马上可以终结的知识滞后现象。

经典公众学说的说服力取决于他们的受教育程度，这一点在以下事实中得到了体现，1859 年连约翰・斯图尔特・密尔都开始就“多数人的暴政”发声，托克维尔和布克哈特都预计这一观点会受到加塞特（Ortega y Gasset）等政治道德家的推崇。总之，公众到大众的转化及其含义立刻成为现代社会的主要趋势之一，也成为民主乐观主义崩塌的主要因素之一，自由乐观主义决定着 19 世纪知识分子的情绪。

到 19 世纪中叶：集体形式的经济和政治生活开始取代个人主义；不和谐的阶级斗争和组织压力取代了和谐的利益；复杂问题上的专家决策、讨论中的利益偏见、公众的非理性诉求，所有这些都削弱了合理辩论。此外，现在我们应该考虑到，现代社会的某些结构性变化已经开始剥夺公众参与决策的权力。

二

我们特别关注从公众到大众的转变，它为我们理解权力精英的意义提供了重要线索。如果权力精英真的对社区公众负责任，或甚至与他们建立联系，那么这种情况下权力精英的含义，与公众转变为社会大众情况下的含义有着天壤之别。

今天的美国不完全是一个大众社会，也从来不是一个彻底的公众社会。大众、公众是完全相反的两个类型的名称，指出了关于现实的一些特征，但这两个名称本身就属于一种解释，社会现实总是这两个类型的混合。我们必须首先在明确的范围内理解这两种完全相反的类型，否则我们就不能轻易理解它们在现实中的混合程度：

如果我们要把握公众与大众的区别，至少要考虑四个方面。

1. 首先，表达意见和接受意见的人数比例。这是表述正规大众传媒社会意义最简单的方法。更重要的是，这个人数比例的变化正是近代民主体制下公众和舆论问题的中心。在沟通规模的这一端，两个人面对面交谈；在另一端，一个发言人通过沟通网络向数百万听众和观众公开发表演讲。在这两个极端之间是集会和政治集会、议会会议、法庭辩论、一人主导的小讨论圈、50 人一组自由开放的讨论圈，等等。

2. 其次，我们必须注意，提出异议时避免内部或外部报复的可能性。如果降低发言人在听众中的占比，沟通方面的技术条件可能会避免自由地提出异议。基于传统和意见领袖的非正式结构的非正式规则决定谁能讲话、什么时候讲话和讲多久。这些非正式规则可能会，也可能不会与正式规则和控制沟通程序的机构规则一致。在极端的情况下，我们可以想象传媒组织对沟通交流进行了绝对垄断，它们的成员甚至在私下里也不能提出异议，在另一个极端，条件和规则支持形成广泛而对等的意见。

3. 我们还必须考虑意见的形成和其在社会活动中得以实现之间的关系，即民意在影响重大的决策中的有效性。人们集体践行意愿的机会，无疑会受制于他们在权力体制中的地位，权力结构对这种能力的限制具有决定性的作用，可能允许或者欢迎将意见付诸行动，它可能把社会活动局限在当地社会，也可能扩大社会活动的范围，它可能使活动断断续续或持续进行。

4. 最后，我们需要关注的是，机构权力利用制裁和控制在多大程度上打入了公众内部。这个问题是相对于机构权威，公众拥有多大程度的真正意义上的自主权。一个极端是官方不干预自治的公众，另一个极端是，告密者的渗入和普遍怀疑使公众陷入了恐怖统治之下的一致性。说到这里就能想到纳粹的街区体系，18 世纪日本黑帮，苏联的监狱系统。在这一极端中，权力的正式结构与非正式讨论造成的不断变化的影响一致，因此必须消除非正式的讨论。

把这几个点结合起来，我们可以建立多个类型的社会的小模型或示意图。众所周知，“公众舆论问题”由传统中产阶级的市民地位下降造成，所以，我们在这里只关注两种类型：公众和大众。

就像我们对这个术语的理解一样，在公众中（1）表达意见的人和听取意见的人几乎一样多。（2）公众交流十分有组织，有机会对公众场合表达的任何意见进行及时有效地回应。由这样的讨论得来的民意（3）很快会付诸行动，如果必要的话，即使违背现行权力体系也在所不惜。并且（4）权威机构没有渗透到公众中，因此公众或多或少是自主的。在这些条件下，才有一个公众社会的运行模型，该模型符合经典民主理论的几个假设。

在另一个极端，在大众中，（1）比起发表意见，听取意见的人更多；因为公众成了一个抽象的集合，人们只知道从大众传媒接受信息。（2）流行的沟通方式组织严密，个人很难或不可能及时有效地对意见给予反馈。（3）民意的实践被组织和控制行动渠道的当局所控制。（4）对于当局来说，大众没有自治权，相反，权威机构的代理人渗透到大众内部，以减少在讨论中形成任何民意上的自主的可能性。

通过公众和大众各自的主要沟通方式，可以轻易将它们区分出来：在公众群体中，最主要的沟通方式是讨论，如果存在大众媒体，它们的作用也只是不断扩大和活跃讨论，将一个初级的公众群体和另一个群体的讨论连接起来。在大众社会里，沟通的主要方式是正规的媒体，大众沦为媒体的市场：一切皆为大众传媒的素材。

三

几乎从任何一个角度来看公众这个概念，我们都会认为已经在向大众社会迈进的道路上取得了长足的进展。在这条道路的末端，是纳粹德国或共产主义苏联实行的极权主义。但我们还没有走到这条路的终点。在今天的美国，媒体市场没有完全控制公众。但我们可以确切地看到，比起公众社会，我们这个时代的公共生活在许多方面都更具大众社会的特点。

现在的情况可以用经济市场和公众舆论在历史上的平行关系来解释。简单来说，就是从广泛分散的小权力到权力集中化的转变，从权力中心向垄断控制的转变，权力中心半遮半掩，是操作和权威的中心。

为邻里服务的小商店被不具名的国企所取代，大众广告取代了商人与顾客之间私人交流的影响力。政治领导人利用全国性的广播网络，带有适度个人情感地向从未谋面且永远不会再见面的百万人发表演讲。所有专业和行业都涉及“舆论业”，被雇来不带个人情感地操控公众。

在主要的公众群体中，利益和推理方式不同的人之间的意见交锋仍在继续。但在传媒市场的大众社会，如果存在不同意见的话，就是掌握大众媒体的操纵者与他们的宣传对象之间出现了意见分歧。

在这种情况下，作为对大众传媒宣传内容的纯粹反应，而不是响应，诞生了舆论的概念也就不足为奇。这个观点认为，大众只是个体的集合，被动地暴露在大众媒体之下，无助地接受来自这些媒介的建议和操控。实际上，以前众人可以在自由、平衡的市场中发表一己之见，现在控制中心的操纵使这种情况已成为过去。

在官方的圈子里，正如沃尔特·李普曼[①]30年前所说，“公众”这个术语本身已经有名无实，这戏剧性地揭示了它的消逝。从决策精英的角度来看，那些公开叫嚣的人可认定为“劳工”，其他的是“商人”，另外就是“农场主”了。那些无法轻易识别的人组成了“公众”。在这一区分方法中，公众由那些在有明确党派利益的世界中，不被识别的非党派人士组成；由受过良好教育的专家，尤其是大学教授组成；由非工会的雇员组成，尤其是白领人士、自主创业的专家和小企业家。

与这一经典概念有微弱相似之处的概念是，公众由残存的新旧中产阶级组

① 沃尔特·李普曼（Walter Lippmann，1889—1974），美国作家、记者、新闻评论家，著有《公众舆论》《幻影公众》等作品。——译注

成，他们的利益没有被明确界定、组织起来或是相互冲突。经过奇特的适应后，“公众”往往被定义为“中立的专家”，尽管他们见多识广，却从未对有组织的利益集团引发的争议事件做出明确表态，这些都是董事会、委员会的“公众”成员。因此公众往往代表政策的模糊性（称为思想开明），不参与公共事务（即理性），和职业公正（称为宽容）。一些公众中的正式成员，年轻时在劳动管理调解领域打拼，他们见多识广，但从不采取强硬的立场，因此开辟了一番事业；许多其他非正式成员把这样的专业人士作为自己的榜样。唯一的问题是，他们的行为如同公正不阿的法官，但他们却没有法官的权力；因此他们的理性、宽容和开明在事务决策中经常不受重视。

四

促使政治家和平衡社会走向衰落的趋势，对公众向大众的转变有着决定性的影响[①]。结构性转变中最重要的一点是，作为公众真正手段的志愿团体的衰落。志愿团体一方面在国家和经济体中活动，另一方面在基础组织中的家庭和个人之间活动，我们可以看到，行政部门在经济、军事和政治机构中的优势削弱了志愿团体的效用。这说明权力机构不仅规模更大、更加集中，不贴近群众，同时也变得不那么政治化，而更具行政性。正是由于这一巨大的体制变化，有组织的公众开始走下坡路。

在规模上，公众向大众的转变得到了强有力的支撑：数量上有明确限制的政治公众（财产、教育和性别、年龄上的限制）转向数量急剧增多的大众，大众只有年龄和公民身份限制。

① 参见第十一章：平衡理论，关于独立的中产阶级衰落的分析。

在组织上，主要的、有组织的权力单位从个人及其家庭转向了志愿团体和大众政党，为公众向大众转变提供支撑。

志愿团体规模日益扩大，开始变得卓有成效，但在这一程度上，对于通过讨论来决定所属组织的政策的个人，已经无法融入志愿团体。

同成立较早的机构一样，这些志愿团体已经失去了对个人的控制。随着越来越多的人被卷入政治角斗场，这些志愿团体的规模也日益壮大；随着个人权力愈加依赖于志愿团体，这些组织就越难受到个体的影响①。

大众民主是指有权势、规模宏大的利益集团和组织之间的斗争。这些利益集团和组织既不偏向由国家、企业和军队制定重大决策，也不偏向通过公众成员中单个公民的意志来制定决策，它们介于这两者之间。这些中层组织是公民参与决策的主要途径，所以这些组织对公民来说具有决定性的重要意义。因为只有通过这些组织，公民才能行使可能拥有的权力。

大众团体的成员与领导者之间的差距越来越大。只要一个人成为一个重大组织的领导者，他很快会沦为该组织的棋子。他这样做，（1）是为了维护他在该组织中的领导地位，或者实现对组织的控制，并且他这样做（2）因为他认为自己不仅仅是大众社会的代表，无论是否听命于他所代表的大众社会，他都认为自己是由和他一样的人组成的精英中的一员。这些事实反过来导致了（3）精英间讨论和解决事情的方式与各大众团体有巨大差别，因为决策必须考虑到其他重要的精英，但也要得到大众成员的认可。

发言人和听众之间、权力与公众之间的差距更容易导致发言人定律而非寡头统治的铁律：随着压力集团的扩张，领导者把他们所代表的意见组织起来。所以，如我们所见，选举成了两个庞大、不灵活的政党之间的比赛——选民不能真正地感受到他对任何一党有影响，两党中也没有哪个政党能够在心理上赢

① 同时——也因为大都市“个人原子化”和注意力分散的特点，这个我在稍后会讨论——使个人变得更加依赖大众传媒来表达对于整体结构的看法。

得人心，或政治上赢得决定性的多数。在这一切中，两大政党的大致形式与其他大众组织一样。[2]

当我们说大众没有政治归属感时，我们心中想的是一个政治事实，而不仅仅是一种感觉。我们想到的是（1）归属感（2）特定组织。

1. 这里所说的归属感是基于对一个组织的宗旨和领导者的信念，这一信念让人们把组织当作自己的家。这样的归属感使人情交往成为一个人本我的精神中心，让我们从容自在地考虑良心的行为准则和目的，我们决定了行为准则和目的，它们也反过来决定我们，我们对任何政治组织都没有这种归属感。

2. 我们所说的组织正是一个志愿团体，它有三个决定性的特征：第一，它是合理意见得以形成的环境；其次，它是一个进行合理活动的机构；第三，与其他权力组织相比，它是一个能有所作为的权力单位。

人们常常对于自己在政治经济上的忠诚感到不安，因为他们没能立刻发现组织具有的精神意义和历史效力。现在，有效的权力单位是大企业、高不可攀的政府和严峻的军事机构。一方面在这些权力单位之间，另一方面在家庭和小社区之间，我们没有发现让人觉得有安全感和强大感的中间组织，很少有鲜活的政治斗争，更多的是来自上层的管理和下层的政治真空。现在，主要的公众群体要么小到被埋没，只能选择放弃；要么大到只是不重要的权力结构的另一个特征，因而难以接近。

当非从政人员主张自由、公开地表达政治意见的权利时，而这些意见能够影响或决定政府政策、人员和行动时，公众舆论应运而生。[3] 从这个正式意义上来说，美国曾有、现在也有明确的公众舆论。然而随着现代社会的发展，虽然这种正式的权利仍然存在，但其内涵已然发生变化。就像汤姆·佩因（Tom Paine）的政治小册子里的世界与大众媒体的世界一样，自治组织的旧世界与大众社会的世界有着天壤之别。

自法国大革命以来，保守的思想家们一直对公众的崛起保持高度警惕，他们将公众称之为大众或与其意义相似的名称。“大众至高无上，野蛮的潮流来势汹涌，”古斯塔夫·勒庞曾写道，群众的神圣权利即将取代神授的君权，“并且目前国家的命运由人民群众的意愿而非国王的议会主宰”。[4]在20世纪，自由主义和社会主义思想家纷纷效仿，更加明确地提出了我们所谓的大众社会。从勒庞到埃米尔·莱德勒①和加塞特都认为，不幸的是，大众的影响力日益增加。

有人认为大众拥有所向披靡的权威，或至少在通往成功的道路上，但毫无疑问，这种观点是错误的。实际上，在当代，如查克廷②的观点，自治集体在政治生活中的影响力正日趋减少。[5]此外，他们拥有的影响力确实是被引导的，因此他们现在不是自主行动的公众，而是在关键时刻受到操控变成示威人群的大众。因为当公众变成大众，大众有时会变成群众，慷慨激昂的长篇鼓吹突如其来，以强化大众传媒对群众的洗脑。然后，人群再次分散，成为被摧毁了意志的顺从的大众。

在现代社会的进程中，作为表达合理意见的工具和实现政治意志的手段，处于各个阶级和国家之间的自治组织在慢慢失去效力。这样的组织可以被蓄意破坏，从而沦为非暴力的统治工具，或在面临集权手段时由于缺乏运用而慢慢衰落。但是，无论是在一周内迅速被摧毁，抑或在一个时代中慢慢凋零，几乎在生活的每个领域，这样的组织都被集中化的组织所取代，正是这些掌握了新权力手段的集中化组织控制受到惊吓或——另一种情况可能是——仅仅被威胁的社会大众。

五

促成大众社会的制度趋势，在很大程度上是一个客观的发展趋势，但其余

① 埃米尔·莱德勒（Emil Lederer，1882—1939），德国经济学家，社会学家。——译注

② 谢廖加·查克廷（Sergei Chakhotin，1883—1973），苏联社会学家，生物学家。——译注

的公众受到的是更多的“个人”和有意识的影响。在民主决策的民俗下，政治基础不断扩大，大众的说服手段日益增多，发表舆论的公众已成为强力控制、管理、操纵和恐吓的目标，对公众的恐吓愈发频繁。

面对大众对意见的质疑，政治、军事、经济领域的权力存在不同程度的不稳定性，制造舆论因此成为公认的获取和维持权力的手段，有产阶级和知识分子组成的少数选民选举已成过去，取而代之的是全民投票选举和为了拉票频繁造势的竞选活动。征兵制下的大规模军队和民族主义取代了 18 世纪的小规模职业军队。大规模生产的工业和在全国投放的广告取代了小商店。

随着机构的规模越来越大，权力越来越集中，舆论制造者努力的范围和程度也在不断增加。事实上，制造舆论的手段在范围和效率上，与孕育当代大众社会的规模较大的其他机构相当。因此，除了他们扩大和集中化的管理、压榨和暴力手段之外，现代精英还掌握了历史上独有的手段——精神管理和思想操控，包括普及义务教育以及大众传媒。

早期的观察家认为，正式沟通方式的范围和数量的增加会壮大和激励公众群体。在广播、电视和电影诞生之前，乐观的看法认为正式媒体使个人讨论的范围和速度成倍增加。查尔斯·库利①写道，现代的条件“无限放大了思想的碰撞，那些仅因缺少比较而留下来的思想将会消逝，真正得到思辨性头脑认可的思想受到更多的珍视，且不断增多。”[6] 在对地方社区的传统共识覆灭的持续兴奋中，他把新的媒体沟通方式视为深化经典民主体制对话机制的手段，理性和自由的个人主义会随之得到发展。

没有人知道大众传媒的所有功能，因为整体上这些功能十分普遍且微妙，不能被现有的社会研究手段捕捉到。但现在，比起扩大公众讨论和为其注入活力，我们有理由相信，这些媒体更多的是在促使公众转化为大众的媒体市场。

---

① 查尔斯·库利（Charles Cooley，1864—1929），美国社会学家。——译注

我不仅仅是指受众与提议者之间的比率增加，针对观点提出不同意见的机会减少；也不仅仅指媒体为了博得“关注”，而对我们的感官进行粗鲁的平庸化和模式化。我认为媒体促成了一种精神上的盲目，有以下几种表现：

1. 我们对当今社会现实的了解，很少是由我们自己发现的。大多数我们头脑中的图片是从媒体获得，甚至我们经常不相信自己亲眼所见，直到我们在报纸上看到，或在收音机里听到这个事情。[7] 媒体不仅给予我们讯息，同时引导我们的体验方式。我们对信任和现实的标准一般是由媒体决定的，而不是来自于自身零碎的经验。

因此，即使个体对事件有直接的亲身经历，这种经历也不是真正直接和最初的：它是由模式化的观念形成。个人只有通过长时间的技能训练来根除这种模式化的概念，才能以全新的方式看待事物。譬如，一个人认为，如果所有人都患上了抑郁症，那么所有人都会有“抑郁症的体验”，凭借在这方面的经验，他们会揭穿、驳斥媒体关于抑郁症的错误报道或至少对此表态。但必须对这种结构性变化的经验加以组织和解释，才能最终形成与之相关的舆论。

总之，这种可以作为抵抗大众传媒基础的体验，不是确切事件的体验，而是有意义的体验。如果我们所说的是严肃意义上的“体验”一词，那其中必须有解释的影子。这一体验的能力是在社会中形成的。如我所言，如果没有得到他人或媒体的证实，个人不会相信他自己的经验。如果直接经历扰乱了个人已有的忠诚和信仰，这样的直接经历通常不会被接受。这种直接经历若要被接受，就必须摆脱或证明那种忠诚和信仰，而这种情感是他忠诚观念的重要特征，深深扎根于内心深处。

一贯的忠诚是对特定符号和标志的信仰和热爱，这是人们看待社会的方式，人们也是如此形成对事件特定的意见和看法。它们由先前的经历而来，也影响着现在和未来的经历。不用说，人们往往没有意识到这些忠诚的存在，因此也常常不能对此进行明确表述。然而，这种普遍的忠诚使一些意见被接受或拒绝，更多地取决于情感上的亲近和减轻焦虑的方式，而非有逻辑的一致性的力量，以此为基础接受意见意味着不用思考就确信自己正确。当模式化的意识形态和具体的观点以这种方式连接在一起时，可以缓解忠诚和信仰不一致时引发的焦虑感。这种思想带来了一套既定的信仰，此后，不论在情感上或理性上都没有必要抗拒这一信仰中的任一思想；对特定观念和情感累积的选择成为预先设置好的态度和情感，并影响着人们的舆论生活。

内心深处的信仰和情感是人们体验世界的镜头，它对特定的意见接受或拒绝，把关十分严格，并且控制着人们对待权力当局的态度。30年前，沃尔特·李普曼认为这一事先主张是偏见：让人们不能以准确的方式来定义现实。现在它仍然是偏见，但往往被视为“好的偏见”；尽管这一主张通常有不足和误导性，但是好于权力高层和舆论引导者不切实际的现实主义。这一主张是较为低级的常识，因此，也是一个阻力因素。但我们必须认识到，尤其在变化速度如此之快时，常识往往比感觉更普遍。更重要的是我们必须认识到，我们的孩子形成的“常识”，将会是大众传媒营造的模式化观念的产物，而非任何坚实的社会传统的产物。现在，他们完全暴露于大众传媒的影响之下，是彻底受大众传媒影响的第一代。

2. 只要媒体不被完全垄断，个人就可以从相互竞争的媒体中渔翁得利——他可以比较各家媒体，也可以拒不接受任何一家媒体发布的消息。媒体间的竞争越激烈，个人对媒体的免疫力就越强。但现在的情况如何呢？人们会比较各个媒体对公共事件或政策的报道吗？比较各个媒体报道的内容吗？

答案是否定的，很少人会这样做：（1）我们知道，人们往往倾向于选择那些报道内容与他们意见一致的媒体。在人们心中以事先观点为基础来选择新观点。似乎没有人会刻意去找可能会在其他媒体中出现的不同观点。一般的广播节目、杂志和报纸往往都有相对固定的受众，从而强化他们传达给公众的信息。（2）这种比较各家媒体的想法，默认媒体提供的内容确实各不相同。它默认存在真正的竞争，但广泛地说这样的竞争并不存在。媒体呈现出明显的多样化和竞争性，但仔细观察之下，它们之间的竞争更多的是在标准化主题下的竞争，而不是在有争议事件上进行竞争，展现自己的独到之处。有效提出问题的自由似乎越来越多地局限在那些随时与这些媒体保持联系的少数利益集团手中。

3. 媒体不仅渗入了我们对于外部现实的经验，也侵入了我们关于自己的经验。它们为我们提供了新的身份和新的愿望——我们应该成为什么样的人，我们希望自己在别人眼中是什么样的人。它们给我们提供的行为模式是一套全新、更大、更灵活的自我评估方式。用现代自我[8]理论来说，就是媒体为读者、听众、观众带来了规模更大的参照群体，无论是真实或想象的、直接或间接的、亲自了解或远远观望的，这些参照群体都是自我形象的一面镜子。媒体成倍地增加着我们确认自我形象的参照群体。

除此以外：（1）媒体告诉大众他是谁——给人们一个身份；（2）媒体告诉大众他想要成为的样子——给人们一个志向；（3）媒体告诉大众怎么达到目的——告诉人们技巧；（4）媒体告诉大众怎样感受，即使那不是个人的感受——告诉他逃避。身份和抱负之间的差距引出技巧或逃避。这大概是当今大众传媒的基本心理公式。但是，作为一个公式，这不适合人类的发展，这是媒体发明和维持一个伪世界的公式。

4. 现在普遍流行大众媒体，尤其是电视，经常干涉小规模的讨论，破坏人们轻松、理智地进行交谈的机会。大众媒体是造成人类隐私被破坏的重要原因，这不仅是其作为教育力量失败的重要原因，也是其成为有害力量的重要原因：它们没有向观众或听众清楚说明紧张、焦虑、难言的怨恨和模糊的希望产生的更为广泛的原因。它们既不能使个人超越周围狭隘的环境，也不能阐明周围环境不为人知的意义。

媒体提供了大量关于世界实况的信息和新闻，但通常不能使听众或观众将世界时事与他们的日常生活真正联系起来。媒体没有把它们提供的关于公共事务的信息和个人遇到的麻烦联系在一起，它们没有更加理性深入地理解焦虑——无论是个人焦虑或反映在个人身上的社会焦虑。相反，媒体通过将个人的注意力紧紧拴在对人为事物的迷恋上——在程序框架内通过暴力行为或所谓的幽默解决问题，以此转移个人注意力，使个人难以找到理解自己或周围世界的机会。总之，对于观众来说他们的问题并没有得到真正解决。媒体主要借助对商品或爱慕的女性的供求矛盾分散注意力。几乎总是带有这样一种基调：持续不断地令人分心和推迟焦虑感，但这解决不了任何问题，也无法解决任何问题。

但是，媒体以其现在的组织和运作，不仅仅是美国转型为大众社会的一个重要原因，也是财富和权力精英所掌握的权力手段不断增加的重要原因之一。此外，这些媒体的一些高层代理本身就是精英中的一员，或精英手下非常重要的下属。

与这些精英同级或低一级的是宣传者、宣传专家和公关，他们控制舆论的形成，使舆论成为衡量权力的有效性、声望的增加和财富更稳固的一个标准。在过去的四分之一个世纪中，这些操纵者对待任务的态度经历了对立统一的过程：

最开始，大众媒体被一致看好。语言能打赢战争或卖出肥皂，语言能打动人也能控制人。“唯一的代价，”1920 年代的广告人声称，“是限制任何话题的舆论在任何方向上的传播。”[9] 舆论制造者对媒体作为群体说服者的信任程度近乎魔化——但他可以相信只要有公众的信任，大众传媒就无所不能。但信任不会维持下去。大众媒体说过太多过于夸张的东西，信息平淡无奇并相互抵消。应战时谎言和战后幻灭而生的“宣传恐惧症”无济于事，尽管记忆短暂且受到官方的歪曲。这种对媒体的不信任被转换成了舆论管理者的口号，他们的横幅上写着：“大众说服于事无补。”

媒体受到挫败，于是开始思考；思考过后，它们开始接受社会背景下的原则。它们互相告知：要改变舆论和活动，必须密切关注被管理人群的整个生活和环境。除采取大众说服外，还必须施加个人影响力；必须在人们的生活环境中通过其他人——朋友圈、信任的人来与他们接触：必须通过“个人”说服赢得信任。我们不能直接插手，要不露痕迹，必须加以操控，而不仅仅是提出建议或命令。

人们现在所处的社会环境一直对他们有所期望，这些人就是我们所说的首要公众。任何一个了解广告公司或公关公司内部情况的人都知道，首要公众仍然是舆论制造者未解决的一大难题。消极的一面是，他们对社会环境对舆论和公共活动的影响的认识，意味着善于表达的公众抵制和反映大众媒体传播的消息。积极的一面是，这种认识表明公众不是由孤立的个人组成的，而是由不仅要考虑事先形成的观点，而且以复杂、亲密、直接和持续的方式一直互相影响的人组成。

舆论制造者尝试使善于表达的公众保持中立，或试图让这些公众为他们所用，使之成为他们意见的中转网络。如果舆论引导者拥有可以直接、公开操控首要公众的大权，他们可能会成为权威；但是，如果他们没有这样的权力，就只能间接地暗中操作，他们会因此成为操控者。

权威是毫不隐讳的、人们或多或少“自愿”服从的权力；操纵是在暗中行使权力，不为被操纵的对象所知。在古典民主社会的模型中，操控不构成威胁，因为权威存在于公众之中，存在于由公众成就或挫败的代理人中。在完全专制的社会中，操控是完全没有问题的，因为权威与执政机构及其代理人公开站在同一战线，因此执政机构及其代理人可以公开、明确地利用权威。在极端的情况下，他们不需要通过隐藏的手段来获得或保留权力。

当人们掌握了可以肆意使用的、集中化的权力，但没有权威，或出于某种原因不希望公开行使权力时，操纵就成为一个问题了。然后手握权力的人寻求在不表现出他们权力的情况下进行统治。他们想要进行秘密统治，可以说不需要公开的合法性。正是在这种复杂的情况下，即像现在的美国，操纵是行使权力的主要方式。一小圈人做出决策，他们至少需要他人授权，这些人应该是利益不相关的、不唯唯诺诺且不受他们权威影响的人。因此，这个小圈子试图操纵这些人，使他们愿意接受或大力支持他们的决定或意见，或至少反对可能出现的相反意见。

权威正式存在于民众中，而主动权实际掌握在一小圈人手中。因此操纵的标准策略是“决策”看起来是由民众或者至少是一大群人“做出的”，这就是为什么即使可以方便地行使权威，利用它的人仍然喜欢秘密、安静地操控。

但人们现在的文化程度不是更高吗？为什么不强调教育的普及，而是大众媒体日渐增多的影响呢？简单来说，大众教育在许多方面已成为另一种大众媒介。

这个国家广泛认同的公共教育的首要任务是政治性的：使公民更博学，从而更好地思考和判断公共事务。随着时间的推移，教育的功能从政治转向经济：培养人们找到薪资更高的工作从而获得成功。这是高校活动的真实写照——以公众为代价满足了企业对拥有技能的白领的需求。在很大程度上，教育已成为纯粹的职业教育；就教育的政治任务而言，许多学校已经沦为对忠贞爱国民族主义的常规训练场。

技能培训是一项重要任务，或多或少会直接运用到职业生涯中，但不应该被误认为是通识教育：无论何种级别的职位晋升都有别于自我发展，虽然现在这两个概念被完全混淆了。[10]在“技能”中，有些与通识教育，即解放教育的目的相关性更大，有些则与这个目的的相关性更小。不同于学术上对所谓中性技能追求带来的认知，技能和价值观并不那么容易被分开。特别是在我们认真讨论通识教育的时候。当然，存在一个尺度，技能和价值观分别位于尺度的两端，但在中间的是所谓的鉴别能力——与典型的公众相关性最大。

培训一个人操作车床或读写属于技能教育；唤起人们对生活意义的理解，或对斯多葛派、基督教式和人文主义的生活方式进行辩论，才是确切无疑的价值观教育。但坚持培养一群有文化、政治的和技巧性的鉴别能力，能成为真正自由民主的社会成员，是技能培训也是价值观教育。它包括一种在古老意义上的认清自我的治疗，包括传授所有一个人与自我辩论的技能，我们称之为思维；与其他人辩论的技能，我们称之为讨论。鉴别力通识教育的终极目的是培养自我教育、有自我培养能力的人。

公众中真正博学的人能够把他的个人问题转化为社会问题，他能够看到这些问题对所在社区的重要性，以及社区对这些问题的重要性。他明白自己认为和感觉到的个人问题往往不仅是他的个人问题，而是大家共同的问题，这些问题的确不是通过任何一个人可以解决的，而是要通过他所生活的群体的变革、有时是整个社会结构的变革来解决。

大众受到个人问题的困扰，但他们没有意识到那些问题真正的意义和来源；公众遇到问题并清楚他们的表达方式。不断把个人烦恼转化为社会问题，把解决社会问题转化为个人的人生意义，这是民主制度的任务，也是接受过通识教育的人的任务。由于缺乏深入而广泛的政治辩论，成人和青少年学校可能成为欢迎这类辩论的体系。在公众社区中通识教育的任务将是：让公众不至于茫然失措；帮助培养不会茫然无措、自律明智的人才；帮助培养不会被大众生活负担压垮、勇敢明智的个体。但教育实践没能使知识直接关系到20世纪中受困群体的需求，也没有直接关系到公民的社会实践。现在这些公民看不到个人偏见和挫折的根源，也不能清楚反省自身或其他事情。他们没有看到当今社会组织下的观念和智力问题，也无法应对“睿智公民”当下所面临的挑战。

除了在极少数情况下，教育机构并没有做到这些事情，它们也没有在尝试这样做。学校成为纯粹的职业和社会地位上升的渠道，并且从各个层面来说，学校开始在政治中畏首畏尾。此外，在“职业教育家”的控制下，许多学校的办学理念已经变成了“适应生活”，鼓励学生快乐地接受大众生活方式，而不是为个人和公众的超越而奋斗①。

毫无疑问，当代落后教育家的教育内容和实践理念迎合了大众的想法。这些教育家们对宣扬文化水平和智力标准并不积极；相反，他们经常宣扬职业技巧这一琐事和“适应生活”的理念——大众的懈怠生活。“民主学校”往往是智力平庸、职业培训、国家忠诚的代名词，仅此而已。

六

现代社会的结构趋势和通信技术的操控性特征在大众社会中是一个巧合，这个社会在很大程度上是一个都市社会。城市的增长使人们局限于狭隘的日常生活和环境中，使他们失去作为公众的任何独立意识。在较小的社区，公众成员对彼此了解更充分，因为他们总在日常生活中碰面。都市社会中的大众只在特殊社会环境下相识：修理汽车的人、为你端上午餐的女服务员、女售货员、白天在学校为你照顾孩子的妇女。当人们以这种方式相处时，预判和刻板印象就越来越多，关于他人的事实不会也不能显露出来。

我们知道，人们倾向于选择那些正式媒体，它们能证实他们确信和喜欢的事物。同样的，在隔离的大都会中，人们倾向于接触那些与他们观点相似的人，对其他人则漠不关心。在都市社会中，为了保护自己形成了一种漠不关心的态度，这种态度比一般的态度更加根深蒂固。因此，他们无法体验到真正的观点冲突。当有这样的体验时，他们往往会认为那只是粗鲁无礼的行为。

① “如果学校尽职尽责，”A. E. 贝斯特曾写道，“我们应该期待教育家指出在提高全国智力水平取得的重要和无可争辩的成就。书和各种杂志的个人传阅量增加，电影和广播节目方面品位的提高，政治辩论的水准更高，给予言论和思想自由更多尊重，智力迟钝显著下降，成人持续阅读连环漫画杂志这种智力低下的证据明显减少，这些都是对成就的证明。”[11]

他们沉溺在日常生活中，从没有通过讨论、更不用说行动来超越他们狭隘的生活。他们看不到社会结构的全貌，看不到自己作为公众的作用。城市即是由这样的小环境组成的结构，其中的人往往是互相疏离的。城市中“热情活跃的人”激发不了“居家的”男性和女性，这些人可以在中产阶级郊区生活一辈子，只和同类人交往。如果他们真的相互接触，也只是通过其他环境下人们的刻板和带有偏见的形象。每一个人都被困在他的小圈子里，每一个人都与其他清晰可辨的群体断开了联系。正是因为人们生活在这样狭窄的环境中，所以大众传媒可以给公众创建一个伪世界，也给它们自己创建一个伪世界。

但是，生活在环境中的公众可以超越环境，在个人层面，可以通过个人才智，在社会层面，可以通过公共行动。通过反思、辩论和有组织的行动，社会公众会感受到自身，事实上会在社会结构相关的事务上活跃起来。

但是，存在于环境中的大众无法脱离环境，不论是通过才智，还是通过行动，除了在极端的情况下，现代官僚“有组织地自发行动”。我们还没有达到极端的情况，但在观察美国大众时，我们确实能看到都市人对极端情况做好了心理准备。

我们可以这样想：当一小部分人没有工作并且不去找工作，我们会从他们的目前情况和性格上找原因。但当1200万人失业时，那么我们无法认为他们突然之间都变“懒惰”、“没有希望”了。经济学家称之为“结构性失业”，首先意味着牵涉其中的人不能控制自己的工作机会。结构性失业并不是源于一个工厂或一个城镇，也不是由于一个工厂或一个城镇没能做到某些事情。此外，当结构性失业席卷了人们周围的环境时，在一个城市的一个工厂中的普通人几乎没有可以进行挽救的办法。

现在，在社会结构和个人环境之间的差别是社会学研究中最重要的差别之一。它使我们能快速地了解“公众”在当代美国的位置。在生活的每一个重要层面，结构感的缺失和在无能为力的环境中陷落是无法驳斥的事实。在军事上的表现最为明显，在军队里，每个人的角色都受到严格的限制，只有身处高位的掌权者能够看到结构的全貌，而且这个全貌是受到严密保护的官方秘密。从分工来说，在经济领域，人们工作在狭隘的环境中，可以看到生产过程全貌的职位也越来越集中，因此人们不仅脱离了他们的劳动产物和劳动工具，也脱离了任何对结构和生产过程的理解。在政治秩序中，随着低层组织的分散和中层组织令人不安地激增，人们看不到结构的整体，看不到结构的顶端，事实上，也说不清那些决定他们生活于此的整个结构的问题，以及决定他们所处位置的问题。

任何结构性视野或立场的丧失，从根本上意味着整个社区的丧失，这是可悲的。在大城市中，环境的分隔和日常的分离，在个人与家庭中得到近距离接触，因此，虽然城市不是主要的决策单位，大多数市民也无法将城市视为一个整体结构。

一方面，决策结构的规模越来越大且愈加集中；而另一方面，人们被归入越来越窄的社会环境。从两方面来看，对正式传播媒介的依赖越来越严重，包括教育。但大众并没有从这些媒体中获得超凡脱俗的观点，相反，他的经验更加模式化，然后他在自己模式化的经验中陷得更深。他不能抽离自身经验对自己的经历和没有经历的事情进行观察，更加无法做出评价。终其一生伴随着他的是一种无意识的、不断重复的独白，而不是我们称为“反思”的内心辩论。他没有自己的规划：只是完成存在的日常惯例。他无法超越他所在的任何时刻，因为他不会也不能超越所处的日常环境。他没有真正理解自己的日常经验和实际标准：他随波逐流，依习惯行事，他的行为是混乱的标准和不加辨别的期望的混合，这个期望是从他已经不了解、不信任的人那里得知的，也许他从未信任过那些人。

他把一切视为理所当然，充分利用它们，试图考虑未来——也许一年或两年，如果有孩子或房贷他看得甚至更远，但他没有认真地问过，我想要什么？

如何才能得到想要的？满怀一种隐约的乐观主义，这种乐观主义支撑着他，偶尔被小痛苦和失望打倒，也很快就抛之脑后。他踌躇满志，有人认为这有可能与大都市狂热的大众生活方式有关，毕竟在大都市白手起家十分流行。他用什么标准来评价自己和自己的努力？于他而言，什么是真正重要的？这个人的完美榜样在哪里？

他失去了独立性，更重要的是，没有了独立的意愿：事实上，没有掌握作为一个有独立思想和自己生活方式的独立个人的概念。并不是他喜欢或不喜欢这样的生活，而是这个问题没有那么鲜明和清楚，所以他对自己的处境和境遇不痛不痒。他认为自己只想以最省事和最有趣的方式得到应得的东西。

他生活的秩序和运行与外界惯例相一致，否则他日常的经验将不清不楚，虽然他可能经常察觉不到，因为严格地说，他没有真正拥有或观察过自己的经验。他不决定自己的欲望，他的欲望被植入他的身体里。而且，在大众中，他失去了作为人类的自信——如果他真的曾有过自信的话。因为在大众社会中的生活会让人不自信、使人更加无能为力；使人不安、有隐约的担忧；在团结的群体中孤立个人；破坏稳固的团体标准。漫无目标地行动，大众觉得一切都毫无意义。

大众社会的概念暗示了权力精英的概念。与之形成鲜明对比的是，公众的概念表明一个没有权力精英的社会的民主传统，或至少是没有最高决定权的不断流动的精英阶层。因为，如果真正的公众是独立的，就不需要控制者；但发展成熟的大众，只有在竞选投票时期，支持精英成为有权威的名流时才是独立的。民主国家的政治结构需要的是公众，而民主人士，在他的言论中，必须坚决表明公众是最高决定权的所在。

但现在，所有使政治秩序扩大和集中化，以及使现代社会去政治化和更加行政化的力量，从旧中产阶级到甚至不能被称为中产阶级的转化，所有没有真正沟通的大众传媒，所有大城市没有形成社区的隔离，真正连接大众与权力中心的志愿团体的缺失，所有这些都表明公众群体正在衰落，公众群体的最高决定权只存在于形式上和言辞中。此外，现在在许多国家，剩下的这种公众已经惊慌失措、并在慢慢消失。他们失去了对理性思考的决定和行动的意志，因为他们不具备这样决策和行动的手段；他们失去了政治归属感，因为他们无处可归；他们失去了政治意愿，因为他们没有办法实现自己的政治意愿。

现代美国社会高层越来越统一，似乎往往是有意地协调：在高层出现了权力精英。权力中层是一组随波逐流的、僵持的、平衡的力量：中层没有连接底层和高层。这个社会的底层在政治上是支离破碎的，甚至很被动，力量不断被削弱：底部是一个新兴的大众社会。

注释：

[1] 参见E. H. Carr, *The New Society*(London：Macmillan, 1951), pp. 63-6，这一段和以下的段落中，我都着重参考了他的观点。

[2] 关于现代正式的民主政体的选举，E. H. 卡尔总结道："今天谈论捍卫民主，就好像我们捍卫的是我们熟知和拥有了几十年或很多世纪的东西，这是自欺欺人的和虚假的——大众民主是一个新现象——这是一个新的现象——这是过去半个世纪的创造——根据洛克的哲学或 19 世纪的自由民主制，这是不恰当和有误导性的。我们应该更接近民主的标准，我们应该有一个更加令人信服的口号，如果我们谈到对民主的需求，我们不应是捍卫民主，而是去创造民主。"（同上 pp. 75-6）

[3] Hans Speier, *Social Order and The Risks of War*(New York：George Stewart, 1952), pp. 323-39.

[4] Gustave Le Bon, *The Crowd*(London：Ernest Benn Ltd., 1952— first English edition, 1896), pp. 207. 另参见 pp. 6, 23, 30, 187.

[5] Sergei Chakhotin, *The Rape of the Masses*(New York：Alliance, 1940), pp. 289-91.

[6] Charles Horton Cooley, *Social Organization*(New York：Scribner's, 1909), p. 93；另参见第四章。

[7] 参见 Walter Lippmann, *Public Opinion*(New York：Macmillan, 1922)，这仍然是关于媒体最好的解释。特别参见 pp. 1-25 和 pp. 59-121。

[8] Gerth and Mills, *Character and Social Structure*(New York：Harcourt, Brace, 1953), pp. 84 ff.

[9] J. Truslow Adams, *The Epic of America*(Boston：Little, Brown, 1931) p. 360.

[10] 参见 Mills, “Work Milieu and Social Structure,” 在“阿希洛马会议”上发表的演讲, *Mental Health Society of Northern California*, March 1954, 在它们的公告中重印, *People At Work: A Symposium*, pp. 20 ff.

[11] A. E. Bestor, *Educational Wastelands* (Urbana, III.: University of Illinois, 1953), p.7, p.80.

第十四章

保守情绪

如果将现代美国理解成一个民主社会，我们必须着眼于知识阶层，了解权力精英和他们所做的决策。因为民主二字意味着，那些承担决策所带来后果的人有足够的知识乃至权力，让决策者承担责任。每个人都必须依赖于他人提供的知识，因为仅凭自身经历，只能够了解到那个影响我们自身世界的一小部分，所有人都如此。我们的绝大部分经历都不是直接亲历的，并且如我们所见，这些经历也都受到了许多曲解。每个时代的舆论制造者都提供了他们所处时代及地区的精英形象。他们所代表的现实会变，这些形象也会变；事实上，在我们这个瞬息万变的时代，许多旧的精英形象已经被修改，又创造了许多新形象。

近来，这种形象的变更不再帮助人们了解真相，更多的是服务于一种特别的保守情绪，这种情绪在形象缔造者中逐渐变得非常普遍。如今他们展现给我们的形象，不是那种不负责任地掌控史无前例的权力和操纵手段的精英，而是在艰难处境中仍然尽己所能的理智人士。这种形象所衍生出的情绪，不是用来证明真正精英阶层的实权是合乎情理的，也不是用来说明他们所做的决定有多么明智，更多是用来支持该阶层的发言人。在他们的引导下，我们最容易认真对待的形象，要么与权力和权力精英的真相毫无关联，要么完全不切实际，只是一小部分养尊处优的作家受雇或自发产生的情感寄托，并没有展示出当今美国权力精英团体中，逐渐占据高位的所有力量。

但是，学者们一直在有意无意地为这种精英寻找合适的概念。他们没有找到也没有成功创造出这些概念，他们寻找到的是当代公众生活中缺少头脑和道德的事实，他们创造出来的仅仅是对于他们自己保守情绪的描述。这种情绪很适合于生活在物质繁荣、民主主义盛行和政治处于真空状态社会中的人们。这种情绪的中心思想是坦荡地接受自己的无能为力，并自以为是地认为自己拥有权力。这种情绪削弱了人们的政治意愿，使他们心平气和地接受社会的堕落，并且放弃了西方人道主义的目标，这一目标曾在19世纪的美国引起过强烈的反响，即人类的命运由自己掌控。

一

那些想寻找意识形态来解释他们保守情绪的人会在一些固化的传统中为自己和这种情绪寻找立足点。他们感觉自己不知何故被自由主义、进步主义和激进主义欺骗了，他们感到有些害怕。他们中很多人想要的似乎是一个充满典型保守主义的社会。

典型的保守主义当然是复杂的、拥有自我意识、充满争辩以及理性化的传统主义。[1]它也带有一些"天生贵族"气质。迟早，那些放弃理性的人一定会重拾理性开始保护传统精英们，因为说到底，这种精英是真正保守主义的主要前提。

如今，为美国寻找或者创造传统精英的企图越明确，成功的几率就越小，仔细审视，就会发现这种企图仅仅是一些充满希望的断论，与现实社会不相关的程度就如同它作为政治指导理念的适用性一般。罗素·柯克①先生告诉过我们，保守主义坚信"神的旨意统治社会"，因为神的存在，人类无法掌控那些盛行着的巨大力量。因此，改变需要慢慢进行，因为"改变由天意促成"，对政治家的考验是神对"天意使然的社会力量真实趋势的认识"。保守

① 罗素·柯克（Russell Kirk，1918—1994），美国政治理论家，现代保守主义的奠基人之一。——译注

主义者偏爱“传统生活的多样化和神秘感”，也许主要因为他们认为“传统和固执的偏见”能制衡人们肆虐的欲望和古老的冲动。更重要的是，“社会渴望领导”，保守主义者认为人们与生俱来就有差别，因此自然形成了阶层和权力等级。[2]

传统是神圣的；通过传统，神意使然的社会趋势得以展现；因此，我们必须以传统作为指引。任何一个传统都代表着长期积累而来的智慧，更重要的是：传统是因“神意”而存在。

自然我们会问该如何知道哪一个传统是神的手段；我们身边的哪些事情和改变是神的旨意；这些由创始人想出来的具有高度意识的事情在什么时间变成传统而被神圣化了；人们是否必须相信，在进步运动和新政改革之前，美国社会代表着与典型保守者所谓的建立在自然差别上的秩序和阶级一样的东西。如果不是，那典型保守主义者会希望我们去珍惜什么典范，去哪里珍惜呢？那些现在掌管着美国政治和经济机构的人是不是代表神的旨意呢？如果他们是或者不是，我们该如何去知道？

保守者们保卫着传统中的非理性因素免受人类的影响；他们否认个人通过努力就可以掌握自己的命运，也否认人类集体努力建立自己家园的正当性。那么他们如何将原因作为在传统中进行选择的一种方式，以及通过人来决定哪一项变化是天意，哪一项是邪恶的？在我们选择哪些领导能掌握神意并将其付诸行动，哪些领导是改革者和平等主义者时，保守者无法为我们提供理性的引导。从这种角度看，没有任何指南能帮我们决定在天然区别的竞争中谁是实至名归的。

但是，问题的答案一直都摆在那里，虽然有时不是那么明确：如果我们不摧毁阶级和权力层级的天然秩序，我们将会有上级和领导对我们呼来唤去。如果我们相信这些天然的区别，并重新信奉那些更久之前被提出的区别，领导者们将会拥有决定权。最终，典型的保守主义者只剩下一条原则：即优雅地接受那些他们认为十分神圣的精英的领导。如果这些精英存在世上，只是等着人们去发现和承认，那么至少保守者们对社会的认识很清楚。接着他们对于典型传统和保守阶层制度的渴望会得到满足，因为他们可以心安理得地生活在贵族阶层的权威下，这个贵族阶层便是个人行为和公共决策的有形典范。

就是在这里，美国保守情绪的宣传者们变得局促不安和困惑起来。他们的局促不安部分来自于面对流行的自由言论所产生的恐惧；他们的困惑主要来自于两项关于美国上流社会，尤其是上流权力阶层的事实：高层人士并非完美的保守派模范，他们的意识形态也绝非适用于大众。

美国巨富缺乏文化底蕴；他们唯一可以供人学习的经历是赚钱和存钱的物质经历。物质成功是这些美国富豪们的权威的唯一基础。当然，也许会有人怀念曾经显赫的家族和他们最后的堡垒，但这样的观点并不重要，因为那只是过去的浮华，而非需要认真考虑的当下。享誉全国的、经过包装的名人们对传统富翁虎视眈眈并取而代之，他们以没有文化和不懂政治为美德。职业名流的本质是大众娱乐消遣方式中一闪而过的角色，不是那些因为代表了传统延续性而带有权威的特权人士。得克萨斯州的暴发户和巨富们太过单纯朴素，企业富豪又过多地参与了我们称之为道德败坏的交易。对于公司的首席行政官来说，保守或其他的意识形态都太过花哨：况且，他们的部下确实也可以就自由主义侃侃而谈，那么他们为什么要扛起保守原则的重担？此外，在美国的政治和经济中，学会使用并经常使用自由主义的说辞实际上是成功的条件，也是所有得体的、成功的发言人的共同点。[3]

因此，这样一种会被保守派学者赞扬为完美的保守派模范、站在其谴责的自由主义混乱局面的对立面、时刻准备着能够并且采取新的保守主义纲领的社会高层人士并不存在。即使在愉快的记忆中也没有前资本主义、前自由主义的精英可供参考；他们不能像欧洲作家一样，把封建主义的残余与资本主义社会成功人士的庸俗相提并论，尽管封建主义经过了改良。

因此，美国保守主义的代言人最大的问题就是找到受惠于保守主义利益的人群，即反过来会接受保守主义的人群。经典保守主义需要前工业社会遗留元素的传统，即贵族阶层、农民阶层和保留着行会传统的小资产阶层；而这些正是美国从未有过的。因为在美国建国之初，资产阶级在阶级、地位和权力上就占据主导地位。在美国，经典保守意识形态不存在也不可能存在。

美国权力高层不支持普遍接受的保守思想，事实上厌恶保守主义的说辞。目前保守主义代言人基本的推进线索，即牺牲政治作为男性意志的自治领域，让其服务于企业及其高管的自由专断的控制。它们与许多美国知识分子一直希望寻求与之关联的现代保守主义思想的源泉毫无关系。伯克和洛克都不是美国精英已经确立的真正令人满意的思想的来源，他们的思想来源是霍雷肖·阿尔杰。[4]工作和胜利、努力和成功的信条在“高尚”的权力游戏中支撑着他们。他们还没有将新权力的意识完善为任何引人注意的意识形态。他们无需面对任何以反对自由主义言辞为基础的反对声音，他们利用自由主义言论作为标准的公关手段。也许当没有真正意义上的保守主义，做一个保守派最简单，这也是未来的可能性之一。如果不说以富人和权贵为代表的美国保守主义不省人事，那么当然保守主义者往往是幸运地处于无意识中。

因此，比起1930年代的激进的作家，“1940年代和1950年代的保守派作家，更少与他们会影响或辩护的领导者或决策者有密切的联系。[5]公关填补了任何右翼和中立派对“意识形态”的需要，并且公关是被雇用的。现下，财富和权力精英们不需要任何意识形态，更不需要经典的保守主义思想。

尽管如此，也许会有人继续捍卫美国精英和上层阶级和其取得成功的体制。这在既不是聘请公关也不是雇用文人的作家中不再流行了，虽然聘请公关和雇用文人会及时抓住任何一个这样的小趋势或机会。此外，托管的概念仍广受认可，尤其是在企业界的主管中，每一周的民意调查和排行榜毫无疑问地证明了在世界上美国经济是最好的。然而，这一个毫不隐讳的辩护不能满足那些渴望经典保守主义的人；为了让这一辩护派得上用场，必须证明精英是不断变化的，因此他们不是传统的支柱。相反，资本主义精英必须始终由打破传统、通过个人成就爬到社会顶层的白手起家的人组成。

二

如果根植于著名精英群体中的经典保守主义不能存在于当下的美国，这并不意味着渴望保守主义的学者没有其他的方法实现自己的渴望。他们需要贵族阶层，他们往往堂而皇之地模糊贵族的概念。在对该概念的概括中，他们强调道德而非稳固的社会地位和特权。以“真正的民主”或“自由保守主义”为名，他们拓宽了贵族的意义——天赋，贵族与现有的社会秩序、阶层或权力等级无关；贵族是一群道德水准高的人，而不是一个社会公认的阶层。这样的观念现在很流行，因为他们满足了保守派的情感需求，而不需要拥护目前的“贵族”阶层。加塞特和彼得·菲尔埃克①也是这一观点的支持者。菲尔埃克曾经写过，重要的不是“贵族阶层”，而是“贵族精神”——端庄得体和位高责重的精神，可供各个阶级的人学习。[6]有些人试图找到一种方式来保持这一观点，几乎是在暗中，不直接说出来，而且是在谈论“大众”而非精英时把它当作潜在的假设。但那是非常危险的，这违背了需要公民不断奉承的自由主义言辞。

概括贵族精神，剥夺其社会内涵不能真正令人满意，因为它没有提供普遍接受的判断、谁是或谁不是精英的标准。一个自我认可的精英不是社会支柱。此外，这样的概括与现有的权力事实无关，因此在政治上无足轻重。

但是为现状下节节攀升的人的公开辩护和为想象中贵族精神的辩护，事实上结果不是固定在传统和等级中的精英，而是一个动态和不断变化的精英在一

① 彼得·菲尔埃克（Peter Viereck，1916—2006），美国诗人，政治思想家和历史学教授。——译注

个不断发展的社会中持续挣扎向顶层攀升。根本不存在社会认可的传统精英，更别说政治认可的传统精英了。也没有传统可以围绕这一精英进行异想天开地阐述。此外，无论传统是什么，它都不能被人凭空创造出来；只有当它存在时，人们才能维护它。当下，没有不被打破的传统这一魔法或可以使现代社会稳定地建立在其基础之上。因此，伟大不能与单纯持续的时间相混淆，价值观的角逐也不能与耐力竞赛相混淆。

三

但保守主义氛围浓厚，几乎和无处不在的自由主义言论一样强大，并且有一种方法可以满足双方。一方拒绝承认和面对高层现状，另一方拒绝想象一个更站得住脚的高层。一方干脆否认任何精英甚至任何上层阶级的存在，或至少坚信即使精英存在，他们并不真的是美国生活方式的一部分。如果坚持这一看法，那么就可以沉迷于保守主义氛围中，而不必与现实中的精英或任何虚构的贵族交往。

当他们书写上层阶级的时候，新自由主义的保守人士常常把他们一厢情愿的概念与现实混为一谈。他们要么把精英遣送回过去，要么将现代精英的要素多样化。在 19 世纪，展望未来的自由主义者把精英划归为过去的产物；在 20 世纪，在持续的现代重压下，他们认为精英的多元化使其达到了没有权力和影响的地步[①]。就权力而言，没有人说了算；让我们回到代议制政府官方和正式的概念上。就财富和高收入而言，这也并不具有决定性影响，尽管确实影响到了社会的大氛围。而且在现代的美国，每个人都很富有。这一谈不上严肃的自由

① 我已经描述和分析了这种浪漫的多元主义。参见第十一章：平衡理论。

主义是现代保守主义氛围的神经中枢。

也许就保守主义氛围的起因和影响因素来说，没有什么比美国自由主义流行的说辞、知识分子和政治崩溃更为重要的了。显而易见，1930年代“大行其道”的自由主义失去了它在战后时期政治上的主动权。在这个时代的经济繁荣和军事恐怖的背景下，身处权力中层的一小群政治元老利用美国国内新的恐慌情绪，掏空了国内政治的理性部分，大大地降低了公共辨别力。他们攻击新政，试图改写这些部门的历史，并质疑那些参与者的传记。这些政治元老所做的这一切清楚地揭示了，他们对不满社会地位现状的新兴阶层的吸引力，新兴阶层在“二战”期间及战后取得了可观财富，但没有获得他们认为应得的特权和权力①。

比起经济水平低的人群，右翼更能吸引对现状不满的人群。他们通过攻击体制特权的代表、人员和机构达到这一目的。[7]在起初的努力下，他们几乎成功摧毁了传统上层阶级的一个内部堡垒——外交部，在一个运动高潮中，领导成员训斥了一名将军，使全国公众见证了陆军参谋长在与籍籍无名的虚无主义者的公开争吵中被羞辱。同时，这位陆军参谋长也来自一个传统的财团家族。

他们引起了对国家忠诚的一个新概念的广泛关注，即对单独的团体的忠诚，这些团体把自己置于凌驾于确立的国家合法性之上的位置，并鼓励其人员同样效忠于团体。他们明确指出了秘密警察和秘密调查在政府的中心位置已经达到了一种程度——观察家会切合实际地谈到，影子内阁在相当大的程度上建立在权力的新手段之上，包括电话窃听、私家侦探、勒索和威胁。他们添油加醋地指出一代人在持续不断、越来越多的大众娱乐消遣方式简单化的影响下，人群的辨别力下降了。他们让上层社会和中产阶层的精英的道德败坏和盲目愚昧进入公众的视野。他们揭示了一个腐朽和恐惧的自由主义在政治暴徒随时可能爆发的无情的暴怒下无力捍卫自己。

---

① 参见第二章：当地社会。

1930 年代的自由主义坐在其战后听审中，自由主义者不时会意识到他们曾多么接近盲目的边缘。确立的资产阶级社会的地位体系遭到了袭击，但由于在美国地位体系不受过去的束缚，并且曾经的自由主义者和左翼们也看不见未来这一体系的发展，所以他们非常害怕恶意攻击，他们的政治生活也缩小到防守的焦虑边缘。

战后自由主义已经出现了缺乏组织的情况：战前掌权的自由主义使独立的自由主义团体渐趋衰落、基层大伤元气、过去的领导者依赖联邦中心，没能举国栽培新领袖。新政没有留下任何能够继续开展自由主义项目的自由主义组织；新政没能促成一个焕然一新的政党，而是一个旧体制下的松散联盟，就自由主义思想来说很快就分崩离析了。此外，新政榨干了自由主义的思想遗产——通过把思想遗产写进法律使其变得平淡无奇；新政把自由主义变成了一套进行防御的行政常规，而不是作战程序。[8]

战后自由主义者在道德恐慌下不曾维护过任何左翼，甚至任何激进自由主义的立场：他们的防守姿态首先使他们大肆颂扬“公民自由”，相比之下，苏联缺少这一自由。事实上，许多人一直忙于赞美公民自由而导致他们没有多少时间来捍卫这一自由；更重要的是，大多数人一直忙于捍卫公民自由，他们既没有时间也不愿意使用这一自由。在 1940 年代末阿奇博尔德 · 麦克利什[①]曾说过，“过去，自由是你使用的东西……（它）现在已经成了你保存的东西——像其他财产一样被收好保护起来的东西，像存放在银行的房契或债券一样。”[9]

比起捍卫公民自由，颂扬这一自由更安全；比起以有政治影响的方式行使公民自由，把这一自由看作正式权利进行捍卫更安全。即使是那些最乐意颠覆这一自由的人，通常也会借由公民自由的名义实行颠覆。比起现在拥有自己的

---

① 阿奇博尔德 · 麦克利什（Archibald MacLeish，1892—1982），美国诗人，作家。——译注

意愿并且是强势的意愿，捍卫多年来使用的权利仍然更轻而易举。捍卫公民自由甚至十多年前捍卫这一自由的实践成为许多自由主义学者和曾经左翼学者非常关心的问题。这一切都是将知识分子的思考从政治反思和需求上转移开来的保险方式。

同时，战后自由主义者的防守姿态将他们卷入了精英和平民对当今美国在世界上的地位感到不安的焦虑中心。这些不安感的根源，不仅是国际局势紧张和除了另一场战争外没有其他选项的可怕、无助的感觉。还有一个许多美国人都很关心的、特殊的烦恼。在以民族为基础的全面的文化影响力竞争中，现代美国与其他国家联系紧密，特别是苏联。在这一竞争中，争论点是美国的音乐、文学、艺术和比通常给出的字面意义更深刻的美国的生活方式。美国的经济、军事和政治力量远远超过美国文化的魅力。美国在海外拥有的是权力，在国内或国外都没有的是文化影响力。这一事实使许多自由主义者开启了全新的美国颂歌，[10]这不仅取决于他们认识到在民族主义上需要捍卫自己，对抗过于关注琐事的右翼，而且也取决于维护美国文化在海外影响力的迫切要求。

战后自由主义者的防守姿态和组织上的困厄，不是导致美国自由主义在权贵中变得无关痛痒的全部原因。在过去的半个世纪里，自由主义经历了道德和智力上的严重衰退。作为理想典范，经典自由主义——如同经典社会主义，一直是西方社会世俗传统的一部分。但作为一种说辞，自由主义的关键词成了政治词汇的共同点；在这一说辞的胜利中，许多分歧大的观点都以相同的自由主义词汇传达和辩护，自由主义作为阐明问题和陈述政策的方式已经不再有效。

美国生活的大范围和多样性不包括大范围和多样的政治表达，更不包括政治上的其他选择。美国政治说辞中，所有利益代言人的相似性远远超过他们的不同。虽然人们只注意到了自由主义者的自由主义说辞，但所有利益代言人都使用了自由主义的说辞。对于美国本质上是一个进步甚至激进的国家的刻板认识，只在其科技领域①和出乎意料的娱乐产业说得通。美国科技、娱乐产业的创新性和革命性催生了具有美国特色的生动的娱乐方式。在国内外，这两个生活的表层方面常常被误解为美国的创新和进步，而事实是：美国是一个没有任何保守意识形态的保守国家，其政治生活思想懈怠致使其运用自由主义言论也能蒙混过关。

如果说，自由主义作为一种说辞已经成了所有政治立场的掩饰，作为一个社会理论它已无关紧要，它的祈使语气是一种误导。自由主义作为现代社会变革机制的理论，无法通过修正摆脱 19 世纪为其打上的标志。自由主义作为一种社会理论，建立在一个社会自动平衡的概念上。[11]

现在，社会大平衡的概念及其各种形式是普遍对于公共事务的常识性认识，它也是学院派社会科学家持有的权力理论，是自由派知识分子支持的保守主义情绪的休憩之所。这种情绪不能被解读为经典保守主义——它不能依存于前资本主义社会，更不能依存于前工业社会；在权力的合法性来自公认的贵族解释的传统的社会中，它不存在。

保守情绪作为知识分子的表达，仅仅是 20 世纪这个完全不古典的时代对经典自由主义的改写；它是一个权威被最小化的社会，因为它由举足轻重的市场自主力量所引导。经典保守主义的“天意”成了自由主义对市场的“看不见的手”的概括。因为在世俗的伪装中，天意指一种信仰，即许多有模式可循的意志会达到意想不到的结果，应该允许这种模式顺其自然地发展。因此，可以说没有精英，没有统治阶级，也没有需要保护的权力中心。人们没有通过美化的方式描绘精英，以证明其权力的合理性，恰恰相反，他们认为任何人、阶级、组织都不拥有任何真正影响重大的权力。因此，美国的自由主义随时随地支持

① 我的意思并不是说美国在科技创新方面处于领先地位；事实上，总的来说，我认为美国的产品在设计和质量上无法与德国和英国媲美。

保守主义情绪的存在。事实上，正是由于这种自由主义的言论和观点，权力和财富精英才觉得明确的保守主义意识形态没有必要。

四

浪漫多元主义①对向往保守主义的人来说，最大的吸引力在于它剔除了对表面上负责公共事务的人权力合法性的证明。如果他们都处于平衡中，他们中的每个人都真的很无能，那么没有高层和可管理的制度安排可以为我们时代的事件和决策负责。因此，所有严肃的政治活动都是一种错觉，明智的人可能会饶有兴味地观察，但基于道义肯定不允许自己参与其中。

这是当代保守主义情绪的政治意义；归根结底，它是一种不负责任的自负。令人费解的是，这一保守主义情绪并非是和怀旧之情相关联的势利态度，恰恰相反，它总是和最新趋势联系在一起，也就是说它不是基于传统而是基于流行风尚的势利态度。[12]参与其中的人并非为国家考虑，甚至想的不是国家，他们在思考自身、为自己考虑。在自主选择的小圈子里，他们肯定彼此的心情，从而变得势利和封闭，脱离制定决策的主流和权力现实。

因此完全可以这样假设，保守主义情绪是物质富足时期衣食无忧的作家玩弄的小玩意儿。这肯定不是旨在找到一个连贯的世界观，即我们生活其中、作为政治人，不管是保守派、自由派还是激进派，可能对其提出要求的世界。无论是知识界还是信仰自由主义的公众，都没能为书写我们时代历史的事件和冲突、决策和政策提供条件。事实上，自由主义言论和保守主义情绪的结合混淆了严肃事件，在没有形成思想的情况下推动了历史发展。这种情绪和说辞的盛

① 参见上面第十一章：平衡理论。

行意味着广义上的思想很大程度上已与政治不沾边，这一情况显而易见。在战后的美国，思想脱离了现实。

当然，比起行政部门的自由主义者保留的权力，狭隘的保守主义者赢得了更少的政治权力。虽然这两个阵营在权力中层进行着冗长的斗争，在高层，沉默世故的保守派掌管着政治权力。因此，自由主义者和曾经的左倾势力在与聒噪的右翼的纠葛中，实际上捍卫了这些既定的保守主义者的地位，即使他们已经耗神于自己左倾历史的内心冲突，失去了对来自狭隘右翼无耻指责的任何一点有效的防御。企业、军队和政府精英在政治、经济和军事上都受益于狭隘右派的愚蠢行为，这些右派常在不知不觉中成了精英在政治上的突击队。

正是在这一物质繁荣的背景下，煽动民心的右翼为公众理性设立了基调；老于世故的保守派默默地掌控既定权力，取得了无可争辩的胜利；1930 年代，自由主义思想公之于众，现在被格格不入地盗用、平庸化了；经过三十年的说辞上的胜利，自由主义的希望被小心翼翼地调整为单纯的修辞；经过三十年的失败，激进主义受挫，激进主义的希望在攻击下破灭；正是在这种背景下，保守主义情绪开始在细心的学者中蔓延。在他们中间没有需求和异议，他们没有反对未经过深入或广泛讨论的可怕决定，事实上根本没有讨论。他们没有反对不民主、无耻的方式，而军方高层和民事部门的决策成为既定事实。他们没有反对各种形式的公众的愚昧盲目或加剧公众愚昧盲目的势力和人。但最重要的是学者中很少或没有人反对知识脱离权力、理智脱离掌权的人、思想脱离现实[①]。因此，当代的掌握权力的人能够在没有任何意识形态的幌子下进行统治，政治决策的制定没有得益于政治讨论或政治观点，美国的上层社会成了美国制度有组织的不负责的体现。

---

① 参见下面第十五章：高层腐败。

五

不能认为现在仍然存在的少量又渺小的公众，甚至美国大众和知识分子持一样的保守态度。也不能说他们对美国精英有充分的认识。美国精英的形象令人捉摸不透，他们主要是在地位和财富上的精英而非权力精英，他们在无关紧要的政治上是相当道德的。

对位高权重者的道德存疑是美国一直以来的传统。有时，例如在 1930 年代，被质疑的主要是企业富豪——那时被称为经济保皇党；有时，在几场战争期间，被质疑的是海陆军将领；政客至少在某种程度上一直都是在道德上备受质疑的对象。

当然，必须忽略美好的谎言和对竞选时华丽空洞演讲词的简单指控。而且，一直将关注点集中在商业贪腐上，政府对公众、道德和居高位者的个人诚信表达了广泛关切，表明几乎在美国生活的每个领域都隐含着潜在担忧。

这些领域包括军事、政治和直接的经济机构，包括作为这些机构负责人的精英，以及个体精英。许多被揭露出来的小事情能引发对这些人的道德质疑，表明公共不道德行为可能已经十分普遍①。

① 几年前，在西点军校——美国军界高层生活的中心——一些仔细挑选出来的年轻人被发现在考试中作弊。在一些其他的高等院校里，学生打假球，用不诚实的方式赌球。在纽约市，正在度假的企业行政官们从负责采购业务的富豪家庭的花花公子手中以数百美元的价格买下名门望族的妙龄女孩。在华盛顿以及其他主要城市，上流阶层人士收受贿赂让其他人加入上流阶层。1954 年 9 月，约有 1400 例占用公款大发横财的情况；投资和承建联邦住房管理局的租赁房屋的企业获得的贷款超过了工程总成本，这些企业将数亿万美元的差额占为己有。[13] 政府官员、企业承包商和排队女孩——三个 400 美元——为钓鱼之旅买单也是运作程序的一部分。当然，在命运之战中，任何有专业知识和良好人脉的人都可以在黑市获得他们在乎的一切。在最近的总统大选中，公众的不信任到达了令人惊奇的程度，当每一个杰出的总统候选人摆出了所未有的姿势，都认为有必要公开他的私人收入情况。

上流阶层的何种因素是这些不道德还没有触及的？或许，所有这些情况都可以简单地归于公众注意力是微不足道的，或者，至少公众注意力已捕捉到的是微不足道的。但是，还有一种感觉：你的权力越大，被公众注意力捕捉到的可能性就越小，所有琐碎的小事似乎都在表明更加严重的问题。于是，他们组织有序，现在更深地扎根于美国生活方式的中高层。但是，在大众分散注意力的情况下，这种感觉会迅速消失不见。对美国位高权重者的质疑是无需原则、

（接上页）在非法企业中盛行高收益的短期小额投资。在繁荣的城市，许多这种企业十分兴旺，后朝鲜时期的犯罪行为激增。世界银行成立组织打击私吞公款行为的激增："坦率地说，"《纽约时报》报道称，"更多的人从银行偷走更多的钱。"[14]吸毒、打劫、私吞公款、造假、骗税和商店行窃——所有这些活动都能获得巨额的黑色收入。

坦白说，如果犯罪像企业一样有良好的组织基础，就会获得巨额收益。现在，我们知道美国匪徒是在全国范围内活动的专业人士，彼此之间联合组织在一起，与当地政府也有勾结。现在非法生意成为组织有序的行业，更重要的是，1920 年代的"劫匪"在三四十年代成了旅馆、酿酒厂、度假村和运输公司的老板。这些成功人士中有人有犯罪前科，只是你不知道具体是谁。[15]

黑社会有组织的犯罪急剧增加，掠夺性成功成了个人主义哲学，对公共繁荣漠不关心，对利益的追逐和对放任性政府的支持到了狂热的地步。作为美国文化的一部分，"黑社会满足对非法商品和服务的需求，然而，地位尊贵的人却对这些商品和服务的需求量巨大……这是暗含在我们经济、政治、法律和社会组织中的……从这个意义上来说，存在这类罪犯是罪有应得。[16]

哈罗德 · G. 霍夫曼（Harold G. Hoffman）是新泽西州的银行家，他通过非法手段获得了该职位。他成为市长、国会议员和新泽西州的州长；在 1954 年，他过世以后，才发现他在十多年的时间里，贪污了 30 万美元的州立基金，除此之外，在新泽西州从政期间道德腐败，深陷声誉良好的银行、保险公司和位居高位的个人组成的腐败网络。陆军营地服务商店将貂皮大衣、昂贵的珠宝等非军事物资以低于零售价的价格进行出售。慈善机构被揭露出为了私人利益从事非法勾当。1954 年 2 月，有 18 个人和 7 家企业被指控在多余的船舶交易中欺诈政府。其中，朱利叶斯 · C. 霍姆斯（Julius C. Holmes）是前美国驻伦敦大使馆的部长、国务卿的特别助理，当地工会领导人损公利己，敲诈、勒索、贿赂、侵吞工会福利基金，无所不为。私立医院中地位尊贵的管理者以 9.83 美元的价格分批批发阿司匹林，然后以 600 美元的价格卖给患者。1954 年 3 月，罗德里克 · 艾伦（Roderick Allen）少将用 1200 美元的部队资金为他的西伯利亚哈士奇犬建造狗舍。除了读报以外，那些阅读商业手册的人都知道，截至 1954 年，共约 214 位在 1940 年代中期供职于税收部门的职员被起诉，有 100 位被定罪——包括联邦政府税务局局长。[17]纵观全国，中上阶层和上流阶层的逃税者把每一次征税都当成是参与一场靠机智的谎言和巧妙的欺骗获胜的游戏。对高层的揭露在 1954 年春天达到了高潮，当时，陆军部部长和他的助理与一位参议员极其助理勾结：我们之前提到过，麦卡锡部队的听证会使麦卡锡被免职，以及许多参议员身败名裂。撕下了所有这些官员的面具，上层的两组贪腐行为展示了道德腐败的典型案例，针对他们的大量控告都属实。

无需政治焦点的，是由于一系列或多或少大众期待的被披露的真相而感到的不信任。腐败和不道德，无论微不足道还是至关重要，都是关于上层的事实，也是关于许多上层成员特征的事实。但现在美国社会不道德的声音涉及在面对这些问题时缺乏公共辨别力。对道德实实在在的愤慨不是由我们时代公共生活的腐败引起的，旧中产阶级的道德行为被美国的高层腐败取代了。

1890 年代不断发展的财阀和腐败机器的公众形象，被 1920 年代没有修养的土包子和外乡人所取代，接着，后者又被 1930 年代的经济保皇派和他们的同党所取代。所有这些都是负面形象；通过愤慨的乡村道德透镜看到第一代城里人的贪婪；城市阶层的道德原则被大城市的方式所取代，可以看出第二代盲目的自满、庸俗作风；旧财阀的第三代，没有前两代清楚，变得更有条理和客观。

但是，1940 和 1950 年代的企业富豪，在经济和政治方面——没有他们那种模式化的概念；他们在嘲笑中被接受，甚至被大众社会成员默默地崇拜着。企业富豪和政治局外人没有形成负面的墨守成规的形象；如果突然出现一两个受欢迎的形象，他们很快就会被远见卓识、精力充沛和形象良好的美国行政官取代。

考虑到大众社会的现状，我们不应该再有任何期待。大部分成员的注意力都集中在身份地位、对微不足道的不道德行为的揭露和马基雅维利主义式的小人物在政治暴乱中的覆灭上。如果知识界没有如此保守的心态、如此理所当然的胆怯，没有那么全神贯注于许多成员的新贵风度，也许情况会有所不同。但是，考虑到大众社会和知识界的现状，我们可以轻易理解，为什么美国的权力精英没有也不需要意识形态，为什么它的规则是赤裸裸的观念，它的操控没有任何正当的理由。位高权重者的这种无知正是我们时代真正的高层腐败。因为，这种无知导致有组织的不负责任，这是美国企业权力体系最重要的特征。

注释：

[1] Karl Mannheim, *Essays on Sociology and Social Psychology* (Edited and translated by Paul Kecskemeti)(New York: Oxford University Press, 1953), Chapter II: "Conservative Thought," pp. 74 ff.

[2] 参见 Russell Kirk, *The Conservative Mind* (Chicago: Henry Regnery, 1953), 尤其是第一章。关于对柯克的深入讨论，参见 Mills, "The Conservative Mood," *Dissent*, Winter 1954。关于美国的保守主义，参见 *Clinton Rossiter* (New York: Knopf, 1955).

[3] Mills, *The New Men of Power: America's Labor Leaders* (New York: Harcourt, Brace, 1948), chap.6: "The Liberal Rhetoric," pp. III ff.

[4] Kenneth S. Lynn, *The Dream of Success* (Boston: Little, Brown, 1955), p. 216.

[5] 参议员塔夫脱生前被问到是否阅读了罗素·柯克的书时，他回答说自己没有太多时间看书。参见 "Robert Taft's Congress" 和 "Who Dares to Be a Conservative?" *Fortune*, August 1953, pp. 95, 136.

[6] Peter Viereck, *Conservatism Revisited* (New York: Scribner's, 1950); Jose Ortega y Gasset, *The Revolt of the Masses*, 1932 (New York: New American Library, 1950).

[7] 尽管对"麦卡锡主义"的解释被广泛刊登出来，因为它扎根于令人不满的地位中，保罗·斯威齐（Paul Sweezy）和利奥·胡贝尔曼（Leo Huberman）的原创文章对其做了最直接的描述："The Roots and Prospects of McCarthyism," *Monthly Review*, January 1954。也参见彼得·菲尔埃克的文章，例 如"Old Slums plus New Rich: The Alliance Against the Elite" 和 "The Impieties of Progress," *The New Leader*, 24 January and 31 January 1955。更加深入的陈述，参见 Richard Hofstadter, "The Pseudo-Conservative Revolt," *The American Scholar*, Winter 1954-55。关于中产阶级地位的主题，参见 Mills, *White Collar*, chap.11: "The Status Panic,"（New York: Oxford University Press, 1951）.

[8] 参见罗伯特·本迪纳的著名文章, "The Liberals' Political Road Back," *Commentary*, May 1953, pp. 431 ff.

[9] Archibald MacLeish, "Conquest of America," *The Atlantic Monthly*, August 1949.

[10] "美国颂歌" 存在令人尴尬的例子。不幸的是，他们中没有人真正值得仔细检查：我记忆中的这些事可能是清楚的，务必参见 Jacques Barzun, *God's Country and Mine* (Boston: Little, Brown, 1954)。另一个更质朴的例子，参见 Daniel J. Boorstin, *The Genius of American Politics* (Chicago: University of Chicago Press, 1953); 一些分散的名人，参见 *America and The Intellectuals* (New York: Partisan Review Series, Number Four, 1953).

[11] Mills, "Liberal Values in the Modern World," *Anvil and Student Partisan*, Winter 1952.

[12] 关于对大卫·理斯曼和他工作的最终审查，参见 Elizabeth Hardwick, "Riesman Considered,"

Partisan Review, September-October, 1954, pp. 548 ff.

[13] *Business Week*, 18 September 1954, p. 32; 和 *Time*, 12 July 1954, pp. 80-81.

[14] *The New York Times*, 7 December 1952, p. 3F.

[15] 关于大时代的非法企业，参见 1950 年凯弗维尔的各个听证会报告，尤其是 Third Interim Report of the Special Committee to Investigate Organized Crime in Interstate Commerce, 82nd Congress, 1st Session, Report 307.

[16] Alfred R. Lindesmith, "Organized Crime," *Annals of the American Academy of Political and Social Science*, September 1941，由伦纳德·布鲁姆（Leonard Broom）和菲利普·塞尔兹尼克（Philip Selznick）改编和删减，*Sociology*: *A Text with Adapted Readings* (Evanston, Illinois and White Plains, New York: Row, Peterson, 1955), p. 631.

[17] 以上所有内容参见: *Time*, 28 June 1954, pp. 21-2; *The New York Times*, 19 September 1954, pp. 1, 8; 参考文献同上 20 February 1954, pp. 1, 15; 同上 24 February 1954, pp. 1, 15; *Time*, 3 March 1952; *Look*, 9 March 1954, pp. 38 ff; *The New York Times*, 12 February 1954, pp. 1, 17; 同上 16 March 1954; *Time*, 12 July 1954, p. 24 和 *The New York Times*, 26 June 1954, p. 1, 30 June 1954, pp. 1, 28.

第十五章

高层腐败

高层腐败既不能局限于政治领域，也不能只理解为根基稳固的机构中的人员贪腐问题。政治腐败只是宏观腐败概念下的一个方面；普遍存在的道德敏感不仅仅是人员腐败的问题。[1] 高层腐败是美国精英呈现出的一个系统性特征，对它的接受是大众社会的重要特征。

当然，实力雄厚的机构中可能真的存在腐败情况，但是，当机构存在腐败，许多在机构中工作和生活的人必然也存在腐败。在企业时代，经济关系是客观的——行政官的个人责任感降低。在企业圈中，商业、发动战争和政治事务中，个人良知是匮乏的——高层腐败已成惯例。它不仅仅是企业、军队和国家中管理腐败的问题，也是身为资产阶级的企业富豪与美国政治紧密交织的一个特征。从这一点来看，例如，野心勃勃的年轻政客募集竞选资金时，面临的最重要的问题，不在于他们是否是无良无德之人，而在于如果这些步步高升的年轻政客是高风亮节之士，他们是否能够在美国政界取得现在的成就。“白领犯罪”、公众道德下滑、代价高昂的罪恶行径和个人诚信下降等许多问题都是结构性道德败坏的问题，而不是许多人模糊地认为的是恶劣环境下性格扭曲的小角色的问题。高层腐败的新闻一出，人们就会说：“好了，今天又有一个人被捕了。”暗示着这不是一件偶发的新鲜事，而是象征着一个普遍情况。有可靠证据证明人们是对的。但是，所有象征性案例的根本原因是什么？

一

我们这个时代的道德不安，导致关于正直的旧价值观和准则既不再受用于企业时代的男男女女，也没有被新的价值观和准则所取代，后者或许可以将道德内涵和惩罚引进现在人们必须遵循的企业常规中。不是大众已经明确反对已经形成的准则；只是对于很多人来说，这些准则已经变得空洞无力。现在没有大家认同的道德条款，但是也没有任何反对的道德条款。作为个人，公众的道德防线脆弱不堪，作为群体，他们对政治漠不关心。这是普遍缺乏责任感的表现，也正是言及“公众”道德意识模糊时的内涵所在。

但是，毫无疑问，不仅“公众”在这方面道德观念模糊。“华盛顿官员的悲剧，”詹姆斯·赖斯顿①曾评论称，“是常常对以前的政治习惯和过时的机构遗留下的问题感到烦恼，这些机构得以建立的传统信仰基础已不再能让它生机勃勃。它与不好的事情缠绕在一起，失去了永恒。它承认信仰，却不再相信信仰。它还记得古老的歌词，但已忘了旋律。它加入了一场意识形态的战争，却无法阐释自己的意识形态。它谴责无神论敌人的物质主义，却赞美自己的物质主义。”[2]

在经济和政治机构中，企业富豪现在拥有巨大的权力，但他们的权力所凌驾的对象从未给予他们道德认同。在过去的两代中，兴起了企业、农业集团、工会和政府代理机构，它们所有赤裸裸的利益和未受认可的新权力都打上了口号，披上了富含道德的外衣。那么，什么不是以公众利益的名义达成的？因为那些口号已经过时，所以又精心制作出新的口号，到了一定的时机新的口号又会再次变得平庸。反复发生的经济和军事危机始终在散布恐惧、疑虑和焦虑，造成新的紧急情况，需要迅速寻找道德合理性和冠冕堂皇的理由。

① 詹姆斯·赖斯顿（James Reston，1909—1995），美国新闻记者，曾供职于《纽约时报》。——译注

“危机”属于破产术语，是由许多身居高位的人为了掩饰他们非同寻常的政策和行为而引发的；事实上，缺乏危机正是高层腐败的一个重要特征。在真正发生危机的情况下，广大群众会面临真正的选择，就道德的含义进行公开辩论。高层腐败是对已有价值观的削弱，不负责任的组织没有涉及任何公共危机中；相反，它们越来越置身事外，默默地空洞化。

高层的主流形象就是精英作为名流的形象。在讨论职业名流时，我曾提到机构化的权力精英并没有垄断国家赞誉的焦点，而是与世界名流中无所事事或风情万种的人一起共享，使人眼花缭乱看不清他们真正的权力。媒体的关注和赞美程度一直以来主要取决于职业名流，而不是权力精英。所有精英的社会能见度被身份的吸引力削弱，或者在可能的情况下通过娱乐、消遣甚至恶作剧的名流，公众才能关注到他们。

没有任何坚定信仰的道德秩序，使大众愈发沦为名流圈操控和迷惑的对象。在适当的时机，牵制大众的吸引力、准则和价值观的调整会导致猜疑和愤世嫉俗，形成一种唯利是图的马基雅维利主义。因此，精英能间接享受企业富豪的特权、名流的夜生活和巨富们喜忧参半的生活。

尽管如此，仍然有一种古老的美国价值没有出现明显下滑：金钱的价值以及金钱能够买到的事物的价值——即使是在通货膨胀时期，这些价值都像不锈钢一样恒久不变。“我富有过，也贫穷过，”苏菲·塔克①说过，“相信我，富有是最好的。”[3] 随着许多其他的价值都在缩水，美国人现在面临的问题不是“有什么是用智慧赚来的金钱所不能买到的吗？”而是，“有多少钱不能买到的东西比钱能买到的东西更有价值、更加让人渴求？”

无论何时，富有的生活标准都在盛行，无论富人是以何种方式获得的财富，最终都会受到尊重。一百万美元包含了众多罪恶。不只是人们需要金钱，人们

---

① 苏菲·塔克（Sophie Tucker，1886—1966），美国歌手，演员。——译注

的生活标准也需要钱。在财富创造者没有强烈的名誉竞争的社会，“实用”一词表示对个人利益有帮助，“常识”是指在经济上取得成功的意识。对富有生活的追求是最高价值，其他价值的影响力都随之下降，于是，人们很容易变得无情无德，追求不义之财、追求迅速功成名就。

大量的美国腐败——尽管不是所有的都是如此——仅仅是因为以前为了致富和更加富有而导致的。但是，在现在的环境下，旧的驱动力和运作方式已经发生变化。曾经经济和政治机构是小而分散的——就像缩小版的古典经济和杰斐逊式的民主模式——没有人有权力给予或获得巨大的利益。但当政治机构和经济机遇集中联系在一起时，那么就可以利用公共机构谋取私利。

政府机构并不比商业公司包含更多的腐败行为。只有当经济人士愿意接受时，政治人士才可以给予经济利益（财政支持）。只有当政治机构能够给予政治利益时，经济人士才能谋求到政治利益。诚然，媒体的聚光灯更多是在捕捉公务员的交易行为，因为媒体有理由这样做。公众对公务员的期望越高，就越容易对他们感到失望。商人理应为自己谋福利，如果他们安全滑过法律的薄冰，美国人通常会尊重他们，因为他们成功了。但是，在像美国一样如此推崇商业的文明社会里，商业规则渗透到了政府中——尤其是当大量的商人加入政坛时。有多少行政官会真的致力于颁布一项法律，要求专业会计仔细核对所有行政合同和“开支账目”？高昂的所得税率导致大型企业和高层员工勾结。有许多别出心裁的方式可以躲避税法，正如我们所知道的，许多富人的消费标准由复杂的开支账目决定，而不是由税后纯收入决定。例如禁酒令、所得税和战时规章的颁布都没有得到公司惯例的支持。欺骗他们是不合法的，但是可以巧妙地避开法律。没有道德传统支持的法律会招致犯罪，但更重要的是，这会使急功近利的行为激增，使道德良知锐减。

一个中层和高层广泛流行欺诈网络的社会不会培育心怀道德感的人，一个追求急功近利的社会不会培育出充满良知的人。一个把“成功”的含义仅仅局限于巨额财富、并谴责失败为罪恶之首、把金钱的地位提升到绝对价值的社会，只会催生出欺诈的操纵者和黑幕交易。在这样一个社会，见利忘义、自私自利的人会受到庇佑，只有他们具备成功的必备要素。

二

在企业界、政治高层以及日益崛起的军队中，统治集团和权力机器的首脑不仅是人们眼中的成功者，也是掌握成功特权的人。他们向个人解释成功的标准，并运用这些标准衡量个人。那些职位仅次于他们的人通常是他们小圈子里或客户中的一员，像他们一样心智健全。但等级之间的关系错综复杂，每个小圈子里都有人忠诚于其他集团。有个人的忠诚以及官方的忠诚，以及主观和客观的晋升标准。当我们追溯各种高层圈子中每个成员的职业生涯，我们也是在追溯他的忠诚历史，因为从他们身处高层的成功条件看来，高层圈子最首要、最重要的事实是建立在毛遂自荐的基础上的。关于这些成功的统治集团的第二个事实是，它们没有一个单一的结构，它们是一群复杂的、通常相互联系又相互敌对的集团。我们必须认识到的第三个事实是，在任何一个这样的世界里，成功的年轻人会试图与那些能够使其成功的人扯上关系。

因此，承载着迷恋成功的美国文学中的务实抱负，对于“如何成功”给出的建议经历了显著的转变。意志力、诚信和品德崇高的审慎的个人美德，拒绝想要凭借身体上位的女性，不沾烟酒，19 世纪后半叶的这一成功概念已经让位于“最重要的一个因素，即行得通的个性”，这种个性要求“通过魅力吸引关注”和“充满自信”。在这种“新的生活方式中”，你必须经常微笑，做一个善于聆听的人，为他人着想，让对方感到自己的价值，同时必须保持真诚。简而言之，人际关系已经成了“公共关系”的一部分；为了在企业生活[4]中获得个人成功这唯一的目的，要先在这个人人都张扬自我的世界里牺牲个性。卓越的功绩和努力工作让这种牺牲变得完全合理，但这种牺牲是在集团任命之上，通常建立在极其不同的基础之上。因此精英野心家们必须不断地说服别人和自己：他与现实中的自己是相反的两个人。

美国上层人士自豪地宣称，他们的成员完全是靠自己的奋斗获得成功的。这是他们的自我形象和广为宣传的神话。对此的普遍证明基于轶事，而学术证明应该基于统计惯例，它表明不同比例的高层人士来自低层家庭。我们已经看过了由晋升人士组成的精英圈子的比例。但比起高层圈子中来自低收入家庭的比例，更重要的是进入这些圈子的标准和达到了这些标准的人是谁的问题。我们不能以向上的流动性断定一个人拥有更优秀的品格。即使把现在普遍持有的粗略数据颠倒一下：90% 的精英来自低收入家庭，但是精英的任命标准保持不变，我们仍然不能从流动性断定一个人的高品格。只有当高层职位的标准是品质，并且只有当他们以纯粹企业家精神的方式用在自己身上，我们才能把品质引入任何流动性的统计数据。认为白手起家的人在某种程度上是“好”的，由家庭成就的人不好的看法，只有当一个人事业独立、身为一名靠自己的企业家的时候才有道德意义。当在晋升由考核控制的、要求严格的官僚体系中，这一看法也有意义。而在企业任命体制中，这一看法毫无意义。

就心理学事实来讲，靠自己奋斗而取得成功的人不存在。没有人能自我成就，更别说美国精英了。在公司的等级世界里，上司根据他们的标准提拔下级。我们已经看到了美国企业界的现行标准。为了适应这些社会上大肆盛行的人人重视的标准，人们改变了自己。如果不存在自我成就的人，那么就存在自我利用的人，美国精英中这样的人大有人在。

在这种成功条件下，白手起家成为富人不算美德。只有在致富的途径中需要美德或通向美德时，个人致富才意味着美德。在上级任命的体制中，相比于揭示那些负责挑选成功者的原则，你出身富有或贫穷，在揭示你是一个怎样的人方面是无关紧要的。

在统治阶层下，足够多的人意识到了这一切，致使人们不满于优秀的品质和阶层流动性、美德和成功之间缺少联系。这是一种关于成功的不道德感，“这一切都只是另一个勾当”和“你知道什么不重要，你有关系才重要”这类盛行的观点揭示了这种不道德感。相当多的人已经接受了通过不道德的行为获得成功这一现行事实。

成功的不道德感致使一些观察家们走向了学院派，社会科学拐弯抹角地设立的行业人际关系的意识形态；[5]还有一些人通过新宣传寻找心灵的慰藉：顺从、心灵平静，这在一些默默无闻的圈子中取代了旧宣传——狂热的抱负、成功学。但是不管个别的反应，成功的不道德感往往会渗透到公众理性中我们称为更高的不道德之中。白手起家的传统形象受损，没有其他成功的形象能取代其曾经前程似锦的地位。成功作为美国的完美模范，已经沦为高层腐败的典型特征。

三

美国精英的道德不信任以及有组织的不负责任的事实源于高层腐败，而且也取决于对高层愚昧的模糊态度。曾经在美国，管理公共事务的人也是理性的人：在相当程度上权力精英和文化精英是重合的，当他们不重合时，他们的圈子往往相互重合。在博学和有行动力的公众中，知识和权力有实实在在的联系；而且不只如此，这一公众决定了很多需要决定的事务。

詹姆斯·赖斯顿曾写道：“没有什么比阅读1830年关于希腊和土耳其争取独立的众议院辩论和1947年国会的希腊和土耳其辩论更引人深思。前一个辩论庄重有力，论证从原理、说明到结论；后者是枯燥无味的争论，充满细枝末节和糟糕的历史。”[6] 1783 年，乔治・华盛顿阅读伏尔泰的书信和洛克的人类理论来放松消遣；而艾森豪威尔读的是牛仔故事和侦探小说。[7] 对于像现在这样通常会进入政治、经济和军事高层的人来说，简报和备忘录似乎不仅取代了严肃书籍，也取代了报纸。鉴于成功的不道德，这也许是必然会发生的，但多少令人不安的是，他们的水平无法获得成功，他们会对无教养的消遣方式和智力水平低下感到羞愧，任何自学成才的公众无法通过地位的反应来使自己拥有这种不安的感觉。

到了 20 世纪中叶，美国精英已经成为一群完全不同的人，远非那些可以以任何合理的理由被认为是文化精英的人，甚至是理性的人。在统治阶层，知识和权力并没有真正地统一；当知识分子与统治集团接触时，他们并非平起平坐，而是雇员。拥有财富、权力和名望的精英与文化、知识和情感上的精英甚至算不上熟人；他们断开了联系，虽然这两个世界引人注目的边界有时会在名人世界中重叠。

一般最有权势、最富有的人也是最博学的人，即“最聪明的”人这种看法大受吹捧。这样的观念是由许多小口号维持下去的，比如说那些人“教书是因为他们没有能力”和“如果你这么聪明，你为什么不富有①？”但这些俏皮话意味着使用它们的人认为权力和财富是所有人、特别是“聪明”人的最高追求。他们还认为，知识总是以这种方式或肯定应该以这种方式成功，而真正知识的考验就是这样的成功。有权势和富有的人必须是知识渊博的人，否则他们怎么可能达到现在的职位？但要说那些成功掌握权力的人一定是“聪明”人，就等于说权力即知识。要说那些成功拥有财富的人一定是“聪明”人，就等于说财

① 总统顾问伯纳德・巴鲁克（Bernard Baruch）最近说，“我认为经济学家通常来说……想当然地觉得自己知道很多东西。如果他们真的知道这么多，他们会赚到所有的钱而我们会身无分文。”他又说：“这些人（经济学家）可以把事实和数字放在一起，但他们的预测不比我们的预测更准确。如果他们的预测更准确，他们会赚到所有的钱而我们会身无分文。”[8]

富即知识。

这种看法的流行确实揭示了一些事实：即使在今天，普通人仍倾向于以知识或能力来解释和证明权力与财富。这样的看法也揭示了知识正在变成什么样的体验。知识不再被广泛认可为一种理想，而被视为一种工具。在一个权力和财富的社会里，知识是一种权力和财富的工具，当然也是谈话中的装饰。

知识对一个人的作用（说明他是谁并且让他自由）即是个人理想的知识。知识对一个文明的作用（揭示人性意义并且放飞人性意义）即是社会理想的知识。但在当代，个人、社会理想的知识与能帮助聪明人的知识——使其晋升，重合了；对明智的民族来说，知识赋予文化威望，用权威神化了权力。

知识很少带给知识分子权力。但那些理应秘密晋升的知识分子和他们能够非常自由使用的知识，对没有防御能力的人来说意义重大。当然，知识既不好也不坏，对知识的使用也无分好坏。1790 年，约翰·亚当斯写道："坏人和好人掌握知识的速度一样，科学、艺术、品味、意识和书本既可以被用为不公正的目的也可以用作美德的目的。"[9] 今天，我们有充分的理由相信这一说法。

知识和权力的问题是——并且一直以来都是——知识分子与统治集团的关系问题。假设我们要在今天的美国社会中从权力的各个领域选出一百个最有影响力的人，并把他们排成一排。然后，假设我们从社会知识的各个领域选出一百个最渊博的知识分子，并把他们排成一排。有多少人会同时出现在两个队列中，权力和知识意味着什么，特别是我们所说的知识意味着什么。但是，如果我们说的知识就是字面意思，我们肯定会发现当代美国很少有人会同时在这两个群体中——如果有的话；当然，比起现在，在美国建国之初，我们可以发现更多同时存在于这两个群体中的人。因为在 18 世纪，即使是在这个殖民地的前哨中，统治阶层也在不断学习，并且知识分子往往处于掌权的位置。我相信，在这些方面，我们存在着严重的倒退。[10]

知识分子和掌权者很少联合，但掌权者确实喜欢结交有些学识的人，或至少喜欢结交精明的生意人。知识分子并没有成为哲学之王，但他们通常担任顾问一职，而且通常是一个既不像君主也没有哲思的人的顾问。当然，作家协会初级作家部门的主席确实协助过一名杰出的参议员，帮他润色 1952 年参议员竞选的演讲稿。[11] 但知识分子在其职业生涯中与掌权者有交集不合乎常情。大学和政府之间的联系薄弱，当二者确实发生联系时，知识分子更像是“专家”，即通常意味着知识分子是一名受聘的技术人员。像大多数在这个社会里的人一样，知识分子的生计依赖于他的工作，这是现代思想控制的典型手段。获得成功需要来自更有权力的人的好的意见，他们的判断成为备受关注的对象。因此，迄今为止，知识分子在职业等级中直接为权力服务时通常是受到限制的。

民主人士默认公众的存在，他们的言论坚称公众正是主权所在。民主国家需要两样东西：善于表达和知识渊博的公众，与如果不是理性的至少是对存在的知识渊博的公众相当负责的政治领导人。只有当民众和领导者积极响应和负责任时，人类事务才处于民主秩序中，只有当知识对公共具有重要意义时这一秩序才可能存在。只有当思想有一个自主的基础，独立于权力、但和权力有强大的联系时，思想才能在塑造人类事务中发挥其力量。只有当自由和知识渊博的公众存在时，民主才有可能实现，知识分子可以不避讳而掌权者是真正地负责的。现在，这样的公众和这样的掌权者或知识分子都不受欢迎。因此，在现代美国，知识没有民主相关性。

当今高层的特征是平庸的知识分子，有时一丝不苟，但仍然是一个平庸之辈。只有在他偶尔意识到自己不能处理好需要面对的决策时，他的智力水平才会暴露出来。但通常他将这种感觉藏在心里，他的公开发言既虔诚又煽情，既庄重又勇敢，既乐观又因其普遍性而空洞无物。他只愿意接受缩短的、庸俗的、简化的和有失偏颇的观念。他是电话、备忘录和简报时代的指挥官。

说到管理者的无知和平庸，我当然不是说这些人一直都是愚蠢的——他们时不时会冒出智慧的火花，虽然情况不一定如此。然而，主要不是“智力”分布的问题，说得好像智力是一个可能有更多或更少、可以一概而论的东西。这是一个智力类型的问题，是选择和培育的思想质量的问题。这是一个把实质的理性作为人的生命、品格和行为的主要价值评价标准的问题。这种评价是美国权力精英所缺乏的。取而代之的是“影响力”和“判断力”，在他们声明赫赫的成功中，影响力和判断力比任何精妙的思想或思维的力量都更重要。

在位高权重的管理者的周围和下级是权力的专业助理，这些助理被委派担任提供知识甚至演讲的角色：公关团队、代笔、行政助理、秘书。不要忘记委员会。随着决策的方式越来越多，美国政治高层存在着理解危机，因此经常会出现指挥层犹豫不决的现象。

精英缺乏知识与专家的恶性攀升有关，这不仅是事实而且合法化了。最近，当被反对党领导人质疑并提出关于国防政策的批评时，国防部长回答：“你认为他是这方面问题的专家吗？”当记者进一步追问，他宣称：“军事将领认为这是合理的，我也认为这是合理的。”之后当被问到具体情况时，他补充说：“在一些情况下，你所能做的就是求上帝保佑。”[12]这样重大的任务就被傲慢地抛给上帝和专家，那么政治领袖还有什么做出改变的机会呢？结果是政治、道德和军事问题的公开辩论能引发的改变更少了。实际上，在珍珠港事件前，在两党的简单口号下，辩论就在逐渐退出舞台，反对立场消失已经成为趋势。

除了政治家及其顾问缺乏文化素养之外，公共相关性思想的缺乏意味着，重大决策和重要政策在制定时是不合理或不接受批评的，即不能以任何智力形式进行辩论。此外，甚至没有证明其合理性的努力。公关取代了有理有据的论证；权力操纵和未经讨论的决策取代了民主权威。自 19 世纪以来政府取代了政治，越来越多的重大决策都是由上帝、专家和像威尔逊总统一样的人决定的，甚至没有进行完整步骤的合理讨论。

官方秘密的范围越来越大，对那些可能向公众泄密的人进行秘密窃听的范围也不断扩大，由于公众并非由专家组成，所以有他们不应该知道的东西。关于制造和使用原子武器的一系列决策在没有任何真正公开辩论的情况下敲定，这场辩论所需要的智性事实被官方隐藏、扭曲、甚至造假。随着决策不仅对美国人来说更是对全人类来说越来越重大，信息来源却被封闭了，决策所需的相关事实（甚至是决定！）作为政治说法上的“官方秘密”，对大量信息渠道进行了封锁。

同时，在这些传播渠道中，政治言论似乎在教养和理性上陷入越来越低的层次。这种针对大众或被认为是大众的人极度机械的沟通，可能是蛊惑人心的臆断，即怀疑和指责如果重复的次数足够多，在某种程度上即等于有罪证明，就如同牙膏或香烟品牌的反复声明被认为等同于事实。困扰美国的最大的宣传，最起码在数量和声音上是肥皂、香烟和汽车的商业宣传；这个社会正是常常对这样的东西唱起最响亮的赞歌。于此很重要的是，通过暗示和省略、强调、有时是平铺直叙，数量惊人的商品宣传往往是不真实且带有误导性的；而且这些广告通常旨在引起人们的生理欲望而非智力思考。那些进行重大决策的人或想被选举为决策者的人，他们的公共沟通越来越多地利用商业宣传和广告的愚昧无知和迷信。

在今天的美国，管理公共事务的人比起固执己见，更加盲目无知。教条通常意味着一些或多或少阐述想法和价值的理由，因此有一些思想、智力和理性的特点（不管多么僵化和封闭）。如今，作为公共力量我们面对的是任何思想的缺席；我们面对的是对解放公众的知识的冷漠和恐惧。这使得在讨论中智慧能够反抗和攻击的不合理的决定变得可能。

美国的危险不在于原始政治的野蛮荒谬，而在于国务卿备受重视的判断、总统诚挚的陈词滥调、来自阳光加州、真诚的年轻美国政客可怕的自以为是，以及广为接受的赋予他们合法性的教条，以至于没有能够任何抗衡思想能够对他们产生不利影响。这些人是不切实际的现实主义者：他们以现实的名义构建了一个只属于他们的偏执世界；他们以实际的名义构想了一个资本主义乌托邦社会的图景。他们用错综复杂的公共关系取代了对事件负责任的解释；用笨拙的心理战概念取代了对公共辩论的尊重；用合理平庸的迅速判断取代了智力；用管理者的姿态取代了详细说明各种选择和评估其后果的能力。

四

尽管这也许是由于公共事务排斥思想、成功的不道德和普遍流行有组织的不负责任，高层人士受益于机构统领的全部权力。这些机构实际或潜在的权力是高层人士作为表面上的决策者所拥有的。他们的职位、行动甚至个人都因这些权力受到尊敬；在所有权力高层，政治家、企业巨富、陆海军上将都身处特权之中。一个社会的精英，不管其个体成员多么谦虚，都代表着社会权力的威望[①]。此外，很少有处于高位的人能长期抗拒将自我形象、至少是一部分自我形象建立在其领衔的机构之上的诱惑。作为国家、公司和军队的代表，到一定时候，他开始斟酌自身和言辞，并开始以历史上颇多殊荣的机构认同自己的身份。当他以国家或其事业的名义讲话时，国家过去的荣耀也在他耳畔回响。

地位不再植根于地方社会，追随着以国家为规模的大型等级结构。地位追随企业巨富，即使他与黑帮有联系。地位追随权力，即使没有背景。在其中的大众社会中，提高地位的旧的道德和传统障碍破碎了，美国人在身处其中的圈

① 约翰·亚当斯在18世纪末期写道："当你跻身上流社会，为一流的人考虑；一个品质高贵的人至少被人熟知和尊重，或许通常被一个国家尊重和爱戴；所有人的目光都在王子和国王们身上，他们的每一个动作都被重视，伤害他们情感的后果是可怕的，因为那是整个国家的情感，有时是多个国家的情感同时受到伤害。如果他们的情况发生了极小的变化，各自都会受到影响；如果地位低的人晋升到高位，除非是法律规定的，他的著名政策和必要措施可能会带走耻辱，一直以来通常的结果只会是战争、屠杀和复仇。"[13]

子里寻找卓越的标准并以此塑造自己和判断自尊。然而，现在看来，过去的美国人似乎更容易找到这些代表人士。很难说这是否是由于真实的历史差异，或仅仅是政治后见之明的权宜之计[①]。无论如何，在政治声誉上没有人贬低过华盛顿、杰斐逊和林肯，但对当代政治人物的不满却很多。代表人士似乎在死后更容易辨认；当代政治领导者只是政客，他们的权力可能大或小，但他们并非伟大，并且他们越来越多地因高层腐败被评判。

现在地位又追随了权力，过去模范人物的类型已被成功人士的兄弟会取代了——专业的管理人员成为政治精英，并且现在是官方代表人。他们是否会成为大众理想中的代表，或是否会比被取代的1930年代的自由主义者坚持更久还有待判断。由于深陷不道德的成功和普遍的高层腐败，他们的形象备受争议。越来越多有文化的美国人觉得他们有一些虚伪。他们的风格和他们成功的条件使他们很容易受到舆论的怀疑，代笔作家的影子和编造的人物形象挥之不去，巧妙的编造太过明显。

当然我们应该记住，高层人士可能会也可能不会把自己当作底层人民的代表，以及有关的公共部门可能会也可能不会接受他们的形象。精英可能试图对大众施加自己的要求，但公众可能会不买账。相反，公众可能会是冷眼相对，甚至揭穿他们的价值观、讽刺他们的形象、嘲笑他们的主张。

① 在每个智力阶段，一个纪律或思想学派就是一个共同点。现在美国的保守情绪的共同点就是美国历史。这是美国历史学家的时间。当然，所有的国家主义的庆祝活动都会冠以历史的名目，但是庆祝者不希望仅仅将历史理解为过去的事情，他们的意图是歌颂当下。（1）美国意识形态以历史为导向的一个原因是，在所有学派中，历史学家最倾向于做这种公共假设。在所有的学术作家中，历史学家有文化传统。其他“社会科学家”更可能对英语的用法不熟，而且，他们不会写作有关公众关切的大话题。（2）“好的”历史学家履行高级记者的公共职责，受到公众注意和日报表扬的历史学家能够以最快的速度结合当前形势重新解读美国历史，反过来，他们最擅长把最能激发当前乐观情绪和抒情热潮的历史人物和事件摘出来。（3）事实上，在没有怀旧情绪的情况下，我们应该意识到美国历史是美国现代神话的绝妙来源。有时，历史的确体现了一种生活方式；美国在建国和发展初期极其幸运，现在是复杂的，尤其是对训练有素的历史学家来说是无事实证明的。因此，美国总的意识形态带有历史性质，由历史学家决定。[14]

在讨论民族性格模型时，沃尔特·白哲特①没有考虑这样的可能性；[15]但可以肯定的是，作为我们同时代的人，我们必须考虑这些可能性，因为正是这种反应，有时导致了狂热，和总是昂贵的、被称为“公共关系”的实践。那些既有权力又有地位的人士，也许在他们不积极寻求喝彩时最好过。真正自豪的旧家族不会寻求掌声，专业名人是积极寻求喝彩的专家。我们看到越来越多的政治、经济和军事精英与名人竞争并寻求借用他们的地位。也许那些拥有前所未有的权力但没有地位光环的人，总是会在那些有关注度没有权力的人中寻求认可，即使带着不安。

对于大众来说，名人的地位和战争带来的经济繁荣使其分心；对于关注政治舞台的自由主义知识分子来说，主权地区和权力中层是政治上的干扰，这维持着美国仍然是一个自我平衡社会的假象。如果大众传媒关注的是职业名流，那么自由主义知识分子，特别是其中的社会科学家关注的就是嘈杂的权力中层。职业名流和中层政客是体制中最明显的人物；事实上，他们倾向于垄断大众可见的通信或公共场景，从而掩盖和分散集中在权力精英身上的注意力。

现在，美国高层一方面包括职业名流的娱乐、色情和耀眼的魅力，另一方面包括权力、权威和财富的声望气氛，这两方面不是毫无关联的。权力精英没有名流引人注目，常常也不希望太令人瞩目；职业名流的权力就是吸引注意力的能力。事实上，美国公众有一系列特殊的偶像。总的来说，职业人士或是徒有其表的不寻常之人，或是轻浮的小丑；权贵基本上很少是代表人物的模范。

鉴于此，美国精英中盛行的道德上的不安就很容易理解了。那些认为他们代表整个美国的人充分证明了这种不安更加严重。美国名流具有双重性格，美国人的旅行、游玩和工作方式表明了这一点，“美国人”的这一形象还在许多文学作品和欧洲人的言辞中得到了体现。现在，美国的公共荣誉要么是随意的，

① 沃尔特·白哲特（Walter Bagehot，1826—1877），英国经济学家，政论家。——译注

要么是严肃的；要么是在巩固了的声望体系中无关紧要的，要么是至关重要的。

美国的精英不由代表性人物构成，他们的行为和性格构成美国人竞相模仿和崇拜的对象，没有出现大众成员能够合法和高兴地认为是和他们身份相同的一类人。从本质上来说，美国事实上没有领袖。这也是大众在道德和政治上持怀疑态度的本质，没有真正的政治影响力，信任就很容易被消耗掉。在过去的三十年中是如此，现在也是如此，这进一步证明了出于道德目的发现和使用明智的政治手段更加困难。

美国是一个没有任何保守意识形态的保守国家，现在，它在全球以现实主义的名义，公开、武断地行使权力，而它的决策者常常给予世界现状不切实际的定义。二流的思维体现在乏味的陈词滥调中。在自由主义的言辞中，含糊其辞就是原则，在保守心态下，非理性就是原则。公共关系和官方秘密，无足轻重的竞选和可怕的事实，正在代替现代美国私营企业经济、军队高层和政治真空中政治观点的理性辩论。

上流阶层人士不是代表人物，晋升高位不是由于道德高尚，他们的巨大成功也并非取决于卓越的才能。在社会上大行其道的权力手段、财富资源和名人机制挑选和成就了位高权重的人，他们不是由服务于富有知识和理智世界中的文职官员挑选和塑造出来的，不是由有民族责任感、公开清楚地辩论国家大事的党派塑造出来的，他们不是接受各种志愿组织检查的人，这些组织是决策高层和公众辩论之间的纽带。他们已经在美国有组织、不负责任的体制内取得成功，他们掌握的巨大权力在人类历史上是无可比拟的。

注释：

[1] Mills, “A Diagnosis of Our Moral Uneasiness,” *The New York Times Magazine*, 23 November 1952.

[2] James Reston, *The New York Times*, 10 April 1955, p. 10E.

[3] Sophie Tucker, 引自 *Time*, 16 November 1953.

[4] Mills, *White Collar*(New York: Oxford University Press, 1951), pp. 259 ff.

[5] Mills, "The Contribution of Sociology to Industrial Relations," *Proceedings of the First Annual Conference of the Industrial Relations Research Association*, December 1948.

[6] James Reston, *The New York Times*, 31 January 1954, section 4, p. 8.

[7] *The New York Times Book Review*, 23 August 1953. 同时参阅 *Time*, 28 February 1955, pp. 12 ff.

[8] 银行和货币委员会的听证会，美国参议院第 84 届国会第一次会议（U.S. Government Printing Office, Washington, 1955), p. 1001。

[9] John Adams, *Discourses on Davila*(Boston: Russell and Cutler, 1805) .

[10] 在第三期《透视》(*Perspectives*）中，莱昂内尔·特里林（Lionel Trilling）对"新的知识分子阶层"进行了乐观描述。知情人对新的文化阶层见解深刻的描述，参见 Louis Kronenberger, *Company Manners*(Indianapolis: Bobbs-Merrill, 1954) .

[11] Leo Egan, "Political 'Ghosts'Playing Usual Quiet Role as Experts," *The New York Times*, 14 October 1954, p. 20.

[12] Charles E. Wilson, 引自 *The New York Times*, 10 March 1954, p. 1.

[13] John Adams, 同上 pp. 57-8。

[14] William Harlan Hale, "The Boom in American History," *The Reporter*, 24 February 1955, pp. 42 ff.

[15] Walter Bagehot, *Physics and Politics*(New York: D. Apple-ton, 1912), pp. 36, 146-7, 205-6.

当人类进入21世纪，科学、神学、哲学、文学、艺术、政治、军事、文化等各领域都取得了伟大的成就，但普通大众对人类自身所处的这一纷繁复杂的世界的认知程度却依然非常有限。“Reflection { 不重要 }”以完全中立并独立的视角，与读者一起阅读人类历史进程中不同时空、不同观点的优秀图书作品。

REF 015 权力精英（精装）

美国著名社会学家C.赖特·米尔斯经典力作。揭示美国上流阶层环环相扣的权力结构，勾勒美国精英主义的社会图景。

ISBN 978-7-5699-1500-6

REF 014 卢丹的恶魔（精装）

法国神父“附魔”案

法国历史上的绝命冤案，神父与修女荒淫无度，究竟因为被魔鬼附身，还是权力阶级陷害？

ISBN 978-7-5699-2568-5

REF 013 失控的正向思考

“正能量”不总是正确的，真正的正向思考不是凡事都乐观，而是拥有面对现实的勇气。这本书教你不做“积极废人”。

ISBN 978-7-5699-2283-7

REF 012 恶女

普通女性为何化身连环杀人狂

欧美犯罪心理学权威专家彼得·佛伦斯基代表作，全面揭秘骇人听闻的女性连环杀手罪案现场。

ISBN 978-7-5699-2285-1

REF 011 暗网

全面深入揭秘暗网的幕后世界和操纵者，现实中所有的罪恶，在暗网中，都是明码标价的商品。

ISBN 978-7-5699-2330-8

REF 010 死亡的视线

医学、谋杀指控与临终抉择争议

在濒死边缘，医学是要不惜一切代价保全生命，还是减轻临终病患的痛苦？

ISBN 978-7-5699-2305-6

REF 009 永远的现在时

失忆症患者H.M.留给后世的礼物

一个记忆只有30秒的男人的真实故事。他的失忆症悲剧，却带来人类医学的伟大进步。

ISBN 978-7-5699-2323-0

REF 008 召唤

沃伦夫妇的惊凶职业实录

《招魂》和《安娜贝尔》等恐怖影片的灵感来源，这可能是一本强烈颠覆你以往对闹鬼、幽灵、驱魔认识的著作。

ISBN 978-7-5699-1518-1

REF 007 知觉之门 / REF 017 知觉之门（精装）

英国伟大作家阿道司·赫胥黎最具献身精神的作品，用迷离文字记录下亲自服用迷幻剂后的超感官体验。

ISBN 978-7-5699-1434-4
ISBN 978-7-5699-3045-0（精装）

REF 006 人贩
难民危机中的罪恶生意

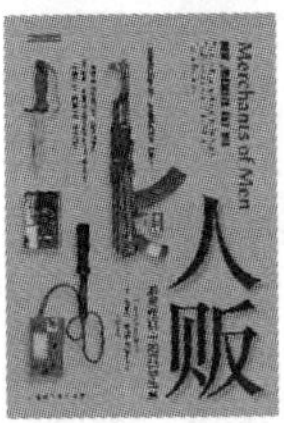

大量一手材料、深入调查还原世界范围内罪恶的地下人口交易，地球上的“犯罪丛林”正在捕获一个个普通人。

ISBN 978-7-5699-1418-4

REF 005 亚伯拉罕·林肯传

充分地了解亚伯拉罕·林肯个人的方方面面，进而也可以了解美国的历史，从而理解今天的民主世界。

ISBN 978-7-5699-1170-1

REF 004 极简进步史
人类在失控中拨快末日时钟

科技的不断发展是引领人类进步还是毁灭？
英国国宝级非虚构大师罗纳德·赖特震撼白宫的惊世小书。

ISBN 978-7-5699-1150-3

REF 003 来份杂碎
中餐在美国的文化史

中餐文化在美国发展的趣味历史，以中餐和华人在美国的历史为线索，引出一段“舌尖上的中国”不会讲给你听的美国中餐文化传奇。

ISBN 978-7-5699-0703-2

REF 002 天谴行动
以色列针对“慕尼黑惨案”的复仇

以色列摩萨德特工自述真实经历，挑战西方文明的20世纪大案纪实。
史蒂文·斯皮尔伯格导演、奥斯卡热门影片《慕尼黑》原著作品。

ISBN 978-7-5699-0465-9

REF 001 重返美丽新世界 / REF 016 重返美丽新世界（精装）

20世纪英国著名作家阿道司·赫胥黎晚年集社会学、心理学和传播学于一体的伟大论著，国内首部无删减版本。

ISBN 978-7-5699-9942-2
ISBN 978-7-5699-3044-3（精装）

图书在版编目（CIP）数据

权力精英 /（美）C. 赖特・米尔斯著；李子雯译 . -- 北京：北京时代华文书局，2017.5（2025.4重印）

ISBN 978-7-5699-1500-6

Ⅰ. ①权… Ⅱ. ① C… ②李… Ⅲ. ①阶层－分析－美国 Ⅳ. ① D771.261

中国版本图书馆 CIP 数据核字（2017）第 064795 号

C. Wright Mills
THE POWER ELITE

权力精英

QUANLI JINGYING

作　　者 | [美] C. 赖特・米尔斯
译　　者 | 李子雯

出 版 人 | 陈　涛
策划编辑 | 黄思远　王雅观
责任编辑 | 徐敏峰　王雅观
封面设计 | 周安迪
责任印制 | 刘　银　范玉洁

出版发行 | 北京时代华文书局 http://www.bjsdsj.com.cn
北京市东城区安定门外大街 138 号皇城国际大厦 A 座 8 楼
邮编：100011　电话：010 - 64267955　64267677
印　　刷 | 三河市兴博印务有限公司　电话：0316 - 5166530
（如发现印装质量问题，请与印刷厂联系调换）
开　　本 | 710×1000mm　1/16
印　　张 | 26
字　　数 | 353 千字
版　　次 | 2019 年 10 月第 1 版　　2025 年 4 月第 17 次印刷
书　　号 | ISBN 978-7-5699-1500-6

定　　价 | 78.00 元